LES

PATOIS LORRAINS

ACADÉMIE DE STANISLAS

LES
PATOIS LORRAINS

PAR

LUCIEN ADAM

Conseiller à la Cour d'Appel de Nancy

NANCY
GROSJEAN-MAUPIN
Libraire
20, RUE HÉRÉ

PARIS
MAISONNEUVE et Cⁱᵉ
Éditeurs
25, QUAI VOLTAIRE

1881

NANCY. — TYPOGRAPHIE G. CRÉPIN-LEBLOND.

AVANT-PROPOS

La proposition d'ouvrir une enquête sur les patois de la région du Nord-Est, si peu et si mal connus jusqu'à ce jour, a été faite à l'Académie de Stanislas, dans le courant de l'année 1874, par deux de ses membres titulaires, MM. Ch. Gérard et Lucien Adam. Moins soucieux de réunir les éléments d'un dictionnaire patois complet que de pénétrer par la phonétique et par la morphologie dans les profondeurs de l'idiome populaire, afin d'en découvrir les origines et d'en pouvoir classer méthodiquement les variétés, les auteurs de la proposition soumirent à une Commission spéciale un programme qui fut adopté et que nous reproduisons intégralement.

ACADÉMIE DE STANISLAS

ENQUÊTE

SUR LES

PATOIS DU NORD-EST

L'Académie de Stanislas a décidé d'ouvrir, sur les patois de la Lorraine, du Barrois et du Pays messin, une enquête à laquelle sont priées de prendre part toutes les personnes qui s'intéressent à l'histoire de la langue française.

Aussitôt que le nombre des travaux méritant d'être publiés permettra de composer un premier volume, l'Académie sollicitera du Ministère de l'Instruction publique une subvention spéciale afin de pouvoir entreprendre sans retard la publication d'un recueil de documents destiné à faciliter l'étude méthodique des patois parlés dans la région du Nord-Est (1).

L'Académie regrette que l'exiguïté de ses ressources ne la mette pas à même d'offrir à ses futurs collaborateurs d'autre récompense que le don d'un certain nombre d'exemplaires du recueil projeté ; mais, comme

---

(1) Au moment de la publication du programme, l'Académie ignorait que le Ministère de l'Instruction publique n'accorde plus de subventions préalables, se réservant de souscrire s'il y a lieu, après la publication, pour un certain nombre d'exemplaires destinés aux Bibliothèques publiques.

il s'agit d'une œuvre qui se recommande par elle-même aux esprits sérieux, c'est avec confiance qu'elle fait appel au bon vouloir des travailleurs de la région.

L'Académie demande instamment aux personnes qui se trouvent en situation d'étudier de près quelques-uns de nos patois, de se bien pénétrer de cette vérité de fait, que le parler traditionnel de nos campagnes se divise et se subdivise en de nombreux dialectes, dont l'ensemble ne forme point une langue. Ecartant donc, quant à présent, comme prématurées, toutes tentatives de grammaire générale et de dictionnaire patois, nous invitons nos collaborateurs à fournir sur le patois parlé soit dans la commune où ils sont nés, soit dans celle où ils résident, des documents de trois sortes : 1º des textes ; 2º des renseignements grammaticaux ; 3º un vocabulaire restreint aux mots les plus usuels.

TEXTES.

Pour qu'un texte patois ait une valeur réelle, il faut non-seulement que tous les mots qui entrent dans sa composition appartiennent au parler d'un seul et même village, mais encore que les caractères employés à sa transcription, reproduisent distinctement les sons vocaliques et les articulations formant la phonétique propre à ce parler. Il est dès lors absolument nécessaire que tous les textes adressés à l'Académie, soient précédés d'un alphabet transcriptif dans lequel on représentera par autant de signes chaque voyelle et chaque consonne, en ayant soin de noter, pour les premières la *quantité* (brève ou longue), et pour les secondes les caractères particuliers d'aspiration ou de gutturalisation.

Par textes patois, l'Académie entend des compositions originales telles que : chansons, rondeaux, noëls, fabliaux, légendes, proverbes et dictons.

Dans le cas où contre toute attente, quelqu'un de nos collaborateurs ne découvrirait aucun document de cette nature, il pourrait s'appliquer à traduire le plus *patoisement* possible, la parabole de l'Enfant prodigue, telle qu'elle est rapportée dans l'évangile de saint Luc, chap. 15.

RENSEIGNEMENTS GRAMMATICAUX.

Comme les différents idiomes se définissent et se classent beaucoup moins par leur matériel lexique que par leur grammaire, il importe, au plus haut point, de connaître la constitution grammaticale de chacun de nos patois ; aussi, l'Académie invite-t-elle ses collaborateurs à répondre méthodiquement aux questions qui suivent :

I.— Comment distingue-t-on le genre et le nombre dans l'article, le substantif, l'adjectif, les pronoms et les participes ?

II. — Quels sont les divers pronoms personnels, possessifs, démonstratifs, interrogatifs, relatifs et indéfinis ?

III. — Quelles sont les diverses propositions que l'on peut placer devant les noms et devant les pronoms ?

Donner un exemple pour chacune d'elles.

IV. — Comment se conjugent le verbe *être*, le verbe *avoir*, le verbe actif, le verbe passif, le verbe pronominal ou réfléchi ?

V.— Conjuguer un verbe actif au temps présent, en lui donnant pour régime les différents pronoms personnels (Je te vois, tu me vois, il me voit, etc.)

VI. — Enumérer les principaux adverbes de lieu, de temps, d'affirmation, de négation, et de comparaison, ainsi que les conjonctions les plus usitées, en donnant des exemples.

VII. — Signaler toutes les particularités grammaticales qui paraîtraient absolument étrangères au génie de la langue française.

VOCABULAIRE.

Afin qu'il soit possible d'établir utilement des comparaisons lexiques entre les divers patois de la région, nos collaborateurs sont priés de placer en regard des mots français qui suivent, les mots patois dont ils auront constaté l'existence dans le parler d'une seule et même commune, en ayant soin de faire précéder ce vocabulaire d'un alphabet transcriptif dressé comme il a été dit plus haut.

1° Dimanche, lundi, mardi, mercredi, jeudi, vendredi, samedi, janvier, février, mars, avril, mai, juin, juillet, août, septembre, octobre, novembre, décembre, printemps, été, automne, hiver, Noël, Pâques, Pentecôte, Toussaint, almanach.

2° Aube, aurore, jour, matin, midi, après-midi, crépuscule, soir, nuit, avant-hier, hier, aujourd'hui, demain, après-demain, semaine, mois, année, heure, demi-heure, quart d'heure.

3° Soleil, lune, pleine lune, premier quartier, dernier quartier, nouvelle lune, étoile, lumière, chaleur, air, vent, vent du nord, vent d'est, vent d'ouest, vent du sud, grand vent, ouragan, grande pluie, petite pluie, pluie, grêle, neige, gelée, glace, frimas, gelée blanche, dégel, rosée, brouillard, orage, éclair, tonnerre, nuages, arc-en-ciel.

4° Homme, femme, vieillard, vieille femme, jeune homme, jeune fille, garçon, fille, petit garçon, petite fille, enfant, père, mère, grand-père, grand-mère, petit-fils, petite-fille, frère, sœur, oncle, tante, neveu, nièce, cousin, cousine, parrain, marraine, fiançailles, fiancée, fiancé, mari, épouse, veuf, veuve, célibataire, marié, amant, galant, maîtresse, orphelin, filleul, filleule.

5° Corps, tête, cheveux, visage, front, yeux, nez,

oreilles, joues, bouche, langue, dents, barbe, cou, gorge, poitrine, seins, cœur, estomac, ventre, giron, bras, coude, main, doigt, droitier, gaucher, jambe, cuisse, genou, pied.

6° Mal de tête, mal de dents, fièvre, toux, rhume, rougeole, hydropisie, enflure, coliques, mal d'estomac, dysenterie, évanouissement, coqueluche, chauve, aveugle, borgne, bossu, boiteux, manchot, cagneux, louche, cul-de-jatte, voleur, menteur, ivrogne, débauché, colère, sorcier, ensorcelé, loup-garou.

7° Cheval, jument, poulain, pouliche, étalon, hongre, âne, ânesse, ânon, mulet, mule, bœuf, taureau, vache, veau, génisse, chien, chienne, porc, truie, cochon de lait, poulet, poule, poulette, poussin, coq, canard, cane, caneton, oie, jars, oison, loup, louve, louveteau, renard, sanglier, laie, lapin, lièvre, hase, levreau, chat, chatte, oiseau, oisillon, chat-huant, hibou, buse, coucou, perdrix, perdreau, caille, alouette, loriot, geai, grue, martin-pêcheur, linot, moineau, hirondelle, merle, pie, pigeon, grive, fauvette, bouvreuil, poisson, épinoche, véron, goujon, carpe, perche, brochet, anguille, truite, écrevisse, brême, tanche, couleuvre, lézard, vipère, salamandre, limaçon, escargot, grenouille, crapaud, fourmi, hanneton, papillon, souris, rat.

8° Arbre, feuille, branche, cerisier, sorbier, néflier, noisetier, noyer, pêcher, pommier, poirier, prunier, chêne, hêtre, pin, sapin, bouleau, tilleul, peuplier, frêne, aune, ormeau, saule, charme, buis, vigne, aubépine, houblon.

9° Fleur, rose, violette, pervenche, fruit, fraise, chiendent, serpolet, thym, trèfle, cerfeuil, persil, plantain, mauve, chardon, blé, avoine, foin, regain, pomme de terre, luzerne, betterave, radis, oignon, poireau, échalottes, ail, cerise, nèfle, noisette, noix, pomme, pêche, poire, gland, faîne, prunelle.

10° Maison, porte, fenêtre, escalier, serrure, clé,

chambre, poêle, cuisine, banc, table, chaise, lit, plumon, oreiller, rideau, drap, cheminée, âtre, chaudron, broche, pot, gril, cruche, couteau, four, grenier, armoire, cave, toit, jardin, cour, habits, chapeau, bonnet, chemise, sabot, soulier, culotte, robe, jupe, fichu, coiffe.

11º Farine, sons, pain, vin, eau, viande, rôti, bouillon, soupe, boudin, saucisse, déjeûner, dîner, goûter, souper, ribotte.

12º Charrue, houe, bêche, pioche, marteau, charriot, ciseaux, aiguille, quenouille, fuseau, rouet, champ, pré, fumier, fouet, harnais.

13º Voir, regarder, ouvrir, fermer, cacher, aller, venir, courir, se lever, se coucher, dormir, manger, boire, allumer, bâtir, brûler, semer, planter, bêcher, labourer, récolter, moissonner, vendanger, sarcler, arroser, gagner, payer, acheter, vendre, donner, prêter, louer, emprunter, rire, pleurer, frapper, casser, courtiser, épouser, aimer, détester, se fâcher, s'amuser, avoir peur, causer, raconter. se moquer, coudre, laver, nettoyer.

L'Académie recommande aux personnes qui rédigeront ce court vocabulaire, d'en écarter soigneusement tous les mots à allure plus ou moins patoise qui ne seraient que des mots français travestis. Là où la forme patoise a été supplantée par la forme française, il faut constater la perte subie par l'idiome populaire, au lieu de chercher à la réparer, ainsi que l'ont fait trop de *patoisants* qui, mus par un zèle irréfléchi, ont sacrifié la qualité à la quantité.

S'il se trouve dans certains patois, en dehors de la liste qui précède, des mots remarquables par leur étrangeté, nos collaborateurs voudront bien les signaler.

L'Académie espère que les personnes qui répondront à son appel épuiseront le programme de l'enquête en recueillant des textes, en fournissant les renseignements grammaticaux demandés et en composant le vocabulaire restreint qui doit servir à établir des comparaisons lexiques. Elle acceptera néanmoins, avec reconnaissance, tous les travaux partiels qui auront été exécutés suivant les règles tracées ci-dessus, lesquelles peuvent se résumer ainsi qu'il suit :

I. — Exclure systématiquement tous les vocables de provenance française, à allure patoise.

II. — Ne jamais mêler ensemble des mots appartenant en propre à des patois parlés dans des localités distinctes.

III. — Corriger les textes par l'emploi d'une phonétique précise et par une rigoureuse analyse des procédés grammaticaux.

La publication des travaux sera votée par l'Académie sur le rapport d'une commission spéciale composée de MM. le baron de DUMAST, président; Ch. GÉRARD, vice-président; Lucien ADAM, secrétaire; LEUPOL, CAMPAUX, MICHEL, RENAULD, BALLON (1).

Tous les travaux publiés porteront la signature des auteurs.

On est prié d'adresser les manuscrits à M. BALLON, *bibliothécaire de l'Académie de Stanislas et de la Ville, à Nancy.*

Le Président annuel,   Le Secrétaire perpétuel,

POINCARÉ.   Ed. SIMONIN.

---

(1) M. Ch. Gérard, décédé, et M. Michel, démissionnaire, ont été remplacés dans la Commission par M. Creutzer, inspecteur primaire, aujourd'hui membre du Conseil supérieur de l'Instruction publique, et par M. l'abbé Mathieu.

Grâce à l'appui de l'autorité académique (1), au zèle d'un grand nombre d'instituteurs et de quelques autres personnes, la Commission a reçu, en 1877, les Mémoires dont voici la liste :

MEURTHE-ET-MOSELLE

Canton de Longwy.

Laix, M. Bertrand, instituteur.
Fillières, M. Clesse, ancien notaire.
— M. Bertin, instituteur à Hattonchâtel.

Canton de Longuyon.

Villers-le-Rond, M. Montpeurt, instituteur.
Epiez, M. Humbert, instituteur.
Grand-Failly, M. Allin, instituteur.

Canton de Briey.

Moineville, M. Humbert, instituteur à Epiez.

Canton de Chambley.

Dampvitoux, M. Nauroy, instituteur.

Canton de Conflans.

Abbéville, M. Mentré, instituteur.

Canton de Thiaucourt.

Bouillonville, M. Picquant, instituteur à Dommartemont.

Canton de Domêvre.

Martincourt, M. Gérard, instituteur.

---

(1) Recteur, M. Jacquinet. Inspecteurs d'Académie : MM. Boissière (Meurthe-et-Moselle), Conus (Vosges), Abbé Laurent (Meuse). Inspecteurs primaires : MM. Hutin (Briey), Grasse (Lunéville), Creutzer (Nancy), René (Toul), Boudard (Epinal), Grandjacquot (Mirecourt), Goubert (Neufchâteau), Rigaud (Remiremont), Mangeoujean (Saint-Dié), Birhans (Montmédy), Galotte (Verdun).

Hamonville, M. Gaillot, instituteur.
Liverdun, M. Herbiet, instituteur.

Canton de Pont-à-Mousson.

Mousson, M. Apparus, instituteur.
Port-sur-Seille, M. Mathieu, instituteur.
Landremont, M. Favier, sous-bibliothécaire, à Nancy.

Canton de Nomeny.

Mailly, M. Authelin, instituteur à Sanzey.
Thézey-Saint-Martin, M. Mangeot, instituteur.
Manoncourt-sur-Seille, M. Laveuf, instituteur.
Moivrons, M. Clément, instituteur à Bratte.

Cantons de Nancy.

Custines, M. Kill, instituteur à Atton.
Malzéville, M. Stanislas Thomas, membre de la Société d'Archéologie lorraine.
Laneuvelotte, M. Friot, instituteur.

Canton de Saint-Nicolas.

Art-sur-Meurthe, M. Marchal, instituteur.

Canton de Lunéville-Nord.

Hoéville, M. Nicolas, instituteur.
Serres, M. Jacquemin, instituteur.
Courbessaux, M. Nicolas, instituteur.
Einville, M. Jacob, instituteur.
Raville, M. Grégoire, instituteur.
Crévic, M. Gustave de La Lance, à Saint-Mihiel.
Sommerviller, M. Munier, instituteur.
Anthelupt, M. Colbert, instituteur.
Vitrimont, M. Thouvenin, instituteur.

Canton de Blamont.

Leintrey, M. Breton, instituteur à Igney.
Verdenal, M. Perrin, instituteur.

Canton de Cirey.

Cirey-sur-Vezouse, M. Renauld, instituteur à Montauville.

Parux, MM. l'abbé Vigneron, curé, et Cadix, instituteur.

Canton de Baccarat.

Pettonville, M. Petitcolas, instituteur.
Hablainville, M. Gaudé, instituteur.
Rehérey, M. Badenot, instituteur.
Badonviller, M. Buzon, instituteur.
Pexonne, M. Bauquel, instituteur.
Lachapelle, M. Francois, instituteur.
Thiaville, M. Goré, instituteur.

Canton de Gerbéviller.

Moyen, M. Renaud, instituteur à Chenevières.
Vallois, M. Itard, instituteur.

Canton de Bayon.

Saint-Remy-aux-Bois, M. Pierron, instituteur.

Canton de Haroué.

Lemainville, M. Laroche, instituteur.
Affracourt, M. Renard, instituteur.

Canton de Vézelise.

Lalœuf, M. Coiseur, instituteur.

Canton de Colombey,

Vandeléville, M. Coffigny, instituteur.
Battigny, M. Henry, instituteur.
Aboncourt, M. Pillot, instituteur.
Allain-aux-Bœufs, M. Olry, instituteur.
Vannes-le-Châtel, M. Gillet, instituteur.

Canton de Toul.

Domgermain, M. Pernot, instituteur à Tramont-Saint-André.

Pierre-la-Treiche, MM. Ernest Bigeard, et Marchal, instituteur.

Toul, M. l'abbé Guillaume, membre de la Société d'Archéologie lorraine.

Canton de Château-Salins.

M. Schmitt, conservateur à la Bibliothèque nationale.

Total : 60.

VOSGES

Canton du Thillot.

Ramonchamp, M. Colle, instituteur à Biffontaine.

Canton de Saulxures.

Ventron, MM. Valroff, propriétaire, et Lazard, instituteur.

La Bresse, M. l'abbé Hingre, chanoine à Saint-Dié.
— M. Vaxelaire, négociant à Nancy.

Vagney, M. X. Thiriat, membre de la Société d'Émulation des Vosges.

Le Tholy, Mlle Justine Houberdon, propriétaire à Julienrupt.

Canton de Remiremont.

Longuet (Saint-Nabord), M. Brunotte, instituteur à Champ-le-Duc.

Canton de Corcieux.

Rehaupal, M. Haouy, instituteur.

Champdray, MM. Maire, instituteur, et Lecomte, instituteur-adjoint.

Vienville et Neuves-Granges, M. Bart, instituteur.

Gerbépal, M. Cuny, pharmacien à Dompaire.
— M. Maurice, instituteur.

Canton de Bruyères.

Deycimont, MM. Constant Genay, professeur au Collége de Remiremont, et Em. Genay, instituteur.

CHARMOIS-DEVANT-BRUYÈRES, M. Etienne, instituteur.
GRANDVILLERS, M. Henriot, instituteur.
DOMPIERRE, MM. Joseph Aubry, Célestin Risquet, et Deparis, instituteur.

Canton de Fraize.

BAN-SUR-MEURTHE, M. Lhôte, instituteur.
MANDRAY, M. Pierrat, instituteur.

Canton de Provenchères.

LUSSE, M. Michel, instituteur.
PROVENCHÈRES, M. Mathis, instituteur.

Canton de Saales.

SAALES, M. Crovisier, professeur retraité.
— M. Désirant, instituteur.

Canton de Senones.

SAINT-BLAISE (Moyenmoutier), M. Perrin, instituteur à La Croix-aux-Mines.
SAINT-BLAISE-LA-ROCHE, N..., instituteur.

Canton de Brouvelieures.

ROUGES-EAUX, M. Lalvée, instituteur.

Canton de Rambervillers.

VOMÉCOURT et BULT, MM. Richard et Michel, instituteurs.
ORTONCOURT, M. Guericolas, instituteur.
ROVILLE-AUX-CHÊNES, M. Pierre, instituteur.
SAINTE-BARBE, M. Durand, instituteur.
— M. Forget, instituteur à Saint-Genest.
SAINT-PIERREMONT, M. Fleury, instituteur.

Canton de Raon.

RAON-SUR-PLAINE, M. l'abbé Fortier, curé.
LUVIGNY, M. Combeau, instituteur.

VEXAINCOURT, M. Lorrain, instituteur à Wisembach.
CELLES-SUR-PLAINE, M. Colin, instituteur.

Canton de Châtel.

HAILLAINVILLE, M. Thomas, instituteur à Saint-Maurice-sur-Mortagne.
— M. Mougeat, instituteur à Avrainville.
BADMÉNIL-AUX-BOIS, MM. Gabriel Morizot, et Morizot, instituteur.
CHÂTEL, M. Conus, propriétaire.
FRIZON, M. Delant, propriétaire.
MAZELAY, M. Galand, instituteur.

Canton de Charmes.

HERGUGNEY, MM. Jacobé, Marchal, et Lullin, instituteur.
MARAINVILLE, M. Croisier, instituteur.
RUGNEY, M. Ruffier, instituteur.
GIRCOURT-LES-VIÉVILLE, M. Perrin, instituteur.

Canton d'Epinal.

DOCELLES, M. Demangel, instituteur.
LA BAFFE, M. Barat, instituteur.
SANCHEY et CHAUMOUZEY, M. Poirot, instituteur.
SANCHEY, CHAUMOUZEY, LES FORGES, UXEGNEY, DARNIEULLES, M. Demangel, instituteur à Hadol.

Canton de Xertigny.

CHARMOIS-L'ORGUEILLEUX, M. Henry, instituteur.
— M. Decel, instituteur.

Canton de Bains.

GRAND-BOIS (Les Voivres), M. l'abbé Daubié, curé.

Canton de Dompaire.

SAINT-VALLIER, M. Picard, instituteur.
AHÉVILLE, M. Tuffier, instituteur.

Vaubexy, M. Mathieu, instituteur.
Dompaire, M. Ballon, conservateur de la Bibliothèque publique, à Nancy.
Gelvécourt et Adompt, Légeville et Bonfays, MM. Dupoirieux et Apparu, instituteurs.
Bainville-aux-Saules, M. Bellot, instituteur.

Canton de Mirecourt.

Ménil-en-Xaintois, M. Marchal, instituteur.
— M. Dillet, instituteur à Saint-Ouen-les-Parey.

Canton de Vittel.

Laneuveville-sous-Montfort, M. Babelot, instituteur.
Vittel et Houécourt, M. Corret, instituteur à Houécourt.
Lignéville, M. Richard, instituteur,

Canton de Bulgnéville.

Bulgnéville, M. Pultier, instituteur.

Canton de Darney.

Saint-Baslemont, M. Colomb, instituteur.
Dombasle-devant-Darney, MM. Léon Poirot, et Voilqué, instituteur.
Attigny, M. Vauthier, instituteur.
Hennezel, M. Girardot, instituteur.

Canton de Chatenois.

Landaville, M. Thouvenin, instituteur.
Vouxey, M. Aubry, instituteur à Vaudoncourt.
Maconcourt, M. Bernard, instituteur.

Canton de Neufchâteau.

Circourt-sur-Mouzon, M. Masseaux, instituteur.
Pargny-sous-Mureau, M. Adam, instituteur.
Brechainville, M. Delachambre, instituteur.
Trampot, M. Chicanaux, instituteur.

Canton de Coussey.

Autigny-la-Tour, M. Malvoisin, instituteur.

Total : 74.

MEUSE

Canton de Montmédy.

Verneuil-le-Grand, M. Lepointe, instituteur.
Villecloye, M. Geandarme, instituteur.
Bazeilles, M. Marchal, instituteur.
Chauvency-le-Château, M. Bastien, instituteur.
Flassigny, M. Simon, instituteur.
Iré-le-Sec, M. Pirlot, instituteur.
Jametz, M. Lecomte, instituteur.
Velosnes, M. Janvier, instituteur.
Verneuil-le-Petit, M. Petit, instituteur.
Vigneul, M. Blaire, instituteur.

Canton de Stenay.

La Jardinette (Stenay), M. J. Cardot.
Baalon et Neupvant, M. Brion, instituteur.
Halles, M. Balland, instituteur.
Moulins, M. Vitry, instituteur.
Inor, M. Hussenet, instituteur.
Pouilly, M. Gillet, instituteur.
Lamouilly, M. Leclerc, instituteur.
Cesse, M. Prot, instituteur.
Martincourt, M. Cellier, instituteur.
Luzy, M. Japin, instituteur.

Canton de Dun.

Vilosnes, M. Prot, instituteur.
Lion-devant-Dun, M. Pierret, instituteur.
Cléry-le-Grand, M. Chatillon, instituteur.
Montigny-devant-Sassey, M. Chauvancy, instituteur

AINCREVILLE, M. Antoine, instituteur.
MONT-DEVANT-SASSEY, M. Loupot, instituteur.
FONTAINES, M. Hache, instituteur.
MURVAUX, M. Champlin, instituteur.
LINY-DEVANT-DUN, M. Brion, instituteur.

Canton de Montfaucon.

CUNEL, M. Laché, instituteur.
QUINCY, M. Bernard, instituteur.
CONSENVOYE, M. Paquin, instituteur.
CIERGES, M. Bauny, instituteur.
NANTILLOIS, M. Pierre, instituteur.
DANNEVOUX, M. Grombert, instituteur.
GESNES, M. Féron, instituteur.
ROMAGNE-SOUS-MONTFAUCON, M. Godet, instituteur.
CUISY, M. Roger, instituteur.
SIVRY-SUR-MEUSE, M. Igier, instituteur.
MONTFAUCON, M. Laurent, instituteur.

Canton de Damvillers.

DELUT, M. Lacasse, instituteur.
RUPT-SUR-OTHAIN, M. Piperaux, instituteur.
MERLES, M. Dorne, instituteur.
BRANDEVILLE, M. Bourdin, instituteur à Muzeray.
CRÉPION, M. Colombé, instituteur.
VILLE-DEVANT-CHAUMONT, M. Henry, instituteur.
PEUVILLERS, M. Marchal, instituteur.
BRÉHÉVILLE, M. Robert, instituteur.
CHAUMONT-DEVANT-DAMVILLERS, M. Chervet, instituteur.
FLABAS, M. Burlin, instituteur.
LISSEY-DAMVILLERS, M. Duchêne, instituteur.

Canton de Spincourt.

BOUVIGNY, M. Noël, instituteur.
VAUDONCOURT, M. Delhote, instituteur.
SENON, M. Leduc, instituteur.

Spincourt, M. Guillaume, instituteur.
Bouligny, M. Garré, instituteur.
Loison, M. Piquet, instituteur.
Sorbey, M. Liégeois, instituteur.
Han-devant-Pierrepont, M. Leclerc, instituteur.
Houdelaucourt, M. Colombé, instituteur.
Amel, M. Gaspard, instituteur.
Saint-Laurent, M. Thiéry, instituteur.
Réchicourt, M. Brégeard, instituteur.
Mangiennes, M. Hurelle, instituteur.
Pillon, M. Lefort, instituteur.
Nouillompont, M, Briy, instituteur.

Canton de Varennes.

Vauquois, M. Apert, instituteur.
Lachalade, M. Lefevre, instituteur.
Boureuilles, M. Emond, instituteur.
Very, M. Bohin, instituteur.
Baulny, M. Gayet, instituteur.
Malancourt et Haucourt, M. Bazoche, instituteur.
Varennes, M. Jacquet, instituteur.

Canton de Charny.

Bezonvaux, M. Maginot, instituteur.
Vacherauville, M. Devaux, instituteur.
Bethelainville, M. Grozier, instituteur.
Louvemont, M. Bertrand, instituteur.
Bethincourt, M. Sirantoine, instituteur.

Canton de Verdun.

Rupt-en-Woëvre, M. Adam, instituteur.
Belrupt, M. Rémont, instituteur.

Canton d'Etain.

Chatillon-sous-les-Côtes, M. Leseure, instituteur.
Braquis, M. Viller, instituteur.

HERMÉVILLE, M. Chevin, instituteur.
HAUTECOURT, M. Chottin, instituteur.
PARFONDRUPT, M. Gœuriot, instituteur à Rambluzin.
GRIMAUCOURT-EN-WOËVRE, M. Hardouin, instituteur.
MAUCOURT, M. Prothin, instituteur.
BUZY, M. Gombert, instituteur.
MOGEVILLE, M. Legay, instituteur.
SAINT-JEAN-LES-BUZY, M. Artus, instituteur.
EIX, M. Maupoix, instituteur.

Conton de Clermont.

LES ISLETTES, M. Beauguitte, instituteur.
PAROIS, M. Divin, instituteur.
VRAINCOURT (Clermont), M. Lemoine, instituteur-adjoint.
AUBRÉVILLE, M. Chevin, instituteur.
AUZÉVILLE, M. Munerez, instituteur.

Canton de Souilly.

VILLERS-SUR-MEUSE, M. Dénérier, instituteur.
LEMMES, M. Jacquemin, instituteur.
JULVÉCOURT, M. Joublo, instituteur.
TILLY-SUR-MEUSE, M. Godart, instituteur.
SAINT-ANDRÉ, M. Michel, instituteur.
NIXÉVILLE, M. Roton, instituteur.
LEMPIRE, M. Barat, instituteur.
VILLE-SUR-COUSANCES, M. Giry, instituteur.

Canton de Fresnes.

COMBRES, M. Gaudard, instituteur.
PAREID, M. Boquillon, instituteur.
MARCHEVILLE, M. Garaudel, instituteur.
SAINT-REMY, M. Grandjean, instituteur.
HERBEUVILLE, M. Huvet, instituteur.
LABEUVILLE, M. Collignon, instituteur.
SAULX-EN-WOËVRE, M. Rémont, instituteur.
DONCOURT, M. Jacquin, instituteur.

Hennemont, M. Désoudin, instituteur,
Champlon, M. Pierre, instituteur.
Ronvaux, M. Gillaut, instituteur.
Woël, M. Henry, instituteur.
Thillot, M. Watrin, instituteur.
Ville-en-Woëvre, M. Ganier, instituteur.
Moulotte, M. Trichon, instituteur.
Bonzée, M. Petit, instituteur.
Watronville, M. Adam, instituteur.
Les Eparges, M. Massompierre, instituteur.
Doncourt-aux-Templiers, M. Christophe, instituteur à Abaucourt.
Mouilly, M, Lahayville, instituteur.

Canton de Revigny.

Brabant-le-Roi, M. Petit, instituteur.

Canton de Ligny.

Salmagne, M. A. Maujean, instituteur.

Canton de Commercy.

Wadonville-en-Woëvre, M. N...

Canton de Void.

Vaux-la-Grande, M. J. Drux, professeur au collége Saint-Joseph, à Vaucouleurs.

Canton de Vaucouleurs.

Brixey, M. Alfred Bigotte.
Seigneulles, M. l'abbé Jeannin, curé de Vassincourt.

Meuse.

M. Labourasse.

Total: 131.

HAUTE-MARNE

Nogent, M. Arthur Daguin, membre de plusieurs sociétés savantes.

Total général : 268.

Chargé de dépouiller ces 268 Mémoires, le Secrétaire de la Commission perdit malheureusement en la personne de son confrère, M. Charles Gérard, un collaborateur sans l'aide duquel il lui devenait impossible de conduire à bonne fin une entreprise aussi vaste. D'autre part, il eût fallu, pour joindre utilement l'étude de l'idiome populaire de l'ancien Barrois à celle des patois de l'ancienne Lorraine, que les instituteurs des arrondissements de Commercy et de Bar ne se fussent point abstenus. Dans ces circonstances, la Commission a dû ajourner l'examen des Mémoires venus des arrondissements de Briey, de Montmédy, de Verdun, et autoriser son Secrétaire à limiter provisoirement sa tâche aux deux anciens départements de la Meurthe et des Vosges. Si l'Autorité académique veut bien nous aider à combler la lacune meusienne, et si le public manifeste le désir que la campagne du Barrois succède à celle de la Lorraine, il se pourra que dans deux ou trois ans, un second volume soit offert aux amateurs de la vieille langue des paysans.

Post-scriptum. — L'enquête a laissé bien des blancs sur la carte que nous avons fait dresser, et parmi les Mémoires qui nous ont passé et repassé par les mains, plusieurs étaient incomplets. C'est, néanmoins, en toute confiance que nous soumettons aux linguistes les résultats de l'enquête ouverte par l'Académie de Stanislas. Nous sommes convaincus qu'une seconde enquête portant sur un nombre égal de communes, prises sur toute la surface du pays, comme le hasard a fait que les nôtres l'ont été, ne modifierait pas sensiblement ces résultats. Au surplus, nous avons eu la bonne fortune de rencontrer des collaborateurs consciencieux et très-intelligents dans les localités qui offrent le plus d'intérêt au point de vue linguistique: Vagney, La Bresse, Le Tholy, Deycimont, Ban-sur-Meurthe, Saales, Lusse, Vexaincourt, Rehérey, Courbessaux, Crévic, Mailly, Thézey, Landremont, Bouillonville, Lay-Saint-Remy, Domgermain, Allain, Vittel, Saint-Vallier, Gelvécourt, Marainville, Châtel, etc.

Quant à l'imperfection et aux lacunes de certains Mémoires, nous ferons remarquer que l'on trouve dans celui-ci ce qui manque dans celui-là, que pris en bloc dans leur ensemble ces documents ont une valeur moyenne considérable, enfin que l'un des avantages de la méthode comparée est précisément de diminuer et d'écarter les chances d'erreur en neutralisant les omissions des uns par les constatations des autres.

INTRODUCTION

UELQUE temps avant la conquête des Gaules par Jules César, la contrée qui devait se diviser politiquement en Barrois, Lorraine, Evêché de Metz, Duché de Deux-Ponts, Palatinat et Alsace était possédée par les deux tribus belges des Médiomatriciens et des Leuquois (1). Le territoire des premiers, que

___

(1) « César en décrivant le Rhin (Lib. IV, cap. 10), observe que ce fleuve coule sur les frontières des *Sequani*, des *Mediomatrici*, des *Tribuci* et des *Treviri*. D'Anville, qui admet la justesse de cette phrase de César pour les *Sequani*, les *Tribuci* ou *Tribocci* et les *Treviri*, ne veut pas qu'elle soit exacte pour les *Mediomatrici*. Il se fonde sur ce qu'après la conquête de César on ne trouve aucune trace que les *Mediomatrici* qui faisaient partie de la Belgique première, aient étendu leurs limites jusque dans les cantons voisins du Rhin, qui faisaient partie d'une autre province qui était la Germanie première. Son erreur provient ici, comme dans beaucoup d'autres endroits de sa Notice, de ce qu'il s'efforce toujours de confondre toutes les époques en une seule, et de ce qu'il écarte toute idée de changements dans les Gaules, afin de rapporter toutes ses descriptions à une seule carte. Cette erreur est ici bien manifeste, puisque Strabon confirme le texte de César. Il nous dit que les *Tribocci* étaient des Germains qui sans faire partie des Mediomatrici s'étaient établis sur leur territoire (Strabo. lib. IV.) » *Géographie ancienne des Gaules*, par Walckenaer, tome I, p. 518.

Les textes de César et de Strabon sont parfaitement clairs et décisifs, comment donc un récent historien de la ville de Metz a-t-il pu les contredire en disant : « Ebenso unbegründet ist die Annahme, dass die Mediomatriker... und dass selbst Elsass zu ihnen in einer gewissen Botmæsigkeit gestanden hæbe ». — *Geschichte der Stadt Metz*. Metz, 1875.

limitait au nord celui des Trévires, s'étendait à l'ouest jusqu'aux confins des Remi, au nord-est jusqu'au Rhin à la hauteur de Mayence, au sud-est jusqu'à l'Ahr. Les Leuquois occupaient, au sud, la région comprise entre la Marne, le pays des Lingons, celui des Séquanais et la crête des Vosges.

Lorsque César parut, les Médiomatriciens venaient de céder à la tribu germanique des Triboques la partie septentrionale de l'Alsace. Des démembrements postérieurs leur enlevèrent les civitates des Caracates (Mayence), des Vangiones (Worms), des Nemètes (Spire), le Sud de l'Alsace qui passa aux Rauraci, enfin la civitas des Verodunenses. Moins puissants, les Leuquois ne perdirent rien de leur territoire, et même ils paraissent l'avoir accru vers le nord au détriment des Médiomatriciens. Cette différence de fortune tient sans doute à ce que par leur extension jusqu'au Rhin, les Médiomatriciens se trouvaient en butte aux convoitises des tribus germaniques, tandis que les Leuquois étaient garantis à l'est par la forêt et les montagnes des Vosges.

Quoi qu'il en soit, vers la fin du IVe siècle, la Civitas des *Mediomatrici* était « bornée au nord par celles des *Treviri* et des *Vangiones,* et la limite passait au-dessus des villes ou bourgs actuels de Thionville, Rodemack, Bliescastel, Bouzonville, Bérus, Sarrebrük, Ottwiller, Saint-Wendel, Deux-Ponts et Hornbach. Ce tracé était fort sinueux, il décrivait deux espèces de promontoires qui s'engageaient assez profondément dans le pays des Tréviri et celui-ci, de son côté, pénétrait dans le territoire des Mediomatrici le long des rives de la Sarre. Au sud-ouest, ce dernier s'avançait jusque dans les environs de Commercy, puis remontait vers le nord-est, en comprenant Thiaucourt et gagnait la rive droite de la Moselle qu'il longeait jusqu'au confluent de cette rivière et de la Meurthe ; en sorte que la rive gauche dépendait des Leuci et la rive droite des Mediomatrici. La limite suivait la Meurthe jusqu'à Pixerécourt, allait tourner Amance, puis descendait presque perpendiculairement sur la Vezouze qu'elle côtoyait jusqu'à Domèvre ; elle passait au nord de Blâmont, de Châtillon, et venait se terminer dans les Vosges au pied du Donon où elle rencontrait le territoire des Tribocci. »

« Au midi du territoire des Mediomatrici on rencontrait celui des Leuci, qui était non moins vaste. Au nord, ses limites se confondaient avec celles du pays médiomatricien. A l'ouest, il était séparé du territoire des Catalauni par une ligne qui aurait laissé à l'orient les bourgs ou villages de l'Isle-en-Barrois, Villers-aux-Vents, Couvonge, Robert-Espagne, Jandeure, Savonnière et Montier-sur-Saulx ; on voit par là qu'elle se rapprochait beaucoup de la rive droite de la Marne. Du côté du sud-ouest, le territoire des Leuci confinait à celui des Lingones dans les environs de Rinel, Romain-sur-Meuse, Tolaincourt et La Marche. Vis-à-vis ce bourg finissait le pays des Lingones et commençait celui des Sequani. Ce territoire bornait celui des Leuci depuis le point qui vient d'être indiqué jusqu'à la vallée de Saint-Amarin ; mais cette limite décrivait plusieurs courbes ; après être descendue au midi vers Bourbonne-les-Bains, elle remontait au nord jusqu'au village d'Escle, redescendait au sud dans les environs de Bains, prenait de rechef la direction du nord et arrivait près de Chaumouzey ; de là, elle courait au sud-est en passant au midi de Plombières, Hérival et Ramonchamp jusqu'aux sources de la Moselle. Enfin, vers l'est, les Leuci étaient séparés des peuplades germaniques de l'Alsace (les Rauraci et les Tribocci) par la crête des Vosges, depuis Bussang jusqu'à la vallée de Munster et depuis le Donon jusque près de Turquestein. Mais, entre le Donon et la vallée de Munster s'étend un district d'environ huit lieues de longueur sur une largeur de trois à quatre lieues, et qui, à une date un peu postérieure à celle de la conquête de la Gaule, paraît avoir été envahi par des Germains venus d'Alsace. Ces émigrants auraient forcé les Leuci à reculer vers l'ouest et auraient occupé la rive droite de la Meurthe et les cantons arrosés par les affluents de cette rivière jusque vers Raon (1) ».

En 1766, l'ancien territoire des Médiomatriciens, devenu l'un des Trois-Évêchés et réuni à la France depuis plus d'un siècle, comprenait : 1º le Pays messin proprement dit, formant autour de la ville de Metz une banlieue d'un diamètre moyen de 35 kilomètres ; 2º l'ancien temporel épiscopal qui consistait alors en une quinzaine d'enclaves lorraines parmi lesquelles je citerai celles de Réméréville, de Veho, de Cirey, de Brémenil, de Moyen, de Rambervillers (2).

A la même date, l'ancienne civitas des Leuquois se composait : 1º du duché de Lorraine qui s'étendait de

---

(1) A. DIGOT, *Histoire de Lorraine*, tome I, p. 31, 32, 33. En général, le tracé du savant historien est confirmé par la comparaison des divers patois en usage dans le nord du département de la Meurthe et dans le sud de celui des Vosges. Aujourd'hui encore la rive gauche de la Moselle, grossie de la Meurthe, *dépend* linguistiquement du Toulois, tandis que la rive droite *dépend* du Pays messin. Au sud du département des Vosges, l'influence comtoise (lisez séquanaise) se fait sentir dans les cantons de Darney, de Bains et de Xertigny. Mais les résultats de l'enquête démontrent péremptoirement que les populations vosgiennes de la contrée située entre le Donon et la vallée de Munster ne sont point d'origine germanique. C'est dans cette partie de la Lorraine que l'on rencontre les formes grammaticales les plus voisines du latin ; et, quoi qu'on en ait dit, l'idiome populaire n'y a subi, de la part des Germains, d'autre influence que celle du voisinage qui est toute à la surface.

Les expressions dont s'est servi Digot *(paraît avoir été envahi,* etc... *Ces émigrants auraient,* etc.) sont d'ailleurs remarquablement dubitatives, ce qui s'explique par le silence absolu que l'histoire a gardé sur cette prétendue invasion.

(2) Voir la carte historique de l'Alsace et de la Lorraine dressée au point de vue des changements territoriaux accomplis durant les XVIIe et XVIIIe siècles, par MM. Bœckh et Kiepert.

Darney (Vosges) à Waldsen (Prusse), 2º de l'Évêché de Toul chevauchant sur la Lorraine et le Barrois. La fortune avait continué à maltraiter l'antique cité médiomatricienne.

Elle tenait, hélas! en réserve contre ce noble pays d'autres coups plus terribles.

Ces indications territoriales étaient nécessaires pour expliquer, dans la mesure du possible, plusieurs des résultats auxquels ont abouti nos recherches sur les patois lorrains. Revenons maintenant aux Médiomatriciens et aux Leuquois de Jules César.

I.

Il s'agit de déterminer la race à laquelle ces deux tribus appartenaient. Je ne me dissimule point que cette recherche ethnographique est aujourd'hui liée à une question irritante, mais j'estime que la politique n'autorise pas les hommes de Science à manquer au premier de leurs devoirs, qui est de poursuivre et de dire en toutes choses la vérité.

Les Médiomatriciens et les Leuquois étaient deux tribus belges, confinant vers le nord à la tribu belge des Trévires, avoisinant à l'ouest la tribu belge des Remi, limitées vers le sud par les tribus celtiques ou gauloises des Séquanais et des Lingons. Voilà ce que nous apprennent César et Strabon, deux témoins irrécusables.

La Belgique d'alors comprenait le vaste territoire situé entre le Rhin, la mer du Nord, le canal de la Manche, la Seine, la Marne et la ligne des monts Faucilles prolongée jusqu'au Rhin.

Qu'était-ce que les Belges ? A cet égard, les Commentaires nous fournissent un renseignement complexe, mais précis. Les Remi ayant député vers César deux des leurs, ceux-ci déclarèrent au général romain « que *la plupart* des belges étaient issus de Germains qui avaient anciennement traversé le Rhin et qui retenus dans le pays par sa fertilité, s'y étaient fixés après avoir expulsé les habitants de race gauloise » (1). C'est traduire fort inexactement que de supprimer le *plerosque* des Rémi et de dire : « Von diesen germanischen Stämmen überschritt, nach Caesar's Angabe, der Stamm der Belgier den Rhein, verdrängte die Gaels aus dem nördlichem Theil Galliens und nahm hier seine Wohnsitze » (2).

La vérité est que tous les Belges n'appartenaient point à la même race. La plupart étaient issus de Germains ayant anciennement passé le Rhin, mais il y avait des Belges qui n'étaient point de race germaine, des Belges qui étaient des Celtes. Vainement M. le Major Westphal s'efforce-t-il de donner le change en alléguant que du temps de César, les Belges tiraient encore vanité de leur origine germanique (3). L'historien fait allusion à ce mot de Tacite : « Treveri et Nervii circa affectationem germanicae originis, ultro ambitiosi sunt » (4). Il est bien possible que l'affectation avec laquelle les Treviri se réclamaient de la Germanie ait été de leur part une protestation contre les cessions de territoire que la politique romaine leur imposait pour attacher à la défense de la frontière certaines tribus d'outre Rhin. Toujours est-il qu'au témoignage bien connu de saint Jérôme, qui résida à Trèves vers l'année 360, le peuple y parlait

---

(1) Caesar. Commentarii de bello gallico. Lib. II, cap. 4 — pleros que Belgas esse ortos a Germanis, Rhenum que antiquitus transductos propter loci fertilitatem ibi consedisse, Gallos que qui ea loca incolerent expulisse.

(2) *Geschichte der Stadt Metz*, von Westphal, major von der armée.

(3) *Geschichte der Stadt Metz*, t. 1, p. 2.

(4) Tacitus. *De mor. germ.* 28.

une langue offrant la plus grande analogie avec celle des Galates de l'Asie mineure. Mais en admettant que les Treviri fussent de race germanique, le seul fait qu'ils parlaient une langue gauloise ne suffit-il pas pour démontrer que leurs ancêtres transrhénans n'avaient point expulsé les Gaulois du pays conquis, que tout au moins après avoir mis à mort ou en fuite les guerriers, ils s'étaient emparés des femmes et des filles pour en faire leurs épouses.

Si les Trévires et les Nerviens se sont glorifiés d'être issus de Germains, on ne voit nulle part que les Médiomatriciens, les Leuquois et les Remi aient manifesté les mêmes sentiments. Mettons donc de côté le mot de Tacite et le témoignage de Saint-Jérôme, pour en revenir au renseignement donné par César. Voyons s'il n'est pas possible de faire, dans la masse des tribus belges de l'âge préhistorique, le recensement des Germains et des Celtes.

Au moment où les députés des Remi s'abouchaient avec César, l'ère des invasions germaniques allait de nouveau s'ouvrir pour la Gaule. Ce seront après les Triboques, les Rauraci, les Ubiens, les Caracates, les Vangiones, les Némètes, les Francs saliens, les Francs ripuaires, les Burgondes. Pendant huit siècles, la Germanie déversera le trop plein de ses guerriers sur cette terre celtique qui avait autrefois envoyé ses Brenns saccager Rome, piller Delphes, s'emparer de la Bavière, fonder un grand Etat dans l'Asie mineure. Désarmés, divisés, affaiblis, les peuples de la Gaule sont pour longtemps hors d'état de rien entreprendre. Ils n'ont même pas à se défendre, les Romains ayant échelonné leurs légions le long du Rhin. Mais si ces légions traversent de temps à autre le grand fleuve pour aller châtier les tribus par trop entreprenantes, il arrive souvent que la politique impériale à bout de résistance capitule devant la barbarie et lui taille des cantonnements dans les civitates voisines de la frontière. Quand les Francs auront pris la place des Romains ils essayeront de refouler les envahisseurs, mais ce ne sera qu'au IX⁰ siècle que Charlemagne mettra fin à l'exode germanique. Durant cette longue période, les peuples de l'ancienne Celtique n'ont pas dépassé les limites de leurs cités, et cependant voici que les peuples belges des bords de l'Aisne, de la Seine, de la Somme, de la Sambre, de la Haute-Moselle, de la Meurthe, parlent leur langue, tandis que les peuples belges des contrées qui seront la province rhénane, le Brabant, les Flandres, la Hollande, parlent la langue des Germains. J'ai sous les yeux la carte dressée, avant la guerre de 1870, par M. Kiepert, de Berlin (1), et bien qu'elle puisse être légèrement redressée au point de vue ethnologique sur plusieurs points, j'accepte la ligne de démarcation tracée entre les populations de langues romanes et celles de langues germaniques. Au nord, sont les descendants des Belges issus de germains ; au sud, ceux des Belges qui étaient ou de pure race celtique ou d'une race mixte de Celto-germains.

II.

Ici intervient, en ce qui concerne les Médiomatriciens et les Leuquois, l'étude comparée des patois lorrains. J'ai pu constater (*Phonétique*, chap. 2, sect. V) que dans les anciens départements de la Meurthe et des Vosges, ainsi que dans les anciens arrondissements de Metz et

---

(1) Volker- und Sprachen- Karte von Deutschland und den Nachbarslandern zusammengestellt, von Heinrich Kiepert.

de Briey, certaines articulations latines se sont changées en *hh*, *h*, ou en *ch*, *j*, et que ces mêmes articulations latines n'ont point éprouvé de changement dans le département de la Meuse. Or, les patois lorrains sont les seuls dans lesquels on entende la consonne *hh*, et ce *hh* n'est pas autre chose que le *ch* allemand. « C'est, dit J.-J. Ampère, le son germanique presque semblable à une consonne que nous avons rendu par le signe *c* dans le nom de Clovis (Chlodoveus)..... Ce qui prouve que l'origine de ce son est germanique, c'est qu'il manque à la plupart des dialectes français et ne se trouve qu'aux confins du pays allemand, dans le patois lorrain, dans une partie de celui des Ardennes (?) et dans celui du Ban-de-la-Roche qui est pénétré de germanisme. Là il est prononcé dans sa pureté tout à fait gutturale et allemande. Il représente ordinairement un *ss* ou un *sc*, et peut s'écrire par un *ch*: *baichi*, baiser; *dechonde*, descendre; *chtole*, étoile » (1).

Ampère croyait pouvoir expliquer l'introduction de la gutturale germanique dans le patois lorrain par une sorte d'endosmose, et comme le dialecte du Ban-de-la-Roche, canton tout à fait frontière, était à cette époque le seul connu et qu'il s'y est glissé quelques mots allemands, c'était par là que dans sa pensée l'endosmose avait eu lieu. Il ignorait que le *ch* allemand se prononce entre Meurthe et Moselle et même sur la rive gauche de la Moselle avec autant de force qu'au Ban-de-la-Roche. Enfin Ampère n'avait pas pris garde que le patois du Ban-de-la-Roche a emprunté à l'allemand des environs un petit nombre de mots sans se laisser pénétrer en quoi que ce soit. Voici le détail de ces emprunts : *bouohha*, hêtre, all. buche; *brinquè*, tendre son verre

---

(1) Histoire de la Formation de la langue française. Chap. XV, II.

pour trinquer, all. zubringen ; *cheltè*, gronder, all. schelten, injurier; *chnôque*, cousin, all. Schnake; *hhicquè*, s'accorder, all. sich schicken ; *hhlitte*, traineau, all. Schlitten ; *hhnitses*, quartiers de pommes, de poires, etc., all. Schnitze; *hholle*, motte de terre, all. Scholle; *hhpatz*, moineau, all. Spatz ; *hhtande de beurre*, tinette, baratte, all. Butter-Stand ; *hhtandler*, être debout, all. stand ; *s'hhuttlè*, se secouer, all. sich schüttlen ; *crouque*, cruche, all. Krug ; *erfarè*, apprendre, all. erfahren ; *fr'contè*, se tromper en comptant, en patois all. sich verzählen ; *guerodè*, *grodè*, réussir, all. gerathen ; *haipe*, dévidoir, all. Haspel ; *hoffe,* cour, all. Hof; *keubli*, tonnelier, all. Kübler ; *lach*, amas d'eau, bourbier, all. Lache ; *kiatte*, glissant, all. glatt ; *kiélè*, terme de vétérinaire, all. kühlen ; *môlè*, peindre, all. malen ; *hélié*, image, all. Heilige ; *quœtches*, prunes, en patois all. Quetschen; *rehhtel*, rateau, all. Rechen ; *roupe*, chenille, all. Raupe; *schtorke*, cigogne, all. Storch ; *trinquè*, ivre, all. trunken ; *wouadè*, garder, all. warten ; *vouonderli*, admirable, all. wunderbar ; *vouâle*, choix, Wahl. ; *voualère*, chat mâle, all. Roller.

Les emprunts lexiologiques s'expliquent d'eux-mêmes ; ils se font du plus ou moins sur toutes les frontières. Mais que des populations de langue romane aient systématiquement substitué à certaines articulations latines une consonne que les Français prononcent difficilement et qui leur est antipathique, voilà qui résiste à l'explication par le simple voisinage. La cause d'un phénomène de cette nature est nécessairement plus profonde. Il faut qu'il y ait eu anciennement entre ces populations et des peuples de race germanique, un contact intime, prolongé.

Durant les périodes mérovingienne et carlovingienne les Francs ripuaires se sont fixés en assez grand nombre sur le sol de la Lorraine. Il semble donc, à première vue, que la phonétique germanique ait pu alors pénétrer la phonétique gallo-latine. Mais la même juxtaposition a eu lieu dans le Barrois, dans les pays Wallons, en Bourgogne, et les patois de ces provinces n'accusent point une pénétration de la nature de celle qui s'est produite dans les patois lorrains. L'influence des idiomes franc, gothique et burgonde s'est fait sentir exclusivement par l'introduction dans les vocabulaires gallo-romains d'un millier de mots d'outre-Rhin. Quant à la grammaire et à la phonétique, ces œuvres vives, ces parties nobles de la langue, l'allemand ne les a point atteintes. C'est que l'expression des relations grammaticales et les habitudes phonétiques sont bien autrement protégées que les mots, par la loi de l'hérédité. L'ensemble d'un vocabulaire offre sans doute une résistance à peu près invincible, mais, pris isolément, le simple vocable est sujet à disparaître. Il faut donc remonter au-delà des temps mérovingiens et demander à la loi de l'hérédité elle-même, la solution du problème.

Si les Médiomatriciens et les Leuquois ont remplacé par *hh, h*, les articulations latines *ss, sc, s*, etc., c'est que leurs ancêtres ont été des Belges celto-germains ; j'entends par là qu'au Ve ou au VIe siècle avant Jésus-Christ, des conquérants venus d'outre-Rhin se sont superposés à un peuple de race celtique, se sont fondus dans ce peuple, y ont pris leurs femmes, et qu'ainsi les aptitudes phonétiques des vaincus ont été modifiées par l'infusion d'un sang nouveau. Il s'est passé, sur les bords de la Haute-Moselle et de la Meurthe, quelque chose d'analogue à ce que nous savons avoir eu lieu dans les Antilles, lors de leur conquête sur les Arrouagues par les ancêtres des Caraïbes. Du chef des femmes et des enfants, l'idiome des vaincus est devenu celui du nouveau peuple, en subissant toutefois dans quelques-unes de ses parties l'influence paternelle.

La substitution de *hh*, *h* à *sc*, *ss*, *s*, etc., n'est pas le seul phénomène qui distingue les patois de la Lorraine de ceux des autres provinces. « Il est, en outre, un son, bien plus caractéristique encore, qui s'entend partout en Lorraine et qui est dû à l'influence germanique, c'est la nasale *in* qui se prononce comme dans le latin, à l'exception qu'on ne fait pas sentir le *n*, ou comme dans la première syllabe du mot « vinaigre » en accentuant légèrement le ton » (1).

L'*in* lorrain n'est pas autre chose que le *in* germanique affectant une résonnance cérébrale.

II.

Un moment j'avais cru pouvoir distinguer, dans les départements de la Meurthe et des Vosges, les descendants des Leuquois de ceux des Médiomatriciens. Mais après avoir vérifié minutieusement, au moyen de cartes spéciales, chacune des particularités phonétiques sur lesquelles s'était portée mon attention, j'ai dû reconnaître que je n'arrivais à rien de concordant ni de probant. Les comparaisons grammaticales et lexiologiques n'ont point été plus favorables à la distinction qui m'avait séduit. Tout au contraire, j'ai été amené à constater que l'étroite parenté des deux tribus celto-germaines ressort jusqu'à la dernière évidence de l'étude comparée des patois du Pays messin et de la Lorraine. Il est hors de doute que les cantons actuels de Dompaire, de Charmes, de Haroué et de Vézelise sont en plein pays leuquois, tandis que ceux de Pont-à-Mousson et de Nomeny sont en terre médiomatricienne. Or ces deux groupes forment,

---

(1) *La Vallée de Cleurie*, par Xavier THIRIAT. 1866.

avec les cantons intermédiaires de Lunéville-Nord et de Nancy-Est, une bande verticale dans laquelle les patois présentent le plus souvent les mêmes particularités.

Étudiés au point de vue grammatical, les divers patois des départements de la Meurthe et des Vosges se groupent territorialement en dialectes et en sous-dialectes. Il n'en est plus de même quand on se place au point de vue phonétique : les patois forment encore des groupes, mais ceux-ci ne constituent plus des dialectes. Je prendrai pour exemples les phénomènes du mouillement et du changement de *sc*, *ss*, *s*, etc., en *hh*, *h* ou en *ch*, *j*.

Au sud-est du département de la Meurthe et au nord-est de celui des Vosges, les articulations latines *cl*, *gl*, se changent fréquemment en *ki*, *gui*. C'est le mouillement simple : clair *kièt*, clore *kiore*, clou *kiou*, cloche *kioche*, glace *guièce*, gland *guiand*, sanglier *singuiè*, etc. Dans une autre partie du pays, *cl*, *gl* se changent en *ti*, *di*, c'est le mouillement métamorphique : *tièt*, *tiore*, *tiou*, *tioche*, *dièce*, *diand*, *sindiè*. Enfin, dans une troisième série de communes, le mouillement est tantôt simple, tantôt métamorphique. Le premier groupe est d'un seul tenant, mais les patois des communes qui le composent forment trois sous-dialectes bien distincts. Les deux autres groupes se pénètrent l'un l'autre, et les distinctions dialectales y sont encore plus nombreuses.

J'ai constaté, au sujet du second phénomène, que les articulations latines *sc*, *ss*, *s*, etc., se changent en *hh*, *h* à l'orient d'une ligne qui partant de Mousson pour aboutir au-dessus de Ramonchamp, traverserait Martincourt, Liverdun, passerait ensuite à l'est de Nancy, à l'ouest des communes de Lemainville, Affracourt, Marainville, Ahéville, Mazelay, Sanchey, à l'est du Grand-Bois et au nord de Rupt, — tandis qu'à l'ouest de cette ligne les mêmes articulations se changent en *ch*, *j*. Ex.: garçon

gahhon, gachon; cuisse, *keuhhe, keuche;* poisson, *pohhon, pochon;* maison, *mâhon, mâjon;* cuisine, *quehine, cujine.*
Cette fois les deux groupes sont compacts et bien tranchés, mais les patois des communes dont chacun d'eux se compose, ne forment point deux dialectes. Il y a plus, la ligne de démarcation sépare les communes de Laloeuf, Battigny et Vandeléville de celles de Lamainville et d'Affracourt, et cependant ces cinq communes forment, au point de vue grammatical, un tout indivisible. Il en est de même, au sud-est du département des Vosges, pour les communes de Ramonchamp, Ventron et Rupt.

Au point de vue lexiologique, les divisions et subdivisions des patois de la Lorraine, sont à peu près les mêmes qu'au point de vue grammatical, bien qu'il y ait, sur quelques points, notamment au nord et au sud-est, un petit nombre de mots appartenant en propre aux dialectes de ces régions. Grâce au zèle de deux de nos correspondants, Mlle Justine Houberdon et M. Favier, les lecteurs pourront comparer le vocabulaire du Tholy avec celui de Landremont, commune médiomatricienne. L'identité du fond est manifeste.

III.

Avant d'indiquer les caractères grammaticaux qui sont communs à tous les patois de la Lorraine, j'ai à combattre le préjugé trop répandu que les parois seraient des corruptions locales du français, des altérations accidentelles d'un langage uniformément parlé pendant un temps sur toute la surface de la France ? Le regretté M. Charles Gérard a protesté en termes excellents contre cette croyance erronée. « Les patois sont, dit-il, une formation indépendante, mais naturelle et régulière, le développement, la continuation, ou, si vous le voulez, les débris des dialectes anciens qui ont occupé le sol de la France. Ils sont répartis non au hasard, mais rangés sous un ordre géographique et distribués dans les conditions que leur ont faites la contiguité territoriale, l'influence du climat, le groupement des races, la nature des milieux, le concours de l'action collective et de l'action individuelle, en un mot toutes les circonstances variées du mouvement social » (1).

Je ne ferai que développer la pensée de ce fin et savant connaisseur, en ajoutant : les patois lorrains se sont formés du latin rustique, le dialecte dans lequel a été écrite la Chronique de Lorraine est issu d'eux par voie de sélection, sous l'influence des hautes classes et des lettrés ; abandonnés aux paysans et aux petites gens des villes, ces patois se sont développés librement, empruntant au dialecte lorrain et plus tard au français un petit nombre de mots, sans perdre pour cela leur originalité ; dans quelques-unes de leurs parties ils ont suivi le latin de plus près que ne l'a fait le français, dans d'autres ils s'en sont éloignés davantage parce qu'ils ont été plus logiques que la langue littéraire en réduisant le nombre des flexions, et qu'un instinct analogue à celui de la langue anglaise les a poussés à raccourcir les mots.

Que les patois lorrains se soient formés du latin rustique, cela sautera aux yeux de quiconque lira attentivement ma *Grammaire* et en particulier le chapitre relatif aux conjugaisons. Fidèles observateurs de la loi de l'accent tonique, ils ont conservé mieux que le français la distinction des verbes forts et des verbes faibles. A cette preuve décisive j'en ajouterai une tirée de leur vocabulaire en montrant qu'ils se sont approprié un certain nombre de mots latins lesquels n'ont point passé

---

(1) *Les Patois lorrains.* Discours de réception à l'Académie de Stanislas. Nancy, 1877.

dans le français et qu'ils ont conservé à d'autres mots des formes plus latines que celles de la langue littéraire.

Exemples :

Dubitáre, douter ; *dotè*, craindre.
Pómum, fruit ; *paume*, épi.
Gobiónem, goujon ; *govion*.
Fagús (à l'acc. plur.), hêtres ; *fayisse*.
Paxíllus, pieu ; *pehhi*, échalas.
Nívem, neige ; *nove*.
Plúvia, pluie ; *piouve*.
Secáre, couper ; *sèguè*, scier.
Exíre, sortir ; *euhhi*.
Jácere, être couché, étendu ; *jeure*.
Quiescére, se calmer, cesser ; *cohi, cougi*.
Vindemiáre, vendanger ; *vendemayes*, vendanges.
Hírpicem, herse ; *arpii*, herser.
Fáscia, maillot ; *fèhhotte*.
Fervére, ferbui, bouillir, j'ai bouilli ; *ferbeli*, blanchir les légumes.
Stérnere, étendre sur la terre ; *hhterni*, répandre.
Lúcubra, veille ; *loure*, veillée.
Méta, borne, terme, fin ; *mat*, but.
Medietáneus, qui est au milieu ; *mitan*, milieu.
Resarcíre, réparer ; *rassarcis*, reprise.
Stípula, chaume, paille ; *steppe*, épi glané.
Áliquid, quelque chose ; *iecque*.
Málum, pomme ; *mali*, pommier.
Canístrum, panier ; *tchintré*.
Mínor, moindre ; *menre, manre*, mauvais.
Assidetáre, s'asseoir ; *éhhuter*.

Tandis que la langue anglaise a débarassé ses verbes de la presque totalité de leurs flexions devenues absolument inutiles, les personnes étant désignées par des pronoms, le français ne s'est point affranchi du joug des désinences de la conjugaison latine. Quelques-uns de nos patois y sont également demeurés assujettis, mais la plupart se sont ingéniés á diminuer les difficultés inhérentes á la conjugaison flexionnelle, en réduisant à deux le nombre des flexions, dans la majorité des Temps. Une flexion pour le singulier, une flexion pour le pluriel, telle a été en Lorraine, comme en Bourgogne, la solution très-rationnelle du problème. Exemple : Imparfait : *dje prakè, te prakè, é prakè, dje prakonne, vos prakonne, è prakonne* (Ban-sur-Meurthe.)

Non-seulement les patois lorrains se sont formés du latin rustique, mais leur formation a été aussi régulière que celle du français, bien qu'ils n'aient pas adopté exactement les mêmes règles de permutation. L'accent tonique est demeuré sur la syllabe qu'il renforçait en latin ; toute voyelle latine atone occupant la dernière place du mot a disparu ou, ce qui revient au même, s'est assourdie en *e* muet ; toute voyelle latine atone occupant l'avant-dernière place du mot a également disparu ; la consonne médiane, c'est-à-dire placée entre deux voyelles, a été élidée chaque fois que la voyelle qui la suit portait la tonique. Mais tandis qu'en français, toute voyelle latine atone précédant immédiatement la tonique a toujours persisté, un grand nombre de nos patois ont suivi la règle inverse, en rejetant ou en assourdissant cette voyelle. Ex.: — latin : luminária, auriculàrius, limacónem — français : lumière, oreiller, limaçon — patois : *l'mère* ou *lemère, or'lie, lem'çue*. Relativement à la voyelle latine atone précédant immédiatement la tonique, la règle est, en français, que cette voyelle disparaît quand elle est brève et persiste quand elle est longue ; dans le plus grand nombre de nos patois, la règle est que la voyelle disparaît alors même qu'elle est longue. Ex.: — latin : caminàta, pisciónem, cognóscere, domin[i]célla, descéndere, juniícem — français: cheminée, poisson, connaître, demoiselle, descendre, génisse — patois : *chem'née*, *p'hhon*, *k'noche*, *dèm'hole*, *d'hhonde*, *j'neusse*. Grâce à ces deux déviations, l'idiome populaire a su entrer dans la voie du raccourcissement des mots, ce dont il faut le louer, encore bien que des mots comme *p'hhon* et *d'hhonde* exigent pour être prononcés distinctement des organes très-assouplis.

Aux contempteurs des patois qui affecteraient de ne voir dans la conjugaison biflexionnelle et dans le raccourcissement des mots que des innovations négatives, j'opposerai que la langue des paysans a créé des formes grammaticales. Dans plus de soixante des communes de l'enquête, quand on veut indiquer, à l'imparfait, que l'action s'est accomplie récemment, il faut employer le temps auquel j'ai donné le nom d'imparfait prochain par opposition à l'imparfait distant. Je citerai, pour exemple, une phrase dans laquelle le même verbe est employé successivement à l'un et à l'autre temps : « L'mètin-ci en sôtant fieu d'le taut i â biè vu qu'è fera di mètchant tops ro qu'en èpiant las niaïes qué *venintor* dè grand vot, èchà elles nè *venint*-mi si vite » — ce matin en sortant de la maison (du toit) j'ai bien vu qu'il ferait du méchant temps rien qu'en regardant les nuages qui venaient de grand vent, hier soir ils ne venaient pas si vite.

Cet imparfait prochain s'emploie à Ramonchamp et à Port-sur-Seille, à Vexaincourt et à Allain, en pays médiomatricien et en pays leuquois, dans la montagne et dans la plaine (1).

On sait que le français a remplacé l'imparfait du sub-

---

(1) M. Auricoste de Lazarque m'a fait savoir que le double imparfait est usité à Demange-aux-Eaux, canton de Gondrecourt, Meuse.

L'imparfait prochain est une création patoise puisque ce temps manque au latin comme au français. Mais, il se peut que les désinences *-or*, *-tor*, *-ʒor*, *-ʒeux*, etc., proviennent de la voie moyenne du latin ou de celle du Celtique. Voir *Compendium der vergleichenden Grammatik der indogermanischen Sprachen*, von Aug. Schleicher, p. 705.

jonctif par le plus-que-parfait du même mode. Quelques-uns de nos patois ont fait de même, mais dans le plus grand nombre, on retrouve l'imparfait latin suffixé soit au présent soit à un autre thème : Ex.: *que j' saï-esse*, à Attigny ; *que je so-sse*, à Hamonville ; *que j'at-eusse*, à Laneuvelotte ; *que j'ét-euhhe*, à Vexaincourt.

Je crois en avoir dit assez pour montrer que les patois de la Lorraine ne sont ni une corruption ni une singerie du français. Au moment où cette langue de nos aïeux va disparaître sous l'effort des instituteurs, des journaux, des chemins de fer, de la loi du recrutement, et pour tout dire d'un mot, sous l'action irrésistible du progrès, qu'il me soit permis de protester contre le mépris injuste dans lequel la tiennent bien des citadins et trop d'habitants de la campagne. Tuez les patois, dirai-je volontiers, tuez-les puisqu'il le faut, (dit-on), mais ne les déshonorez pas !

Il me reste à indiquer ce que les divers patois des deux départements ont de commun, à esquisser la carte des dialectes et à me prononcer sur la redoutable question de l'orthographe.

IV.

Les caractères phonétiques et grammaticaux communs à tous les patois lorrains sont au nombre de dix-huit :

1° Dans toutes les communes de l'enquête, un certain nombre d'articulations latines sont remplacées par *hh*, *h*, ou par *ch*, *j*, et ce phénomène ne se produit point dans les patois des autres provinces (1).

---

(1) La substitution de *ch,j* à *ç,ss* du latin a été assez fréquente dans le dialecte Picard, et suivant J.-J. Ampère, elle s'est conservée dans plusieurs patois, notamment en rouchi et en normand. Fallot a cité cette substitution comme un signe du flamand. On remarquera que le picard, le rouchi, le normand sont parlés par des populations dont les ancêtres étaient des Belges et vraisemblablement des Belges celto-germains.

2° On a vu précédemment que l'idiome populaire lorrain affectionne le mouillement tantôt simple, tantôt métamorphique.

3° Les mots se raccourcissent ou par élision ou par assourdissement des voyelles latines atones, dans presque tous nos patois.

4° Sauf de très-rares exceptions, on emploie partout, au lieu d'ajectifs déterminatifs, les adverbes enclitiques *-ci, -lò, -lè, -lé*. Ex.: *lo live-ci*, ce livre ; *les èfants-lò*, ces enfants ; *l'euhh-lè*, cette porte.

5° Le pronom relatif « dont » manque dans nos patois ; il y est très-imparfaitement remplacé par *qué, que*. Ex.: *lè fomme-lè qué s'n effant ast mouaut*, cette femme dont l'enfant est mort.

6° Dans la grande majorité des communes, les pronoms interrogatifs sont emphatiques et redondants. Ex.: *qui -ost-ce? qui-ost-ce-que? qu'ost-ce -c'est-que?* etc.

7° La plupart de nos patois ont conservé le pronom latin « aliquid » sous les formes *acque, aique, iècque*.

8° C'est, partout, une règle absolue que les noms ne subissent aucune modification en passant du nombre singulier au nombre pluriel. On dit: *so chwâ*, son cheval, *ses chwâs*, ses chevaux ; *le merchau*, le maréchal, *les merchaus*.

9° Tous les patois lorrains abondent en diminutifs formés par les désinences *-ot, -otte, -at, -atte*. Ex.: *mohhotte*, abeille; *poitiotte do jou,* pointe du jour; *morcolotte*, belette; *bôlotte*, bouleau ; *ròbatte*, robe ; *pintatte*, cruche; *nonnatte*, épingle ; *fouyotte*, feuille ; *gochenot*, garçonnet ; *j'motte*, jument, etc,

10° Par cela seul que la distinction entre l'imparfait prochain et l'imparfait distant se fait dans plus de soixante communes disséminées ainsi qu'il a été dit, on est en droit de considérer ce raffinement grammatical comme ayant été anciennement commun à tous les patois lorrains.

11º La conjugaison biflexionnelle est pratiquée, à certains Temps, dans toutes les communes.

12º Les formes subjonctives en *-asse*, *-osse*, etc., sont de beaucoup les plus fréquemment employées dans la majorité des communes.

13º La distinction des verbes forts et des verbes faibles, s'est maintenue dans la généralité de nos patois.

14º Les verbes réfléchis se conjuguent avec l'auxiliaire « avoir », sauf de rares exceptions.

15º Les patois lorrains ont adopté unanimement de préférence à toutes autres, la négation *ne ...mie*.

16º L'interrogatif *nome (n'ost-me.* n'est pas, n'est-ce pas), est usité dans toutes les communes.

17º Aux adverbes de lieu français « ici, là », correspondent, dans tous les patois lorrains, les adverbes emphatiques *to-ci, to-lè, tout-ci, tout-lè,* etc.

18º Presque partout, l'adverbe de lieu « où » est emphatique : *ou-ce-que, èvou-ce-que, vorou-que, ou-ast-ce-que,* etc.

V

On a dit, non sans quelque raison, que l'idiome lorrain s'est fragmenté en autant de patois qu'il y a de villages, mais ce serait aller contre la nature des choses que d'attribuer à toutes ces variétés locales le caractère de dialectes. Un habitant de Bouillonville, d'Allain, de Vittel comprendra difficilement un *Giraumhé* ou un *Bressaud*. Mais croire que les gens de Deycimont aient besoin du secours d'un interprète pour s'entretenir avec ceux de Champdray, qu'un Ravonnais en soit réduit à converser par signes avec les bûcherons de Verdenal, c'est se berner soi-même.

Il en est des patois d'une province comme de ses coutumes et de ses légendes. L'identité du fond comporte des variantes, des variétés, et naturellement l'écart augmente en raison directe des distances. Le parler de Bouillonvillle diffère sensiblement de celui de Gérardmer, mais il y a de l'un à l'autre toute une série de transitions.

On distingue néanmoins dans la masse de nos patois un certain nombre de groupements caractérisés par des particularités grammaticales assez saillantes pour que ceux-ci constituent des dialectes. Seulement, comme la nature ne procède point par sauts, on aboutit du centre de chacun de ces groupes à des patois mixtes ou mélangés, ce qui rend très-difficile la confection d'une *Sprachekarte*. La difficulté augmente quand la carte sur laquelle il s'agit de tracer des délimitations est incomplète.

J'ai dit que les groupes sont caractérisés par des particularités grammaticales. Voici comment s'exprime à ce sujet Melle Justine Houberdon : « Des différences bien tranchées entre les idiomes de la vallée de la Moselotte et ceux du pays qui s'étend depuis la vallée de Cleurie jusqu'à Gérardmer et à Bruyères, divisent ce parler en deux dialectes très-distincts, lesquels se subdivisent en sous-dialectes avec des nuances plus ou moins marquées dans chaque village ».

« C'est surtout dans la conjugaison des verbes que se rencontre la différence la plus sensible et la plus sûre pour établir des comparaisons solides qui, jointes aux comparaisons lexiques, permettront de classer les dialectes et les sous-dialectes d'une manière régulière. Les terminaisons des verbes dans leurs différents Temps sont soumises aux règles des conjugaisons propres aux idiomes auxquels ils appartiennent, tandis que les terminaisons des noms et des adjectifs ainsi que leurs transformations diverses varient à l'infini, sans règle bien déterminée et sans qu'il soit possible d'y en établir sans rencontrer une infinité d'exceptions. Les différentes transformations de l'article, des adjectifs démonstratifs et des pronoms offrent aussi des comparaisons solides qui distinguent également les deux dialectes précités ainsi que leurs divisions principales ».

Il y a dans ce passage des vues linguistiques plus exactes que celles qui ont été émises par un autre patoisant : « J'insiste, dit-il, sur le vocabulaire parce qu'en ceci il est bien autrement essentiel et difficile que la grammaire. Sans donte, la grammaire est la *forme* de la langue tandis que le vocabulaire n'en est que la *matière*. Mais d'abord, quoiqu'on en dise, cette matière n'est pas moins constitutive, moins caractéristique, malgré les nuances qu'elle peut subir. Ensuite, tous les dialectes gaulois, le Breton excepté, ont la même grammaire que le Français leur frère aîné, c'est-à-dire la grammaire gauloise, et il n'y a dans cette partie qu'à noter certaines exceptions, certaines locutions rejetées dans la suite des temps par l'usage ou par le pédantisme des grammairiens. Rien donc n'est plus facile que la grammaire du patois. Toute la difficulté est dans la reconstruction du glossaire ».

Tandis que Mlle Houberdon, éclairée par la comparaison des deux dialectes qui lui sont également familiers, comprend la haute importance de la grammaire et lui subordonne le lexique, l'autre correspondant exclusivement préoccupé du patois de la Bresse, qu'il considère « comme placé au centre de la rose des patois de la France » eut voulu voir l'Enquête s'engager dans la voie stérile de l'ancienne linguistique, pour aboutir à constater purement et simplement l'unité lexiologique des patois lorrains. Or, cette unité éclate dans les deux vocabulaires que l'Enquête a permis d'établir. Quand on voit, par exemple, que le latin *scándula* (bardeau) a donné au patois du Tholy *hhonde*, à celui de Vexaincourt *ehhin*, à celui d'Allain *échodre*, et qu'à chaque pas on constate sur les points les plus distants, par des concordances aussi frappantes, l'identité originale du lexique, la question est résolue.

Je vais indiquer brièvement les divisions dialectales de l'idiome lorrain, sans entrer dans aucun détail, ma *grammaire* ayant été rédigée de telle sorte qu'il sera très-facile aux amateurs de discerner les particularités sur lesquelles ces divisions ont été établies.

I. — En faisant passer au nord des communes de La Bresse, de Saint-Amé, du Longuet, du Grand-Bois et d'Hennezel, une ligne dont les deux extrémités iraient couper la frontière du département des Vosges, on isole une région dans laquelle l'influence de l'idiome franc-comtois a introduit notamment les formes en *âs* du pluriel de l'article défini et des adjectifs possessifs : *lâs, dâs, mâs, tâs, sâs*. Mais il faut séparer la portion occidentale (Hennezel, Grand-Bois, Longuet), de l'angle sud-est où règne un dialecte dont l'originalité atteint à son maximum dans le triangle Ventron—Saulxures—La Bresse. A Vagney se fait sentir l'influence du patois du Tholy, ou Cafran ; à Saint-Amé on passe du dialecte sud-est à un patois mixte qui constitue, avec celui de Dommartin, une double variété intermédiaire.

Dans la vallée de la Moselle, le dialecte sud-est perd quelques-uns de ses caractères distinctifs.

II. — Les patois des communes situées sur la rive droite de la Meurthe, depuis Ban jusqu'à la hauteur de Pettonville, se rattachent plus ou moins étroitement au parler que le livre d'Oberlin a fait connaître sous le nom de patois du Ban-de-la-Roche. Cet ensemble qui constitue le dialecte nord-est se subdivise en cinq sous-dialectes :

1º Pexonne, Badonviller, Rehérey, Hablainville, Pettonville, Parux, Cirey.

2º Celles-sur-Plaine, Vexaincourt, Luvigny, Raon-sur-Plaine.

3° Le Ban-de-la-Roche.

4° Moyenmoutier, Saales, Provenchères, Lusse.

5° Mandray, Ban-sur-Meurthe. Le patois de cette dernière commune est intermédiaire entre les patois de Mandray et de Gerbépal.

III. — Les patois de Verdenal et de Leintrey sont intermédiaires entre le dialecte nord-est et le dialecte nord, avec une tendance un peu plus marquée vers ce dernier.

IV. — J'appelle dialecte nord l'ensemble des patois parlés dans les communes situées sur la rive droite de la Meurthe et de la Moselle, depuis Vitrimont jusqu'à Mousson. Il y a dans cette région, au lieu d'un centre comme dans la région nord-est, deux foyers placés: l'un à l'extrémité nord, sur la rive gauche de la Seille, c'est-à-dire en pays de parler messin (Port-sur-Seille, Thézey-Saint-Martin); l'autre dans la partie moyenne du canton de Lunéville.

Il existe, dans l'intervalle compris entre ces deux foyers, un sous-dialecte, celui des communes de Laneuvelotte et d'Art-sur-Meurthe.

Quant aux communes de Mousson, Manoncourt, Mailly, Landremont, Moivrons, Custines, leurs patois forment la transition entre le sous-dialecte de la Seille et celui du canton de Lunéville. Dans quelques-unes de ces communes, notamment à Landremont, il y a des traces d'une influence exercée par les patois de la rive gauche. Cette influence est dominante à Malzéville.

V. — Les patois des communes de Lemainvillle, Affracourt, Lalœuf, Battigny, Vandeléville forment un dialecte apparenté de très-près au sous-dialecte du canton de Lunéville.

VI. — Les patois des quatre communes du canton de Charmes diffèrent légèrement de ceux du groupe précédent et de ceux du canton de Dompaire, mais ils tranchent bien davantage sur ceux du canton de Châtel.

VII. — Les patois de Ahéville et de Saint-Vallier sont intermédiaires entre les patois du canton de Charmes et ceux du canton de Mirecourt.

VIII. — Les patois des cantons de Mirecourt, Vittel, Darney, Bulgnéville, Chatenois, Neufchâteau, Coussey, Colombey et Toul se relient les uns aux autres sans présenter des différences bien caractéristiques. On peut néanmoins distinguer dans cette région sept sous-dialectes

1° Domgermain, Toul, Pierre-la-Treiche.

2° Vannes-le-Châtel, Allain.

3° Trampot, Brechainville, Pargny, Autigny-la-Tour, Circourt-sur-Mouzon.

4° Vouxey, Landaville.

5° Manoncourt, Menil-en-Xaintois, Houécourt, Lancuveville-sous-Montfort, Vittel, Lignéville, Bulgnéville.

6° Saint-Baslemont, Dombasle, Attigny, Hennezel.

7° Vaubexy, Gelvécourt, Légeville.

IX. — Le patois de Bouillonville forme un dialecte distinct.

X. — Les patois de Hamonville, de Martincourt et de Liverdun sont mélangés d'éléments toulois et d'éléments médiomatriciens.

XI. — Le patois de Lay-Saint-Remy est intermédiaire entre le parler du Toulois et celui de la Meuse.

XII. — Les patois des communes situées entre Meurthe et Moselle forment un grand dialecte dont le centre se trouve placé dans le canton de Bruyères, et qui déborde à l'ouest sur la rive gauche de la Moselle jusqu'à Frizon, Mazelay, Sanchey, Charmois-l'Orgueilleux et le Grand-Bois.

Les sous-dialectes sont au nombre de six:

1° Le Cafran parlé au Tholy, à Laforge, à Bouvacôte

(Vagney), au Mourot et à Julienrupt (Syndicat), c'est-à-dire dans l'ancienne paroisse du Tholy. Le Cafran a subi quelque peu l'influence du dialecte sud-est.

2° Champdray, Rehaupal, Vienville, Gerbépal, dans le canton de Corcieux.

3° Le *Giraumehé* ou patois de Gérardmer, parlé depuis le Belliard jusqu'à Retournemer, et dans la vallée du Bas-Rupt jusqu'au village de Rochesson. « Il ne diffère des autres patois des environs du Tholy que par la fréquence de la désinence -*èye*, ainsi que par certaines substitutions de voyelles ou de syllabes dans le corps des mots » (1).

4° Deycimont, Charmois-devant-Bruyères, Docelles, La Baffe, Grandvillers.

5° Dompierre, Rouges-Eaux, Badménil-aux-Bois, Châtel, Bult, Vomécourt, Ortoncourt, Haillainville, Roville-aux-Chênes, Sainte-Barbe, Lachapelle, Thiaville, Saint-Pierremont, Vallois, Moyen.

6° Les communes situées sur la rive gauche de la Moselle : Frizon, Mazelay, Sanchey, Charmois-l'Orgueilleux, Grand-Bois.

VI.

Il y a, en matière d'orthographe : des ultra-conservateurs regrettant *in petto* que l'usage se soit perdu d'écrire *honestement, lucteurs, aureille*, au lieu de : « honnêtement, lutteurs et oreille » ; des radicaux pour lesquels l'orthographe étymologique est une routine dont le maintien a pour but de favoriser l'aristocratie de plume au grand détriment de la plèbe des illettrés ; des modérés, gens de bon sens, s'accommodant volontiers des réformes prudentes que l'Académie homologue dans chacune des éditions de son dictionnaire. *Mè se srèt avec orreur ke*

---

(1) *Mémoire* adressé par Mlle Justine HOUBERDON.

sé dernii se vérè condané ʒa trètè leur vièye langue com' un jargon de la còt' d'Afrik ; il pans' ke lortograf' des cuisinièr' ne vò pâ céle ke le tan ʒa consacré.

Voilà cependant comment certains amateurs voudraient qu'on écrivit le patois ! Il saute aux yeux, c'est le cas de le dire, qu'avec une semblable méthode, la lecture d'un texte patois sera rebutante pour quiconque ne connaîtra pas à fond le dialecte dans lequel il a été composé.

Or, on vient de voir que les dialectes sont en assez grand nombre, et il est à craindre, pour chacun d'eux, que trois personnes, prises au hasard dans n'importe quel village, ne transcrivent différemment bien des mots. On aboutira donc dans cette voie à une cacographie anarchique, les textes seront des grimoires, et le public se détournera avec dégoût des œuvres des patoisants.

Voici par exemple un fragment d'une vieille chanson en patois d'Aboncourt.

> Qaand y ne sonme quo in pau si sou
> Sovon roulet q'mo des marou
> Sovon et let fenête des bacelles
> I les hoyion et let touffèye
> In' les layonme quo rodroumi.

Pourquoi notre correspondant a-t-il rendu ce couplet inintelligible pour un lecteur français, en éliminant nombre de lettres étymologiques. N'eût-il pas mieux valu transcrire ainsi :

> Quand i ne sont-me co in pau si sous
> S'o vont roulè c'mo des marous
> S'o vont è lè fenète des bacelles
> I les hoïont è l'ètouffèye
> I n' les layont-me co rodroumi.

On dit pour justifier ces éliminations que le patois n'a pas d'orthographe. Mais la question est précisément de savoir s'il faut systématiquement lui refuser l'orthographe étymologique à laquelle il a autant de droits que la langue française, puisqu'il est issu comme elle du latin. « Effacer les signes étymologiques d'une langue, a dit J.-J. Ampère, c'est effacer ses titres généalogiques et gratter son écusson ». On a deshonoré nos patois en les assimilant par l'écriture à des jargons de nègres. Rendons-leur, dans la mesure du possible, leurs titres et leur dignité.

Quand les règles de la grammaire s'opposeront formellement à la restitution d'un signe étymologique, il faudra bien céder, mais en dehors de ces cas, l'orthographe française sera la règle.

Je me suis départi de cette règle, dans ma *Grammaire*, afin de reproduire exactement les formes indiquées par nos correspondants, mais dans les textes j'ai eu à cœur de traiter décemment notre vieil idiome national.

PHONÉTIQUE

CHAPITRE Ier

DES VOYELLES ET DES DIPHTONGUES

INDÉPENDAMMENT des huit voyelles buccales *i*, *é*, *è*, *e*, *a*, *o*, *ou*, *u*, et des quatre voyelles nasales *ain*, *an*, *on*, *un*, lesquelles sont communes à l'idiome rustique et à la langue littéraire, la phonétique patoise possède en propre un certain nombre de voyelles *sui generis* qui se font entendre çà et là dans quelques dialectes.

Section I

Des voyelles *i*, *in*.

Dans la plupart de nos patois, la voyelle nasale *in* sonnant *ain*, comme en français, est doublée d'une seconde voyelle nasale *in* qui sonne « comme la préposition latine in prononcée de telle sorte que l'on fasse à peine entendre l'*n* finale ».

Ainsi s'expriment, avec un accord remarquable, nos correspondants de Vienville, Gerbépal, Le Tholy, Vomécourt, Saint-Blaise-la-Roche, Ortoncourt, Haillainville, Pexonne, Pettonville, Parux, Leintrey, Courbessaux, Port-sur-Seille.

Je cite textuellement d'autres indications qui concordent avec la définition ci-dessus :

Rehaupal. — « *In* ne se vocalise ni comme dans le français, ni comme dans le latin ».

La Baffe. — « *In* est fortement accentué, il tient le milieu entre *i* et *in* ».

Lusse. — « *In*, lorsqu'il est souligné, représente un son nasal intermédiaire entre *ie* et *ain* ».

Moyenmoutier. — « *In*, souligné, aura un son très-nasillard, intermédiaire entre *ïe* et *inn* ».

Sainte-Barbe. — « *In*, souligné, se prononce presque comme en latin sauf qu'après avoir fait sentir le son nasal en appuyant sur l'*i*, on ne porte point la langue contre le voile du palais ».

D'autre part, le son de *in* patois serait purement et simplement celui de la préposition latine, suivant les indications d'ailleurs très-sommaires de nos correspondants des communes de Ventron, Deycimont, Rouges-Eaux, Vexaincourt, Badménil-aux-Bois, Pargny, Moyen, Badonviller, Rehérey, Einville, Anthelupt, Serres, Laneuvelotte, Moivrons, Manoncourt.

Il serait celui de l'*in* des mots allemands « königin, Inspruch » dans les communes de Champdray et de Celles. Enfin, il paraîtrait qu'à Ban-sur-Meurthe, la voyelle nasale dont il s'agit serait identique à la finale du mot allemand « Sperling ».

Il y a, par contre, des communes où *in* sonne invariablement à la française, c'est-à-dire en *ain*. Je citerai entre autres Gelvécourt, Légeville, Landremont. Le silence qu'ont gardé sur cette nasale la plupart de nos correspondants de la bande occidentale autorise à penser que le son français s'est à la longue substitué au son patois dans la majeure partie de cette région.

Quoi qu'il en soit, la prononciation indiquée par nos correspondants des communes de Vienville, Le Tholy, Gerbépal, etc., est également celle du Pays messin, aussi n'hésité-je pas à la considérer comme ayant été anciennement celle de la province tout entière. Ni latine, ni française, la nasale lotharingo-messine est un son *sui generis* qui constitue l'une des caractéristiques du parler rural des populations issues des Médiomatriciens et des Leuquois. Il est toutefois à noter que là même où l'*in* patois s'est le mieux conservé, on rencontre la nasale *ain* dans un certain nombre de mots où généralement elle tient la place d'un *an* latin. Ex.: à Vienville, *mainchot* (mancus), *maingi* (manducare).

Plusieurs de nos correspondants ont pris le soin de distinguer l'*in* patois de l'*in* français, soit par un trait, soit par un accent, soit en redoublant l'*n*, mais la distinction n'ayant point été faite par tous, j'ai dû, pour ne pas commettre fatalement de nombreuses erreurs, renoncer à indiquer les cas dans lesquels il faut prononcer à la patoise. Ainsi que je viens de le dire, la règle générale est que *in* français correspond à un *an* latin, mais cette règle comporte des exceptions qui ne sont point les mêmes dans tous les dialectes.

Je me borne à donner ici deux listes : 1º celle des communes où *in* se prononce *in'*, comme en latin ; 2º celle des communes où prévaut la prononciation lotharingo-messine.

1º Docelles, Deycimont, Badménil-aux-Bois, Vexaincourt, Badonviller, Einville, Serres, Laneuvelotte.

2º Ventron, Longuet, Le Tholy, Rehaupal, La Baffe,

Vienville, Gerbépal, Lusse, Saint-Blaise-la-Roche, Pexonne, Lachapelle, Sainte-Barbe, Vomécourt, Bult, Ortoncourt, Haillainville, Pettonville, Cirey, Leintrey, Anthelupt, Crevic, Courbessaux, Thézey, Port-sur-Seille.

Section II

Des voyelles *é, è, e*.

Quelques-uns de nos correspondants se sont ingéniés à distinguer l'*è* demi-ouvert de l'*è* ouvert, l'*è* ouvert bref de l'*è* ouvert long, l'*é* fermé très-aigu de l'*é* fermé ordinaire, l'*e* muet qui s'élide de l'*e* prétendu muet ou *eu* bref, l'*eu* bref de l'*eu* long. Je n'ai point cherché à reproduire ces distinctions, qui d'ailleurs font défaut dans la majorité des Mémoires, par la raison que les nuances vocaliques varient singulièrement de patois à patois, et que souvent elles sont fugitives, incertaines, équivoques, instables. Au surplus, ces mêmes nuances existent dans la langue littéraire, et sans qu'elles soient indiquées par des signes particuliers, l'usage fait qu'on les observe. C'est au village qu'il faut aller pour apprendre à discerner les infiniments petits de la gamme vocalique patoise.

J'ai, toutefois, distingué soigneusement l'*é* ouvert de l'*è* fermé, et j'avertis que les deux sons ont été transcrits : le premier, par *è, et,* ou *ait* ; le second, par *é, er, ai, ei,* ou *ê*. Quant à la voyelle *e*, tantôt elle équivaut à un *eu* plus ou moins bref et souvent c'est ainsi qu'elle est représentée, tantôt elle est absolument muette, et dans ce cas, plusieurs correspondants l'ont systématiquement remplacée par une apostrophe tandis que d'autres s'en sont tenus à l'orthographe de la langue littéraire.

J'ai suivi le plus souvent ces derniers, bien qu'il y ait

dans nos divers patois et plus particulièrement dans ceux de la bande occidentale, une tendance très-marquée à élider l'*e* muet, soit à la fin, soit dans le corps des mots.

Il existe dans le patois de Docelles un *é* fermé et un son *eu* dont l'émission est accompagnée d'un « accent de la langue » que notre correspondant n'a pas autrement défini. Exemple : *mèdi* midi, *s'mène* semaine, *lèdot* éclair, *heurmain* hier, *mère*, *frère*, etc.

Section III

De la voyelle *a*.

Dans un certain nombre de mots du patois de Docelles, le son *a* s'émet avec « l'accent de la langue » qui vient d'être indiqué. Ex. : *tinâre* tonnerre, *ormare* armoire.

A Saales, la voyelle *a* est notée comme ayant « le plus souvent un son grave affecté d'une légère aspiration du gosier ». Ex. : *la* rat, *fa* faulx.

Dans le patois d'Ahéville, le son de *a* est intermédiaire entre ceux de *a* et de *è* du français. Il est au contraire, intermédiaire entre ceux de *a* et de *o* du français, dans les communes de Lachapelle, Thiaville, Thézey, Moyen. Le correspondant de cette dernière commune transcrit par *oa*.

A Maconcourt, le son *a* « s'adoucit » dans un certain nombre de mots, au contact d'un *ĕ* intercalaire. Ex.: *mĕare* maire, *mĕadi* mardi, *gaĕchon* garçon, *chônĕa* louche, *briquĕa* jars.

A Landremont, il existe à côté de l'*a* franc un *a* fermé que je suis impuissant à définir bien que je l'aie étudié dans le Pays messin où il est d'un emploi fréquent. Pour émettre ce son foncièrement patois, il faut abaisser quelque peu la mâchoire inférieure et contracter légèrement l'orifice du larynx.

Enfin, il y a, dans le patois de Mailly, un *a* voisin de l'*o*, un *a* voisin de l'*è*, et l'*a* ordinaire.

Section IV

De la voyelle *o*.

Quelques-uns de nos correspondants ont pris la peine de distinguer l'*ò* ouvert de l'*o* fermé. Comme ces deux nuances sont communes à la langue littéraire et au patois, je me suis abstenu de les indiquer dans les quelques dialectes où elles ont été notées.

A Docelles, « l'accent de la langue » affecte quelquefois le son de l'*o*, comme celui de l'*a*, de l'*eu* et de l'*é*.

Il existe, à Ortoncourt, un *o* bref, guttural, intermédiaire d'ailleurs entre les sons *a* et *o* du français. Ex.: *drootei* droitier, *ooroye* oreille, *loo* rat.

Dans le Mémoire de notre correspondant d'Attigny, *o* affecté d'un accent grave est « légèrement guttural, et il s'émet en fermant presque complètement la bouche ». Ex. : *cò* cou, *gòrge*, *còte* coude, *pòchon* poisson.

A Cirey, *o*, *om*, *on* « se prononcent sourdement du fond du larynx ».

Notre correspondant de Bainville-aux-Saules signale l'existence dans le patois de cette commune d'un *o* « guttural, sourd, étouffé » qu'il compare faute de mieux au son initial du *coa* de la grenouille.

Dans le patois de Mandray, *òon* et *òn* représentent un *o* sourd et aspiré. Ex. : *còon* cou, *hhòon* giron, *h'nòn* genou, *dònt* dent, *soulòn* ivrogne, etc.

A Celles, le son de *o* est parfois intermédiaire entre ceux de *o* et de *on* du français.

A Saint-Baslemont et à Lachapelle, *o* tient le milieu entre *a* et *o* du français.

A Marainville, *ôe* représente une nuance que notre correspondant renonce à définir. Ex. : *côe* cou, *gôche* gorge, *dôeye* doigt, *nôe* nos, *vôe* vos, *zôe* leurs.

Enfin, à Vittel et à Houécourt, *oe* et *ôe* représentent deux nuances de l'*ô* français.

Section V

De la Diphtongue *oi*.

La diphtongue *oi*, qui sonne en français *oa*, *oua*, sonne en patois *oè*, *ouè*, *oé*, *oué*, *ouo*, *ouau*, et il suffit de parcourir, dans le vocabulaire français-patois, les articles : armoire, avoine, boire, doigt, droitier, étoile, moineau, noisette, noix, oignon, oiseau, poireau, soir, toit, pour constater — non-seulement que la substitution dans la diphtongue des sons *è*, *é*, *o*, *au* au son *a* est une règle à peu près générale, mais encore que la diphtongue elle-même est très fréquemment remplacée par l'une des voyelles simples *é*, *è*, *eu*, *a*, *o*, *au*, *ou*. Ainsi « armoire » se dit *armouère* à Ramonchamp, mais les formes *aurmâre*, *airmaire*, *aumère* etc., sont usitées dans le plus grand nombre des communes. Le mot « soir » se dit *soér*, *souère* dans quelques dialectes, mais les formes *sâ* et *sô* sont de beaucoup les plus répandues.

La diphtongue française *oi* ne se rencontre que çà et là. On peut donc la considérer comme étant étrangère à la phonétique de notre parler rural.

Section VI

De la diphtongue *ui*.

Celle-ci est encore plus étrangère à l'idiome lorrain

que la précédente. Au lieu de « lui, buis, nuit, huis, cuisse », on dit en patois: *lu, li; bis, beu, be, beuye, bû, breu, bre, vreu; neu, neuye, neuil, neye, noye, nu; euhhe, euhe, éhe, ohhe, ohe, euche, eche, oucbe; keuhhe, keuhe, kihhe, kihe, keuche, tieuhhe*, etc.

Section VII

Des diphtongues *ouau, ouo, oua, oueu, oué, ouè*.

Ces diphtongues et particulièrement les trois premières, correspondent, dans un certain nombre de mots, à des voyelles simples soit françaises soit latines.

Exemples: borgne *bouaune*, Ventron, Vagney, Le Tholy, Mandray, Moyenmoutier, Roville, Grandvillers, Charmois-devant-Bruyères, Deycimont, Longuet.

Cheval, *chevouau, ch'vouau*, Ortoncourt, Grandvillers, Mandray, Provenchères.

Courir, *couauri, couaure*, Celles, Mandray.

Dimanche, *diémouandge*, Ventron.

Se fâcher, *sè fouauchi*, Vagney.

Four, *fouò*, Ramonchamp.

Gorge, *gouaujge, gouauche*, Mandray, Rouges-Eaux, Moyen, Celles, Luvigny, Badonviller, Cirey, Chatel, Vomécourt.

Maison, *mouauhon*, Ventron, Vagney, Mandray, Lusse, Provenchères

Parrain, *pouaurin*, Longuet.

Porte, *pouaute*, Ramonchamp, Ventron, Saint-Blaise-la-Roche, Ortoncourt, Dompierre, Chatel.

Borgne, *bouonne*, Provenchères, Celles, Pexonne, Badonviller, Sainte-Barbe, Vallois, Vomécourt, Chatel, Sanchey.

Bouche, *bouoche*, Saint-Blaise-la-Roche.

Canard, *bouora*, Ramonchamp; *bouorre*, Lusse.

Courir, *couore*, Ramonchamp, Ventron, Vagney, Luvigny, Vexaincourt, Pexonne, Badonviller, Roville.

Se fâcher, *sé fouotchi*, Ramonchamp.

Four, *fouohhe*, Longuet.

Gorge, *gouoge*, *gouohe*, *gouohhe*, Pexonne, Vallois, Rehérey, Haillainville.

Parrain, *pouorain*, Ramonchamp.

Barbe, *bouarbe*, Provenchères.

Borgne, *bouâne*, *bouanne*, Saint-Blaise-la-Roche, Vexaincourt, Leintrey.

Cheval, *chouâ*, *choua*, *cheouâ*, *cheoua*, Celles, Luvigny, Vallois, Moyen, Hablainville, Pexonne, Rehérey, Badonviller, Verdenal, Leintrey, Sommerviller, Courbessaux, Hoéville, Laneuvelotte, Art-sur-Meurthe, Port-sur-Seille.

Se fâcher, *se fouachi*, Provenchères, Lusse.

Mardi, *mouadi*, Vienville, Mandray, Saint-Blaise-la-Roche, Provenchères, La Baffe.

Marraine, *mouarraine*, Provenchères.

Marteau, *mouatè*, Ban, Mandray, Lusse, Saint-Blaise-la-Roche.

Pervenche, *vouahhe*, La Baffe.

Bouche, *boueuche*, Provenchères, Frizon, Vaubexy ; *bouéche*, Lusse, Ortoncourt, Sainte-Barbe, Moyen, Vomécourt, Chatel, Grandvillers, Gelvécourt, Vittel ; *bouèche*, Mazelay, Laneuveville, etc.

Cette substitution à des voyelles simples, de diphtongues en *ou*, constitue un procédé commun à l'italien et à l'espagnol.

Section VIII

Des diphtongues *aòu*, *oòu*.

Ces deux diphtongues que le regretté M. Lombard qualifiait d'aboyantes, se rencontrent exclusivement dans les patois de quelques communes de la bande occidentale.

Exemples : à Landremont, *ahoòu* hier, *ècoourds* accords, *coôurs* corps, *châoux* cheveux, *jaòues* joues, *coòu* cou, *raòu* chat, *hhoourbèïe* sorbier, *droòuiêïe* droitier, *hhoòunat* louche, *soòurci* sorcier, *toòut* toit, etc.

Bouillonville : *laoue-harraoue* loup-garou, *aouere* heure, *cholaoue* chaleur, *jaoues* joues, *caoue* cou, etc.

Vannes-le-Châtel : *laou-haraou* loup-garou, *couté* couteau, *aoue* eau, *caoure* coudre.

Lay-Saint-Remy : *laou* loup, *faou* fou, *Taou* Toul, *maou*, moult, *baout*, bout, *traou*, trou.

Pargny : *jooue* joue, *cooue* cou.

Section IX

Des diphtongues *ii, ié, iè, ieu, ie, ia, io, iau, iou, iu*.

On verra plus loin que la voyelle initiale de ces diphtongues provient, ou médiatement de l'élimination d'une *l* organique, ou immédiatement du mouillement de la consonne précédente par la semi-voyelle *j*, phénomène beaucoup plus fréquent dans un certain nombre des patois lorrains que dans le français et même que dans l'italien.

Exemples : *biè* bled, *offiou* enflure, *piéne* pleine, *pieumon* plumon, *pio* pluie, *piuche* pluie, *biasseuïe* fruitier, *kioche* cloche, *cisiâs, cisiaux* ciseaux, *ridia* rideau, *kieuche* cœur, *étudie* studere, *tiénaire* tonnerre, *poriau* poireau, *mingié, mingiex* manger, *mêtié* marteau, etc.

Section X.

Des diphtongues *-aïe, -aye, -ail, -éïe, -éye, -eil, -èye, -ëïe, -euïe, -euye, -euille, -oïe, -oye, -oil, -auïe, -auye, -auil, -ouïe, -ouye, -ouil*.

Si on a pu considérer comme formant autant de

diphtongues les finales françaises -ail, -aille, -eil, -eille, -ille, -oille, -ouille. (Chavée, *Français et Wallon*, p. 12 et 13), il faut à plus forte raison reconnaître le même caractère aux finales patoises ci-dessus, lesquelles correspondent non-seulement aux finales françaises qui viennent d'être énumérées, mais encore à celles en -ée, -ier, -iller, -oie, -oigt.

Ex.: *aiguëïe, ègueye, ovoye, ovaye, ovouille, avouéïe,* aiguille.

Annoïe, annaïe, anneye, annèye, année.

Ceréhèye, cereheye, cergeaïe, çirgeil, çeurjaye, cerisier.

Dràtèïe, dratéye, drôtaye, drôteil, droitier.

Feye, fèïe, feille, faïe, fille.

Djalaüïe, jalaye, jalaïe, geoleye, geolèye, gealaye, gelée.

Douille, douïe, dauil, dauille, doigt.

Guérnaïe, gueurnaye, guerneil, guérneye, guèrnèye, grenier.

Oye, ôïe, euïe, euye, ouye, ouïe, oie.

Orauye, orauïe, oroye, oroille, oraille, oreille.

Rosaïe, rosaye, rousail, rosoïe, rosèye, roseil, rosée, etc.

Sur la rive droite de la Meurthe depuis le confluent de la Plaine jusqu'à celui de la Moselle, sur la rive droite de la Moselle de Custines à Mousson, ainsi que dans le canton de Rambervillers, les finales en -ée, -i, -eu correspondent généralement aux finales françaises en -ée, -ier. Ex.: gelée, *geolée,* Bult, Voméconrt, Sainte-Barbe, Celles, Vexaincourt, Luvigny, Pexonne, Badonviller, Rehérey, Moyen, Vallois; *gealée,* Courbessaux, Anthelupt, Sommerviller, Moivrons, Custines, Port-sur-Seille.

Grenier, *gueurné,* Saint-Blaise-la-Roche, Moyenmoutier, Serres, Moivrons, Art-sur-Meurthe, Custines, Moyen, Vallois, Sainte-Barbe; *gueurni,* Mousson, Manoncourt, Thézey, Port-sur-Seille; *gueurneu,* Luvigny, Vexaincourt,

Pexonne, Verdenal, Leintrey, Hablainville, Rehérey, Badonviller.

Droitier, *dratè*, *droté*, *douoté*, Cirey, Hablainville, Lachapelle, Sommerviller, Moivrons, Art-sur-Meurthe, Custines, Malzéville, Einville, Vallois; *drateu*, Luvigny, Vexaincourt, Pexonne, Rehérey, Verdenal, Leintrey; *droti*, Port-sur-Seille; *dreuti*, Mousson, Thézey, etc.

Section XI

Des variations vocaliques.

Après avoir dressé, pour étudier les localisations des sons *a* et *o*, quatorze cartes relatives aux mots patois correspondants aux mots français « tu es, chaleur, cheveu, aller, alouette, poireau, prêter, truie, tilleul, rouet, robe, noisette, fermer, enfant », j'ai constaté la prédominence du son *a* : 1º dans les communes des cantons de Nomeny, Pont-à-Mousson, Nancy-Est, Lunéville, Haroué, Vézelise, Colombey (dans la partie sud qui confine au canton de Vézelise), Charmes, Dompaire (dans la partie nord); 2º dans les communes des cantons de Blâmont, Baccarat (partie nord-ouest); 3º dans un certain nombre de communes de la bande orientale du département des Vosges, de Saint-Blaise-la-Roche à Ventron.

Le son *o* domine dans le reste du pays.

1º Tu es, *t'as*, 1º Thézey, Port-sur-Seille, Mousson, Landremont, Custines, Art-sur-Meurthe, Laneuvelotte, Hoéville, Serres, Courbessaux, Anthelupt, Battigny, Vandeléville, Marainville, Hergugney, Rugney, Gircourt, Ahéville; 2º Leintrey, Verdenal; 3º Saint-Blaise-la-Roche, Lusse, Mandray, Ban, Vagney, Ventron.

Autre commune, Hamonville.

2º Chaleur, *chalou*, etc. 1º Thézey, Port-sur-Seille, Mousson, Manoncourt, Landremont, Moivrons, Custines,

Laneuvelotte, Hoéville, Serres, Courbessaux, Einville, Sommerviller, Anthelupt, Lalœuf, Battigny, Vandeléville, Marainville, Hergugney, Gircourt, Saint-Vallier, Ahéville ; 2º Leintrey, Verdenal, Hablainville : 3º Saint-Blaise-la-Roche, Mandray, Ban, Ventron.

Autres communes : Martincourt, Vannes, Trampot, Pargny, Saint-Remy, Lachapelle.

3º Cheveu *chavou*, 1º Thézey, Port-sur-Seille, Mousson, Manoncourt, Landremont, Custines, Art-sur-Meurthe, Laneuvelotte, Hoéville, Serres, Courbessaux, Einville, Sommerviller, Anthelupt, Lemainville, Lalœuf, Battigny, Marainville, Rugney, Gircourt, Saint-Vallier, Vaubexy, Ahéville ; 2º Leintrey, Verdenal, Hablainville ; 3º Ban, Gerbépal, Vagney, Ventron.

Autres communes : Bouillonville, Hamonville, Laneuveville, Charmois-l'Orgueilleux, Saint-Remy.

4º Aller *nallé*, etc., 1º Thézey, Port-sur-Seille, Mousson, Manoncourt, Landremont, Moivrons, Custines, Art-sur-Meurthe, Laneuvelotte, Hoéville, Serres, Courbessaux, Einville, Sommerviller, Anthelupt, Lalœuf, Battigny, Vandeléville, Lemainville, Affracourt, Marainville, Hergugney, Rugney, Gircourt, Saint-Vallier, Ahéville ; 2º Leintrey, Verdenal, Pettonville, Hablainville ; 3º Saint-Blaise-la-Roche, Saales, Lusse, Mandray, Ban, Saint-Amé, Vagney, Ventron.

Autres communes : Martincourt, Pargny, Charmois-l'Orgueilleux.

5º Alouette *alouate*, etc. 1º Thézey, Port-sur-Seille, Mousson, Landremont, Moivrons, Custines, Art-sur-Meurthe, Laneuvelotte, Hoéville, Serres, Courbessaux, Einville, Sommerviller, Anthelupt, Lemainville, Lalœuf, Battigny, Hergugney, Rugney, Gircourt, Ahéville ; 2º Leintrey ; 3º Saint-Blaise-la-Roche, Lusse, Mandray, Ban.

6º Poireau *pouratte*, etc. 1º Thézey, Port-sur-Seille,

Mousson, Manoncourt, Landremont, Moivrons, Custines, Malzéville, Art-sur-Meurthe, Laneuvelotte, Hoéville, Serres, Courbessaux, Einville, Sommerviller, Anthelupt, Lemainville, Lalœuf, Battigny, Vandeléville, Marainville, Hergugney, Rugney, Gircourt, Ahéville ; 2° Leintrey, Verdenal, Hablainville ; 3° Lusse.

Autres communes : Hamonville, Ménil.

7° Prêter *pratè*, etc., 1° Port-sur-Seille, Mousson, Custines, Malzéville, Art-sur-Meurthe, Laneuvelotte, Hoéville, Serres, Courbessaux, Einville, Sommerviller, Anthelupt, Lemainville, Lalœuf, Marainville, Hergugney, Rugney, Gircourt, Saint-Vallier, Ahéville ; 2° Leintrey ; 3° Saint-Blaise-la-Roche, Lusse, Mandray, Vagney.

Autre commune, Lachapelle.

On dit *preter* à Thézey, Manoncourt, Landremont, Moivrons.

8° Truie *cache* : 1° Art-sur-Meurthe, Laneuvelotte, Hoéville, Serres, Courbessaux, Einville, Sommerviller, Anthelupt, Lalœuf, Battigny, Vandeléville, Affracourt, Marainville, Hergugney, Rugney, Gircourt, Ahéville ; 2° Leintrey ; 3° Lusse, Mandray, Vienville, Ban, Gerbépal.

On dit *truye*, etc., à Thézey, Port-sur-Seille, Mousson, Manoncourt, Moivrons, Custines, Malzéville, Vagney, Ventron, Lemainville, etc.

9° Tilleul *tia*, *kia* : 1° Thézey, Port-sur-Seille, Mousson, Manoncourt, Landremont, Moivrons, Custines, Art-sur-Meurthe, Laneuvelotte, Hoéville, Serres, Courbessaux, Einville, Sommerviller, Anthelupt, Lemainville, Lalœuf, Battigny, Vandeléville, Affracourt, Marainville, Hergugney, Rugney, Gircourt ; 2° Leintrey, Verdenal ; 3° Lusse.

Autre commune, Ménil.

10° Rouet *tourat*, etc. : 1° Thézey, Port-sur-Seille, Mousson, Manoncourt, Landremont, Moivrons, Custines, Art-sur-Meurthe, Laneuvelotte, Hoéville, Serres, Courbessaux, Einville, Sommerviller, Anthelupt, Lemainville,

Lalœuf, Battigny, Hergugney, Rugney, Gircourt, Ahéville; 2° Leintrey; 3° Saint-Blaise-la-Roche, Lusse, Mandray, Ban.

11° Robe *robatte*, etc.: 1° Thézey, Port-sur-Seille, Manoncourt, Landremont, Custines, Art-sur-Meurthe, Laneuvelotte, Hoéville, Serres, Courbessaux, Sommerviller, Lemainville, Battigny, Vandeléville.

12° Noisette *neuhatte*, etc.: 1° Thézey, Port-sur-Seille, Mousson, Manoncourt, Landremont, Moivrons, Malzéville, Art-sur-Meurthe, Laneuvelotte, Serres, Courbessaux, Einville, Sommerviller, Anthelupt, Lemainville, Lalœuf, Battigny, Vandeléville, Affracourt, Marainville, Hergugney, Rugney, Gircourt, Ahéville; 2° Leintrey, Verdenal; 3° Saint-Blaise-la-Roche, Saales, Lusse, Ban, Vagney.

Autre commune, Hamonville.

13° Fermer *framè*, etc.: 1° Thézey, Port-sur-Seille, Mousson, Manoncourt, Landremont, Moivrons, Custines, Art-sur-Meurthe, Laneuvelotte, Hoéville, Serres, Courbessaux, Einville, Sommerviller, Anthelupt, Lemainville, Marainville, Hergugney, Rugney, Gircourt, Saint-Vallier, Vaubexy, Ahéville; 2° Leintrey.

14° Enfant *affant*: 1° Thézey, Port-sur-Seille, Mousson, Manoncourt, Landremont, Moivrons, Custines, Malzéville, Art-sur-Meurthe, Laneuvelotte, Hoéville, Serres, Courbessaux, Einville, Sommerviller, Anthelupt, Lemainville, Lalœuf, Battigny, Vandeléville; 2° Leintrey.

Six cartes dressées pour les mots patois correspondant à « dent, enflure, marande (goûter), vendre, vent, ventre » donnent des résultats identiques. Les sons *en* (an) et *a* prévalent dans les communes ci-dessus énumérées tandis que les sons *on* et *o* dominent dans le reste du pays.

Sur sept cartes dressées en vue de localiser l'un au regard de l'autre, les sons *a* et *ai*, quatre ont donné des résultats à peu près semblables aux précédents, en ce sens que le son *ai* domine dans la majeure partie de la région où nous avons vu tout-à-l'heure le son *a* prévaloir en opposition avec le son *o*.

1° Barbe *baipe*, etc., Port-sur-Seille, Mousson, Moivrons, Custines, Art-sur-Meurthe, Laneuvelotte, Hoéville, Einville, Sommerviller, Anthelupt, Lalœuf, Vandeléville, Affracourt, Hergugney.

Autres communes : Hamonville, Pierre-la-Treiche, Vallois, Moyen.

2° Geai *jaiques*, Port-sur-Seille, Mousson, Moivrons, Custines, Art-sur-Meurthe, Laneuvelotte, Hoéville, Einville, Sommerviller, Anthelupt, Lalœuf, Vandeléville, Affracourt, Hergugney.

Autres communes : Hamonville, Pierre-la-Treiche, Vallois, Moyen.

3° Cagneux *caignoux*, Port-sur-Seille, Mousson, Moivrons, Custines, Art-sur-Meurthe, Laneuvelotte, Hoéville, Serres, Courbessaux, Sommerviller, Anthelupt, Lemainville, Lalœuf, Battigny, Vandeléville, Marainville, Hergugney.

Autres communes : Hamonville, Moyen.

4° Brouillard *brouyaird*, etc., Port-sur-Seille, Mousson, Custines, Malzéville, Art-sur-Meurthe, Hoéville, Serres, Courbessaux, Sommerviller, Anthelupt, Lemainville, Lalœuf, Vandeléville, Marainville.

Autres communes : Vallois, Moyen.

Deux cartes dressées pour les mots « j'ai, armoire » prolongent la zône de l'*ai* dans la direction du nord-est.

1° J'ai *j'ai*, Mousson, Moivrons, Custines, Art-sur-Meurthe, Laneuvelotte, Hoéville, Serres, Courbessaux, Einville, Sommerviller, Anthelupt, Lemainville, Vandeléville, Marainville, Hergugney, Verdenal, Pettonville, Hablainville, Vallois, Moyen, Rehérey, Pexonne, Parux,

Cirey, Raon-sur-Plaine, Luvigny, Vexaincourt, Celles, Moyenmoutier, Saint-Blaise-la-Roche, Provenchères, Lusse, Mandray, Ban, Gerbépal, Vienville.

Autres communes : Hamonville, Pierre-la-Treiche, Trampot.

2° Armoire *armaire*, etc., Port-sur-Seille, Mousson, Moivrons, Custines, Art-sur-Meurthe, Laneuvelotte, Hoéville, Serres, Courbessaux, Einville, Sommerviller, Anthelupt, Lemainville, Lalœuf, Battigny, Vandeléville, Hergugney, Leintrey, Verdenal, Hablainville, Vallois, Moyen, Rehérey, Pexonne, Badonviller, Luvigny, Vexaincourt, Celles, Lachapelle, Moyenmoutier, Provenchères, Ban, Gerbépal, Vienville.

Enfin, la carte dressée pour le mot « oreille », montre le son *a* dominant dans la bande qui va de Thézey à Ahéville, et celui de *ai* prévalant dans la région du nord-est.

Oreille *araille*, etc. Thézey, Mousson, Manoncourt, Landremont, Moivrons, Custines, Malzéville, Art-sur-Meurthe, Laneuvelotte, Hoéville, Serres, Courbessaux, Einville, Lemainville, Battigny, Vandeléville, Marainville, Rugney, Gircourt, Saint-Vallier, Vaubexy, Ahéville, Verdenal, Leintrey, Ban, Ventron, Saint-Amé ; *èraille*, etc. Sommerviller, Anthelupt, Saint-Remy, Vallois, Moyen, Pettonville, Badonviller, Raon-sur-Plaine, Luvigny, Vexaincourt, Celles, Saales, Provenchères, Lusse, Gerbépal, Rouges-Eaux, Badménil, Bult, Vomécourt, Sainte-Barbe, Moyenmoutier, Haillanville.

Le son *o* domine dans le reste du pays.

Il ressort d'un tableau synoptique comprenant un certain nombre de verbes patois à l'infinitif, que l'*è* ouvert domine dans le sud et l'*é* fermé dans le nord.

Exemple : brûler *breulè*, *beurlet*, *brelè*, *brelet*, etc. Ramonchamp, Vagney, Ventron, Le Tholy, Longuet, Vienville, Gerbépal, Champdray, Ban, Mandray, Saales,

Saint-Blaise-la-Roche, Lusse, Provenchères, Rouges-Eaux, Celles, Vexaincourt, Luvigny, Lalœuf, Aboncourt, Brechainville, Pargny, Autigny, Circourt, Bulgnéville, Maconcourt, Vouxey, Houécourt, Vittel, Ménil, Laneuveville, Lignéville, Saint-Baslemont, Dombasle, Attigny, Marainville, Hergugney, Gircourt, Rugney, Saint-Vallier, Ahéville, Mazelay, Frizon, Charmois-l'Orgueilleux, Sanchey, Chatel, Vallois, Ortoncourt, Badménil, Vomécourt, Bult, Dompierre, La Baffe, Grandvillers, Docelles, Deycimont ; *breuler, breler, breulé*, etc. Pexonne, Badonviller, Rehérey, Hablainville, Leintrey, Hoéville, Serres, Courbessaux, Einville, Sommerviller, Anthelupt, Laneuvelotte, Art-sur-Meurthe, Malzéville, Custines, Moivrons, Landremont, Manoncourt, Thézey, Port-sur-Seille, Mousson, Bouillonville, Martincourt, Hamonville, Liverdun, Pierre-la-Treiche, Vannes, Allain, Battigny, Lemainville, Vaubexy, Haillainville, Moyen, Roville.

Les autres voyelles ne se localisent point de manière à former, comme les couples *a-o*, *a-ai*, une division en deux grandes régions s'emboitant l'une dans l'autre.

CHAPITRE II

DES CONSONNES

Section I

Bi, fi, pi, ki, gui.

Dans tous les patois de la Lorraine, sauf celui de Lay-Saint-Remy, les consonnes *bi, fi, pi, ki, gui*, correspondent très-fréquemment aux articulations *bl*, *fl*, *pl*, *cl*, *gl*, du latin ou du français, ainsi que cela a lieu dans la langue italienne.

Des faits empruntés à la phonétique du patois messin justifient la supposition de M. H. von Meyer, qu'il y a eu en italien d'anciennes formes *bli*, *fli*, etc., lesquelles se sont raccourcies en *bi*, *fi*, etc. (1). Quoi qu'il en soit, il me parait que dans les mots *biè* blé, *fio* fleur, *i* ne joue pas seulement le rôle épenthétique de *ou* dans *bouono*, *boueno*, mais qu'il forme avec les consonnes *b*, *f* une sorte de diphtongue dans laquelle il tient la place de *l*. La substitution des consonnes mouillées aux diphtongues labio- et gutturo-marginales, est l'une des caractéristiques de l'idiome populaire lorrain (2).

Exemples : *bianc* blanc, *bié* ou *biè* blé, *pieumon* plumon ; *piantain*, *piantet*, etc. plantain ; *pien* plein, dans toutes les communes.

Pieuge, piuche, piove, etc. pluie ; *enfiure, affiure, onfiure*, etc. enflure, dans la majorité des communes.

Kiatet clarté, *kiet* clef, *sanguié* sanglier, *kiore* clore ; *éguiand, guiand* gland ; *onkiot, onkiat* oncle ; *guiace, guièce* glace ; *sakiè* sarcler, dans la minorité des communes. Mais, dans le reste du pays, les formes dominantes sont *tiatet, tiet, sandii, tiore, édiand, diand, ontiot, ontiat, diace, dièce, satiè*, etc. Voir les sections II, III.

(1) M. Clesse, dans un dictionnaire demeuré manuscrit, donne comme appartenant au patois messin les formes *bliè* blé, *clière* clair, *fliéé* fléau, *flioré* fleurir, *pliahi* plaisir, *plieumon* plumon. On lit dans le *Glossaire* de M. Lorrain : *cliarié* et *kiarié* clair ; *clioure* et *kioure* clôre ; *gliarioux* glorieux. Enfin, les auteurs du Chan Heurlin ont écrit *l'anclieume*, elle *cliout, glioure, Gliaudine*.

(2) Je ne trouve dans les patois de Fillières et de Seigneulles, qui appartiennent, comme celui de Lay-Saint-Remy, à l'idiome populaire du Barrois, aucun exemple de substitution. On dit à Seigneulles: *claver, clériou, fleuïto, floquet, floc, floye, pleuye, aflure* ; à Fillières: *blaïe, blanc, claïe, cloure, flâyé, flori, plé, plouve, pleume, plagi, pleumon*, etc.

Autres exemples : *fio, fiou, fieu, fieur* fleur, Ventron, Mandray, Ban, Ramonchamp, Vagney, Longuet, Le Tholy, Champdray, Deycimont, Saales, Provenchères, Châtel, Vaubexy, etc.;

Houbion, hobion houblon, La Baffe, Rehérey, Courbessaux, Bouillonville.

Piomb plomb, Vexaincourt.

Fieuïeter siffler (flûter), *èbioouie* ébloui, *fio* floc, *piaice* place, *néfie* nèfle, *trobiïe* trembler, Allain.

Fiontcha floquée, La Bresse.

Biaussi fruitier, blet, Le Tholy.

Fiâche flasque, Le Tholy.

Fiémoh flamèche, Landremont.

Fiari puer, Le Tholy, Landremont, etc.

SECTION II

ki, gui.

Aux diphtongues gutturo-marginales *cl, gl* du français ou du latin, correspondent, dans un grand nombre de nos patois, les consonnes *ti, di*, de telle sorte que le mouillement se complique ici d'une permutation des gutturales en dentales.

De cartes spéciales dressées pour les mots « clarté, clé, cloche, clore, clou, glace, gland, oncle, sanglier, sarcler », il ressort que les dialectes de l'idiome lorrain se divisent, à l'égard du mouillement métamorphique, en trois groupes.

1° Dans une région orientale comprenant les communes de Verdenal, Cirey, Parux, Badonviller, Pexonne, Rehérey, Raon-sur-Plaine, Luvigny, Vexaincourt, Celles, Moyenmoutier, Saint-Blaise-la-Roche, Saales, Provenchères, Lusse, Mandray, les Rouges-Eaux, Vienville, Ban, Gerbépal, ainsi que dans les communes de Bouillonville et de Lay-Saint-Remy, le mouillement se produit sans métamorphose : *Kiet, kiatet, kiore, kiou, kioche, guièce, èguiand* ou *guiand, onkiot* ou *onkiat, hhinguié* ou *singuiè, sakiè* ou *sakier.*

2° Entre Meurthe-et-Moselle, dans les communes de Ventron, Vagney, Le Tholy, Rehaupal, Deycimont, Charmois-devant-Bruyères, La Baffe, Grandvillers, Chatel, Badménil, Bult, Vomécourt, Rôville, Lachapelle ; sur la rive droite de ces deux rivières, à Hablainville, Einville, Serres et Manoncourt; sur la rive gauche de la Moselle, au Longuet, à Sanchey, Saint-Baslemont, Hergugney, Marainville, Aboncourt, Houécourt, Vouxey, Autigny, Vandeléville, Pierre-la-Treiche, Liverdun, — le mouillement est tantôt simple et tantôt métamorphique. Exemples :

Ventron, *tiè, sakiet, èdiand, dièce.*

Vagney, *tiè, sakiè, èguiand, dièce, tiore, hhinguiè.*

Le Tholy, *tiè, sèkiè, èguiand, guièce, tiaitè, tieu* clou.

Rehaupal, *sèkiè, èguiand, guièce.*

La Baffe, *tiet, sèkiet, oguiand, guièce* ou *dièce.*

Marainville, *kiè, settiet, èguiand, dièce.*

3° Entre Meurthe-et-Moselle, dans les communes de Ramonchamp, Docelles, Dompierre, Sainte-Barbe, Saint-Pierremont, Ortoncourt, Haillainville, Saint-Remy, Vallois, Moyen ; sur la rive droite de ces deux rivières, à Thézey, Mailly, Port-sur-Seille, Mousson, Landremont, Moivrons, Custines, Malzéville, Art-sur-Meurthe, Laneuvelotte, Hoéville, Courbessaux, Sommerviller, Anthelupt, Leintrey ; sur la rive gauche de la Moselle, à Martincourt, Hamonville, Vannes, Domgermain, Allain, Lemainville, Affracourt, Lalœuf, Battigny, Rugney, Gircourt, Frizon, Mazelay, Saint-Vallier, Vaubexy, Ahéville, Charmois-l'Orgueilleux, Hennezel, Attigny, Dombasle, Gelvécourt, Lignéville, Bulgnéville, Vittel, Laneuveville, Ménil, Circourt, Pargny, Brechainville, Trampot, le mouillement est exclusivement métamorphique : *tiè, tiatet* ou *tiaité, tiore, tiô* ou *tioôu, tiache, diace* ou *dièce, èdiand* ou *diand, ontie, sandié* ou *sindiet, satiè* ou *sétié*.

Deux particularités sont à noter.

I. — Dans les communes de Laneuvelotte et d'Art-sur-Meurthe, la voyelle *i* s'est consonnifiée en *j* et en *ch*, de telle sorte que *gl* se métamorphose en *dj*, et *cl* en *tch*. Exemple : *djèce* glace, *sandjé* sanglier, *djand* gland, *tché* clé, *sétcher* sarcler.

II. — A Moyen, *cl* mouillé est affecté d'un *g* initial. Ex. : *gdièce, gdiand*.

Le mouillement métamorphique ne se produit ni dans les dialectes barrisiens de Fillières, Lay-Saint-Remy et Seigneulles, ni dans le patois messin.

Section III

ti, di.

Les dentales mouillées *ti, di* correspondent fréquemment aux gutturales *k, g*, non suivies d'une *l*, dans les patois des communes de Lalœuf, Battigny, Vandeléville, Affracourt, Lemainville, Anthelupt, Sommerviller, Einville, Courbessaux, Serres, Hoéville, Thézey, Hamonville, Martincourt, Allain. Exemples :

Cagneux *tiaignoux*, Lalœuf ; *tiènioux*, Vandeléville ; *tiaigneux*, Hoéville.

Caille *tièye*, Lalœuf ; *tiè*, Battigny.

Canard *tiénard*, Lemainville ; *tiainaird*, Lalœuf, Vandeléville, Battigny, Anthelupt, Courbessaux, Serres, Hoéville ; *tchénèrd*, Laneuvelotte.

Cane *tiène*, Lemainville, Lalœuf, Battigny, Vandeléville, Anthelupt, Courbessaux, Serres, Hoéville ; *tchène*, Art-sur-Meurthe, Laneuvelotte.

Caneton *tiira*, Courbessaux ; *tiiri*, Hoéville ; *tchira*,

Laneuvelotte ; *tchiri*, Serres ; *tiainon*, Lalœuf, Vandeléville, Battigny.

Carpe *tièrpe*, Lemainville, Lalœuf, Vandeléville, Battigny.

Cave *tiève*, Lemainville, Lalœuf, Vandeléville, Battigny; *tiaive*, Anthelupt, Sommerviller, Einville, Courbessaux, Hoéville ; *tiaife*, Serres, Hamonville.

Cœur *tieur*, Lemainville, Lalœuf, Vandeléville, Battigny, Courbessaux, Hoéville.

Cuisine *tieuhine*, Battigny, Affracourt, Lemainville, Anthelupt, Courbessaux, Serres, Hoéville; *tiejine*, Lalœuf; *tieugène*, Vandeléville ; *tcheuhine*, Art-sur-Meurthe, Laneuvelotte.

Cuisse *tieuhe*, Affracourt, Lemainville, Anthelupt, Hoéville ; *tieuche*, Lalœuf, Vandeléville, Battigny ; *tchieuhhe*, Laneuvelotte ; *tcheuhe*, Art-sur-Meurthe ; *tieuhhe*, Hamonville.

Cul-de-jatte *tiu-de-jatte*, Lalœuf, Vandeléville, Battigny, Hoéville.

Culotte *tiulotte*, Lemainville; *tiulatte*, Lalœuf, Sommerviller, Serres, Hamonville.

Quenouille *tionne*, Martincourt.

Couple *tieupe*, Allain.

Gagner *diégni*, Hoéville ; *diéni*, Anthelupt.

Pie *adiesse*, Lalœuf, Vandeléville, Battigny, Lemainville, Hamonville ; *èdiesse*, Anthelupt, Serres, Hoéville; *édiesse*, Thézey ; *èdjesse*, Art-sur-Meurthe, Laneuvelotte.

Escalier *estieti*, Lalœuf ; *estée*, Battigny.

Il est aisé de voir que le mouillement métamorphique direct est sporadique dans les communes de Thézey, Hamonville, Martincourt, Allain ; qu'il est constitutionnel dans les cantons de Nancy-Est et de Lunéville, et surtout dans la région comprenant les cinq communes de Lemainville, Affracourt, Lalœuf, Battigny, Vandeléville.

Je ne trouve, en dehors des communes précédemment énumérées, qu'un seul cas de mouillement direct sans mutation de la consonne :

Cœur *kieuhhe*, Mandray, Provenchères, Lusse; *kieuhe*, Saales; *kieu*, Saint-Blaise-la-Roche.

Enfin, dans son Glossaire, M. Lorrain ne donne aucune forme métamorphique, et je n'y relève en fait de mouillements directs que ces deux mots: *kieur* cœur, *kier* cueillir.

Section IV

ffi, chi, di, ji, ki, ri, si, ti.

Dans un assez grand nombre de dialectes lorrains, les consonnes *ff*, *ch*, *d*, *j* (*g* doux), *k*, *r*, *s*, *t*, sont plus ou moins sujettes au mouillement direct, principalement lorsqu'elles font partie d'une syllabe finale.

Exemples : chardon, *chadion*, Ménil, Saint-Vallier, Gelvécourt, Ahéville, Autigny-la-Tour, Pargny, Hamonville, Hoéville, Einville, Sommerviller, Anthelupt; *hhadion*, Leintrey, Vaubexy, etc.

Marteau *motié*, Dompierre; *mètié*, Hablainville, Anthelupt, Courbessaux; *métché*, Art-sur-Meurthe, etc.

Tonnerre *tiénaire*, Ventron; *tiènar*, Longuet.

Poireau *poriau*, Le Tholy, Vienville, Deycimont; *pouriâ*, Vexaincourt, etc.

Ciseaux *cisiôs*, Vouxey; *cisiaux*, Liverdun; *cisiàs*, Leintrey, etc.

Cacher *coéchier*, Lachapelle, Haillainville, Chatel, Vallois, Moyen, etc.; *coéchieu*, Celles, Vexaincourt, Luvigny, Pexonne, Badonviller, Rehérey.

Manger *maingié*, Dompierre, Vomécourt, Badménil, Saint-Pierremont, Chatel, etc.

Chauffer *hhauffié*, Ventron.

Section V

tch, dj.

Dans plusieurs communes des cantons vosgiens du Thillot, de Saulxures, de Corcieux et de Fraize, les consonnes *ch, j, g* (doux) s'articulent volontiers avec le secours des dentales, en *tch, tj, dj.*

Exemples : Ramonchamp, *tchèlou* chaleur, *tjéne* jeune, *pieutje* pluie, *tjò* jour, *tchie* chien, etc.

Ventron, *tchalou, djo, tchè, djalauye* gelée, *djeuhes* joues, *vètche* vache, *otchâ* jars, etc.

Vienville, *vetche, tchin, breutche* broche, etc,

Ban, *tchalo, djo, djeuhh, goudje* gorge, *catche* truie, *martchis* fiançailles, *tchavou* cheveu, etc,

Dans le patois de Mandray, les consonnes *ch, j, g* (doux), s'articulent avec le secours des mêmes dentales en *cht, djg, jg.*

Exemples · *chtalot* chaleur, *cachte* truie, *chtette* chat, *nadjge* neige, *jgot* jour, *jgenne* jeune, etc.

Section VI

hh, h, ch, j, g (doux).

L'un des traits les plus caractéristiques de l'idiome populaire lorrain est que dans un assez grand nombre de mots, les articulations *hh, h, ch, j, g* (doux) correspondent aux articulations françaises et latines : *s, ch, g, j, r, rc, rg, rs, s, ss, sc, st, v, x, ʒ.*

Exemples : É-chauder *(ex-caldare)*, *hhadier*, Leintrey, *hhauda*, Saint-Amé. Gl. mess. *hhauder* (1).

---

(1) *Glossaire du patois messin,* par D. Lorrain. Nancy, 1876.

Chaise (*cathedra*) *hhayeure*, Vienville ; *hoyeure*, Vallois ; *chayère*, Anthelupt. Gl. mess. *chîre*.

Chardon *(carduonem)* *hhadion*, Leintrey ; *hédion*, Custines ; *chèdion*, Marainville. Gl. mess. *hhaidon*.

Genou *(genuculum)* *hhno*, Ventron ; *hno*, Le Tholy.

Génisse *(junicem)* *hhneusse*, Ventron ; *hnésse*, Gerbépal.

Mur *(murus)* *mihhe*, Vexaincourt ; *muhhe*, Saint-Amé. Gl. mess. *muhh*.

Cœur (*cor*) *cûhh*, Ban ; *kieuhhe*, Mandray ; *kieuhe*, Saales.

Dur (*durus*) *duh*, Crévic.

Ver (*vermis*) *véhhe*, Landremont ; *vièh*, Lalœuf. Gl. mess. *veihhe*.

Garçon (v. fr. *gars*) *gahhon*, Rugney ; *gahon*, Hoéville ; *gachon*, Lalœuf. Gl. mess. *gahhon*.

Porc *(porcus)* *pohé*, Le Tholy ; *pohé*, Landremont ; *pouché*, Charmois-l'Orgueilleux. Gl. mess. *pouhhé*, *pché*.

Gorge (*gurgem*) *gòhhe*, Courbessaux ; *gohe*, Affracourt ; *gouche*, Vannes ; *goûge*, Bouillonville.

Bourse (*byrsa*) *bouhhé*, Raville ; *bohhe*, Grandvillers. Gl. mess. *bohhe*.

Berceau (v. fr. *bers*) *berhhé*, Chatel ; *béhhe*, Landremont. Gl. mess. *bîhhe*.

Bise *bihhe*, Sanchey ; *bihe*, Saales ; *bige*, Ménil.

Baiser *(baciare)* *bâhiè*, Châtel ; *bidjè*, Gerbépal.

Brosse (ancien haut all. *brustia*) *brehhe*, Le Tholy ; *breuh*, Landremont ; *breche*, Rupt. Gl. mess. *breuhhe*.

Asseoir *(assidere)* *èhhuter*, Landremont ; *èheur*, Haillainville ; *d-achôre*, Bouillonville.

Poisson (*piscionem*) *pouhhon*, Grandvillers ; *pouhon*, Ahéville ; *pochon*, Lignéville. Gl. mess. *p'hhon*.

Bardeau (*scandula*) *hhonde*, Le Tholy ; *èhonte*, Châtel.

Descendre (*descendere*) *déhhonde*, Vexaincourt ; *dehende*, Landremont. Gl. mess. *d'hhende*.

Connaître (*cognoscere*) *c'nahe*, Serres ; *c'noche*, Ramonchamp. Gl. mess. *conahhe*.

Etoile (*stella*) *hhtêle*, Vagney.

Étrangler (*strangulare*) *hhtrâgner*, Vagney.

Étroit (*strictum*) *hhtrâ*, Vagney.

Avoine (*avæna*) *ohhouonne*, Vexaincourt ; *ohainne*, Liverdun.

Bouvreuil (*bovariolus*) *bouhieu*, Moyen.

Joue (*gavta de gabata*) *jeuhhe*, Rehaupal; *jeuche*, Aboncourt; *jeuge*, Vittel.

Paix (*pacem*) *pâhhe*, Frizon. Gl. mess. *pâche*.

Noix (*nucem*) *neuhhe*, Saint-Blaise-la-Roche ; *neuhe*, Art-sur-Meurthe; *neujaye*, Pargny.

Lézard (*lacertus*) *lehhate*, Dompierre; *lohaute*, Le Tholy; *lajaïenne*, Bouillonville.

Avant de dresser, au point de vue de ces mutations si importantes, la carte patoise de la Lorraine, il importe d'être fixé sur la valeur de l'articulation représentée par *hh*.

Hh est identifié au *ch* allemand par nos correspondants du Tholy, du Longuet, de Gerbépal, Champdray, Deycimont, Sanchey, Ban, Saales, Lusse, Saint-Blaise-la-Roche, Moyenmoutier, Sainte-Barbe, Ortoncourt, Celles, Vexaincourt, Pettonville, Haillainville, Hablainville, Frizon, Leintrey, Einville, Custines. Pour nos collaborateurs de Rehaupal, Rehérey, Grandvillers, *hh* ne ferait que se rapprocher du *ch* allemand. Après avoir consulté leurs voisins d'Alsace, les instituteurs de Vomécourt et de Bult demeurent indécis entre le *ch* et le *h* allemands. D'autre part, nos correspondants de diverses communes disent de cette articulation, à Ventron: que c'est un *h* doublement aspiré ; à Hamonville, que c'est un *h* très-aspiré ; à Moyen, que la prononciation en est rude et fort gutturale ; à Vallois, qu'elle exige une forte aspiration et une émission gutturale énergique; à Laneuvelotte, qu'il faut aspirer fortement du gosier; à Landremont, que *h* se fait sentir par une accentuation gutturale bien marquée, et que *hh* est à cette aspirée ce qu'est à *d* la consonne *t*. Enfin, M. X. Thiriat définit l'articulation *hh* « une aspiration patoise qui se prononce du palais et non pas de la gorge »,

Cette définition est exacte en ce quelle fait intervenir le palais au lieu de la gorge, dans la production de cette consonne qui n'est pas en effet, autre chose qu'un bruit de friction (*Reibungsgeräusch*) produit par le passage du souffle laryngé entre la langue et la voûte du palais. Quand l'obstacle opposé à la langue est la partie osseuse et antérieure de la voûte palatale, le bruit est celui du *ch* allemand doux (*licht*, *ich*). Quand c'est, au contraire, le voile du palais, c'est-à-dire sa partie molle et postérieure qui entre en concours avec la langue, le bruit produit est celui du *ch* all. rude (*Dach*, *Loch*). Comme dans le second cas, le voile du palais vibre au contact de l'air expulsé, il n'est pas surprenant que plusieurs de nos correspondants aient localisé dans ce qu'on appelle vaguement la gorge, la sensation dont le voile du palais est le siége, et qu'en même temps ils aient attribué à l'émission du souffle laryngé les effets produits par l'opposition de la voûte palatale à la langue.

Toujours est-il que le mystérieux *hh* est identique, suivant les localités et les personnes, tantôt au *ch* doux, tantôt au *ch* rude de la langue allemande.

M. X. Thiriat a été moins heureux lorsqu'il a posé comme règle que *hh* se chuinte en *ch* français quand on descend vers la région de la plaine. La vérité est à cet égard que le *ch* allemand s'articule dans les vallées de la Moselle, de la Meurthe, du Madon, de la Vezouse, de la Seille et de la Nied tout comme dans la Montagne (1).

---

(1) Il y a néanmoins une part de vérité dans l'assertion de M. Thiriat, c'est que les mots affectés de l'articulation *hh* sont plus nombreux dans la montagne que dans la plaine.

Il est vrai que les chuintantes *ch*, *j*, dominent exclusivement dans le plat pays de l'ouest qui confine au Barrois, mais il y a là un problème dont l'Ethnographie et l'Histoire donneront peut-être la solution. En l'état de la cause, il importe de s'attacher moins aux variations des articulations patoises, qu'à la loi phonétique de par laquelle les articulations latines et françaises énumérées plus haut sont remplacées, soit par l'aspirée *h*, soit par la gutturale *hh*, soit par les chuintantes *ch*, *j*. Or cette loi étend son empire jusque dans la bande occidentale.

A ce point de vue, la Lorraine se divise en deux régions suivant une ligne qui, partant de Mousson pour aboutir au-dessus de Ramonchamp, traverserait Martincourt et passerait ensuite, à l'ouest de Hamonville, au travers de Liverdun, à l'est de Nancy ; à l'ouest des communes de Lemainville, Affracourt, Marainville, Ahéville, Mazelay, Sanchey ; enfin à l'est du Grand-Bois, et au nord de Rupt.

Dans les communes comprises entre cette ligne oblique et la limite orientale du département de la Meuse, la mutation s'opère exclusivement en *ch*, *j*.

Bouillonville, *gachon* garçon, *keuche* cuisse, *ougion* oiseau, *pochon* poisson, *lágeaïene* lézard, *chourbaye* sorbier, *cergeaye* cerisier, *noïegeotte* noisette, *mâjon* maison, *euche* porte, *chaïere* chaise, *cugenne* cuisine, *cheminse* chemise.

Domgermain, *gâchan*, *keche*, *oûgelot*, *pochan*, *lázard*, *chorbeil*, *chirgeil*, *neuilgeotte*, *maijean*, *euche*, *cheilre*, *quegine*, *ch'minge*.

Pierre-la-Treiche, *guéchon*, *keuche*, *augé*, *pochon*, *lazate*, *chorbeil*, *cirgeil*, *neujoteil*, *majon*, *heuche*, *chaire*, *cugine*, *cheminge*.

Vannes-le-Châtel, *gachon*, *keuche*, *pochon*, *lozéte*, *chorbée*, *eirgée*, *neuijotte*, *maijon*, *euche*, *chéïre*, *quejine*, *chemige*.

Allain, *gachon, pouché, neuïejotte, mâjon, euch', cujine, piagé* plaisir, *râjon* raison, *bèchie* bercer, *teuch'rand* tisserand, *breuche* brosse.

Laloeuf, *gachon, tieuche, pinson, lèzête, chorbèie, cerejèie, nejatèie, mòjon, eche, tiejine, chemîge.*

Battigny, *gachenat, tieuche, ogé, lézai, sorbé, ceurgé, neujaté, mojon, chére, tieukine.*

Vandeléville, *gachon, tieuche, ogé, lézète, chorbeil, çorgeil, nejeleil, mòjon, euche, tieugène, ch'mise.*

Aboncourt, *gochon, keche, ougé, chorbêye, çeurgèye, neujotêye, mòjon, euche, chaire, quejine, chemîche.*

Autigny, *gâchon, keuche, ougé, poichon, çeurgeie, neuiejoteil, mâjon, heuche, chère, cuginne, chemige, foû* four, *biche* bise.

Trampot, *gachon, keuche, ougé, cirêîge, neûgeotte, mâgeon,, chéere, queuegéne, cheminge, fau.*

Brechainville, *gachon, keuche, ougé, pochon, cirgeil, neugeotteil, mâjon, chére, cûgine, cheminge.*

Pargny, *gachon, keche, ougé, pochon, chourbeye, cirége, neujoteil, mâjon, chére, cujine, cheminge, foû.*

Vouxey, *gâchon, keuche, augé, pochon, cerêje, nejotte, mâjon, euche, chère, quejène, foû, chemîge, bîge.*

Maconcourt, *gaechon, keuche, ògé, poichon, cerayeche, nejotte, meajon, euche, quejinne, chemiche, jeueche* joue.

Circourt, *guêchon, ougé, keuche, pochon, çeurgeil, neujoteil, mâjon, cujenne, chemige.*

Landaville, *gâchon, ougé, neûgeotte, mâjon, euche.*

Houécourt, *gâchon, keche, ogé, pochon, chourbeye, çeurgéye, negeotte, mòjon, euche, chére, quegène, chemige, foû, jeuges, bige.*

Ménil, *gochon, keuche, ougé, poichon, cerège, negeotte, mojon, euche, quegine, chemige, foû, bige.*

Bulgnéville, *gâchon, ògé, cerégèye, nejotaye, mòjon, cujène, bige, jeuges.*

Vittel, *gochon*, *keche*, *ogé*, *pochon*, *chourbeye*, *cerégeye*, *negeotte*, *maujon*, *chére*, *quegine*, *chemige*, *bige*, *jeuges*.

Lignéville, *gâchon*, *keuche*, *ogé*, *pochon*, *ceréche*, *nejotte*, *môjon*, *queujine*, *bîge*.

Saint-Baslemont, *gochenot*, *keuche*, *ogé*, *pochon*, *cerége*, *nejotte*, *mojon*, *queugine*, *chemige*, *fou*.

Laneuveville, *gochenot*, *keche*, *ougé*, *pouchon*, *chourbèie*, *ç'régèïe*, *nejotte*, *maujon*, *quejine*, *ch'minge*, *foû*, *bîge*.

Dompaire, *môjon*, *heuch*, *ceraige*, *nej'lotte*, *pouchon*, *lazarde*, *queujine*, *cheminge*.

Gelvécourt, *gochon*, *keuche*, *ougé*, *pouéchon*, *ç'rége*, *nejotte*, *maujon*, *euche*, *queugine*, *cheminche*, *pouchelot* porcelet.

Dombasle, *gochenot*, *keche*, *ougé*, *cerégeil*, *nejotte*, *maujon*, *queujine*, *cheminge*.

Attigny, *gâchenot*, *keuche*, *ogé*, *pochon*, *cerége*, *nejotte*, *moujon*, *queujine*, *cheminge*.

Hennezel, *keuche*, *ogé*, *pochon*, *ç'rége*, *nejotte*, *môjon*, *quejine*, *foû*.

Grand-Bois, *maujon*, *poché* porc.

Rupt, *mouaujon*, *ougé*, *tchémige*, *breche* brosse, *boûchon* buisson, *técherand* tisserand.

Ramonchamp, *keuche*, *oujé*, *pouchon*, *cérjé*, *neujotte*, *mouaujon*, *queujine*, *tchemise*, *tjeuge* joue, *pouché* porc.

Lay-Saint-Remy, *mason*, *s'esiter* s'asseoir, *paissé* paisseau, *neuisotte* noisette, *eusse* porte, *râson* raison, *se couser*, se taire, *pêseune* personne, *sâzon* saison, *relusant* reluisant, *quesine* ou *quegine* cuisine, *queuche* cuisse, *gachenot*, petit garçon, *bouchon* buisson.

On voit que dans cette commune semi-touloise semi-barrisienne, les formes lorraines sont aux prises avec les formes françaises, et que le combat pour la vie tourne à l'avantage de celles-ci.

Et maintenant franchissons, sur deux points, l'ancienne frontière du Barrois.

Patois de Fillières (canton de Longwy), *agi* aisé, *bachi* baisser, *bîche* berceau, *brouche* brosse, *buchon* buisson, *cerige*, *cheminche*, *cujine*, *déchende*, *paché* paisseau, *gachon*, *majon*, *m'chon* moisson, *mûche* mur, *nujotte*, *plagi* plaisir, *heuche* porte, *rageon* raison, *chourde* sourd, *véche* ver.

Patois de Seigneulle (1) (canton de Vavincourt), *bie* berceau, *cireise* cerise, *chmison* habit de drap, *poûcelot* porcelet, *cûsine*, *cueuisse*, *passê* paisseau, *gasse* fille, *gâsson* garçon, *mêson*, *neuisotte*, *ôʒelot* oiseau, *posson*, *eusse* porte, *sorbie*.

Dans les communes situées à l'est de la ligne séparative, la mutation s'opère en *hh* ou en *h*.

Ventron, *keuhhe*, *ouhé*, *pouhhon*, *lahade*, *cerhé*, *mouauhon*, *quehine*, *pouhhé* porc, *djeuhe* joue, *bihe* bise, *hline* poule, *buhon* buse, *hheu* sœur, *hhno* genou, *hhneusse* génisse, *èhhta* acheter.

Saulxures, *keuhhe*, *ouhé*, *pouhhon*, *pouhhé*, *cérhi*, *mouauhon*, *keuhine*, *tchmihe*, *euhhe*, *tjeuhes*, *bihe*, *buhon*.

Vagney, *heuhhe*, *ouhé*, *pouhhon*, *pouhhé*, *cérhé*, *moauhon*, *neuhatte*, *euhhe*, *keuhine*, *ch'mihe*, *jeuhes*, *bihe*, *buhon*, *éhhta*.

Le Tholy, *keûhhe*, *ohé*, *pohhon*, *pohhé*, *ç'rehe*, *nehote*, *lohande*, *mauhon*, *euhhe*, *quehine*, *ch'mûhe*, *fohhe* four, *jeuhes*, *bîhe*, *hline* poule, *bûhon*.

La Bresse, *piaihi* plaisir, *euhhe* porte, *hmas* jamais, *euhhi* sortir, *hhconcié* détruit, *déhe* dix.

Rehaupal, *keuhh'*, *ohé*, *pohhé*, *ç'reihh'*, *neuhotte*, *mauhon*, *euhh'*, *hhèyeure* chaise, *ch'mûhh*, *jeuhh*, *bûhon*, *hline*, *hnot* genou, *hneusse*, *hhue* sœur, *fohhe*.

---

(1) C'est évidemment avec le patois de cette dernière commune, laquelle est foncièrement barrisienne, que le dialecte de Lay-Saint-Remy a le plus d'affinité.

Champdray, *keuhhe, ohé, pohhon, pohhé, ç'réhi, mohon, euhh', quehine, chemuhe, jeuhhe, hline, hno, hneusse, hhue.*

La Baffe, *gohhon, ouhhé, cerihhèïe, mohhon, euhh, queuhhine, chemuhhe, bihe, hhue* sœur, *fohe.*

Docelles, *gohhon, keuhhe, ohhé, pohhon, pohhé, nehoti, môhon, lohaute, euhhe, quehine, chemuhhe, bîhhe, hhue, parhhin* percil, *fohhe, vouahhe* pervenche.

Deycimont, *gohhon, keuhhe, ohé, pohhon, pohhé, lahaute, ç'reuhi, nehoti, mauhon, euhhe, queuhine, ch'meuhe, biehhe, pârhhin, hhue, hho* giron.

Charmois-devant-Bruyères, *gachon, keuhe* et *keuche, ouhé* et *ougé, pouhon* et *pouchon, pouhé* et *pouché, c'rihe, nehotte, mauhon, euhe* et *euche, queuhine, cheminhe* et *cheminche.*

Vienville, *gohhnot, keuhhe, ohé, pohhon, pohhé, lahade, ç'réhhe, nehotte, mâhon, hhayeure, quehine, chemuhhe, fohhe, bihhe, jeuihhes, hhno, hhline, eihhe* herse, *tèhhé* tas.

Gerbépal, *quehhe, ohé, pohon, pohé, cereyehi, nehotte, mâhon, queuhine, chemuhe, euhhifue* printemps, *bihe, hline, fohe, hnèsse, hlape* paresseux, *bohon* hêtre.

Ban, *cûhh* cœur, *keuhh', ohé, pohho, pohhé, ç'réhhe, mouauho, euhh, cohine, tchmuhhe, bihh', djeuhh, pouahhi* persil, *hno, hneusse, pohhi* pêcher, *neuh* noix.

Mandray, *kieuhhe, ouhé, pouhhon, pouhhé, cerihe, mouauhon, euhhe, couhine, ch'mûhe, jgeuhe, bihe.*

Grandvillers, *gohhon, keuhh', ouhhé, pouhhon, cerihhe, neuhotte, môhon, euhh', hhèieure, chemuhhe, bouhhon* buse, *fohh', hhaouè* laver.

Rouges-Eaux, *keuhhe, ouhhé, pouhhon, cerihhe, nehhote, môhhon, euhhe, couhhine, chemuhhe, fohhe.*

Dompierre, *gohhon, keuche, ouhhé, pouhhon, pouhhé, lehhate, ç'rihh, mohhon, couhhine, ch'muhhe.*

Badménil, *gohhon, keuhhe, ouhhé, c'rège, nehotte, pouhhon, pouhhé, mohhon, euhhe, couhhine, hòyeure.*

Chatel, *gohhon, keuche, ouhé, pohhon, pouhhé, céréhé, neuhotté, mauhhon, cuhine, ch'mihhe, fohhe.*

Lusse, *kieuhhe, pouhhion* porcelet, *neuhate, mouauhon, euhhe, couhine, hhèïure, hnon, hline.*

Provenchères, *kieuhhe, ouhé, cerihe, piehhi* pêcher, *mouauhon, euhhe, couhine, bihhe, torèhhe* génisse, *neuhhe* noix, *hhaodréle* prunelle, *aòlhaòte* lézard.

Saales, *keuhhe, ouhé, piéhhe* pêche, *cerihhe, mohon, euhhe, couhine, jeuhhe, hhò, bihe.*

Saint-Blaise-la-Roche, *gohhon, keuhhe, pouhhon, ouhé, pouhhé, ç'lihhe, neuhate, mâhon, couhîne, hhpîne* aubépine, *fouhh.*

Moyenmoutier, *gohhon, keuhhe, ouhé, pouhhon, pouhhé, celéhe, mauhhon, euhhe, heïeure, bihe, hò.*

Vomécourt et Bult, *gohhon, kehhe, pouhhon, pouhhé, ç'rîhe, nehotte, ohé, lohâte, mauhon, euhh, couhine, chemûhe, bîhe.*

Ortoncourt, *goohhon, keuhhe, ouhé, pouhhon, pouhhé, cerihhe, neuhoote, mòhon, ohh, queuhine, cheminhhe bihhe, buhon, hhò.*

Haillainville, *gohhon, keuhhe, ohé, pouhhon, hhiopé* sorbier, *ceréhe, mòhon, euhhe, ècouhine* cuisine.

Rôville-aux-Chênes, *gohon, keuhe, ouhé, pouohon, pouhé, cerheye, neuhotte, lohate, mòhon, euhe, queuhine, chemihe.*

Saint-Remy-aux-Bois, *kehhe, ouhé, ç'réhéye, nehotte, mòhon, haeure, fohe, gohhe* gorge.

Vallois, *gohhon, kuehh, ohhé, p'hhon, ceréhhe, nehhotte, mâhhon, euhh, hhoyeure, quouéhhine.*

Moyen, *goahhon, ohé, p'hhon, hhorbé, ceréhé, mâhon, euhhe, hhaïeur, couéhine, chémihhe, fohh', lihesse* chiendent.

Saint-Pierremont, *gohon, ohé, pouhé, c'réhe, nehotte, mohon, euhe, haïeure, coéhine, ch'mîhe.*

Sainte-Barbe, *gohhon, keuhhe, ouhé, pouhhon, pouhhé,*

ceréhhe, neuhotte, léhâte, mauhon, euhhe, couhine, bihhe, lihesse.

Lachapelle et Thiaville, gohon, quihe, ouhé, pouhon, pouhé, ç'rehi, nehattier, mòhon, euhh, kouhine, chemuhe, bîhe.

Celles, gohhon, kihhe, ouhé, pouhhé, ç'lehé, nehotte, mâhon, euhh', couhine, rohhe toux.

Vexaincourt, gohhon, ouhhé, pouhhon, pouhhé, çeulheu, neuhotte, mâhhon, euhhe, couhhine, bohke bourse, demhòle demoiselle, ehhin bardeau.

Luvigny, gohon, kih', ouhé, pouhon, pouhé, ç'lééh', nehotte, eurhaille lézard, mâhon, euh', couhine, chemih', foh'.

Pexonne, gohon, kihe, ohé, pouhon, pouhé, celeheu, neuhote, mâhon, euhe, couhine.

Badonviller, gohon, kihe, ohé, pouhon, celèhe, nehote, mâhon, ehe, couhine, cheminhe.

Hablainville, gohhon, kihh', pouhhon, ç'lèhe, mâhon, couhine, ch'minhh', fohh'.

Pettonville, pouhhon, mâhon, lihesse, hhêieure, hhaouée lavasse, hhau giron.

Parux, pouhhé, mâhon, euhh, hayeure, âhe aise.

Cirey, gohon, kihe, ohé, pouhon, celhé, nehoté, mâhon, lihesse, néhe noix, ho ou cho giron, eche porte, foche four.

Verdenal, gahon, kehe, ouhé, pouhon, celehé, nehaté, neuhé, mâhon, quehine, hayère, chemihe.

Rehérey, kihhe, ohhé, pouhhon, ç'lèhhe, nehhotte, mahhon, euhhe, couhine, ahaideu aujourd'hui.

Leintrey, gahhon, pouhhon, hhâle échelle, rèhin raisin, ouah' orge, mâhon, euh', hhaïeur, couhîne.

Anthelupt, gahon, ohé, pouhon, ç'léhe, neuhatte, mâhon, tieuhine, chemihe, mohat moineau.

Sommerviller, gahon, keuhe, ohé, pouhon, ceréhe, nehatte, mâhon, quehine, chemihe, mohat, fohe.

Raville, *guéhhon, keuhhe, pouhhon, cerayehhe, mauhhon, euhhe, cuhhène, cheminhhe.*

Einville, *gahhon, kehhe, ohé, pouhhon, celéhhe, mâhon, kieuhine, ohhe, chemihhe, lihesse.*

Courbessaux, *keuhhe, gahon, ohé, celhei, mâhon, euhh', cheminhhe, mohhat, lihesse, fohhe.*

Serres, *gahon, kehe, ohé, pouhon, celhé, nehatte, mauhon, éhe, tieuhine, sahon* saison, *fohe.*

Hoéville, *gahon, tieuh', ohé, mohchat* moineau, *çeulheye, neuhotte, mouahon, euhe, tieuhine, chemihe, fohe.*

Laneuvelotte, *gahhon, p'hué, pouhhon, mohhat, ç'lihé, neuhotté, mahhon, euhhe, chemihhe, neuhe* noix, *fohhe.*

Art-sur-Meurthe, *gahon, pouhon, ohé, cerihé, neuhate, mahon, euhe, tcheuhine, cheminhe.*

Malzéville, *gahon* et *gachon, keuche, ouhaye, pouhon, cérèhe, neuhatte, mâhon, keuhine, chemiche, fouche.*

Custines, *gahhon, keuhhe, ouhion, pohhon, ç'rihe, n'hhatte, mohon, quehhine, ch'mihhe.*

Moivrons, *gahhon, keuhhe, pohhé, mohhat, célihe, mohhon, euhhe, kehhine, chemihhe.*

Landremont, *gahhon, keuhe, p'hé, p'hon, cerihe, neuhatte, mâhon, oh', queuhenne, cheminhe, foh'.*

Manoncourt-sur-Seille, *gaeshon, keushe, p'shon, p'ché, nehati, cshadon* chardon, *mahon, quehenne, fausch.* (Notre correspondant n'a point donné la clef de cette transcription anormale).

Mailly, *gahhon, kehhe, p'hhé, nehatti, ḥhâdon, mauhon, ohh, quehenne, cheminhe.*

Thézey, *gahhon, keuhhe, pohhon, p'hhé, ç'lihhe, mohon, kehène, ohhe, cohhelle* courcelle, *fohhe.*

Port-sur-Seille, *gahon, keuhe, ohé, p'hon, p'hé, euhe, mohat, cerihi, nehate, mauhon, quehine.* (Dans les cinq derniers mots l'*h* parait être muette).

Mousson, *gahhon, keuhhe, p'hhon, p'hhé, hhourbi, ç'rihhi, nehhatte, mohhon, ohhe, cuhhène, chemihhe.*

Martincourt, *gahhon, keuche, ohion, pohon, cereiche, neuïhotte, mahon, ouche, keuhine, fouh.*

Hamonville, *gahhon, tieuhhe, ouhhé, pouhhion, ç'rèhhe, möhhon, tieuhhine, muhhe* mur, *föhhe.*

Liverdun, *guéchon, keuhe, ohé, pouhon, hobèe* sorbier, *cereheie, neuhotte, mâhon, cuchenne, cheminhe, fouhe.*

Lemainville, *gahon, tieuhe, ouhé, mohat, ceréhèye, nehatte, mòhon, tieuhine, cohelle, chemihe, fohe.*

Affracourt, *kehe, pouhon, mohat, nehatte, mòhon, ohe, kehinne, fòhe.*

Marainville, *gahhon, keuhh, ouhé, mouhhat, ç'rèhhe, möhon, quehinne, chemihhe, fouhhe.*

Hergugney, *gahon, keuhe, ouhé, pouhon, ç'rèheye, nehate, mohon, quehine, chemihe, fouhe.*

Rugney, *gahhon, keuhhe, pouhhon, ouhé, moihhat, céréhe, mòhon, quehine, fouhhe.*

Gircourt, *gahhon, keuhhe, ouhé, pouhhon, hhorbèye, ceréhhe, mòhon, euhhe, quehine, chemihe, hhò.*

Saint-Vallier, *gahon, keuhe, ouhé, cerèhe, mauhon, quehine, cheminhe, fouh.*

Ahéville, *gahhon, keuhhe, ouhhé, cerèhhe, mauhhon, quehhine, cheminhhe, fouhhe.*

Vaubexy, *gahchon, keuhche, ouhjée, pouhchon, hchadion, cerhèjhe, neuhjhotte, mauhjhon.* (Notre correspondant n'a point défini les articulations *hch, hjh, hj, jh.*

Frizon, *gahhon, keuhhe, ouhé, pouhhon, pouhhé, ceréhhe, nehhotte, mauhon, euhh', couëhine, pâhhe* paix.

Mazelay, *gohon, p'hon, pouhaye, ohé, ceriheye, nehotte, mohon, quehine, cheminhe, fouhe.* (Notre correspondant définit ainsi l'articulation *h* « un son entre le *j* et le *ch*, son guttural qu'on ne peut rendre par l'écriture »).

Sanchey, *gohhon, keuhhe, ouhé, pouéhhon, pouhhé, ç'rihaïe, nehotaïe, mohon, euhhe, queuhine, cheminhhe.*

Charmois-l'Orgueilleux, *gachon, keuhe* et *keuche, ouhé* et *ougé, pouhon* et *pouchon, cerheye, nehotte, mauhon, euhe* et *euche*, *queuhine*, *cheminhe* et *cheminche*, *fouhe* et *foe*.

Longuet, *gohhon*, *keuhh'*, *ouhé*, *pouhhon*, *pouhhé*, *ç'réhhe*, *moauhon*, *euhh'*, *queuhine*, *ch'mihh'*, *fouohh'*, *bihe*, *hhieu*, *buhon*.

En étudiant de près cette longue liste, on pourra constater : 1º que dans un certain nombre de communes dont plusieurs sont en plat pays, la palatale *hh* parait avoir éliminé l'*h* aspirée ; 2º que dans les communes de Martincourt, Liverdun, Malzéville et Charmois-l'Orgueilleux, lesquelles sont traversées par la ligne séparative, les chuintantes *ch*, *j* s'emploient concurremment avec *hh*, *h* ; 3º que dans d'autres localités situées pour la plupart ou sur la rive droite de la Meurthe ou sur la rive gauche de la Moselle, la prononciation s'adoucit manifestement, l'aspirée ayant supplanté la palatale, et l'*h* muette prenant assez souvent la place de l'*h* aspirée.

En rapprochant ces constatations de celles qui ont été faites dans les dialectes de Lay-Saint-Remy et de Seigneulle (Meuse), on est amené à reconnaître, d'une façon générale, que l'articulation va se dégradant, de l'est à l'ouest. On passe de la palatale et de l'aspirée (*hh*,*h*) à l'*h* aspirée et à l'*h* muette, de celles-ci aux chuintantes (*ch*,*j*) et de ces dernières aux sifflantes (*s*, *z*), sans que ces modifications aient pour cause la différence d'altitude et de climat. Il y a là, je le répète, un problème qui s'impose à l'attention des etnographes et des historiens, mais la solution n'en peut-être prudemment tentée qu'après qu'on aura poursuivi, dans tout le Barrois et dans le Pays messin, l'enquête commencée en Lorraine.

Relativement au Barrois septentrional, voici des indications précises pour quelques communes :

Dampvitoux (canton de Chambley), *gahon*, *keuhe*,

pouhon, *sorbi*, *cérehi*, *noehoti*, *mohon*, *euhe*, *cuhène*, *cheminhe*, *fouhe*, *chadon*, *choloti* noyer.

Abbéville (canton de Conflans), *gaichon*, *pauchon*, *c'rigi*, *chourbi*, *nûjoti*, *choloti*, *maujon*, *euche*, *cugenne*, *cheminche*, *fauche*.

Moineville (même canton que dessus), *guéchon*, *pochon*, *chourbi*, *cerigi*, *nujoti*, *choloti*, *maujon*, *heuche*, *cujène*, *cheminche*, *fòsh*.

Laix (canton de Longwy), *gachon*, *c'rigi*, *neujotte*, *cayot* noix, *majon*, *cugine*, *cheminche*.

Villers-le-Rond (canton de Longuyon), *gachon*, *péchon*, *pouchî*, *ligeorte* lézard, *cerisi*, *chourbi*, *nugèti*, *caillêti*, *majon*, *uje* porte, *cujine*.

Epiez (même canton que dessus), *gachon*, *péchon*, *cerigi*, *nujoti*, *cailleti*, *majan*, *huche*, *cujine*, *chmise*, *fouo*.

Quant au Pays messin, les seuls documents dont je dispose, sont les publications de MM. E. Rolland, Jaclot de Saulny, et Lorrain.

M. Rolland, dont le travail fort intéressant porte exclusivement sur le patois de Remilly, définit *hh* « une *h* très-aspirée se prononçant comme le *hha* arabe. » J'extrais, de son vocabulaire, les mots qui suivent : *guèhon*, *kehh'*, *p'hhon*, *p'hhé*, *ç'lihi*, *nuhate*, *mohon*, *ohh*, *cuhène*, *chemihh'*, *fohh'*, *hhalat* noix.

M. Jaclot me parait avoir étudié surtout les dialectes de la banlieue occidentale de Metz. Il s'exprime en ces termes : « *Ch* a une articulation particulière que nul signe ne peut représenter en français ; ces deux consonnes que je considère comme une lettre constituent la plus difficile de toutes pour les étrangers, et il est même impossible de la rendre sans l'avoir entendue de la bouche d'un maître. Cette articulation s'aspire fortement et se prononce du gosier. Elle a le même son que l'aspiration des allemands, dans les mots : *euche*, *ambeuche*, *frécheuse* (fressure). Cette aspiration n'est pas générale, car dans quelques cantons, et même d'un village à l'autre, *ch* se prononce comme en français. »

Voici, enfin, le sentiment de M. Lorrain : « L'aspiration simple *h* se prononce comme en français, mais elle tend à s'adoucir en *j* ; on dit également *môhon* et *mòjon*. L'aspiration double que l'on pourrait figurer par *hh*, se prononce fortement du gosier. Dans les chartes, dans les noms de lieux, elle est représentée par *x* équivalant à la lettre grecque tant pour le fond que pour la forme. Cette double aspiration gutturale existe encore en bas-breton, en allemand et en espagnol. Nous l'avons figurée par *c'h* avec d'autant plus de raison que cette formidable (?) aspiration, si anthipathique aux Romains, tend de plus, dans *notre patois*, à s'adoucir en *ch* français ».

Consultés par moi sur le point de savoir si la tendance à l'adoucissement de *hh*, *h*, en *ch*, *j*, est en effet générale dans l'idiome populaire messin, deux patoisants distingués du pays, M. l'abbé Vion et M. Auricoste de Lazarque se sont accordés à me dire que, dans tel village, la mutation patoise se fait régulièrement en *hh*, *h*, tandis que dans tel autre elle se fait, non moins régulièrement, en *ch*, *j*. Sur leurs indications, et avec l'assistance de M. de Bouteillier, j'ai pu vérifier *de auditu* que l'on prononce à Retonfeys : *euhh'* ou *ohh'*, *gâhon*, *mohhat*, *môhon*, *cuheune*, *hhalat*, et à Courcelles-Chaussy : *euche*, *gâchon*, *mochat*, *mòjon*, *cuheune*, *hhalat*. Il importe donc qu'il soit procédé sans retard à une vérification minutieuse dans toute l'étendue des anciens arrondissements de Metz et de Thionville.

CHAPITRE III

Des mutations des consonnes.

I. — *R* organique devient *l*, dans, un certain nombre de mots et dans divers dialectes.

Ainsi l'on dit pour « cerise » : *celéhe, c'léhe, c'lihhe*, sur la rive droite de la Meurthe, dans un certain nombre de communes des cantons de Saales, Senones, Raon, Badonviller, Baccarat, Cirey, Blâmont, Lunéville-Nord, Nomeny et Pont-à-Mousson ; pour « hirondelle » *alande, alanne, olande*, dans l'arrondissement de Remiremont et dans une partie de ceux d'Epinal et de Saint-Dié ; pour « armoire » *armèle, armaile* dans les communes de Vexaincourt, Luvigny, Badonviller, Rehérey, Leintrey ; pour « labourer » *roboulè* à Celles, Luvigny, Vexaincourt. Trois fois sur quatre, la mutation a lieu dans des communes de l'ancien comté de Salm.

II. — A l'inverse *L* organique cède parfois la place à la vibrante *r*.

Ex.: On trouve *rabourè, robourè*, etc. au lieu de *laboura, lobourer, lébourer*, etc. Les deux formes se juxtaposent en proportion à peu près égale.

Pour le mot « lézard », les formes *erholate* à Lusse, *eurhaille* à Luvigny, *rehalle* à Vexaincourt, correspondent à celles de *aòlhaòte* à Provenchères, *elhate* à Moyenmoutier, *elhade* aux Rouges-Eaux, etc.

Le latin « colicula » (de « colus » quenouille) a donné *quelogne* à Lay-Saint-Remy, Autigny, Pargny, et *qu'rauye* à Dompierre.

A l'*l* de *poplé, popli* (peuplier) s'est substitué un *r* dans les formes *porpe, prope* lesquelles ont prévalu à Moyen, Rehérey, Badonviller, Verdenal, Leintrey,

Laneuvelotte, Art-sur-Meurthe, Marainville, Hergugney, Rugney, Gircourt, Einville, Courbessaux, Serres, Hoéville.

Oublier, *rôblie*, Chatel; *robrié*, Gircourt.

III. — Les deux consonnes *L*, *R*, sont sujettes à l'accident connu sous le nom de métathèse.

Lézard (lat. *lacertus*) *lehate*, Lachapelle; *elhate*, Moyenmoutier.

Lame (lat. *lamina*) *almène*, Lusse.

Limaçon (lat. *limacem*) *lemeçon*, Ventron; *meuleçon*, Laloeuf.

Araignée (lat. *filare* filer) *felère*, Granges; *frèle*, Serres.

Bouillir (lat. *fervere*) *ferbeli*, La Bresse; *frebli*, au Tholy.

Crémaillère (bas lat. *Cramaculus*) *cremè*, Le Tholy; *keurmè*, Saales.

Fermer (lat. *firmare*) *farmer*, Malzéville; *former*, Liverdun; *framer*, Leintrey; *fromè*, Gerbépal.

Fourmi (lat. *formica*) *formi*, Saint-Blaise-la-Roche; *feurmi*, Ventron; *fromi*, Moivrons; *fremé*, Trampot.

Boucle (bas lat. *bucula*) *blouque*, Lay-Saint-Remy.

Grenier (lat. *granarium*) *guerneye*, *guérnaye*, *gueurné*, *dierné*, etc., dans toutes les communes.

Grenouille (lat. *ranuncula*) *guernouye*, *guernauye*, *guernoüe*, dans la plupart des communes.

Aimer (lat. *pretiare*, apprécier) *prêhi*, au Tholy; *perhé*, Ventron, La Bresse.

Brûler (bas lat. *perustulare*) *beurlè*, Ban, Saales, etc.

Prunelle (lat. *Prunum*) *peurnelle*, Mousson; *peurnalle*, Bouillonville.

Regarder (anc. haut all. *warten*, garder) *rèvoitié*, Ventron; *ervâtier*, Haillainville.

Érable (lat. *acer*, *acerulus*) *orgeauille*, Dompaire; *rejôie*, Houécourt.

IV. — Les mêmes consonnes sont sujettes à l'accident connu sous le nom de syncope.

Aveugle (lat. *aboculus*) *èveugue*, Provenchères; *éveugue*, Vexaincourt.

Ongle (lat. *ungula*) *ingue*, Chatel, Landremont.

Oncle (lat. *avunculus*) *onque*, Chatel.

Misérable *minabe*, Le Tholy.

Prunelle *ponelle*, Vienville; *pounelle*, Mandray; *punelle*, Hoéville.

Arbre (lat. *arborem*) *êbre*, Anthelupt; *âbe*, Vagney; *âpe*, Longuet; *eibe*, Gerbépal.

Armoire (lat. *armarium*) *aumêre*, *omère*, Mousson, Moivrons.

Barbe (lat. *barba*) *bâbe*, Vomécourt; *bâpe*, Grandvillers.

Borgne *bouaune*, Ventron; *boune*, Ban; *bougne*, Thézey.

Fouet (lat. *corrigia*) *acourgie*, Bouillonville; *courgie*, Port-sur-Seille; *cougie*, *couhie*, etc., dans un grand nombre de communes.

Gorge (lat. *gurges*) *goûrge*, Circourt; *gouauche*, Rouges-Eaux; *gôge*, Ramonchamp; *goge*, Champdray.

Jardin (all. *garten*) *jadin*, Saint-Blaise-la-Roche; *jodin*, Vienville; *jédiin*, Hoéville.

Merle (lat. *merula*) *marle*, Sanchey; *miâle*, Saales; *mèle*, Manoncourt; *m'lère*, Ventron.

Trou (vieux fr. *pertuis*) *pouèteu*, Le Tholy; *poteu*, Rehaupal; *pètieu*, Vittel; *p'tieu*, Landaville.

Vendre (lat. *vendere*) *vende*, Anthelupt; *vente*, Hoéville; *vonde*, Longuet, etc.

V. — L'*R* final du latin et du français s'apocope fréquemment.

Ex.: chaleur *chalou, cholou, chélou, choleu*, etc., dans toutes les communes.

Canard *cainâ*, Houécourt; *kènâ*, Maconcourt.

Cœur *kieu*, Saint-Blaise-la-Roche.

Ferus lat. colère, *fié*, Longuet ; *fie*, Rouges-Eaux.

Enflure *ofiou*, Vagney.

Fleur *fiou*, Vagney ; *fio*, Ventron.

Jour *joû*, Sanchey ; *djo*, Ban, etc.

VI. — A l'encontre des phénomènes de syncope et d'élision qui sont très-fréquents, il se produit des cas d'épenthèse.

Hirondelle (lat. *hirundo*) *èrindrêle*, *hèrindrèle*, dans plusieurs communes de la rive droite de la Meurthe.

Buis (lat. *buxus*) *beus*, Lalœuf ; *breus*, Hablainville ; *vreus*, Ban.

Flatter, caresser, *fièté*, Thezey ; *fiètri*, Vagney ; *fiètrè*, Longuet.

Coude (lat. *cubitus*) *code*, Badménil ; *coute*, Liverdun ; *coutre*, Pierre-la-Treiche ; *cottré*, dans plusieurs communes.

Aubépine (lat. *alba spina*) *aubrèpine*, Ahéville ; *abrepine*, Ventron.

VII. — *L* devient quelquefois *n*, et réciproquement.

Lézard *naʒade*, Verdenal.

Lat. *colicula* quenouille, *quelogne*, Autigny ; *quenoïe*, *queneuïe* etc., dans la plupart des communes.

Eloquence *noquence*, Saint-Amé.

Lambeaux *hhnigattes*, Saint-Amé (all. *schneiden* couper) ; *chligottes*, Rehaupal.

Etrangler (lat. *strangulare*) *trangner*, Landremont ; *trâgner*, Rupt.

VII. — D devient quelquefois *g*, *y*.

Jardin *jéguin*, Sommerviller, Vallois.

Rideau (moyen haut allem., *rîden* plisser) *riguiau*, Ban, Champdray.

Mardi *maigui*, Vallois.

Lézard *naʒade*, Verdenal ; *néʒaigue*, Anthelupt ; *léʒêque*, Sommerviller ; *laʒêque*, Aboncourt.

Radis (lat. *radicem*) *rayie*, Circy ; *raï*, Saint-Vallier.

Pie (vieux haut all. *agalstra*) *aguesse*, Verdenal; *ayesse*, Ventron ; *oyesse*, Aboncourt.

IX. — *C* devient quelquefois *t*, et réciproquement.

Escargot *estargot*, Martincourt, Ménil.

Chatouiller (lat. *catulliare*) *coquelie*, Le Tholy ; *câquii*, Landremont.

X. — P devient quelquefois *c* ou *k*.

Pomme (lat. *pomum* fruit) *peumotte*, Vannes ; *p'motte*, Lachapelle; *kemotte*, Docelles ; *k'motte*, Le Tholy.

CHAPITRE IV

DE LA FORMATION DES MOTS

Les patois de la Lorraine ont suivi, dans l'appropriation des mots latins, à peu près les mêmes règles que le français ; mais, n'ayant point été, comme celui-ci, garrottés dans les liens d'une culture littéraire, ils ont pu s'abandonner à un instinct de raccourcissement et d'abréviation qui s'est donné carrière, par l'élimination ou l'assourdissement de la voyelle latine atone précédant médiatement la tonique ainsi que de la voyelle latine atone précédant immédiatement cette même tonique (1), par l'aphérèse de la syllabe initiale, par l'apocope de la dernière syllabe du mot.

I. — La voyelle atone qui persiste en français est

---

(1) « Toute voyelle latine atone précédant immédiatement la tonique disparaît toujours quand elle est brève et persiste quand elle est longue.

Toute voyelle latine atone précédant médiatement la tonique persiste toujours en français.

A. BRACHET. *Dictionnaire étymologique de la langue française*, p. LXXXI.

fréquemment éliminée dans les patois qui se sont le mieux conservés. Ex. :

Allumer (lat. *adlumináre*) *ellema*, Ramonchamp ; *ell'mé*, dans la plupart des communes.

Cerise (lat. *cerása*) *ç'rèhhe*, Longuet ; *ç'réhe*, Vagney ; *ç'rihhe*, Dompierre, etc.

Cheminée (lat. *camináta*) *chem'nèye*, *chem'née*, Vagney, Rouges-Eaux, etc.

Chemise (lat. *camísia*) *ch'mihh'*, Longuet ; *ch'mihe*, Vagney, etc.

Cheval (lat. *cabállus*) *ch'vau*, Vagney ; *chwau*, Rehaupal.

Commencer (bas lat. *cuminitiáre*) *k'mocer*, Landaville.

Connaître (lat. *cognóscere*) *k'noche*, Ramonchamp ; *k'nahe*, Serres.

Déjeuner (bas lat. *dejejunáre*) *d'juner*, *djunè*, Hoéville, Saint-Blaise-la-Roche.

Demoiselle (bas lat. *dominicélla*, *domincélla*) *dèm'hole*, Le Tholy.

Descendre (lat. *descéndere*) *d'hhonde*, *d'hhode*, Le Tholy.

Filleul (lat. *filiólus*) *flue*, Vienville, Rehaupal.

Génisse (lat. *junicem*) *j'neusse*, Dompierre ; *h'nésse*, Gerbépal.

Genou (lat. *genúculum*) *h'non*, Mandray ; *h'no*, Le Tholy.

Limaçon (lat. *limaçónem*) *lem'çue*, *lem'çu*, Hoéville, Serres.

Lumière (lat. *luminária*) *l'mère*, Longuet, etc.

Maréchal (b. lat. *mariscálcus*) *merchau*, Chatel ; *meurchâ*, Courbessaux, etc.

Moissonner (b. lat. *messionáre*) *mouhh'na*, Ventron ; *moh'ner*, Mousson.

Noisette (b. lat. *nucétta*) *nehatte*, Vagney ; *nehotte*, Le Tholy.

Oreiller (lat. *auriculárius*) *or'lie*, Le Tholy ; *eur'lie*, Saint-Vallier.

Pomme (b. lat. *pommáttum*) *p'motte*, Lachapelle, etc.
Semer (lat. *semináre*) *semè*, *s'mè*, Le Tholy, Longuet,
Soleil (lat. *solículus*) *selo*, *s'lo*, Ventron, Vàgney, etc.
Tonnerre (lat. *tonitru*, b. lat. *tonírru*) *t'nare*, Champdray ; *t'nóre*, Hamonville, etc.
Venir (lat. *veníre*) *veni*, *v'ni*, dans la plupart des communes.

II. — Exemples d'aphérèse syllabique :
Pervenche (lat. *pervínca*) *vouauche*, Vagney ; *vouahhe*, La Baffe; *vâche* Hergugney ; *vonge*, Vouxey, etc.
Épinoche *pinouche*, Hoéville ; *pinouhhe*, Thézey.
Putois *vehho*, Saint-Amé ; *hho*, Courbessaux.
Egyptien *jeupçin*, trompeur, Landremont ; *jeupçine* sorcière, Allain.
Déchirer (ancien haut allem. *skĕrran*) *chiré*, à Crévic.
Printemps (lat. *exire foras*) *euhhifue*, Le Tholy ; *hhifue*, Grandvillers.
Eteindre (lat. *extínguere*) *hhtède*, Ventron ; *tède*, Rupt.
Paille (lat. *strámen*) *hhtrain*, *strain*, Saint-Amé ; *strè*, Gerbépal ; *train*, Courbessaux ; *tré*, Chatel.
Contrarier (b. lat. *contrariáre*) *térier*, Pexonne ;
Écorcher (b. lat. *excorticáre*) *cohi*, Landremont.
Incliner (lat. *inclináre*) *cliner*, Lay-Saint-Remy.
Horloge (b. lat. *horológium*) *r'louge*, Lusse.
Oreiller *r'lie*, Charmois-devant-Bruyères.

III. — Exemples d'apocope syllabique :
Guêpe (lat. *véspa*) *vauss'*, Dompaire ; *voss'*, Lay-Saint-Remy.
Bardeau (lat. *scándula*) *èhonte*, Chatel ; *hhonde*, Le Tholy ; *ehhin*, Vexaincourt.
Déjeuner *dèjun*, Champdray ; *dèjin*, Gircourt.
Génisse *geni*, *j'ni*, Courbessaux, Mousson.
Cerfeuil (lat. *cærefólium*) *cerf*, Hergugney, Saint-Vallier.

Dans la plupart des cas où le français a joint aux

mots latins un *é-* prosthétique, un certain nombre de patois lorrains ont préféré la brièveté à l'harmonie. Ex. :

Écume (ancien haut allem. *skum*, vieux fr. *escume*) *squème*, Le Tholy ; *quéme*, Chatel.

Étable (lat. *stábulum*) *hhtâle*, La Bresse ; *stanye*, Lusse.

Échine (anc. haut allem. *skina*) *schneille*, Courbessaux ; *chnaye*, Rehérey.

Étoile (lat. *stélla*) *hhtêle*, Vagney ; *stâle*, Le Tholy.

Étrangler (lat. *stranguláre*) *hhtrâgner*, Vagney ; *tranguer*, Landremont, etc., etc.

Au contraire, le mot « gland » a été allongé par prosthèse dans un assez grand nombre de dialectes ; *èguiand*, Vagney ; *oguiand*, La Baffe ; *èdiand*, Lalœuf.

Enfin, grands amateurs de diminutifs et d'explétifs, les Lorrains joignent souvent aux verbes, mais sans pour cela allonger le mot, un *r-* prosthétique. Ex. : *roblier* oublier, *ròbréssié* embrasser, *rechi* sortir, *railemé* luire, *rancuser* accuser, *rètiiri* clarifier, *r'grouler* murmurer, etc.

GRAMMAIRE

LIVRE Ier

ARTICLE ET ADJECTIFS DÉTERMINATIFS

CHAPITRE Ier

DE L'ARTICLE DÉFINI

Section I

Article masculin singulier.

ET article revêt cinq formes différentes :

1º *Lé*, dans l'angle sud-est du département des Vosges. Ex. : *lé bos* le bois, *lé pus vié* le plus vieux.

2º *Eul, el*, dans un certain nombre de communes de la bande occidentale : Domgermain, Vannes-le-Chatel, Allain, Lalœuf, Battigny, Autigny-la-Tour, Vouxey,

Circourt. Ex.: *eul père, el père* le père; *eul pus vî* le plus vieux; *eul bé chevau* le beau cheval.

3° *Le*, dans la plupart des communes de la bande occidentale : Port-sur-Seille, Mousson, Landremont, Manoncourt-sur-Seille, Custines, Pierre-la-Treiche, Allain, Aboncourt, Maconcourt, Vouxey, Ménil-en-Xaintois, Trampot, Pargny, Landaville, Houécourt, Laneuveville-sous-Montfort, Bulgnéville, Lignéville, Saint-Baslemont.

4° *Lo (lot)*, à Dombasle-devant-Darney, Attigny, Hennezel, Vandeléville, Battigny, Hamonville, ainsi que dans les autres communes des deux départements.

Dans un assez grand nombre de communes de la bande occidentale, *eul* s'emploie concurremment avec *le* et même avec *lo*. A Vouxey et à Battigny, *eul* détermine de préférence le nom qui est le sujet de la proposition. Ex.: *eul pévè ost lévé* le pavé est lavé, *l'è cheuil chus l'pévè* il est tombé sur le pavé.

5° *Lou*, à Malzéville. Ex.: *lou pus jane* le plus jeune.

Les articles *lé, le, lo* apocopent leur voyelle devant les noms qui commencent par une voyelle, et même dans plusieurs communes, devant les noms commençant par une consonne. Ex.: l'*ohhé* l'oiseau, l'*èfant* l'enfant, l'*vot* le vent.

Les formes *le, lo, lou* sont celles du cas-régime de l'ancienne langue française. *El (eul)* parait être la métathèse de *le*.

Section II

Article féminin singulier.

Cet article revêt deux formes :

1° *La*, dans quelques communes de la bande occidentale, notamment à Bouillonville, Vannes-le-Chatel, Brechainville.

2° *Lè, let, lé*, dans les autres communes des deux départements.

Section III

Article pluriel.

Cet article revêt quatre formes différentes :

1° *Las, lâs*, dans la partie sud-est de l'arrondissement de Remiremont, au Longuet, au Grand-Bois, à Hennezel, et aussi dans la commune de Rôville-aux-Chênes (canton de Rambervillers), Ex. : à Ventron, *las hommes* ; à Vagney, *las pouhhés* les porcs ; au Longuet, *lâs fômes* les femmes ; au Grand-Bois, *las chiés* les chiens ; à Hennezel, *lâs gouris* les cochons ; à Rôville, *las pouhés*.

2° *Los*, à Toul, Pierre-la-Treiche, Domgermain, Vannes-le-Chatel, Allain, Autigny-la-Tour, Trampot, Brechainville, Pargny, Circourt. Ex. : à Domgermain, *los houmes* ; à Pargny, *los pères*.

3° *Lis*, Mandray, Lusse, Provenchèvres, Saales, Moyenmoutier, Saint-Blaise-la-Roche, Raon-sur-Plaine, Luvigny, Vexaincourt, Celles, Pexonne. Ex. : à Vexaincourt, *lis pieumes* les plumes ; à Pexonne, *j'ai oï lis vieulons et lis menotrés* j'ai entendu les violons et les ménétriers.

4° *Les*, dans les autres communes.

Los et *les* (latin *illos*) étaient dans l'ancien français deux formes du cas-régime. *Lis* (latin *illi*) était la forme du cas-sujet

Section IV

Article « du ».

Cet article revêt six formes différentes :

1° *De*, à Hennezel, Saint-Baslemont, Lignéville, Laneuveville-sous-Montfort.

2° *Dou*, à Houécourt, Trampot.

3° *Doou*, *d'el*, à Domgermain. Ex. : *doou vin* du vin ; *lé main d'el père* la main du père.

4° *Don*, Thézey-Saint-Martin, Mailly, Manoncourt-sur-Seille, Mousson, Landremont, Bouillonville, Allain, Autigny-la-Tour, Pargny, Landaville.

5° *Do*, à Gérardmer, Gerbépal, Ban-sur-Meurthe, Vienville, Mandray, Lusse, Provenchères, Saales, Moyenmoutier, Saint-Blaise-la-Roche, Raon-sur-Plaine, Luvigny, Vexaincourt, Celles, Pexonne, Lachapelle, Thiaville, Rôville-aux-Chênes — Grand-Bois, Charmois-l'Orgueilleux, Sanchey, Mazelay, Frizon, Gircourt-les-Viéville, Rugney, Marainville, Lalœuf, Battigny, Vandeléville, Aboncourt, Ménil-en-Xaintois, Ahéville, Saint-Vallier, Gelvécourt, Légeville, Attigny.

6° *Di*, à Ramonchamp, Ventron, Saulxures, La Bresse, Vagney, Longuet, Le Tholy, Rehaupal, Champdray, Deycimont, Docelles, La Baffe, Grandvillers, Dompierre, Rouges-Eaux, Ortoncourt, Chatel, Haillainville, Saint-Remy-aux-Bois, Moyen, Vallois, Sainte-Barbe, Rehérey, Hablainville, Pettonville, Parux, Verdenal, Leintrey, Anthelupt, Sommerviller, Courbessaux, Serres, Hoéville, Laneuvelotte, Art-sur-Meurthe, Malzéville, Custines, Lemainville.

On voit, en étudiant cet article sur la carte : 1° que la forme *don*, usitée dans les cantons de Pont-à-Mousson et de Nomeny, l'est également dans quelques communes de la bande occidentale ; 2° que les formes *dou*, *de*, *doou*, sont cantonnées dans cette même bande ; 3° que la forme *di* domine sur la rive droite de la Meurthe depuis Custines jusqu'à Rehérey, ainsi que dans la majeure partie de la contrée qui s'étend entre la Meurthe et la Moselle ; 4° que la forme *do* s'emploie, à l'ouest, sur la rive gauche de la Moselle, à l'est sur la rive droite de la Meurthe. La région de l'article *do* se trouve ainsi coupée en deux par la région de l'article *di*, laquelle forme, de Ramonchamp à Hoéville, une bande centrale d'un seul tenant.

Section V

Article « de la ».

Cet article revêt deux formes différentes :

De lè ou *d'lè* qui s'emploient soit concurremment soit exclusivement, dans la grande majorité des communes. Ex. : *de lè sepe* de la soupe, *d'lè châ* de la viande.

Dè, *det*, dans plusieurs communes du département des Vosges. Ex. : à Moyenmoutier, *dè châa* ; à Vexaincourt, *det tâte* de la tarte.

Section VI

Article « des ».

Cet article revêt cinq formes différentes :

1° *Dâs*, *dis*, *des*, *dos* dans les communes où l'article pluriel est *lâs*, *lis*, *les*, *los*.

2° *Dos*, *de los* à Domgermain. Ex. : *dos bounes geos* des bonnes gens, *dos ouvreilres* des ouvriers, *los vins de los pères* les vignes des pères, *los harnais de los ânes*.

M. Lahache, ancien juge de paix à Xertigny, m'a fourni la note suivante : Le pronom « des » se dit *das* (sans faire sentir l's), dans la partie des Vosges qui touche à la Comté, depuis Bussang jusqu'au canton de Bains, et cela sur une largeur qui a parfois 10 kilomètres. A cet égard, le canton de Xertigny est partagé en deux : *das* à Xertigny, La Chapelle-aux-Bois, Le Clerjus ; *des* à Dounoux, Hadol, Uriménil, Uzemain ».

Section VII.

Articles « au, à la ».

L'article « au » revêt cinq formes différentes :

1° *I*, à Ramonchamp, Ventron, Saulxures, La Bresse, Vagney, Longuet, Le Tholy, Deycimont, La Baffe, Grandvillers, Dompierre. Ex. : à Vagney, *i dauïe* au doigt ; à Grandvillers, *i morchi* au marché.

2° *On*, dans un certain nombre des communes des cantons de Chatel, Rambervillers, Gerbéviller, Lunéville-Nord. Ex. : à Haillainville, *on douoïe* au doigt.

3° *â*, *a*, dans quelques communes des cantons de Baccarat, Cirey, Blâmont, Lunéville-Nord, Nancy-Est, Toul. Ex. : à Crévic, *fât motte les chvâs â ché* il faut mettre les chevaux au chariot.

4° *â*, quand il y a mouvement, *à l'* quand il n'y a point mouvement, à Domgermain. Ex. : *j'vâ â boue* je vais au bois, *donne l'aweilne à l'chevau* donne l'avoine au cheval.

5° *Au, ò, o*, dans les autres communes.

La forme nasale *on* s'emploie concurremment avec les formes *au, ò, o* dans un grand nombre de communes, notamment à Docelles, Sanchey, Mazelay, Gelvécourt, Légeville, Chatel, Badménil-aux-Bois, Rugney, Marainville, Houécourt, Mailly.

L'article « à la » se dit : *è lè, è let* dans toutes les communes.

Section VIII

Article « aux ».

Cet articles revêt cinq formes différentes :

1° *As*, dans les communes où l'article pluriel est *lás*.

Ex.: à Vagney, *enne baugue î dauïe et dâs solas âs pieds* une bague au doigt et des souliers aux pieds.

2º *Is*, dans les communes où l'article pluriel est *lis*. Ex.: à Vexaincourt, *is k'mots* aux pommes, *is offrandes*.

3º *A los, âs*, à Domgermain. Ex.: *j'â causè à los geos* j'ai causé aux gens, *j'vâ âs chomps* je vais aux champs.

4º et 5º *Aux, ez* ou *ês*, qui s'emploient soit concurremment soit exclusivement, dans les autres communes.

CHAPITRE II

DE L'ARTICLE INDÉFINI.

L'article indéfini du genre masculin revêt la forme *in* dans la grande majorité des communes des deux départements.

Les autres formes sont: *i*, à Landremont; *ie* et *ine*, à Domgermain. Ex.: *ie vie houme* un vieil homme, *ine armemach* un almanach; *eunn*, à Saint-Remy-aux-Bois; *èn'*, à Vandeléville; *eune*, à Art-sur-Meurthe; *ûn'*, au Longuet.

L'article féminin est *inne*, à Hennezel; *eunne, enne*, dans les autres communes.

CHAPITRE III

DES ADJECTIFS DÉTERMINATIFS

Sauf de très-rares exceptions, on emploie, au lieu d'adjectifs déterminatifs, les adverbes enclitiques *-ci, -lo, -lè, -lé, -là*.

Ex.: au Tholy, *lo live-ci* ce livre, *l'homme-lò* cet homme, *les èfants-ci* ou *les èfants-lò* ces enfants ; à Vexaincourt, *lo live-ci, lo live-lè;* à Vienville, *lo pays-lò* ce pays, *lè bayesse-lò* cette fille ; à Rehaupal, *lè hhine-lò* cette verge ; à Landaville, *les grôus ptieux-lè* ces gros trous ; à Marainville, *les geas-lè* ces gens ; à Badon-donviller, *di pays-lè* de ce pays ; à Courbessaux, *l'euhh'-lè* cette porte ; à Lusse, *dedos lo pays-là* dans ce pays ; à Ban-sur-Meurthe, *lo tchouau-là* ce cheval ; à Charmois-l'Orgueilleux, *lo chié-lè* ce chien, *lè robotte-lè* cette robe ; à Domgermain, *los ofonts-là* ces enfants, etc.

J'ai noté l'emploi d'adjectifs déterminatifs dans un petit nombre de communes. Ex.: à Charmois-l'Orgueilleux, *c't effant-lè* cet enfant, *ces hommes-lò* ces hommes ; à Chatel, *dos ço pays-lè* dans ce pays ; à Mousson *dans ç'pays-lè ;* à Autigny-la-Tour, *dos ç'pays ;* à Pargny, *cet offant ;* à Allain, *ç'gâchon-lè* ou *l'gâchon-lè* ce garçon.

LIVRE II

PRONOMS DÉMONSTRATIFS

Section I

Le pronom « ce ».

Ce pronom revêt cinq formes différentes :
1° *Çu*, à Ramonchamp, Le Tholy, La Baffe, Vienville, Ban-sur-Meurthe, Sainte-Barbe, Moyen. Ex. : à Ramonchamp, *lé maré é raujon dé fâre çu qu'è fât* le maire a raison de faire ce qu'il fait ; à Moyen, *çu qué douat m'rvéni* ce qui doit me revenir.
2° *Ci*, à Vexaincourt. Ex. : *je vourâ bin' oouòr ci que j'ouais* je voudrais bien avoir ce que je vois.
3° *Çou*; à Ventron, Cirey, Leintrey. Ex. : *lé bouobe tat si hontoux d'çou qu'èl avouï fât* le garçon était si honteux de ce qu'il avait fait ; *çou que vos déhez*, ce que vous dites.
4° *Cé*, au Tholy. Ex. : *cé fe Doron*, ce fût Doron.
5° *Ce*, *c'*, dans la majorité des communes.

Section II

Les pronoms « ceci, cela ».

Ces pronoms revêtent sept formes différentes :
1° *Çu-ci, çu-lò*, à Rehaupal.
2° *Çou-ci, çou-là*, à Vagney, Ventron.

3° *Çé-ci*, *çé-lè*, Attigny, Grand-Bois, Sanchey, Le Tholy, Moyen, Cirey.

4° *Ce-cé*, *ce-là*, *ce-lè*, Lusse, Saales, Sommerviller, Bouillonville, Pierre-la-Treiche, Allain.

5° *Ce-ce*, *celè*, Affracourt, Hoéville, Custines, Mousson, Mailly.

6° *S'çeu*, *ç'-lè*, Art-sur-Meurthe, Thézey.

7° *Ce-ci*, *ce-lè*, *ç'-lè*, *ç'-là*, dans les autres communes.

Section III

Les pronoms « celui, celle ».

Ces pronoms revêtent vingt-six formes différentes :

1° *Çu*, *çolle*, Le Tholy, Rehaupal, Champdray, Deycimont.

2° *Çu*, *celle*, Gerbépal, Saint-Pierremont, Vallois.

3° *Çue*, *celle* ou *ceille*, Domgermain.

4° *Lo çu*, *lè çu*, Ban-sur-Meurthe, Haillainville, Gircourt, Saint-Remy-aux-Bois, Affracourt, Courbessaux ; *le çu*, *lè çu*, à Mousson.

5° *Lo çu*, *celle*, Grandvillers, Chatel, Moyen, Hoéville.

6° *Lo çu*, *lè çolle*, Sainte-Barbe ; *lo çu*, *lè celle*, Anthelupt, Port-sur-Seille.

7° *Lo çut'*, *lè çut'*, Ortoncourt, Hennezel.

8° *Çul*, *celle*, Vittel, Landaville, Houécourt, Circourt, Ménil, Vouxey, Autigny-la-Tour ; *çul*, *cette*, Lignéville.

9° *Lo çul*, *lè çul*, Sommerviller.

10° *Çu-lò*, *celle*, Vienville, Lachapelle, Thiaville.

11° *Lo çi*, *lè ci*, Vexaincourt, Luvigny, Celles, Hablainville, Parux ; *l'cie*, *lè cie*, Allain.

12° *Lo çi*, *celle*, Pexonne.

13° *Lo çit'*, *lè çit'* ou *lè celle*, Cirey.

14° *Lo çin'*, *lè çin'*, Vaubexy, Saint-Vallier, Marainville.

15° *Cè*, *celle*, Vagney, Ventron.

16° *Lo çé*, *lè cé*, Longuet, Frizon.

17° *Çat'*, *çatte*, Mandray.

18° *Çal*, *çalle*, Pierre-la-Treiche.

19° *Lo çal*, *lè çalle*, Moivrons, Landremont, Thézey ; *lo çal* ou *lo çul*, *lè celle*, Vandeléville ; *lo çal*, *celle*, Battigny.

20° *Cet*, *cette*, Saint-Baslemont, Attigny.

21° *Cel*, *celle*, Rehérey.

22° *Lo cel*, *lè celle*, Ahéville, Pettonville, Verdenal, Leintrey, Serres, Art-sur-Meurthe.

23° *Eul cheil*, *lè cheil*, Pargny,

24° *Le çaoue*, *la çaoue*,, Bouillonville.

25° *Lo-ç'*, ou *lo-ss'*, *lè-ç'* ou *lè-ss'*, Mazelay.

26° *L'aut'*, *l'aut'*, Grand-Bois, Raville.

Ce, *çou*, *çu* proviennent du latin *ecce-hoc*, par les intermédiaires historiques *ecce-o*, *ecco*, *èço*, *içi*, *ço*.

La forme *çi* paraît n'être qu'une nuance de *çu*.

L'ancien français possédait, — pour indiquer les objets les plus rapprochés, les pronoms *cist*, *cest* (*cettui* cas-régime), provenant du latin *ecce-iste*, par les intermédiaires historiques *eccist*, *icist*,— pour indiquer les objets les plus éloignés, *cil*, *cel* (*celui* cas-régime), provenant du latin *ecce-ille*, par les intermédiaires historiques *eccil*, *içil*, *icel*. De ces diverses formes, la langue littéraire n'a conservé que *celui* et *celle* féminin de *cel*. On retrouve dans nos patois *cest*, *cist*, *çil*, *cel*, transformés en *çat*, *çit*, *çut*, *çal*, *çul*, *cheil*, *çaoue*, *çin'*, *çu*, *çi*, *cé*, *ç'*. Mais tandis que ces pronoms se sont maintenus à l'état pronominal dans un certain nombre de communes (Le Tholy, Champdray, Rehaupal, Deycimont, Gerbépal, Saint-Pierremont, Vallois, Domgermain, Ménil-en-Xaintois, Landaville, Houécourt, Vittel, Vouxey, Circourt, Autigny-la-Tour, Vagney, Ventron, Mandray, Pierre-la-Treiche, Saint-Baslemont, Attigny, Rehérey), ils ont perdu ailleurs leur caractère originel en empruntant le secours de l'article. Il y a là une curieuse déviation grammaticale. L'ancien pronom ne se suffisant plus à lui-même est devenu une sorte d'adjectif auquel nous allons voir se substituer la forme « l'aute ». Déjà au Grand-Bois et à Raville *l'aut'* signifie : celui, celle.

Section IV

Les pronoms « celui-ci, celui-là, celle-ci, celle-là ».

Ces pronoms sont formés dans nos patois, des adverbes de lieu enclitiques suffixés, tantôt à des thèmes pronominaux comme en français, tantôt au pronom indéfini « l'autre ».

1° Communes dans lesquelles les adverbes enclitiques sont suffixés à des thèmes pronominaux.

Cè-ci. cèla, celle-cite, celle-latte, Vagney, Ventron.

Çu-ci, çu-lò, çolle-ci, çolle-lò, Deycimont.

Çul-ci, çul-lè, celle-ci, celle-lè, Landaville, Vouxey, Circourt, Autigny.

Çul-ci, çul-lè, cette-ci, celle-lè, Lignéville.

Çî-ci ou *ç'tî-ci, çî-là* ou *ç'ti-là, celle-ci, celle-là*, Pargny.

Ç'tue-cé, ç'tue-là, ç'tê-cé, ç'tê-là, Trampot.

Çeul-cet, çeul-là, çalle-cet, çalle-là, Bouillonville.

2° Communes dans lesquelles les adverbes enclitiques sont suffixés au pronom indéfini « l'autre ».

Ces communes sont trop nombreuses pour qu'il soit procédé par voie d'énumération. Il suffira d'indiquer sommairement quelles sont les variations du thème et quelles sont celles des enclitiques.

La voyelle thématique est *au*, *ó* ou *o*, à Lachapelle,

Thiaville, Raville, Moivrons, Thézey, Mailly, Mousson, Custines, Landremont, Pierre-la-Treiche, Allain, Vandeléville, Battigny, Aboncourt, Affracourt, Saint-Remy-aux-Bois, ainsi que dans les communes du département des Vosges à l'exception de celles du canton de Raon.

Ex. : *l'aute-ci, l'aute-lè*, au Tholy.

L'ôt'-cète, l'ot'-làte, à Lusse.

L'òt'-cel celui-ci, celle-ci, *l'òt'-elle* celui-là, celle-là, pour désigner les personnes ; *l'ôt'-çeut'* celui-ci, celle-ci, *l'ôt'-ette* celui-là, celle-là, pour désigner les choses, à Mailly.

La voyelle thématique est *â, a*, dans les communes de Raon-sur-Plaine, Luvigny, Vexaincourt, Celles, Moyen, Vallois, Hablainville, Pettonville, Rehérey, Pexonne, Badonviller, Parux, Cirey, Verdenal, Leintrey, Anthelupt, Sommerviller, Courbessaux, Serres, Art-sur-Meurthe.

Ex. : *l'ât'-ci, l'ât'-lè*, à Parux.

L'at'-cite, l'at'-lète, à Celles.

L'enclitique *-ci* varie en *-cei, -çeu, -çeute, -ce, -çeul*, dans les communes de Sommerviller, Courbessaux, Hoéville, Moivrons, Custines, Landremont, Thézey, Port-sur-Seille. Ex. : *l'at'-cei, l'at'-çeute, l'aut'-çeu, l'otte-çeul, l'ôte-cete*, etc.

L'enclitique *-là* varie en *-lò, -lè*.

Le plus ordinairement les deux enclitiques sont affectéés de la désinence *-te, -tt', -t'*.

3º Communes dans lesquelles les deux formations sont concurremment usitées.

Docelles, *çu-ci* ou *l'aute-cite, l'aute-lote*.

Vittel, *çul-lè* ou *l'aute-lè*.

Ban-sur-Meurthe, *lo citt', l'ot'-latt'*.

Ménil, *çul-ci, l'ot'-è-te*.

Saint-Baslemont, *cel-ci, l'ôte-lè*.

Domgermain, *çut'-ci* ou *l'aute-ci, çût'-là* ou *l'aute-là*.

Section V

Les pronoms « ceux, celles ».

Ces pronoms revêtent vingt-six formes différentes :

1° *Les çus, les çalles*, à Ban-sur-Meurthe.

2° *Les çus* ou *les ços, les celles*, à Attigny.

3° *Les çus*, pour les deux genres, à Mousson, Courbessaux.

4° *Les çutes*, pour les deux genres, à Ortoncourt; *les çus* ou *les çutes*, pour les deux genres, à Haillainville.

5° *Lis çis*, pour les deux genres, à Luvigny, Vexaincourt, Celles; *les cis*, pour les deux genres, à Custines.

6° *Les çines*, pour les deux genres, à Vaubexy, Saint-Vallier, Rugney, Marainville.

7° *Çattes, çalles*, à Mandray.

8° *Les çals, les çalles*, à Landremont, Thézey.

9° *Çaux, çaules*, à Ventron, Vagney, Saint-Pierremont.

10° *Çauls, çaules*, à Vouxey.

11° *Ços, çolles*, Hennezel, Docelles, Grandvillers; *çòs, çolles*, à Deycimont.

12° *Ços, celles*, à Chatel, Vallois, Rehérey, Sommerviller.

13° *Çaux, les celles*, à Verdenal.

14° *Çols, celles*, à Houécourt; *çòls* ou *çòtes, celles*, à Vittel.

15° *Çòls, çòles*, à Lignéville; *çols, çolles*, à Autigny.

16° *Ceux, çolles*, Le Tholy, Rehaupal, Gerbépal, Vienville.

17° *Cels, celles*, à Pexonne; *les cels, les celles*, à Pettonville.

18° *Ços, çosses*, à Gircourt-les-Viéville.

19° *Çòs*, pour les deux genres, à Parux ; *ços*, pour les deux genres, à Affracourt.
20° *Ços* ou *les ços* ou *les çus, celles*, à Moyen.
21° *Los cheils, los cheilles*, à Pargny.
22° *Çowes, çolles*, à Allain.
23° *Çooues*, pour les deux genres, à Domgermain.
24° *Les çaoues*, pour les deux genres, à Bouillonville.
25° *Lás autes*, poùr les deux genres, au Grand-Bois.
26° *Ç'òtes* ou *z-òtes*, pour les deux genres, à Saint-Baslemont.

Section VI

Les pronoms « ceux-ci, celles-ci, ceux-là, celles-là ».

1° Communes dans lesquelles les adverbes enclitiques sont suffixés à des thèmes pronominaux :

Ventron, *çaux-ci, çaules-ci, çaux-là, çaules-là*.
Vagney, *çaux-ci, çaules-cite, çaux-là, çaules-late*.
Pargny, *çaux-ci, celles-ci, çaux-là, celles-là*.
Hennezel, *ços-ci, çolles-ci, ços-lè, çolles-lè*.
Deycimont, *çòs-ci, çolles-ci, çòs-lò, çolles-lò*.
Rouges-Eaux, *çòs-ci, çolles-cite, còs-lò, çolles-lote*.
Vouxey, *çauls-ci, çaules-ci, çauls-lè, çaules-lè*.
Mandray, *çattes-cite, çalles-cite, çattes-lête, çalles'lète*.
Ban-sur-Meurthe, *çalles-ci, çalles-cite, çalles-là, çalles-late*.
Le Tholy, *ceux-ci, çolles-ci, ceux-lò, çolles-lò*.
Vienville, *ceux-ci, çolles-cite, ceux-lò, çolles-lote*.
Domgermain, *çoous-ci*, pour les deux genres, *çoous-là*, id.
Bouillonville, *çaoues-cè*, pour les deux genres, *çaoues-là*, id.
Allain, *çowes-cé* ou *ç't'owes-cè, çowes-lè* ou *ç't'owes-lè, çolles* ou *ç't'-olles-cè, çolles-lè* ou *ç't'-olles-lê*.

— 64 —

Trampot, *ç'tòs-cé*, pour les deux genres, *ç'tòs-là*, id.

Vannes, *c'taòus-ci*, pour les deux genres, *ç'taòus-lê*, id.

Vandeléville, *ços-ci*, *les celles-ci*, *ços-lè*, *les celles-lè*.

2° Communes dans lesquelles les adverbes enclitiques sont suffixés au pronom indéfini « l'autre », précédé de l'article défini,

Plusieurs de nos correspondants ont préfixé au pronom indéfini une *s* qui appartient en réalité à l'article pluriel. Ex. : à Haillainville, *lè sote-cite*, *lé sotète* au lieu de *les otes-cite*, *les ot-ète* ; à Ortoncourt, *les sotes-ci*, *les sotes-lè* au lieu de *les otes-ci*, *les otes-lè* ; à Landremont, *les ç'at'-ce*, *les ç'at'èl'* au lieu de *les ates-ce*, *les ates-lè-* (pour *les ates-lè*).

Dans la commune de Sainte-Barbe où deux correspondants ont répondu à notre appel, l'un transcrit : *lés sòte-ci*, *lés sòte-lè*, et l'autre : *lé sôte-ci*, *lé sòtes-let*, au lieu de *les òtes-ci*, *les òtes-lè*.

A Sanchey, où nous avons eu également deux correspondants, nous trouvons à côté de la transcription fautive : *lé ʒôtes sites*, *lé ʒôtes lettes*, la transcription correcte : *les autes-ci*, *les autes-lè*.

Le nombre des communes dans lesquelles nos pronoms sont précédés de l'article défini est très-restreint.

Grand-Bois, *lâs autes-ci*, *lâs autes-lè*.

Saales, *lis sonte-cète*, *lis sonte-lotes*, au lieu de *lis ontes-cète*, *lis ontes-lote*..

Moivrons, *les òteceuls* ou *les çatteceuls* au lieu de *les òtes-ceul*, *les attes-ceuls*.

3° Communes dans lesquelles les adverbes enclitiques sont suffixés au pronom indéfini « l'autre » sans que celui-ci soit précédé de l'article défini.

Dans un assez grand nombre de communes des deux départements, l'article pluriel a disparu en laissant son *s* finale préfixée au thème. De *les autes-ci* prononcé *lés-aute-ci*, l'indifférence étymologique et l'instinct d'abréviation ont fait *s-aute-ci*.

De nos deux correspondants de Saales, l'un a transcrit : *lis sonte-céte, lis sonte-lotes*, et l'autre : *sont-sét, sont-lat* au lieu de *s-ontes-cète, s-ontes-late*.

L'article défini a été éliminé, en laissant l'*s* finale suffixé au thème, dans les communes de Lusse, Vexaincourt, Luvigny, Celles, Pexonne, Rehérey, Parux, Hablainville, Pettonville, Leintrey, Courbessaux, Serres, Hoéville, Custines, Mailly, Mousson, Marainville, Hergugney, Rugney, Gircourt-les-Viéville, Saint-Pierremont, Moyen, Lachapelle, Thiaville, Vallois, Frizon, Ahéville, Saint-Vallier, Saint-Baslemont, Attigny, Charmois-l'Orgueilleux.

LIVRE III

PRONOMS PERSONNELS

Section I

Le pronom « je ».

Ce pronom revêt six formes différentes :

1° *I, idj*, Ramonchamp, Ventron, Vagney, Saulxures, La Bresse. Ex. : *i tchantè* je chante, *idj'â* j'ai.

2° *Jge, jg'*, à Mandray. Ex.: *jge soue* je suis, *jg'avouae* j'avais.

3° *Dje, dj'*, à Ban-sur-Meurthe. Ex.: *dje feré* je ferai, *d'jè* j'ai.

4° *He, h'*, à Moyenmoutier. Ex.: *he se* je suis, *h'êvé* j'avais.

5° *Jé, j'*, Le Tholy, Longuet, Grand-Bois, Sanchey, Grandvillers, Dompierre, Chatel, Bult, Vomécourt, Haillainville, Saint-Pierremont, Sainte-Barbe, Vallois, Cirey, Anthelupt, Landaville, Attigny.

6° *Je, j'*, dans les autres communes.

Toutes ces formes proviennent du latin *ego* par les intermédiaires *eo, io, jo*. Dans le sud du département des Vosges, l'influence comtoise a fait prévaloir le raccourcissement *i* qui prend un *dj* euphonique, devant les verbes commençant par une voyelle. On dit, en patois bourguignon : *je seu* ou *i seu* je suis, *j'ai* ou *i ai* j'ai.

Section II

Le pronom « moi ».

I. — Quand ce pronom est simplement démonstratif (moi, je dis, c'est moi) ou qu'il est régi par une préposition (à moi, pour moi, chez moi, etc.), il revêt cinq formes différentes.

1° *Mi*, dans la grande majorité des communes du département des Vosges, ainsi qu'à Vallois, Moyen, Lachapelle, Thiaville, Pexonne, Badonviller, Rehérey, Hablainville, Pettonville, Parux, Leintrey, Saint-Remy-aux-Bois, Vannes-le-Chatel, Domgermain. Ex.: à Ventron, *et mi i meurè de faim* et moi je meurs de faim; à Deycimont, *venêz èvo mi* venez avec moi; à Pexonne, *haye dérieu mi* marche derrière moi.

2° *Men, mein, min*, à Provenchères, Saales. Ex.: *et mein je seu to-ci è mouré de faim* et moi je suis ici à mourir de faim; *çaôt mein* c'est moi.

3° *Mé*, à Lusse, Trampot, Allain. Ex.: *et mé to-ci je mieus de faim*.

4° *Mè*, à Raville. Ex.: *évawe mè* avec moi.

5° *Me*, à Affracourt, Lemainville, Vandeléville, Pierre-la-Treiche, Anthelupt, Vitrimont, Courbessaux, Hoéville, Serres, Laneuvelotte, Malzéville, Custines, Landremont, Mousson, Port-sur-Seille. Ex.: *et me to-ce* et moi ici; à Custines, *évou me* avec moi.

II. — Quand le pronom « moi » est le régime indirect d'un verbe, il revêt trois formes différentes:

1° *Mé, m'*, à Ventron, Vagney, Grand-Bois, Grandvillers, etc. Ex.: à Vagney, *çou qué douïe mé r'véni d'vote biè* ce qui doit me revenir de votre bien; au Grand-Bois, *baïez mé lè pâ dô bié qué dot m'erveni* donnez-moi la part du bien qui doit me revenir.

2° *Me, m'*, dans la grande majorité des communes des deux départements. Ex.: à Sanchey, *beïèz-me ç'qué mé revié d'vote bié* donnez-moi ce qui me revient de votre bien; à Lignéville, *bèïèz-me lè pâ qué mé r'vin*; à Ménil, *bèïez-me lè pa do bin que dot me r'veni*.

Généralement le pronom se suffixe au verbe qui le régit, et souvent il s'apocope en *-m, -mm*. Ex.: à Pargny, *baïez-mm lè pâ don biè qu'daut me r'veni*.

3° *Mi*, à Attigny, Laneuveville-sous-Montfort, Bulgnéville. Ex.: à Attigny, *beïèz mi tortot ç'qué daut m'ervéni*.

III. — Quand le pronom « moi » est régime direct d'un verbe, il revêt tantôt la forme *mi*, tantôt la forme *me*. Ex.: *laihhe-mi, laihhe-me* laisse-moi.

Section III

Le pronom « me ».

Ce pronom revêt deux formes différentes:

1° *Mé* dans un certain nombre de communes, notamment à Sanchey et à Lignéville. Voir la Section précédente.

2° *Me* ou *m'* dans la généralité des communes. Ex.: à Moyen, *té me voué* tu me vois; à Hablainville, *te m'bets* tu me bats.

Dans l'ancien français, le pronom de la première personne se déclinait régulièrement: cas sujet, *je*; cas régime direct *me* (lat. *me*); cas régime indirect *moi* (lat. *mihi, mi*.

Section IV

Le pronom « tu ».

Ce pronom revêt trois formes différentes:

1° *To* à Moivrons. Ex.: *to minge di pain* tu manges du pain.

2° *Té, t'*, à Ramonchamp, Ventron, Saulxures, La Bresse, Vagney, Longuet, Grand-Bois, Attigny, Le Tholy, Rehaupal, Gerbépal, Grandvillers, Sanchey, Bult, Vomécourt, Haillainville, Vallois, Moyen, Saint-Pierremont, Anthelupt.

3° *Te, t'*, dans les autres communes.

Section V

Le pronom « toi ».

Ce pronom revêt quatre formes différentes:
1° *Tè, tet*, à Bouillonville, Pierre-la-Treiche.
2° *Té, t'*, Lusse, Provenchères, Saales, Allain, Trampot.
3° *Te, t'*, Affracourt, Battigny, Art-sur-Meurthe, Courbessaux, Serres, Hoéville, Landremont, Mousson, Port-sur-Seille.
4° *Ti*, dans les autres communes.

Section VI

Le pronom « te ».

Ce pronom revêt trois formes différentes :
1° *Ti*, au Grand-Bois, à Pargny.
2° *Té*, à Attigny, Sanchey, Saales, Sainte-Barbe, Saint-Pierremont, Haillainville.
3° *Te, t'*, dans les autres communes.

La déclinaison était dans l'ancien français: cas sujet *tu*; cas régime direct *te* (lat. *te*); cas régime indirect *ti* (lat. *tibi, tì*).

Section VII

Le pronom « nous ».

Qnand ce pronom est le sujet d'un verbe, il revêt la

forme du singulier, dans la plupart des communes des deux départements. Ex.: au Tholy, *j'â* j'ai, *j'ons* nous avons; à Courbessaux, *je quoire* je cherche, *je quoirans* nous cherchons.

La forme latine *nos* s'est maintenue à Ramonchamp, Ventron, Saulxures, La Bresse, Moyen, Vallois. Ex.: *nos os* nous avons, *nos vallos* nous valons, *nos blessos* nous blessons.

Les deux formes sont employées à Vagney, Grandvillers, Rouges-Eaux. Ex.: à Grandvillers, *j'ons* nous avons, *nos sos* nous sommes.

Quand le pronom « nous » est simplement démonstratif ou qu'il est régi soit par une préposition soit par un verbe, il revêt les formes *nos, nons, nous*. Ex.: à Deycimont, *nos autes* nous autres; à Ban-sur-Meurthe, *è nos veyat* ils nous voient.

Section VIII

Le pronom « vous ».

Quand il est sujet d'un verbe, ce pronom revêt quatre formes différentes :

1° *V's, ve, v'* à Bulgnéville, Landaville, Circourt, Ménil, Trampot, Brechainville, Pargny, Vouxey, Maconcourt, Aboncourt, Autigny-la-Tour, Vandeléville, Battigny, Lemainville, Vannes-le-Chatel, Allain, Domgermain, Pierre-la-Treiche, Hamonville, Bouillonville, Mousson, Port-sur-Seille, Mailly, Landremont, Custines, Laneuvelotte, Hoéville, Courbessaux, Raville, Anthelupt. Ex.: à Bulgnéville, *v's êtes* vous êtes, *ve seros* vous serez, *v'ós* vous avez; à Vandeléville, *ve feuchtes* vous fûtes; à Ménil, *v's os ètu* vous avez été, *ve feures* vous fûtes; à Landaville, *v'feures* vous fûtes, etc.

2° *Vos, ve, v'*, à Houécourt, Einville, Serres, Thézey.

Ex.: à Thézey, *vos sreus* vous serez, *ve chantreus* vous chanterez, *v'ateus* vous êtes; à Serres, *vos k'nachez* vous connaissez, *ve serez* vous serez, *v'atez* vous êtes; à Einville, *vos diros* vous direz, *v'voyos* vous voyez.

3° *Vos, os*, dans les autres communes.

II. — Quand il est simplement démonstratif ou qu'il est régi soit par une préposition soit par un verbe, le pronom de la seconde personne du pluriel revêt deux formes différentes :

1° *Vous*, dans un petit nombre de communes de la bande occidentale. Ex.: à Laneuveville, *è vous* à vous; à Circourt, *j'vous voyons* nous vous voyons ; à Landaville, *évou vous* avec vous; à Autigny, *pou vous* pour vous.

2° *Vos*, dans les autres communes. Ex: à Trampot, *à vos* à vous; à Landremont, *por vos* pour vous; aux Rouges-Eaux, *sus vos* sur vous; au Tholy, *j'vos voyos* nous vous voyons.

III. — J'ai relevé, dans les verbes réfléchis, les dix formes qui suivent:

1° *Vos vos*, dans le plus grand nombre des communes des deux départements. Ex.: aux Rouges-Eaux, *vos vos roîtez* vous vous regardez; à Vexaincourt, *vos vos chôhhais* vous vous chargez ; à Verdenal, *vos vos fiéttins* vous vous flattez, etc.

2° *Vos ve*, à Serres. Ex.: *vos ve cohez* vous vous écorchez.

3° *Vos v'* à Haillainville. Ex.: *vos v'corrigez* vous vous corrigez.

4° *Vo-ffe, vo-f*, à Rehérey, Ahéville. Ex.: *vo-ffe voyez* vous vous voyez, *vo-f baignais*, vous vous baignez.

5° *Ve ve*, à Custines, *ve ve repentos* vous vous repentez ; à Mousson, *ve ve repenteus*; à Pierre-la-Treiche, *ve ve repentais*.

6° *Ve v'*, à Ménil, *ve v' fiettèz* vous vous flattez ; à Domgermain, *ve v' voyôs* vous vous voyez ; à Allain, *ve v' piageais* vous vous plaisez ; à Bouillonville, *ve v' gnurez* vous vous nourrissez.

7° *Ve-ffe*, à Aboncourt. Ex.: *ve-ffe couchez* vous vous couchez.

8° *Ve vos* à Battigny. Ex.: *ve vos trompos* vous vous trompez.

9° *Ve vous*, à Circourt. Ex.: *ve vous proumouénèz* vous vous promenez.

10° *V' vous*, à Landaville. Ex.; *v'vous echotèz* vous vous asseyez.

SECTION IX

Le pronom « il ».

Ce pronom revêt quatre formes différentes :

1° *El, él*, devant une voyelle ; *è, é*, devant une consonne, — à Ramonchamp, Ventron, Saulxures, Vagney, Longuet, Grand-Bois, Hennezel, Attigny, Le Tholy, Rehaupal, Champdray, Gerbépal, Ban-sur-Meurthe. Ex.: au Tholy, *èl é* il a, *è fe* il fut.

2° *Eul, l'* devant une voyelle ; *e* devant une consonne, — dans un certain nombre de communes de la bande occidentale. Ex.: à Lignéville, *eul ost* il est, *e seré* il sera, *e me voué* il me voit ; à Vittel, *eul è* il a, *l'ost* il est, *l'èrè* il aura, *e fe* il fût.

3° *Il* devant une voyelle, *i* devant une consonne, — à Docelles, La Baffe, Sanchey, Grandvillers, Frizon, Vaubexy, Saint-Vallier, Ortoncourt, Lachapelle, Thiaville, Saint-Pierremont, Vexaincourt, Luvigny, Moyenmoutier, Rouges-Eaux, Saales, Provenchères. Ex.: à Docelles, *il ost* il est, *i fereu* il fût.

4° *L* devant une voyelle, *i* devant une consonne, — à Celles, Sainte-Barbe, Vomécourt, Bult, Haillainville,

Chatel, Gircourt-les-Viéville, Rugney, Marainville, Gelvécourt, Légeville, Maconcourt, Autigny, Vouxey, Circourt, Landaville, Houécourt, ainsi que dans la grande majorité des communes du département de la Meurthe. Ex.: à Celles, *l'èveu* il avait, *i fe* il fut.

Section X

Le pronom « ils ».

En général, le pronom masculin de la troisième personne est le même au pluriel qu'au singulier. Ex.: au Tholy, *èl ont* ils ont, *è feront* ils fûrent; à Lignéville, *eul ont* ils ont, *e sont* ils sont; à Docelles, *il ont* ils ont, *i seront* ils seront; à Haillainville, *l'ont* ils ont, *i sont* ils sont.

Les formes *éʒ*, *iʒ* sont usitées dans quelques communes notamment à Champdray, Gerbépal, Lusse, Luvigny, Allain. Ex.: à Gerbépal, *èl ont* ou *éʒ ont* ils ont; à Lusse, *iʒ ont*.

Section XI

Le pronom « elle ».

I. — Quand il est simplement démonstratif ou qu'il est régi soit par une préposition soit par un verbe, ce pronom revêt, dans toutes les communes, l'une des formes qui suivent: *léïe, léye, leille, leil, léï, lèïeu, lée, laïe, laye*. Ex.: à Landremont, *ç'ast léïe* c'est elle; à Pettonville, *ç'ast è leille* c'est à elle.

Dans l'ancienne langue française, le cas régime du pronom féminin de la troisième personne était, suivant les dialectes: *lai, lei, lie, li*.

II. — Quand il est sujet d'un verbe, notre pronom revêt trois formes différentes:

1° *Léïe, léye*, etc., dans les communes de Ban-sur-Meurthe, Sainte-Barbe, Rehérey, Crévic, Serres, Art-sur-Meurthe, Hennezel. Ex.: à Sainte-Barbe, *lée démoureré sus not' euhe* elle demeurera sur notre porte; à Serres, *laye les aimo assi* elle les aimait aussi; à Hennezel, *léye ost sèvante* elle est savante.

2° *Eule, eulle, ele*, dans les communes de Gelvécourt, Légeville, Lignéville, Vittel, Houécourt, Circourt, Pargny, Allain, Domgermain, Bouillonville, Landremont, Thézey. Ex.: à Landremont, *eulle varrè* elle viendra.

3° *Elle*, dans un grand nombre de communes des deux départements.

Section XII

Le pronom « eux ».

Ce pronom revêt douze formes différentes :

1° *Los*, à Ventron, Saulxures, Vagney. Ex.: *ç'ast los, i laus r'kénehhè* c'est eux, je les reconnais.

2° *Ros* et *ʒos*, à Gérardmer. Ex.: *ç'é sti ros* cela a été eux, *j'â sti chie ʒos* j'ai été chez eux.

3° *Zeux*, Le Tholy, Rehaupal, Champdray, Vienville, Marainville. Ex.: au Tholy, *ç'ost ʒeux, j'les r'kéno* c'est eux, je les reconnais.

Dans les trois communes du canton de Corcieux la forme *ʒos* est également usitée.

4° *Zaux*, *ʒos*, à Docelles, La Baffe, Deycimont, Haillainville, Vomécourt, Bult, Lachapelle, Thiaville, Moyen, Vexaincourt, Luvigny, Parux, Pettonville, Sanchey, Frizon, Saint-Vallier, Vaubexy, Ahéville, Gelvécourt, Légeville, Rugney, Ménil, Lignéville, Saint-Baslemont, Affracourt, Vandeléville, Pierre-la-Treiche.

5° *Zols*, *ʒauls*, Verdenal, Leintrey.

6° *Zieux*, Saales, Provenchères, Lusse.
7° *Zios*, Moyenmoutier.
8° *Zous*, Saint-Remy-aux-Bois, Courbessaux, Serres, Hoéville, Art-sur-Meurthe, Custines, Moivrons, Landremont, Mousson, Mailly, Thézey.
9° *Euss'*, à Crévic.
10° *Zas*, ʒ*ias*, Ban-sur-Meurthe, Mandray.
11° *Zooues*, ʒ*oous*, ʒ*oouv'*, ʒ*owes*, Landaville, Circourt, Pargny, Allain, Domgermain.
12° *Zawes*, ʒ*aoues*, Raville, Bouillonville.

Section XIII

Le pronom « elles ».

Quand il est sujet d'un verbe, ce pronom revêt deux formes :
1° *Eules*, dans quelques communes de la bande occidentale.
2° *Elles*, dans les autres communes des deux départements.

Quand il est simple démonstratif ou régi, il revêt les formes suivantes :
1° *Los*, comme au masculin, dans les communes de l'angle sud-est du département des Vosges.
2° *Zaux*, comme au masculin, à Moyen, Pettonville, etc.
3° *Zoous*, comme au masculin, à Domgermain.
4° *Zôles*, ʒ*oles*, ʒ*olles*, au Tholy, Rehaupal, Deycimont, Docelles, Gérardmer, etc.
5° *Ziolles*, à Saales.
6° *Zalles*, ʒ*ialles*, à Lusse, etc.

Section XIV

Le pronom « lui ».

Ce pronom revêt, dans le plus grand nombre des

communes deux formes différentes, suivant qu'il est régi par un verbe ou qu'il est employé, soit comme démonstratif, soit comme régime d'une préposition.

I. — Quand il est régi par un verbe, le pronom « lui » se dit *li* dans la grande majorité des communes des deux départements. Ex.: à Ramonchamp, *bèyi-li* donnez-lui; à Ban-sur-Meurthe, *dje li dirai* je lui dirai; à Marainville, *i faut que j'li dijeu* il faut que je lui dise; à Courbessaux, *poutez-li celè* portez-lui cela.

Dans un certain nombre de communes, notamment à Lusse, Thézey, Hennezel, Charmois-l'Orgueilleux, Sanchey, Mazelay, Vaubexy, on remplace assez souvent *li* par *i* ou par *ʒi*. Ex.: à Mazelay, *j'i dirâ* je lui dirai; à Lusse, *je ʒi dirai* je lui dirai.

II. — Le pronom « lui » revêt quatre formes différentes quand il est régi par une préposition ou qu'il est employé comme simple démonstratif.

1º *Lé*, dans l'angle sud-est du département des Vosges. Ex.: *mé pére est etchi lé* mon père est chez lui.

2º *Leu, le*, à Ban-sur-Meurthe, Trampot, Brechainville, Pargny, Allain. Ex.: *i coureil è le* il courut à lui; à Allain, *j'vas è leu* je vais à lui.

3º *Lou*, à Vannes-le-Chatel, Domgermain, Toul. Ex.: *d'vot lou* devant lui.

4º *Lu*, dans la grande majorité des communes. Ex.: à Vomécourt, *i co è lu* il court à lui; à Marainville, *ç'ast lu que j'êe vu* c'est lui que j'ai vu; à Courbessaux, *ç'ast è lu* c'est à lui.

III. — La forme *li* est seule usitée dans les communes de Vagney, le Tholy, Badonviller, Hablainville, Pettonville, Parux, Leintrey, Thézey. Ex.: à Vagney, *i faut que j'li d'hesse* il faut que je lui dise, *è coré i d'vant d'li* il courut au-devant de lui; à Parux, *so feu li d'heu* son fils lui dit, *et corant ê li* et courant à lui.

Section XV

Le pronom « le, l' ».

Ce pronom revêt quatre formes différentes :

1° *Le, l'*, dans les communes de l'angle sud-est du département des Vosges, ainsi qu'à Hennezel. Ex.: à Vagney, *s'pére lé voyé et feu tot sanmeu dé l'youér si capéioux, è coré i d'vant d'li, sé hhtié è s'cò et l'rebressié*, son père le vit et fut tout ému de le voir si déguenillé, il courut au devant de lui, se jeta à son cou et l'embrassa.

2° *Lo l'*, dans la grande majorité des communes de la bande orientale et du centre. Ex.: à Ban-sur-Meurthe, *so pére lo vèyé et totchi de compássio é coré è leu, l'èbressè et lo bidjé*, son père le vit et touché de compassion il courut à lui, l'embrassa et le baisa; à Einville, *amoinez le vé gras et touez-lo* amenez le veau gras et tuez-le.

4° *Le, l'*, à Attigny, Lignéville, Vittel, Laneuveville-sous-Montfort, Houécourt, Circourt, Brechainville, Allain, Domgermain, Pierre-la-Treiche, Custines, Mousson, Landremont, Port-sur-Seille, Bouillonville. Ex.: à Houécourt, *èmouènez eul ve gras et tuez-le*.

4° *Eul, l'*, à Autigny-la-Tour. Ex.: *eus'père eul voyi et courant è lu i s'jeti è s'còë et l'robressi*.

Section XVI

Le pronom « la, l ».

Dans quelques communes, ce pronom revêt deux formes différentes, suivant qu'il précède ou qu'il suit le verbe dont il est le régime. Ex.: au Tholy, *je lè r'kéno* je la reconnais, *rèvuatèz-lo* regardez-la ; à Deycimont, *j'lè breule* je la brûle, *peurnèz-lo* prenez-la.

Section XVII

Le pronom « les ».

Ce pronom revêt quatre formes différentes :
1° *Laus,* dans les communes de la vallée de la Moselotte. Ex.: *i laus rekénehhè* je les reconnais, *rèvouétiz laus* regardez-les.
2° *Lis,* à Mandray, Celles, Vexaincourt. Ex.: à Vexaincourt, *lis voce* les voici.
3° *Los,* à Circourt, Pargny, Allain, Domgermain. Ex.: à Allain, *je los ouaí* je les vois.
4° *Les,* dans la majorité des communes.

Section XVIII

Le pronom « leur ».

Ce pronom revêt quinze formes différentes :
1° *Les,* à Serres.
2° *Lis,* à Haillainville, Ortoncourt, Saint-Pierremont, Sainte-Barbe, Saint-Blaise-la-Roche, Celles-sur-Plaine. Ex.: *Jésus lis d'heu* Jésus leur dit.
3° *Laus, los,* à Ventron, Gelvécourt, Légeville, Trampot.
4° *Lieus,* à Mandray.
5° *Lus,* à Ban-sur-Meurthe.
6° *Loues, loûs, lous,* à Autigny-la-Tour, Vannes-le-Chatel, Custines, Thézey.
7° *Laoues,* à Bouillonville.
8° *Looûv',* à Circourt.
9° *Lési,* au Tholy, à Leintrey, Courbessaux. Ex.: *je lési ons racontè celè* nous leur avons raconté cela.

10° *Lisi*, à Rehaupal, Champdray, Deycimont, Gerbépal. Ex.: à Gerbépal, *è lisi dehé co* il leur dit encore.

11° *Lausi, losi*, à Ventron, Saulxures, Vagney, Gircourt-les-Viéville, Attigny, Lignéville, Vittel, Houécourt, Ménil. Ex.: à Attigny, *jé losi fera do bin* je leur ferai du bien.

12° *Lousi*, à Landaville, Pargny, Allain, Mailly. Ex.: à Allain, *j'lousi pàle* je leur parle; *loûeẓie, loûe* à Domgermain.

13° *Lâsi*, au Longuet.

14° *lisou*, à Landremont. Ex.: *je lisou dirà* je leur dirai.

15° *Zûtes, ẓuttes*, à Vienville, La Baffe.

Section XIX

Le pronom « se ».

Ce pronom revêt trois formes différentes :

1° *So*, à Mailly.

2° *Sé, s'*, à Vagney, Vienville.

3° *Se, s'*, dans les autres communes. Ex.: á Vomécourt, *i se loueu po vodiè les pouhhés* il se loua pour garder les pourceaux; à Ventron, *è s' boté i service d'in habitant* il se mit au service d'un habitant.

Section XX

Le pronom « soi ».

Dans la grande majorité des communes, ce pronom est suppléé par *li, lu, leu, lou*. Ex.: au Tholy, *chèquin po li* chacun pour soi.

Section XXI

Le pronom « en ».

Ce pronom revêt sept formes différentes :

1° *On', o*, à Ventron, Saulxures, Vagney, Rupt, Longuet, Landaville, Circourt, Pargny, Autigny-la-Tour, Allain, Domgermain, Pierre-la-Treiche. Ex.: à Rupt, *nos on' ons* nous en avons; à Pargny, *mâs pacheunne ne li o bèïeu* mais personne ne lui en donnait; à Allain, *j'o pâle* j'en parle.

2° *On*, à Ramonchamp, Grand-Bois, Charmois-l'Orgueilleux, Sanchey, Gelvécourt, Légeville, Saint-Baslemont, Lignéville, Vittel, Bulgnéville, Houécourt, Laneuveville-sous-Montfort, Ménil, Saint-Vallier, Mazelay. Ex.: à Ramonchamp, *'èpoutiz nos on co pou tchèqu'u î sou* apportez-nous en encore pour chacun un sou.

3° *En', é*, à Gérardmer, Le Tholy, Gerbépal, Rehaupal, Deycimont, Docelles, La Baffe. Ex.: à Gérardmer, *j'èn' ons* nous en avons; à Gerpépal, *mais pachène ne li è bèyi* mais personne ne lui en donnait.

4° *En*, à Mandray, Raon-sur-Plaine, Haillainville, Marainville, Affracourt, Anthelupt, Sommerviller, Custines, Mailly, Thézey, Mousson. Ex.: à Thézey, *mâs pâhhoûnne n'i en béïeu* mais personne ne lui en donnait.

5° *Ain, in*, à Vomécourt, Bult, Ortoncourt, Saint-Pierremont, Sainte-Barbe, Lachapelle, Thiaville, Moyenmoutier, Saint-Blaise-la-Roche, Celles, Vexaincourt, Rehérey, Pettonville, Cirey. Ex.: à Saint-Blaise-la-Roche, *mâs pachouonne ne li ain bêyor*.

6° *A*, à Gircourt-les-Viéville, *mas pahheine ne li a bayé*.

7° *Nè*, à Ban-sur-Meurthe et aux Rouges-Eaux. Ex.. *te m'nè réponds* tu m'en réponds; *note Francis' é s'nè peurné è dire* notre François il s'en est pris à dire.

LIVRE IV

ADJECTIFS ET PRONOMS POSSESSIFS

CHAPITRE I

DES ADJECTIFS POSSESSIFS

Section I

Les adjectifs « mon, ton, son ».

Ces adjectifs revêtent cinq formes différentes :
1° *Mé, té, sé* ou *m', t', s'* devant les consonnes — *mén, tén, sén* ou *m'n, t'n, s'n* devant les voyelles, dans les communes de l'angle sud-est du département des Vosges. Ex.: à Ventron, *mé pére, sé pére, s'pére, mén effant, s'n hèritèdje;* à Ramonchamp, *dé m'tomps* de mon temps, *i n'sera mi dé t'n èvis* je ne serai pas de ton avis ; à Vagney, *s'pére, m'pére, s'bié* son bien, *t'vé* ton veau, *m'pôre Bastien* mon pauvre Bastien.

2° *Mou, tou, sou,* à Houécourt, Malzéville. Ex.: *eul pus jone d'jè è sou pére* le plus jeune dit à son père ; *lè mojon de mou pére* la maison de mon père

3° *Me, te, se* ou *m', t', s'* devant les consonnes — *m'n t'n, s'n* devant les voyelles, à Saint-Baslemont, Lignéville, Bulgnéville, Laneuveville-sous-Montfort, Landaville, Trampot, Brechainville. Allain, Pierre-la-Treiche,

Toul, Bouillonville, Mousson, Port-sur-Seille, Manoncourt, Landremont, Custines. Ex.: à. Allain, *m' frère, m'n onque* mon oncle ; à Landremont, *me ché* mon chariot, *m'n écouhi* mon fouet.

4° *Eum', eut', eus'* ou *em', et', es'* ou *m', t', s'*, à Pargny, Autigny-la-Tour, Domgermain.

5° *Mo, to, so* ou *mô, tô, sô* ou *m', t', s'* devant les consonnes,— *m'n, t'n, s'n* devant les voyelles, à Hennezel, Attigny, Gelvécourt, Légeville, Vaubexy, Ahéville, Saint-Vallier, Mazelay, Gérardmer, Le Tholy, ainsi que dans les communes des cantons de Corcieux, Provenchères, Fraize, Brouvelieures, Saales, Senones, Bruyères, Epinal, Bains, Xertigny, Chatel, Rambervillers, Raon, Charmes, Gerbéviller, Cirey, Blâmont, Baccarat, Lunéville, Nomeny, Nancy, Colombey.

Section II

Les adjectifs « ma, ta, sa ».

Ces adjectifs revêtent quatre formes différentes :

1° *Ma, ta, sa*, à Bouillonville.

2° *Ma* ou *em', ta* ou *tè, sa* ou *sè*, à Domgermain.

3° *Mé, té, sé*, à Vallois, Pexonne, Badonviller, Serres, Landremont, Port-sur-Seille, Allain, Vandeléville, Battigny.

4° *Mè, tè, sè* ou *met, tet, set*, dans les autres communes. D'ordinaire, les formes euphoniques *m'n, t'n, s'n* sont usitées devant les mots qui commencent par une voyelle ou par une *h* muette. Ex.: à Vexaincourt, *s'n amitieu, s'n humeur, m'n âme ;* au Tholy, *m'n émie ;* à Badonviller, *s'n héritége*.

Section III

Les adjectifs « notre, votre ».

Ces adjectifs revêtent trois formes différentes :

1° *Nate, vate*, à Thézey, Mailly, Landremont.

2° *Noute voute*, à Houécourt, Autigny, Allain, Domgermain ; *nôte*, *voute*, à Pierre-la-Treiche.

3° *Note*, *vote* ou *notte*, *votte*, ou *not'*, *vot'*, dans les autres communes des deux départements.

Section IV

L'adjectif « leur ».

Cet adjectif revêt seize formes différentes :

1° *Lo*, à Vagney.
2° *Lou*, à Gérardmer, Vienville, Landaville.
3° *Lû*, à Gerbépal, Ban-sur-Meurthe.
4° *Lô*, à Vittel, Houécourt, Autigny.
5° *Laoue*, à Bouillonville.
6° *Loue*, à Domgermain.
7° *Lau* ou *ʒau*, à Allain.
8° *Loute*, à Attigny.
9° *Lute*, au Tholy, Grand-Bois, Charmois-l'Orgueilleux.
10° *Zô*, à Pierre-la-Treiche.
11° *Zou*, à Battigny.
12° *Zu*, à Rehaupal.
13° *Zieu*, à Saales, Provenchères.
14° *Zoute*, à Thézey, Mailly, Landremont, Serres, Courbessaux, Art-sur-Meurthe.
15° *Zute*, au Longuet, à Deycimont, Grandvillers, Frizon, Marainville, Moyen.
16° *Zite*, à Raon-sur-Plaine, Vexaincourt, Luvigny, Celles, Pexonne, Hablainville, Rehérey, Parux, Leintrey.

Dans les adjectifs possessifs correspondant à « leur », on retrouve les pronoms personnels moins l'*i* final à la place duquel apparaît, dans un certain nombre de communes, le suffixe -*te*. Cette désinence indique qu'à une époque antérieure, l'idiome populaire lorrain distinguait le féminin du masculin, comme le fait encore aujourd'hui le patois bourguignon, dans lequel on dit : *lo peire* leur père, *lote raice* leur race.

Section V

Les adjectifs « nos, vos ».

Ces adjectifs revêtent neuf formes différentes :
1° *Notis, votis*, à Saales, Provenchères.
2° *Nâotes, vâotes*, au Grand-Bois.
3° *Notés, votés*, à Ban-sur-Meurthe.
4° *Nâs, vâs*, à Thézey, Landremont.
5° *Noûs, voûs*, à Landaville, Autigny, Allain.
6° *Nons, voûes*, à Domgermain.
7° *Neus, veus*, à Gérardmer, Le Tholy, Rehaupal, Vienville, Gerbépal.
8° *Nôs, vôs*, au Longuet, à Marainville.
9° *Nos, vos*, dans la majorité des communes des deux départements.

Section VI

L'adjectif « leurs ».

Cet adjectif revêt douze formes différentes :
1° *Los*, à Ventron, Vagney, Charmois-l'Orgueilleux, Attigny, Gircourt-les-Viéville.
2° *Lous*, à Gérardmer, Vienville, Landaville.
3° *Lus*, au Tholy, à Gerbépal, Ban-sur-Meurthe.
4° *Loues* ou *loës*, à Autigny-la-Tour ; *louês*, à Domgermain.
5° *Laoues*, à Bouillonville.
6° *Lutes*, au Grand-Bois.
7° *Laus* ou *ʒaux*, à Allain.
8° *Zos*, à Chatel, Celles, Luvigny, Vexaincourt, Raon-sur-Plaine, Pexonne, Rehérey, Hablainville, Leintrey, Courbessaux, Serres, Pierre-la-Treiche.

9° *Zous*, à Thézey, Landremont, Art-sur-Meurthe.
10° *Zus*, au Longuet, à Rehaupal, Deycimont, Grandvillers, Haillainville, Moyen.
11° *Zieux*, à Saales, Provenchères.
12° *Zutes*, à Frizon, Vandeléville.

CHAPITRE II

DES PRONOMS POSSESSIFS

Section I

Les pronoms « le mien, le tien, le sien ».

Ces pronoms revêtent douze formes différentes :
1° *Lo mien, lo tien, lo sien*, à Bult, Vomécourt, Haillainville, Saint-Pierremont, Sainte-Barbe, Moyen, Vallois, Vexaincourt, Luvigny, Celles, Mousson, Thézey, Port-sur-Seille.

2° *L'mienne, l'tienne, l'sienne*, à Ramonchamp, Ventron, Vagney, Saint-Amé.

lo mienne, lo tienne, lo sienne, à Sanchey, Charmois-l'Orgueilleux, Frizon, Chatel, Lachapelle, Thiaville, Verdenal.

lo miéne, lo tiéne, lo siéne, au Grand-Bois, à Ortoncourt.

le miéne, le siéne, le siéne, à Trampot.

3° *Lo mieune, lo tieune, lo tsieune*, à Pexonne, Rehérey, Leintrey.

lo miëne, lo tiëne, lo siëne, à Pettonville.

4° *Lo miun, lo tiun, lo siun*, à Hablainville, Parux.

5° *Lo miine, lo tiine, lo siine*, à Hennezel.

6° *Lo mein, lo tein, lo sein,* à Rehaupal, Gerbépal.

7° *Lo mine, lo tine, lo sine* ou *lo min', lo tin', lo sin',* à Saint-Baslemont, Bulgnéville, Gelvécourt, Légeville, Vaubexy, Saint-Vallier, Ahéville, Ménil, Maconcourt, Vouxey, Gircourt-les-Viéville, Rugney, Hergugney, Marainville, Saint-Remy-aux-Bois, Affracourt, Lemainville, Battigny, Aboncourt, Pierre-la-Treiche, Bouillonville, Landremont, Custines, Art-sur-Meurthe, Hoéville, Serres, Courbessaux, Raville, Sommerviller, Anthelupt.

le mine, le tine, le sine, Lignéville, Allain.

eul mine, eul tine, eul sine, Houécourt, Vannes-le-Chatel.

lo mîng, lo tîng, lo sîng, Ban-sur-Meurthe.

8° *Lo mei, lo tei, lo sei* ou *lo mé, lo té, lo sé* ou *lo mê, lo tê, lo sê,* à Gérardmer, Le Tholy, Vienville, Mandray.

9° *Lo mie, lo tie, lo sie,* Deycimont, Rouges-Eaux.

lo mî, lo tî, lo sî ou *lo mieu, lo tieu, lo sieu,* à Docelles.

10° *Lo mée, lo tée, lo sée,* Moyenmoutier.

11° *Lo meie, lo teie, lo seie,* Lusse, Saales.

12° *L'meil, l'teil, l'cheil,* Pargny.

el meil ou *el mîne, el teil* ou *el tîne, el seil* ou *el sîne,* Domgermain.

Section II

Les pronoms « la mienne, la tienne, la sienne ».

Dans la grande majorité des communes des deux départements, le genre des pronoms possessifs est indiqué par celui de l'article. Ex. : au Tholy, *lo mei* le mien, *lè mei* la mienne ; à Thézey, *lo tien, lè tien* ; à Pexonne, *lo sieune, lè sieune* ; à Allain, *le mine, lè mine.*

Les patois des communes qui suivent font exception à cette règle.

Vexaincourt, Luvigny, Celles, Sainte-Barbe, Saint-Pierremont, Bult, Vomécourt, Haillainville. Ex. : *lo mien* le mien, *lè mienne* la mienne.

Docelles. Ex. : *lo mî* ou *lo mieu* le mien, *lè mienne* la mienne.

Deycimont. Ex. : *lo mie, lè mine.*

Moyen, Vallois, Port-sur-Seille, Mousson. Ex. : *lo mien, lè mienne.*

Hablainville. Ex. : *lo miun, lè mieune.*

Section III

Les pronoms « le nôtre, le vôtre ».

Ces pronoms revêtent neuf formes différentes :
1° *Lé nôte, lé vôte*, Ramonchamp, Ventron, Vagney.
le nòte, le vòte, Bulgnéville, Pierre-la-Treiche, Bouillonville ;
lo nôte, lo vôte, Affracourt, Einville.
eul naute, eul vaute, Vouxey, Pargny.
eul nôte, eul vòte, Houécourt.
l'nòte, l'vòte, Allain.
2° *Lo nâote, lo vâote*, Grand-Bois.
3° *Eul noûte, eul voûte*, Circourt, Autigny-la-Tour ;
le noûte, le voûte, Trampot ; *l'noûte, l'voûte*, Landaville.
4° *El nonte, el voûte*, Domgermain.
5° *Lo nate, lo vate*, Thézey ; *l'nâte, l'vâte*, Mailly.
le nâte, le vâte, Mousson, Landremont.
6° *Lo neû, lo veû*, Gérardmer, Le Tholy, Rehaupal ; *lo neu, lo vèu*, Champdray, Vienville.
7° *Lo neute, lo veute*, Julienrupt.
8° *Lo nò, lo vò*, Rouges-Eaux.
9° *Lo note, lo vote*, dans les autres communes des deux départements.

Section IV

Le pronom « le leur ».

Ce pronom revêt dix-neuf formes différentes :
1º *L'lau*, Ramonchamp : *lé lo*, Ventron, Vagney.
2º *Lo louhhe*, Gérardmer.
3º *Le loue*, Trampot.
4º *Lo lû*, Ban-sur-Meurthe.
5º *Lo lieu*, Mandray.
6º *Le lôte*, Bulgnéville.
7º *Lo lute*, Grand-Bois, Charmois-l'Orgueilleux, Ortoncourt.
8º *Lo ʒo*, Saint-Baslemont, Gelvécourt, Légeville, Ménil, Gircourt-les-Viéville, Vandeléville.
9º *Eul ʒò, lô ʒô*, Houécourt, Vittel.
10º *Lo ʒieu*, Saales, Lusse.
11º *Eul ʒov, l'ʒov*, Landaville, Vouxey, Allain.
12º *Eul ʒooue, eul ʒooûve*, Circourt, Pargny ; *el ʒou*, Domgermain.
13º *Le ʒòte, le ʒote*, Lignéville, Pierre-la-Treiche.
14º *Eul ʒoëte*, Autigny-la-Tour.
15º *Lo ʒeute*, Gerbépal.
16ʳ *Lo ʒute*, Gérardmer, Le Tholy, Rehaupal, Champdray, Vienville, Deycimont, Docelles, La Baffe, Vomécourt, Bult, Saint-Pierremont, Sainte-Barbe, Lachapelle, Thiaville, Vallois, Moyen, Moyenmoutier, Sanchey, Vaubexy, Ahéville, Saint-Vallier, Frizon, Chatel, Haillainville, Rugney, Marainville, Saint-Remy-aux-Bois, Affracourt, Sommerviller.
17º *Lo ʒite*, Luvigny, Vexaincourt, Celles, Pexonne, Rehérey, Pettonville, Hablainville, Parux.
18º *Lo ʒoute*, Anthelupt, Einville, Courbessaux, Serres, Hoéville, Art-sur-Meurthe, Custines ; *le ʒoute*, Port-sur-Seille, Mailly, Thézey, Mousson, Landremont.

19° *Le ʒaoue*, Bouillonville ; *eul ʒaòu*, Vannes-le-Chatel ; *le ʒawe*, Raville.

Section V

Les pronoms « la nôtre, la vôtre, la leur ».

Dans la très-grande majorité des communes, ces pronoms ne diffèrent de ceux du genre masculin que par l'article.

J'ai noté quelques formes féminines :

Rehaupal, masc.: *lo neû, lo veû, lo ʒute* ; fém.: *lè neute, lè veûte, lè ʒute*.

Lusse, masc.: *lo note, lo vote, lo ʒieu* ; fém.: *lè note, lè vote, lè zialle*.

Allain, masc.: *l'naute, l'vaute, l'ʒowe* ; fém.: *lè naute, lè vaute, lè ʒolle*.

Houécourt, masc.: *eul nòte, eul vòte, eul ʒô* ; fém.: *lè nòte, lè vòte, lè ʒòte*.

Section VI

Les pronoms « les miens, tiens, siens, les miennes, tiennes, siennes, nôtres, vôtres, leurs ».

Dans tous les communes des deux départements, les pronoms du nombre pluriel ne se distinguent des pronoms du nombre singulier que par le changement de l'article.

LIVRE V

*PRONOMS RELATIFS ET PRONOMS INTER-
ROGATIFS.*

CHAPITRE Ier

DES PRONOMS RELATIFS

Section I

Le pronom « qui ».

Ce pronom revêt trois formes différentes :
1° *Qui*, Attigny, Saint-Baslemont, Ménil, Ahéville, Saint-Vallier, Charmois-l'Orgueilleux, Mandray, Lusse, Vallois, Hablainville. Ex.: à Lusse, *in habitant dè cotraïe-là qui ʒi confieu lè voide de sis pauôs* un habitant de cette contrée qui lui confia la garde de ses pourceaux.

2° *Qué*, Ramonchamp, Ventron, Longuet, Grand-Bois, Hennezel, Vagney, Le Tholy, Rehaupal, Vienville, Vomécourt, Bult, Moyen, Lachapelle, Thiaville, Sanchey, Vouxey. Ex.: au Grand-Bois, *lè pât dö bié qué dot m'erveni* la part du bien qui doit me revenir ; au Longuet, *un dâs habitants di leûye qué l'èvouyeu dos sè moétrosse*, un des habitants du lieu qui l'envoya dans sa métairie.

3° *Que, queu, qu'*, Docelles, Deycimont, Champdray, Gerbépal, Ban-sur-Meurthe, Provenchères, Saales, Saint-Blaise-la-Roche, Vexaincourt, Luvigny, Celles, Pexonne, Pettonville, Leintrey, Marainville, Gircourt-lès-Viéville, Anthelupt, Sommerviller, Courbessaux, Einville, Thézey, Port-sur-Seille, Mailly, Landremont, Bouillonville, Domgermain, Allain, Autigny-la-Tour, Pargny, Landaville, Vittel, Houécourt, Gelvécourt, Légeville. Ex.: à Saales, *ç'ast meu que vos dé celà* c'est moi qui vous dis cela; à Leintrey, *lo cel que vos pâle* celui qui vous parle; à Anthelupt, *vote âte feu qu'è mingi so bin* votre autre fils qui a mangé son bien.

Section II

Le pronom « que ».

Ce pronom revêt deux formes différentes :

1° *Qué, qu'*, Ramonchamp, Ventron, Vagney, Longuet, Le Tholy, etc. Ex.: à Haillainville, *lo live qué j'â ost bé*, le livre que j'ai est beau ; à Vagney, *èl èreut tu bien ahe dé s'rèpi l'vaute d'lè maingéye qué sas pouhhés aivoint* il aurait été bien aise de se remplir le ventre de la mangeaille qu'avaient ses pourceaux.

2° *Que, queu, qu'*, dans les autres communes des deux départements.

La distinction casuelle entre « qui » et « que » n'existe que dans un très-petit nombre de communes.

Section III

Le pronom « quoi ».

Ce pronom, qui se prononce *quouet, quouè*, n'est usité que dans un certain nombre de communes.

Il est suppléé par *que* à Moyen ; par *qué* à Ban-sur-Meurthe, Gerbépal, La Baffe, Luvigny, Custines ; par *què* aux Rouges-Eaux, a Charmois-l'Orgueilleux.

Section IV

Le pronom « dont ».

Bien que le pronom français soit aujourd'hui usité dans quelques communes, il est certain que cette forme casuelle est étrangère aux patois de la Lorraine, où elle est suppléée par *qué, que*. Ex. : à Ventron, *lè fomme-là qué s'n effant ast mouaut* cette femme dont l'enfant est mort ; à Vexaincourt, *ost-ce-que t'eus renvouyeu les gazettes que j'taivor pâlé* est-ce que tu as renvoyé les gazettes dont je t'avais parlé? à Landaville, *çul que j'pâle* celui dont je parle, celui à qui je parle ; à Allain, *lè geo que j'pâle* la personne dont je parle, la personne à qui je parle.

On voit par ces deux derniers exemples qu'il en est en patois de la relation « à qui » comme de la relation « dont ».

Section V

Les pronoms « lequel, laquelle ».

Ces pronoms, qui sont d'un emploi peu fréquent, revêtent trois formes différentes :

1° *Lo-çu-qué, lè-çu-qué* (celui-qui, celle-qui), à Vomécourt, Bult.

2° *Lo-qué, lè-qué*, Grand-Bois, Charmois-l'Orgueilleux, Gelvécourt, Légeville, Saint-Baslemont.

3° *Lo-quel, lè-quelle*, dans les autres communes.

Section VI

Les pronoms « duquel, de laquelle, auquel, à laquelle, lesquels, etc. ».

Ces pronoms se forment des précédents en substituant aux articles *lo, le, lè*, les articles *don, di, do, è*, etc.

En réalité, aucune de ces formes n'est patoise, sinon lorsque l'on interroge.

CHAPITRE II

DES PRONOMS INTERROGATIFS.

Section I
Le pronom « qui ? ».

Ce pronom revêt cinq formes différentes :
1° *Qui ?* à Gerbépal, Le Tholy, Grand-Bois, Saint-Baslemont, Ménil.
2° *Qui-ost-ce ?* (transcrit *quiosse, kiosse*) à Rehaupal, Champdray, Rouges-Eaux, Luvigny, Pexonne, Rehérey, Sainte-Barbe, Vallois, Mazelay, Vaubexy, Landaville, Circourt.
Qui-ost-ce-que ? (transcrit *quiosseque, quiosque, kiòsseque,* etc.), à Celles, Vexaincourt, Pexonne, Gelvécourt, Légeville, Lignéville, Vittel, Houécourt, Pargny, Aboncourt, Domgermain. Ex. : à Vexaincourt, *qui-ôst-ce-qu'ôst to-lè* qui est là ?
Qu'-ost-ce-que ? à Deycimont. Ex. : *qu'ost-ce-qu'é dit c'lè* qui a dit cela ?
3° *Ti-ost-ce ?* (transcrit *tiosse, tios',* etc.), La Baffe, Saint-Pierremont, Pettonville.
Ti-ost-ce-qué ? à Haillainville. Ex. : *ti-ost-ce-qué vos otes* qui êtes-vous ?
4° *Qui-ast-ce ?* (transcrit *quiasse, quiace, kiasse,* etc.), Mandray, Verdenal, Affracourt, Vandeléville, Battigny.
Qui-ast-ce-que ? Ban-sur-Meurthe, Mandray, Saales, Gircourt-les-Viéville, Marainville, Anthelupt, Courbessaux.

5° *Ti-ast-ce ?* Leintrey, Thézey, Mousson, Landremont, Custines. Ex. : à Leintrey, *pou ti-ast-ce lè hhaïeur-lè* pour qui cette chaise ?

Ti-ast-ce-que ? Hoéville, Port-sur-Seille. Ex. : *ti-ast-ce-que t'cherches* qui cherches-tu ?

Section II

Le pronom « que ».

Ce pronom revêt cinq formes différentes :

1° *Que, qu' ?* Le Tholy, Docelles, Deycimont, Raville, Hennezel. Ex. : *que vûs-te*, que veux-tu ?

2° *Qué ?* Grand-Bois, Vomécourt, Bult.

3° *Qu'-ost-ce-que ?* (transcrit *cosque, kosseque*, etc.), Rehaupal, Vienville, Ban-sur-Meurthe, Mandray, Saint-Pierremont, Marainville, Raville, Moivrons, Domgermain, Battigny, Vandeléville, Pargny, Aboncourt, Mazelay, Lignéville. Ex. : à Mandray, *qu'ost-ce-que t'è vû*, qu'est-ce que tu as vu ?

Qu'ost-ce-c'ost-que ? à Houécourt.

4° *Ti-ost-ce-qué ?* à Sainte-Barbe.

5° *Qu'ast-ce-que ?* (transcrit *casque, quasque, kasque*, etc.), Saales, Luvigny, Vexaincourt, Pexonne, Courbessaux, Einville, Hoéville, Port-sur-Seille, Custines, Gircourt-les-Viéville, Ahéville, Gelvécourt, Légeville.

Section III

Le pronom « quoi ? »

Ce pronom revêt six formes différentes :

1° *Quoué, quoé, quoé-que, de quoé-que ?* Vallois, Celles, Verdenal, Moivrons.

2° *Qué, de qué,* Charmois-l'Orgueilleux, Sanchey, Deycimont, Rouges-Eaux, Provenchères, Haillainville.

3° *Qu'ost-ce?* Landaville, Hablainville.

Qu'ost-çà? Vandeléville.

Qu'ost-ce-qué? Vagney, Le Tholy. Ex.: à Vagney, *è heuché in' dâs vaulats et·s'·li demandé qu'ost-ce-qué ç'tat d'çoulà* il appela un des valets et lui demanda qu'est-ce-que c'était de cela.

Qu'ost-ce-c'ast-que? Marainville.

4° *Qu'ast-ce·cà?* (transcrit *quassa, kassa,* etc.), Hoéville, Thézey.

5° *Queyast-ce-que?* Leintrey. Ex.: *avon queyast·ce·que vos feròs è sopè* avec quoi ferez-vous à souper?

Quaiòst-ce? Rehérey.

6° *Quòï?* Domgermain.

Section IV

Les pronoms « quel? quelle? etc. »

La seule forme véritablement patoise de ces pronoms interrogatifs est *qué* invariable, suivi de *que, qu'*.

Ex.: à Deycimont; *què pays qu'os hèbitez* quel pays habitez-vous?

A Courbessaux, *qué liçons que j'ans è saouoi* quelles leçons avons-nous à savoir.

Section V

Les pronoms « lequel? laquelle? etc. »

Ces pronoms revêtent les formes suivantes:

Lo-qué, lè-qué? Grand-Bois.

Le-qué, lè-qué? Pargny.

Eul-qué, lè-qué? Circourt.

Lo-quel-que, lè-quelle-que? Hennezel, Docelles, Deycimont, Vienville, Ban-sur-Meurthe, Rouges-Eaux, Bult, Vomécourt, Saint-Pierremont, Hablainville, Verdenal, Sommerviller, Thézey.

Lequel, lè-quelle? Mousson, Landremont. Ex.: *Lo-quel-qu'os v'lèz* lequel voulez-vous?

Lo-quel-ost-ce, lè-quelle-ost-ce? Mazelay, Haillainvllle.

Lo-quel-ast-ce, lè-quelle-ast-ce? Marainville, Einville, Courbessaux, etc.

Lo-ti-ost-ce, lè-ti-ost-ce? La Baffe.

LIVRE VI

PRONOMS ET ADJECTIFS INDÉFINIS

Section I

« Aucun ».

Ce pronom a revêtu, dans le patois de plusieurs communes, les formes *auquin, auqueune*, etc. Mais on emploie plus généralement les périphrases qui suivent : à Vexaincourt. *pâ inque* pas un ; à Vomécourt, *pà in'* ; à Deycimont, *mi in'* ; à Lusse, *mé-in'* ; à Domgermain, *pâ iunque*.

Section II

« Autrui ».

On dit *autru, atru, âtri*, dans un certain nombre de communes ; mais le plus souvent, ce pronom est suppléé par *les autes, les âtes*.

Section III

« Chacun ».

Ce pronom revêt les formes suivantes :
1º *Chécun, chècun*, Ortoncourt, Longuet, Grand-Bois, Attigny, Houécourt, Vouxey, Battigny, Domgermain, Pierre-la-Treiche.
2º *Chèquin, chèquinn*, Le Tholy, Champdray, Docelles,

Moyenmoutier, Sainte-Barbe, Saint-Pierremont, Vallois, Moyen, Celles, Hablainville, Pettonville, Leintrey, Landremont, Mailly, Marainville, Frizon, Saint-Vallier, Autigny-la-Tour, Circourt, Lignéville. Ex.: *olleẑ-vos o chèquin chi vos* allez-vous en chacun chez vous.

3° *Tchèquinn*, Gerbépal; *chtèquinn*, Mandray.

4° *Tot-chèquinn*, Haillainville, Courbessaux. Ex.: à Courbessaux, *tot-chèquinn faît c'qu'i vût* chacun fait ce qu'il veut.

5° *Chèquie*, Provenchères, Rouges-Eaux.

Section IV

« On ».

Ce pronom revêt trois formes différentes :

1° *O*, Le Tholy, Deycimont, Champdray, Vienville, Gerbépal, Mandray, La Baffe, Longuet.

2° *A*, Gircourt-les-Viéville.

3° *On*, dans la majorité des communes.

Dans un certain nombre de communes, le verbe précédé du pronom indéfini « on » se met au pluriel.

Section V

« Personne ».

Ce pronom revêt les formes suivantes :

1° *Nunne*, Grand-Bois; *nuẑan, nuẑa*, Anthelupt, Sommerviller, Courbessaux, Hoéville. Ex.: à Sommervillers, *et tot-lè l'éro ettu bin êhe de rempii so vate des cafions que les couchons maingint, mais nuẑa ne li en béïo* et là il aurait bien voulu remplir son ventre des épluchures (?) que les cochons mangeaient mais personne ne lui en donnait.

2° *Pohhène*, Le Tholy, Champdray, Deycimont, Vienville, Rouges-Eaux, Sainte-Barbe, Saint-Pierremont,

Haillainville, Frizon, Mazelay, Sanchey, La Baffe; *pouâohhéne*, Provenchères; *pouahhène*, Ventron, Vagney, Mandray; *poahhène*, Ban-sur-Meurthe; *péhhounne*, Raville; *poohhonne*, Saales; *pahhène*, Gerbépal, *pohhouône*, Moyenmoutier; *pohhouonne*, Vexaincourt, Luvigny, Celles, Pexonne; *poohhêne*, Ortoncourt; *pahhenne*, Marainville, Gircourt-les-Viéville, Rugney; *pahhéne*, Hablainville; *pohhonne*, Lachapelle, Thiaville, Custines; *pahhounne*, Saint-Remy-aux-Bois, Thézey, Mailly, Mousson; *pahhône*, Moivrons; *pohchòne*, Vaubexy.

Pahaine, Saint-Vallier; *pohoïne*, Badonviller; *pohéne*, Rouges-Eaux; *pahounne*, Affracourt; *pahoóunne*, Landremont.

Pochonne, Hennezel, Attigny, Aboncourt; *pochône*, Saint-Baslemont, Lignéville; *pâchonne*, Houécourt, Landaville, Vouxey, Autigny-la-Tour; *pochaune*, Vittel; *pacheunne*, Pargny, Battigny, Pierre-la-Treiche; *pâcheune* Allain, Domgermain; *pachoúne*, Lemainville, Bouillonville; *péchanne*, Vandeléville.

Section VI

« Plusieurs ».

Pusieurs, Chatel; *pus d'in'*, Gerbépal, Deycimont; *pis d'innque*, Vexaincourt, Pexonne; *tot-pien*, Vomécourt, Bult, Haillainville, Hergugney, Art-sur-Meurthe; *tròp-bien*, Vexaincourt; *trop-bie*, Rouges-Eaux.

Section VII

« Quelqu'un, quelqu'une ».

Quéqu'in, Le Tholy, Docelles, Gerbépal, Leintrey, etc.; *quéqu'un'*, *quéqu'ine*, Hennezel; *quiquinn*, *quiqueinne*, Vienville, Saales; *quéqu'înn*, *quéquène*, Haillainville; *quéqu'eunn*, Ménil; *quéqu'innque*, *quéquenne*, Sainte-Barbe, Vexaincourt, Vallois, Pargny, Landaville, etc.

Quéquieque, Mousson.
Tièquinque, Hoéville.

Section VIII
« Quelque chose ».

Les patois lorrains ont conservé le pronom latin « aliquid » sous les formes qui suivent: *acque*, Saales; *aique*, Lusse; *iac*, Domgermain; *ièque*, *yec*, Épinal, Moyen, Crévic, Serres, Landaville. Ex.: à Landaville, *c'ost ièque de moult vie* c'est quelque chose de bien vieux; à Épinal, *c'ost tortot ièque pou bouère* c'est tout des choses pour boire; à Crévic, *ce n'ost-mm' yec*, ce n'est pas grand chose.

Section IX
« Rien ».

Ce pronom revêt neuf formes différentes :
1° *Rie*, Deycimont, Rouges-Eaux ; *rî*, Docelles.
2° *Rié*, *riet*, Sanchey, Ortoncourt, Haillainville, Vallois, Sainte-Barbe, etc.
3° *Érié*, au Longuet.
4° *Reinie*, Saales.
5° *Ré*, Le Tholy, Vienville.
6° *Ro*, Ventron.
7° *Ran*, Hennezel.
8° *Rinn*, Lusse, Marainville, Gircourt-les-Viéville, Houécourt, Lignéville, Saint-Baslemont.
9° *Rein*, *rin*, dans un grand nombre de communes.

Section X
« Tout, toute, tous, toutes ».

Tortot, *tortote*, *tortis*, *tortites*, Vexaincourt; *tortot*, *tortote*, *tortus*, *tortutes* ou *tortotes*, Moyen ; *tot* ou *tor-*

ot, tott' tortot, tortott', à Hennezel; tot, tortus, Vienville; tortot, tortis, Cirey; tourtout, tourtous, Allain, Domgermain, Pierre-la-Treiche; teurtout, Bouillonville; toutt', Courbessaux. Ex.: à Leintrey, val in hôme sèvant i sait tortot voilà un homme savant, il sait tout; à Courbessaux, les ohés ont tortis cravé les oiseaux ont tous crevé, toutt' lés chinn' ont bawé tous les chiens ont aboyé.

Section XI

« L'un, l'autre ».

L'in' l'aute, Ventron, Le Tholy, Gerbépal, Deycimont, Docelles, Bult, Vomécourt, Ortoncourt; l'iune, l'aute, Houécourt; iunne, l'otte, Rugney, Marainville; ieunne, l'aute, Ménil; l'eûnn, l'aute, Mazelay; êne, l'aute, ûne, l'aute, Sanchey; l'unn', l'un', l'aute, Saint-Vallier, Gelvécourt, Légeville, Vittel.

L'inqne, l'aute, Sainte-Barbe, Port-sur-Seille; inque, l'aute, Moyenmoutier; inque éca l'âte, Rehérey; ieunque, l'aute, Autigny; iunque, l'aute, Allain; inque et l'âte, Pettonville; l'inque, l'âte, Vexaincourt, Pexonne; ièque, l'aute, Mousson.

LIVRE VII

NOMS ET ADJECTIFS

CHAPITRE Ier

DES' NOMS

SECTION I

Du genre.

Les noms sont généralement du même genre qu'en français.

Parmi les exceptions, je citerai :

1° Comme étant du genre masculin en patois, tandis qu'ils sont du genre féminin en français : *in' rloge*, à Vagney, *ing horlodje* à Ban-sur-Meurthe, *in'rlouge* à Mandray (latin *horologium* neutre — français, *horloge* féminin ; *in' daut*, à Vagney, *lo dot* à Haillainville, *iin dot* à Grandviliers, *in' dent* à Courbessaux, *i dent* à Landremont (latin *dens* masculin — français *dent* féminin.

2^r Comme étant du genre féminin en patois, tandis qu'ils sont du genre masculin en français : *lè chéne* à Haillainville, *lè chêmbe* à Mandray, *lè chanve* à Moyen (latin *cannabem* féminin — français *chanvre* masculin); *enne lièven* à Vagney, *ène liefe* à Grandvillers (latin *leporem*, masculin — français *lièvre*, même genre ; *eune centime* un centime, à Mandray ; *ène ètang* un étang, à Sanchey ; *eune brès* un bras, à Landremont.

Section II
Du nombre.

C'est une règle absolue, dans nos patois, que le nom ne subit aucune modification en passant du nombre singulier au nombre pluriel. Ainsi, l'on dit *so chwâ* son cheval, *ses chwâs* ses chevaux ; *lo général, les générals ; le merchau* le maréchal, *les merchaus* les maréchaux.

Melle Houberdon indique expressément que, dans le dialecte du Tholy, l's finale ne sonne point sur la voyelle initiale du mot qui suit.

CHAPITRE II
DES ADJECTIFS.

La règle générale est que l'on forme le féminin des adjectifs en ajoutant un *e* muet au masculin, mais il y a dans nos patois, comme en français, un certain nombre de règles particulières. Les documents fournis par l'Enquête étant à cet égard fort défectueux, on procédera empiriquemement par voie d'exemples, en indiquant les diverses formes que revêtent quelques adjectifs.

Beau, belle, *bel, belle*, au Grand-Bois ; *bé, belle*, à Vienville, Deycimont, Haillainville, Rugney ; *bié, belle*, à Vexaincourt, Pexonne ; *bé, bâle*, au Longuet ; *bé, balle*, à Bouillonville.

Nouveau, nouvelle, *nové, novolle*, à Vienville ; *noviais, novelle*, à Vexaincourt ; *novè, novèle*, à Haillainville ; *nevé, nevelle*, à Rugney.

Petit, petite, *p'tiot, peutiote*, à Vienville ; *petiat, petiate*, à Rugney ; *peteut, peteute*, à Gelvécourt ; *piat, piate*, à Courbessaux, *piot, piote*, à Bouillonville.

Mauvais, mauvaise, *mâ, mâhe*, Le Tholy, Longuet ; *mâ, mâhhe*, à Deycimont ; *mèvâ, mèvâhe*, à Haillainville.

Frais, fraîche, *fra, frahhe*, à Vagney ; *froh, frohe*, à Docelles ; *frahe, frache*, à Art-sur-Meurthe ; *froh, frahhe*, à Vienville.

Froid, froide, *fra, frade*, à Ban-sur-Meurthe ; *fra, fraude*, à Rugney.

Neuf, neuve, *nieu, nieuve*, au Grand-Bois ; *nieu, nieuſe*, à Haillainville ; *nue, nueve*, Deycimont, Courbessaux ; *nue, nufe*, à Saint-Vallier ; *neu, nue*, à Domgermain ; *gnû, gnuve*, à Vouxey.

Gris, grise, *gris, grije*, Grand-Bois ; *gris, grihhe*, Ban-sur-Meurthe, Vexaincourt, Rugney ; *gris, grihe*, Saint-Vallier.

Laid, laide, *pêu, peute*, au Tholy ; *pe, peute*, Longuet.

Vieux, vieille, *vié, véye*, Attigny, Longuet, Haillainville ; *vie, véye*, Deycimont ; *vî, veil*, Vouxey ; *vî, vîe*, Art-sur-Meurthe.

Gros, grosse, *guos, guosse*, Vexaincourt ; *groûe, grousse*, Autigny-la-Tour.

Épais, épaisse, *épos, éposse*, Vexaincourt ; *apas, apasse*, Art-sur-Meurthe ; *apos, aposse*, Bouillonville.

Mou, molle, *meu, meule*, Vienville ; *mô, mòle*, Deycimont, Vexaincourt ; *mollot, mollotte*, Haillainville.

Léger, légère, *logeu, logère*, Vexaincourt ; *rgé, rgère*, Grandvillers.

Veuf veuve, *vauf, vaufe*, Haillainville ; *vauf, vauve*, Grandvillers ; *vof, vove*, Attigny.

Bon, bonne, *boi, boine*, Rugney, Saint-Vallier ; *bon, boune*, Deycimont, Domgermain ; *bouè, bouène*, Attigny.

Honteux, honteuse, *hontoux, hontouse*, Vagney.

Jaloux, jalouse, *joloux, jolouse*, Deycimont.

Moqueur, moqueuse, *moquoux, moquouse* ou *moquerosse*, Grandvillers.

Chanteur, chanteuse, *chantoux, chanterosse*, Landremont.

Donneur, donneuse, *bèïoux, bèïerasse*, Landremont.

Veilleur, veilieuse, *vaïoux, vaïerasse*, Landremont.

Les adjectifs qui suivent sont des deux genres :

Baihhe bas, basse ; *chosse* sec, sèche ; *frohhe* frais, fraîche, à Vexaincourt.

Froche frais, fraîche ; *voche* vert, verte ; *mioûe* meilleur, meilleure, à Domgermain.

Frahe frais, fraîche ; *ouéte* sal, sale, à Rugney.

Moyou meilleur, meilleure ; *soche* sec, sèche, à Docelles.

Manre mauvais, mauvaise, à Art-sur-Meurthe.

Peye pis, pire, à Deycimont, etc., etc.

CHAPITRE III

DES NOMS DE NOMBRE CARDINAUX.

Un. — *Inn, ine, in'*, Charmois-l'Orgueilleux, Vienville, Rouges-Eaux, Luvigny, Moyen, Haillainville, Chatel, Battigny ; *ein, in*, Attigny, Gircourt-les-Viéville ; *iène*, Grand-Bois ; *iine*, Leintrey ; *iune*, Ménil, Houécourt, Pierre-la-Treiche ; *iun*, Bouillonville ; *innque, inque*, Sainte-Barbe, Vexaincourt, Pexonne, Rehérey, Courbessaux, Einville, Thézey ; *iunc*, Allain ; *ienque*, Landaville.

Deux. — *Douce, dousse, douss', dous'*, Attigny, Grand-Bois, Charmois-l'Orgueilleux, Vienville, Rouges-Eaux, Vexaincourt, Luvigny, Sainte-Barbe, Pexonne, Rehérey, Moyen, Haillainville, Chatel, Gircourt-les-Viéville, Vandeléville, Battigny, Art-sur-Meurthe, Thézey, Einville, Courbessaux, Leintrey.

Dusse, duss', duce, Landaville, Houécourt, Ménil.

Daoue, Bouillonville.
Dowe, Allain ; *dohœ*, Pierre-la-Treiche.

Trois. — *Trahhe, trahh, trâhhe, trâhh*, Vienville, Ban-sur-Meurthe, Rouges-Eaux, Sainte-Barbe, Rehérey, Vexaincourt ; *trahe, trâh*, Luvigny, Pexonne, Leintrey.

Trohhe, Gircourt-les-Viéville, Einville, Art-sur-Meurthe; *trohe*, Charmois-l'Orgueilleux, Chatel, Battigny.

Touohhe, touâohh', Moyen, Hablainville.

Treuhhe, Thézey.

Troche, Grand-Bois, Landaville, Ménil, Allain, Bouillonville ; *trauche*, Attigny, Pierre-la-Treiche ; *trôge*, Houécourt ; *trô*, Vandeléville.

Quatre. — *Quouette, kouette, quoite, koite*, Charmois-l'Orgueilleux, Vienville, Rouges-Eaux, Vexaincourt, Luvigny, Haillainville, Chatel, etc. ; *quouètre*, Grand-Bois.

Cinq. — *Cinnq*, dans la majorité des communes.

Six. — *Hheuhhe*, Vexaincourt, Rehérey; *hheuh'*, Leintrey ; *hhouéhh*, Moyen ; *hhih*, Thézey ; *heuhe, heuh'*, Pexonne, Einville ; *hheïe*, Vienville, Rouges-Eaux, Gircourt-les-Viéville, Courbessaux, Art-sur-Meurthe.

Hhée, Ban-sur-Meurthe ; *hhé*, Sainte-Barbe, Haillainville ; *hé*, Chatel ; *haye*, Charmois-l'Orgueilleux.

Chèïe, Grand-Bois, Menil ; *chéïe*, Allain ; *cheye*, Attigny, Houécourt ; *chaïe*, Pierre-la-Treiche.

Sept. — *Satte*, à Bouillonvtlle ; *sept*, dans les autres communes.

Huit. — *Heute, œutte, eûte, eute*, Attigny, Grand-Bois, Vienville, Ban-sur-Meurthe, Rouges-Eaux, Chatel, Sainte-Barbe.

Ute, Thézey.

Ieute, ieûte, hieute, Charmois-l'Orgueilleux, Houécourt, Pierre-la-Treiche, Art-sur-Meurthe, Einville, Courbessaux, Gircourt-les-Viéville, Haillainville, Moyen, Pexonne, Rehérey, Leintrey.

Hieuïete, Allain ; *ieuiete*, Ménil ; *ieuilte*, Landaville ; *ioïete*, Bouillonville.

Neuf. — *Nufe, nûfe, nûf*, Vienville, Ban-sur-Meurthe, Rouges-Eaux, Gircourt-les-Viéville, Courbessaux, Art-sur-Meurthe ; *niuf, gnuf*, Ménil, Pierre-la-Treiche, Bouillonville.

Nieufe, nieuf, Charmois-l'Orgueilleux, Grand-Bois, Chatel, Haillainville, Sainte-Barbe, Moyen, Luvigny, Pexonne, Rehérey, Leintrey, Thézey, Allain ; *nieuve*, Einville.

Dix. — *Deihhe, deihh, déhhe, déhh*, Vienville, Ban-sur-Meurthe, Rouges-Eaux, Haillainville, Sainte-Barbe, Moyen, Vexaincourt, Rehérey, Courbessaux, Einville, Art-sur-Meurthe ; *dihh*, Thézey ; *déeh, déhe*, Chatel, Luvigny, Pexonne, Leintrey.

Deige, Grand-Bois ; *dèye*, Gircourt-les-Viéville ; *daïege*, Bouillonville ; *diéche*, Pierre-la-Treiche ; *deïche*, Allain ; *déch*, Ménil ; *deillge*, Landaville ; *deyege*, Houécourt ; *deyge*, Attigny.

Onze. — *Ionze*, Leintrey, Rehérey, Pexonne, Vexaincourt, Moyen, Gircourt-les-Viéville, Courbessaux, Bouillonville, Pierre-la-Treiche, Allain, Ménil, Houécourt, Landaville.

Douze. — *Doze, doce*, Charmois-l'Orgueilleux, Grand-Bois, Chatel, Gircourt-les-Viéville, Luvigny, Vexaincourt, Pexonne, Rehérey, Leintrey, Courbessaux, Art-sur-Meurthe, Ménil, Attiguy.

Dòce, dòsse, dauce, dauze, Rouges-Eaux, Sainte-Barbe, Moyen, Thézey.

Treize. — *Trâze*, Moyen, Art-sur-Meurthe ; *troze, tròze, trauze*, dans les autres communes.

Quatorze. — *Quoitauhh*, Ban-sur-M. ; *kétauhhe*, Vexaincourt ; *quouètiohhe*, Gircourt-les-Viéville ; *quètouâohhe*, Moyen ; *quautohhe*, Rehérey ; *quoètouhh*, Thézey ; *quoitiohh*, Courbessaux ; *quétohe*, Vienville, Rouges-Eaux, Luvigny, Pexonne, Leintrey ; *quétiohe*, Chatel.

Quouétioche, Charmois-l'Orgueilleux ; *quoitouge*, Bouillonville ; *quoitoche*, Allain ; *quoètioge*, Ménil.

CHAPITRE IV

DES NOMS DE NOMBRE ORDINAUX.

Premier.— *Premèïe*, Grand-Bois, Vienville, Rouges-Eaux, Gircourt-les-Viéville, Ménil, Allain ; *premeil*, Landaville ; *premaille*, Pierre-la-Treiche ; *proumaïe*, Bouillonville.

Preumeu, premeu, Luvigny, Vexaincourt, Pexonne, Rehérey ; *premée*, Ban-sur-Meurthe ; *premé*, Sainte-Barbe ; *premé*, Haillainville, Chatel, Vandeléville, Battigny, Courbessaux, Art-sur-Meurthe.

Deuxième.— *Douẑime*, Vienville ; *douẑime*, Gircourt-les-Viéville, Vandeléville, Battigny, Courbessaux, Art-sur-Meurthe ; *douẑième*, Grand-Bois, Haillainville, Moyen, Sainte-Barbe, Luvigny, Vexaincourt ; *dussîme*, Ban-sur-Meurthe ; *dusime*, Ménil, Landaville, Houécourt ; *daouesîme*, Bouillonville ; *dohoesime*, Pierre-la-Treiche ; *doousime*, Allain.

Troisième.— *Trahîme*, Vienville ; *trahhîme*, Rouges-Eaux, Ban-sur-Meurthe ; *trahhième*, Vexaincourt ; *touohhième*, Haillainville ; *trôhime*, Gircourt-les-Viéville ; *trahieume*, Rehérey ; *trohhime*, Art-sur-Meurthe ; *trògime*, Bouillonville ; *trogime*, Landaville, Houécourt.

LIVRE VIII
VERBE « AVOIR »

CHAPITRE Ier
INDICATIF PRÉSENT

SECTION I
La première personne du singulier.

Cette première personne revêt deux formes différentes:
1° *Ai, ê, è, et, ê*, dans les communes de Vienville, Gerbépal, Ban-sur-Meurthe, Mandray, Lusse, Provenchères, Moyenmoutier, Saint-Blaise-la-Roche, Raon-sur-Plaine, Luvigny, Vexaincourt, Celles, Pexonne, Rehérey, Parux, Cirey, Verdenal, Hablainville, Pettonville, Moyen, Vallois, Hergugney, Marainville, Vitrimont, Anthelupt, Sommerviller, Courbessaux, Serres, Hoéville, Laneuvelotte, Art-sur-Meurthe, Custines, Moivrons, Mousson, Port-sur-Seille, Mailly, Hamonville, Pierre-la-Treiche, Lemainville, Affracourt, Battigny, Vandeléville, Trampot.

2° *A, a*, dans les communes de Ramonchamp, Ventron, Saulxures, La Bresse, Saint-Amé, Vagney, Le Tholy, Champdray, Rehaupal, Deycimont, Charmois-devant-Bruyères, Docelles, La Baffe, Grandvillers, Rouges-Eaux, Saales, Dompierre, Badménil-aux-Bois, Chatel, Bult, Vomécourt, Ortoncourt, Haillainville, Sainte-Barbe, Lachapelle, Thiaville, Leintrey, Raville, Crévic, Thézey, Landremont, Bouillonville, Domgermain, Allain, Autigny-la-Tour, Brechainville, Pargny,

Vouxey, Maconcourt, Aboncourt, Circourt, Landaville, Houécourt, Ménil, Bulgnéville, Vittel, Lignéville, Saint-Baslemont, Attigny, Hennezel, Grand-Bois, Longuet, Charmois-l'Orgueilleux, Sanchey, Légeville, Gelvécourt, Bainville-aux-Saules, Laneuveville-sous-Montfort, Mazelay, Frizon, Vaubexy, Ahéville, Saint-Vallier, Gircourt-les-Viéville, Rugney.

Section II

La seconde et la troisième personne du singulier.

Ces deux personnes ne se distinguent l'une de l'autre que par les pronoms, dans un certain nombre de communes :

T'é, èl é ou *l'é*, Ramonchamp, Ventron, La Bresse, Vagney, Grand-Bois, Hennezel, Moyen, Vallois, Lachapelle, Thiaville, Cirey, Port-sur-Seille, Vandeléville.

T'ai, il ai, Lusse, Serres.

T'et, il et ou *l'et*, Mandray, Aboncourt,

T'aî, l'aî, Courbessaux.

T'eu, il eu, Raon-sur-Plaine, Celles, Vexaincourt, Pexonne ; *t'e, il e* ou *l'e*, Luvigny, Rehérey, Parux, Hablainville, Pettonville, Verdenal, Leintrey.

Dans les autres communes, la seconde et la troisième personne revêtent des formes différentes.

T'é, il e, Frizon ; *t'é, l'e,* Battigny ; *t'ai, il eu,* Charmois-l'Orgueilleux.

T'é, l'è, Thézey, Mailly, Mousson, Landremont, Moivrons, Custines, Art-sur-Meurthe, Hoéville, Anthelupt, Marainville, Hergugney, Rugney, Ahéville, Gelvécourt, Légeville, Saint-Baslemont, Vittel, Houécoutt, Landaville, Pargny, Autigny-la-Tour, Domgermain ; *t'ai, il è,* Gircourt-les-Viéville, Saint-Vallier, Bainville-aux-Saules ; *t'ê, il é,* Vaubexy ; *t'ée, il et,* Trampot ; *t'ai, il et,* Einville, Pierre-la-Treiche, Ortoncourt ; *t'ai, l'et,* Hamonville, Lemainville ; *t'ai, l'â,* Bouillonville.

Section III
La première personne du pluriel.

Cette première personne revêt sept formes différentes :

1° *J'ons* ou *nos ons*, Le Tholy, Rehaupal, Champdray, Gerbépal, Vienville, Deycimont, Charmois-devant-Bruyères, Docelles, La Baffe, Badménil-aux-Bois, Chatel, Bult, Vomécourt, Ortoncourt, Haillainville, Mandray, Lusse, Provenchères, Rouges-Eaux, Saales, Moyenmoutier, Saint-Blaise-la-Roche, Lachapelle, Thiaville, Sainte-Barbe, Raon-sur-Plaine, Luvigny, Vexaincourt, Celles, Cirey, Parux, Pexonne, Rehérey, Hablainville, Pettonville, Verdenal, Leintrey, Einville, Pierre-la-Treiche, Allain, Autigny-la-Tour, Trampot, Brechainville, Pargny, Circourt, Landaville, Bulgnéville, Hennezel, Longuet, Charmois-l'Orgueilleux, Sanchey, Mazelay, Frizon, Saint-Vallier, Vaubexy, Ahéville, Rugney.

2° *J'os* ou *nos os*, Ventron, La Bresse, Vagney, Vallois, Vouxey, Maconcourt, Aboncourt, Ménil, Houécourt, Vittel, Lignéville, Saint-Baslemont, Attigny, Grand-Bois, Légeville, Gelvécourt, Bainville ; *nos oâs*, Moyen.

3° *J'avos*, Bouillonville.

4° *J'evas*, Vandeléville, Hergugney.

5° *J'èvans*, Raville ; *j'évans* ou *j'ans*, Landremont, Thézey.

6° *J'ans*, Port-sur-Seille, Mailly, Mousson, Moivrons. Custines, Laneuvelotte, Art-sur-Meurthe, Hoéville, Serres, Courbessaux, Anthelupt, Domgermain, Battigny ; *dj'ang*, Ban-sur-Meurthe.

7° *J'as*, Hamonville, Lemainville, Marainville, Gircourt-les-Viéville.

Section IV
La seconde personne du pluriel.

Cette seconde personne revêt onze formes différentes :

1° *V'avez*, Bouillonville.

2° *V'évoûs*, Raville ; *v'èvooûs, v'ooûs*, Landremont.

3° *V'éveus*, Port-sur-Seille.

4° *V'eus*, Thézey, Mailly, Mousson ; *vos oês*, Marainville.

5° *Vos évis*, Ramonchamp.

6° *Vos âs*, Sainte-Barbe, Pexonne, Rehérey, Verdenal, Cirey, Parux, Raon-sur-Plaine, Luvigny, Vexaincourt, Celles, Saint-Blaise-la-Roche.

A Pettonville, on dit *vos âs* à une seule personne, et *vos os* à plusieurs.

7° *Vos ins*, Ventron, Le Tholy.

8° *Vos ez*, Longuet, Vagney, Saulxures, La Bresse, Serres ; *v'ez* ou *v'os*, Courbessaux.

9° *Vos etes*, Hennezel ; *vos otes* vous êtes, vous avez, à Sanchey, d'après l'un de nos corrrespondants de cette commune.

10° *Vos os, v'os*, Hoéville, Laneuvelotte, Einville, Pierre-la-Treiche, Allain; Autigny-la-Tour, Aboncourt, Circourt, Houécourt, Saint-Baslemont, Attigny, Sanchey.

11° *Vos ós, vos aus, v'ós*, dans les autres communes.

SECTION V

La troisième personne du pluriel.

1° *L'ant*, Domgermain.

2° *Èl ont, il ont, is ont, l'ont*, dans les autres communes des deux départements.

Dans la conjugaison latine l'accent tonique changeait de place à la première et à la seconde personne du pluriel : *hábeo, hábes, hábet, habémus, habétis, hábent*, c'est pourquoi, en français, la consonne organique *b* affaiblie en *v* ne s'est maintenue que dans ces deux mêmes personnes : *avomes, avoms, avons, avets, avez*.

Tous nos patois ont procédé, comme le français, pour les personnes correspondant à *hábeo, hábes, hábet, hábent ;* mais, la plupart n'ont point tenu compte du déplacement de l'accent dans *habémus* et *habétis*, d'où les formes *ons, os, ans, as, eus, âs, ins, ez, os, òs*. Cependant, il est visible que ces formes défectives sont relativement modernes et qu'anciennement on disait *j'avons, j'avos, j'avans*, etc., dans toutes les communes.

Tableau du présent de l'Indicatif
DANS UN CERTAIN NOMBRE DE COMMUNES.

Bouillonville.. *j'â, t'ai, l'â, j'avos, v'avez, l'ont.*
Landremont... *j'a, t'é, l'è,* { *j'èvans, v'èvoôus, l'ont.* / *j'ans, v'oôus.* }
Mousson...... *j'ê, t'é, l'è, j'ans, v'eus, l'ont.*
Laneuvelotte... *j'è, t'é, l'è, j'ans, v'os, l'ont.*
Art-s.-Meurthe. *j'ê, t'é, l'è, j'ans, v'òs, l'ont.*
Einville....... *j'ê, t'ai, il et, j'ons, vos os, il ont.*
Courbessaux... *j'aî, t'aî, l'aît, j'ans,* { *v'os,* / *v'ez,* } *l'ont.*
Leintrey....... *j'â, t'e, l'e, j'ons, vos ôs, l'ont.*
Pexonne....... *j'ai, t'eu, l'eu, j'ons, vos âs, l'ont.*
Pettonville.... *j'ai, t'e, l'e, j'ons,* { *vos âs,* / *vos òs,* } *l'ont.*
Vallois........ *j'ai, t'é, l'é, nos os, vos ôs, l'ont.*
Lachapelle.... *j'â, t'é, il é, j'ons, vos ôs, il ont.*
Vexaincourt... *j'et, t'eu, il eu, j'ons, vos âs, il ont.*
St-Blaise-la-R.. *j'ê, t'é, il é, j'ons, vos âs, il ont.*
Mandray....... *jg'et, t'et, il et, jg'ons, vos ôs, il ont.*
Ban-s.-Meurthe. *dj'è, t'é, él et, dj'ang, vos òs, él ont.*
Ventron....... *idj'â, t'é, èl é, nos os, vos ins, èl ont.*
Ramonchamp.. *i a, t'é, el é, nos ons, vos évis, el ont.*
Vagney........ { *i â, t'ê, el é, nos os, vos éz, el ont.* / *j'á.* }
Le Tholy...... *j'â, t'é, èl é, nos os, vos ins, èl ont.*
Deycimont..... *j'â, t'é, l'é, j'ons, vos aus, l'ont.*
Docelles....... *j'â, t'è, il è, j'ons, vos òs, il ont.*
Haillainville... *j'â, t'é, l'é, j'ons, vos os, l'ont.*

Marainville.... *j'â, t'é, l'et, j'as, vos oês, l'ont.*
Hergugney..... *j'è, t'é, l'è, j'èvas, vos os, is ont.*
Gelvécourt..... *j'â, t'é, l'è, j'os, vos aus, l'ont.*
Hennezel...... *j'â, t'é, èl é, j'ons, vos étes, èl ont.*
Landaville..... *j'â, t'é, l'è, j'ons, v'os, l'ont.*
Pargny........ *j'a, t'é, il è, j'ons, v'aus, il ont.*
Lemainville.... *j'ai, t'ai, l'et, j'as, v'aus, l'ont.*
Allain......... *j'â, t'ai, l'ait, j'ons, v'os l'ont.*
Domgermain... *j'â, t'é, l'è. j'ans, v'os, l'ant.*
Hamonville.... *j'ai, t'ai, l'et, j'as, v'os, l'ont.*

CHAPITRE II

LE FUTUR.

Ce temps est formé, dans les patois de toutes les communes, du présent de l'indicatif suffixé au thème *èr, ér, err, air, ar.* Ex.: Le Tholy, *j'èr-â, t'èr-é, èl èr-é, j'èr-ons, vos èr-os, èl èr-ont.*

Ventron, *idj'èrâ, t'èré, èl èré, nos èros, vos èras, el èront.*

Vagney, *j'èrâ, t'èré, el èré, nos èros,* { *vos èrez, vos èras,* } *el èront.*

Hablainville, *j'èrai, t'èrè, l'èrè, j'èrons, vos èrás, l'èront.*
Vomécourt, *j'èrâ t'èré, l'èré, j'èrons, vos èrâs, l'èront.*
Domgermain, *j'arâ, t'aré, l'arè, j'arans, v'arôs, l'arant.*

Ban-s.-Meurthe, *dj'errè, t'erré, èl erré, dj'erros, vos errôs, èl erront.*

Les deux premières personnes du pluriel sont formées irrégulièrement dans plusieurs patois. Ainsi, on dit, au Tholy, *j'èrons* au lieu de *j'èros, vos èros* au lieu de *vos èrins ;* à Ventron, *vos èras* au lieu de *vos èrins ;* à Ban-sur-Meurthe, *dj'erros* au lieu de *dj'errang,* etc.

CHAPITRE III

L'IMPARFAIT.

Dans un certain nombre de communes, l'imparfait se conjugue différemment suivant que l'action s'est accomplie il y a quelque temps déjà, ou tout récemment. De là, deux temps dont le premier sera l'*Imparfait distant*, le second l'*Imparfait prochain*.

Section I
Les deux temps.

Les deux temps sont usités dans les communes qui suivent :

IMPARFAIT DISTANT.

Le Tholy, *j'ovouè, t'ovouè, èl ovouè, j'ovouins*, etc.

Ventron, *idj'avouée, t'avouée, èl avouit, nos avouins, vos avouins, èl avouètent*.

Deycimont, *j'ovoî, t'ovoî, èl ovoî, j'ovouins*, etc.

Vittel, *j'èvôe, t'èvôe, l'èvôe, j'èvins*, etc.

Allain, *j'aiveuïe, t'aiveuïe, l'aivaut, j'aivins*, etc.

Domgermain, *j'aveuil, t'aveuil, l'avô, j'avins*, etc.

Landremont, *j'èvoôu, t'èvoôu, l'èvoôu, j'èvtns*, etc.

IMPARFAIT PROCHAIN.

Le Tholy, *j'ovouè-zeur, t'ovouè-zeur, èl ovouè-zeur, j'ovouin-zeur*, etc.

Ventron. *idj'avouée-or, t'avouée-s-or, èl avoui-t·or, nos avouins-or, vos avouins-or, èl avouént-or*.

Deycimont, *j'ovoïe-zo* ou *j'ovoïe-to, t'ovoïe-zo* ou *t'ovoïe-to, èl ovoïe-zo* ou *ovoïe-to*, etc.

Vittel, *j'ève-taure, t'ève-taure, l'ève-taure, j'èvîn-taure*.

Allain, *j'aiveuïe-zô, t'aiveuïe-zô, l'aivaut-zô, j'aivins-zô*.

Domgermain, *j'aveuil-zoûe, t'aveuil-zoûe, l'avô-zoûe, j'avîns-zoûe*, etc.

Landremont, *j'èvoôu-ʒa, t'èvoôu-ʒa, l'èvoôu-ʒa, j'évinsʒa.*

Section II
L'imparfait prochain.

L'imparfait prochain est seul usité dans dix-neuf communes :

Vagney, *j'aivoui-tor, t'aivoui-tor, el aivoui-tor, nos aivouin-tor,* etc.

Grand-Bois, *j'èvètor, t'èvètor, èl èvètor, j'èvintor,* etc.

Saint-Blaise-la-Roche, *j'avor, t'avor, il avor.*

Rouges-Eaux, *j'èvor, t'èvor, il èvor, j'èvinʒo,* etc.

Vexaincourt, Celles, Luvigny, *j'évor, t'évor, il évor, j'évînnore,* etc.

Vallois, *j'évor, t'évor, l'évor, nos évor,* etc.

Lachapelle, Thiaville, *j'évor, t'évor, il évor, j'évinnor.*

Pexonne, *j'évore, t'évore, l'évore, j'évinore,* etc.

Parux, Hablainville, *j'évôre, t'èvôre, l'èvôre, j'èvînôre.*

Pettonville, *j'évaur, t'évaur, l'évaur, j'évinnaur,* etc.

Rehérey, *j'aivor, t'aivor, l'aivor, j'aivinnor,* etc.

Leintrey, *j'avôre, t'avôre, l'avôre, j'avinôre,* etc.

Courbessaux, *j'avoʒa, t'avoʒa, l'avoʒa, javinʒa,* etc.

Laneuvelotte, *j'èvoʒa, t'èvoʒa, l'èvoʒa, j'avinʒa,* etc.

Custines, *j'évôʒa, t'évôʒa, l'évôʒa, j'évinʒa,* etc.

Mousson, *j'éveuʒa, t'éveuʒa, l'éveuʒa, j'éviinʒa,* etc.

Einville, *j'avo, t'avo, il avo* ou *l'éveu, j'avin, vos avin, il avin* ou *l'avinʒa.*

Section III

Il n'y a qu'un seul imparfait dans les communes qui suivent :

La Bresse, Saulxures, *idj' avouéye, t'avouéye, èl avouéye, nos ovouins,* etc.

Saales, *j'ovoéye, t'ovoéye, il ovoéye, j'ovoïne,* etc.

Champdray, Vienville, Deycimont, Docelles, La Baffe, *j'ovois, t'ovois, èl ovoit, il ovoit, j'ovoin*, etc.

Moyenmoutier, *h'êvé, t'êvé, il êvé, h'éveinne*, etc.

Badménil-aux-Bois, *j'évais, t'évais, il évait, j'évinn*, etc.

Longuet, *j'èvè, t'èvè, èl èvè, j'évinn*, etc.

Ramonchamp, *i aivè, t'aivè, el aivè. nos aivî*, etc.

Art-sur-M., Trampot, *j'avô, t'avô, il avô, j'avein*, etc.

Hoéville, *j'évo, t'avo, l'avo, j'avins*, etc.

Hamonville, *j'évo, t'évo, l'évo, j'évins*, etc.

Frizon, Mazelay, Gircourt-les-Viéville, Rugney, Vandeléville, Bulgnéville, Lignéville, Vittel, Gelvécourt, Légeville, *j'èvô, t'èvô, il èvô, j'èvins*, etc.

Gerbépal, *j'ovou, t'ovou, èl ovou, j'ovoins*, etc.

Marainville, *j'èvôe, t'èvôe, l'èvôe, j'èvins*, etc.

Port-sur-Seille, Mailly, *j'éveu, t'éveu, l'éveu, j'évin*, etc.

Thézey, *j'èveu, t'èveu, l'èveu, j'évin*, etc.

Cirey, *j'évéie, t'évéie, l'évéie, j'évine*, etc.

Rehaupal, *j'owè, t'owè, èl owè, j'owin*, etc.

Ban-sur-Meurthe, *dj'avouaye, t'avou, èl avou, dj'avouang*, etc.

Mandray, *jg'avouae, t'avou, il avou, jg'avouanne*, etc.

Vomécourt, Bult, *j'ovoye, t'ovoi, l'ovoi, j'ovoins*, etc.

Bouillonville, *j'avoïe, t'avoïe, l'avaut, j'avins*, etc.

Serres, *j'avoi, t'avoi, l'avo, j'avins*, etc.

Pargny, *j'aveuil, t'aveuil, il avau, j'avin*, etc.

Pierre-la-Treiche, *j'éveuïe, t'éveuïe, l'évau, j'évin*. etc.

Landaville, *j'évôu, t'évôu, l'évô, j'évains*, etc.

Circourt, *j'èvoue, t'évoue, l'èvaut, j'èvins*, etc.

Le latin conjuguait: *habébam, habébas, habébat, habebámus, habebátis, habébant*. La consonne thématique *b*, affaiblie en *v*, s'est maintenue dans le français et dans nos patois, non-seulement aux trois personnes du singulier et à la troisième personne du pluriel, mais encore aux deux premières personnes de ce dernier nombre, la consonne de la syllabe accentuée (-*bámus*, -*bátis*) se trouvant être la même que la consonne thématique (*habe-*). Mais tandis que le français a conservé les flexions du latin affaiblies en *-ais, -ais, -ait, -ions, -iez, aient,* l'idiome populaire lorrain a réalisé cette conception originale d'une conjugaison à deux flexions, l'une pour le singulier, l'autre pour le pluriel : *j'ovoué, t'ovoué, èl ovoué, j'ovouiins,* etc.

Dans quelques communes (Ventron, Bouillonville, Serres, Pierre-la-Treiche, Allain, Pargny, Circourt, Landaville) la troisième personne du singulier s'est distinguée des deux premières par une flexion à elle propre. Dans d'autres localités (Ban-sur-Meurthe, Mandray. Vomécourt, Bult), c'est la première personne du singulier qui a différé des deux autres. Partout ailleurs le système biflexionnel a prévalu.

Ce système a également prévalu dans les patois bourguignons où « les verbes n'ont que deux terminaisons pour tous les temps : une au singulier, une au pluriel (1).

Dans le patois wallon, au contraire, chacune des personnes du pluriel a sa flexion propre. Ex. : *dji tchante, ti tchante, il tchante, nos tchantans, vos tchantez* ou *vos tchantoz, ils tchantenu.*

CHAPITRE IV

LE PASSÉ DÉFINI.

Ce temps fait défaut dans les communes de Vienville, La Baffe, Badménil-aux-Bois, Ortoncourt, Raon-sur-Plaine, Luvigny, Hablainville, Pexonne, Cirey, Parux, Einville, Courbessaux, Hoéville, Laneuvelotte, Custines, Thézey, Mailly, Port-sur-Seille, Bouillonville, Lemainville, Lignéville.

(1) *Histoire de l'idiome bourguignon*, par MIGNARD, p. 179.

Il est suppléé, ici par l'imparfait, là par le passé indéfini.

Dans les autres communes, les formes typiques sont au nombre de trois pour le sigulier, de quinze pour le pluriel.

§ I. — Landremont, *j'èvais, t'èvais, l'èvait, j'èvins*, etc.
Art-sur-Meurthe, *j'avès, t'avés, l'avet, j'avinsse*, etc.
Moyenmoutier, *h'êveu, t'êveu, il êveu, h'êveusse*, etc.
Lachapelle, Thiaville, *j'éveu, t'éveu, il éveu, j'éveuhhe*.
Moyen, Celles, *j'èveu, t'èveu, l'èveu, nos èveuhe*, etc.
Leintrey, *j'aveu, t'aveu, l'aveu, j'aveuh*, etc.
Vexaincourt, *j'èveu, t'èveu, il èveu, j'èvînhhe, vos èvînhhe, il èvînhhe* ou *il èveuhhe*.
Charmois-l'Orgueilleux, Sanchey, Frizon, Saint-Vallier, Vouxey, Circourt, Landaville, Houécourt, Bulgnéville, Saint-Baslemont, Attigny, *j'èveu, t'èveu, il èveu, j'èveure*, etc.
Ramonchamp, *i aiveu, t'aiveu, el aiveu, nos eûres*, etc.
Longuet, *j'èveu, t'èveu, èl èveu, j'èvons*, etc.
Gerbépal, Champdray, *j'euré, t'euré, èl euré, j'eurons*.
Vagney, *j'euré, t'euré, èl euré, nos euros, vos eurons, èl euront*.
Docelles, Deycimont, *j'aureu, t'aureu, il aureu, j'aurons*, etc.
Ban-sur-Meurthe, *dj'orai, t'orai, èl orai, dj'oronne*, etc.
§ II. — Ventron, *idj'eu, t'eu, èl eu, nos eutes*, etc.
Le Tholy, *j'eu, t'eu, èl eu, j'eurons*, etc.
Pargny, *j'us, t'us, il ut, j'ur, v'inr, l'ur*.
Grand-Bois, *j'eo, t'eo, èl eo, j'eores*, etc.
Vaubexy, Gelvécourt, Légeville, *j'ò, t'ò, l'ò, j'ores*, etc.
Ménil, *j'o, t'o, l'o, j'ôres*, etc.
Sainte-Barbe, *j'ô, t'ò, il ô, j'osses*, etc.
Rehérey, *j'ò, t'ò, l'ô, j'ôhhes*, etc.
Pettonville, *j'au, t'au, l'au, j'auhhes*, etc.
Vandeléville, *j'ò, t'ò, l'ô, j'ochtes*, etc.

Allain, *j'au, t'au, l'au, j'auchtes,* etc.

Saales, Lusse, *j'ô, t'ô, il ô, j'ônes,* etc.

Mandray, *jg'oon, t'oon, il oon, j'gênes,* etc.

§ III. — Chatel, *j'ô, t'èveu, l'eu, nos èveumes, vos èveutes, l'èveurent.*

Gircourt-les-Viéville, *j'o, t'o, l'o, j'ores,* ou *j'èvères,* etc.

Serres, *j'âu, t'au, l'au, j'avaihes, v'avaihes, l'aihent.*

Bainville, *j'o, t'èvo, el èvo, j'òres,* etc.

Hamonville, *j'o, t'o, l'o, j'évins, v'os, l'eurent.*

Bien qu'il soit vraisemblable que le passé défini du verbe français est issu du latin *hábui* par les intermédiaires *avui, avu, évu, éu,* j'incline à penser que le *v* thématique des formes patoises n°s 2, 3, 4, 5, 6, provient du thème de l'imparfait *j'èv-, j'av-, j'aiv-,* auquel auront été suffixées comme désinences les formes du passé défini du verbe « être ».

Les formes *eutes, osses, ôhhes, ochtes, auchtes* proviennent de la seconde personne latine *habuístis* qui a donné en vieux français : *aüistes, eüistes, eustes, oistes, ostes, oustes.*

Les formes *eurons, euros, ur, ôres, eores, oronnes* proviennent de la troisième personne latine *habuérunt* qui a donné en vieux français : *aüirent, eüirent, eurent, oirent, orent, ourent.*

Les formes *ònes, ènes* proviennent de la première personne latine *habúimus* qui a donné en vieux français : *aüimes, eüimes, eumes, oimes, omes.*

Ainsi, chacune des trois personnes du pluriel latin a fourni la flexion unique du pluriel dans les différents patois.

On remarquera que dans les formes n°s 7 et 8, le thème du nombre singulier provient de *habuérunt.*

CHAPITRE V

LE PASSÉ INDÉFINI.

Ce temps est formé du présent de l'indicatif et du participe passé.

Ex. : au Tholy, *j'â èvu, t'é èvu, èl é èvu, j'ons èvu, vos os èvu, èl ont èvu.*

Par une bizarrerie vraiment inexplicable, le participe passé du verbe « être » se substitue à celui du verbe « avoir » dans un certain nombre de communes de la partie occidentale du département des Vosges (Gelvécourt, Légeville, Bainville-aux-Saules, Vaubexy, Saint-Vallier, Ménil, Houécourt, Vittel, Lignéville, Saint-Baslemont, Attigny). Ex. : à Sanchey, *j'â tu maleide* j'ai été malade ; *j'â tu do mau* j'ai eu du mal.

On dit indifféremment à Mazelay : *j'â èvu* ou *j'â ttu* j'ai eu, *t'é èvu* ou *t'é ttu* tu as eu, etc.

CHAPITRE VI

LES AUTRES TEMPS COMPOSÉS DE L'INDICATIF.

Section I
Le futur antérieur.

Ce temps fait défaut dans les communes de Ramonchamp et de Raon-sur-Plaine, où il est suppléé par le conditionnel passé.

Dans les communes de Gelvécourt, Légeville, etc., le futur antérieur est emprunté au verbe « être ». Voir le chap. précédent.

Le futur antérieur se forme régulièrement dans les autres patois.

Section II
Le plus-que-parfait.

§ I. — Dans un certain nombre de communes, notamment au Tholy, à Deycimont, à Vittel et à Allain, on distingue le plus-que-parfait prochain du plus-que-parfait distant. Ex. : au Tholy, *j'ovouéʒeur èvu* et *j'ovoué èvu*.

§ II. — L'imparfait distant supplanté par l'imparfait prochain s'est maintenu dans le plus-que-parfait de plusieurs patois.

Vagney, *j'aivoèye eu, t'aivoèye eu, èl aivoèye eu, nos aivoin eu*, etc.

Vallois, *j'éveu évu, t'éveu évu, l'éveu évu, nos éveuhhg, évu*, etc.

Rehérey, *j'aivai évi, t'aivai évi, l'aivai évi, j'aivîne évi*.

Laneuvelotte, *j'avo èvu, t'avo èvu, l'avo èvu, j'avin èvu*.

§ III. — Le plus-que-parfait prochain est seul usité dans les communes qui suivent: Grand-Bois, Rouges-Eaux, Saint-Blaise-la-Roche, Lachapelle, Thiaville, Luvigny, Vexaincourt, Celles, Pexonne, Parux, Hablainville, Pettonville, Leintrey, Courbessaux, Custines, Mousson.

§ IV. — Le singulier du plus-que-parfait est formé d'un imparfait autre que celui qui est couramment usité :

Ramonchamp, *i aivaie aivu, t'aivaie aivu, el aivaie aivu*, ... au lieu de *i aivè, t'aivè*, etc.

Longuet, *j'èvaie èvu, t'èvaie èvu, èl èvaie èvu*... au lieu de *j'èvè èvu*, etc.

Rehaupal, *j'ovoue èvu, t'ovoue èvu, èl ovoue èvu*... au lieu de *j'owè èvu*, etc.

Pargny, *j'aveu ʒeuil, t'aveu ʒeuil, il avau ʒeuil*... au lieu de *j'aveuil ʒeuil*, etc.

Chatel, *j'évô évu, t'évo évu, l'évo évu, j'évin évu*... au lieu de *j'èvais évu*, etc.

§ V. — Le plus-que-parfait est emprunté au verbe « être », dans les communes du département des Vosges où l'imparfait est lui-même l'objet d'un emprunt semblable.

A la liste donnée plus haut, il faut ajouter la commune de Vienville où le plus-que-parfait est *j'ovoi tu, t'ovoi tu*, etc., alors que le passé indéfini se forme régulièrement : *j'é évu, t'é évu*, etc.

Section III
Le passé antérieur.

Ce temps manque dans les patois de Vienville, Gerbépal, Celles, Luvigny, Pexonne, Hablainville, Cirey, Lachapelle, Thiaville, Moyen, Vallois, Einville, Courbessaux, Serres, Laneuvelotte, Art-sur-Meurthe, Custines, Mousson, Thézey, Port-sur-Seille, Landremont, Bouillonville, Lemainville, Gircourt-les-Viéville, Saint-Vallier, Frizon, Ortoncourt, Bainville-aux-Saules, Docelles, La Baffe, Sanchey, Charmois-l'Orgueilleux, Ménil, Circourt, Landaville, Bulgnéville.

Le passé antérieur est suppléé — par le futur antérieur, à Ramonchamp et à Mandray — par le passé indéfini, à Vexaincourt, Badménil, Ligméville.

Il est formé d'un passé indéfini autre que celui qui est couramment usité dans un certain nombre de communes :

Moyenmoutier, *h'o aivu, t'o aivu, il o aivu, h'ôsse aivu, vos ôsse aivu, il ôsse aivu*, au lieu de *h'êveu aivu*.

Vaubexy, *j'oye ettu, t'oye ettu*, etc. C'est le passé antérieur du verbe « être ».

Rehérey, *j'aive evi, t'aive evi, l'aive evi, j'aiveuhhe evi, vos aiveuhhe evi, l'aiveuhhe evi*.

CHAPITRE VII

LE CONDITIONNEL

Section I
Le présent.

La conjugaison est rigoureusement biflexionnelle dans les communes qui suivent :

Grand-Bois, Le Tholy, Deycimont, Mazelay, Chatel, Ortoncourt, Haillainville, *j'èrau, t'èrau, èl* ou *il èrau, j'èrins*, etc.

Docelles, Sanchey, Vaubexy, Courbessaux, Art-sur-Meurthe, Custines, Lignéville, Bulgnéville, Attigny, *j'èrò, t'èrò, il èrò, j'èrins*, etc.

Hoéville, Serres, Rugney, Gircourt-les-Viéville, Gelvécourt, Légeville, Charmois-l'Orgueilleux, Saint-Baslemont, Ménil, *j'èro, t'èro, l'èro, j'èrins*, etc.

Moyen, *j'èroa, t'èroa, l'èroa, nos èroaïe*, etc.

Vallois, *j'éro, t'éro, l'éro, nos éroïe*, etc.

Thézey, Mailly, Port-sur-Seille, Mousson, *j'èreu, t'èreu, l'èreu, j'èrins*, etc.

Landremont, *j'èroôu, t'èroôu, l'èroôu, j'èrins*, etc.

Vexaincourt, Luvigny, Celles, Parux, Pettonville, Rehérey, *j'érâ, t'érâ, il éra, j'érînne*, etc.

Les trois personnes du singulier n'ont point une seule et même flexion, dans les communes qui suivent :

Ban-sur-Meurthe, *dj'erraie, t'errau, èl errau, dj'errang*, etc.

Mandray, *jg'èrae, t'èrò, il èrò, jg'èranne*, etc.

Lusse, *j'éraie, t'éro, il éro, j'éranne*, etc.

Vienville, *j'èraye, t'èrau, èl èrau, j'èrins*, etc.

Rehaupal, *j'èreuye, t'èrau, èl èrau, j'èrins*, etc.

Vomécourt, *j'èraye, t'èrâ, il èrâ, j'érins*, etc.

Bainville-aux-Saules, *j'èro, t'èré, èl èré, j'èrins*, etc.
Vagney, *j'èro, t'èro, èl èreu, j'èrin*, etc.
La Bresse, *idj'èro, t'èro, èl èreu, nos èrins, vos èrins, èl èrotent*.
Longuet, *j'èròe, t'èròe, èl èrè, j'èrins*, etc.
Pargny, Domgermain, *j'areuil, t'areuil, il arau, j'arins, v'arins, il arint*.
Allain, *j'aireuïe, t'aireuïe, l'airaut, j'airins, v'airins, l'airint*.
Pierre-la-Treiche, *j'éreuïe, t'éreuïe, l'érau, j'érins, v'èrins, l'érint*.
Bouillonville, *j'aroïe, t'aroïe, l'arau, j'arins, v'arins, l'arint*.
Landaville, Circourt, *j'èròu, t'èròu, l'èrò, j'èrins, v'èrins, l'èrint*.

Section II

Le passé.

Le conditionnel passé est formé régulièrement dans toutes les communes autres que celles où le passé indéfini et le futur antérieur sont empruntés au verbe « être ».

CHAPITRE VIII

LE SUBJONCTIF.

Les soixante-dix communes, dans les cahiers desquelles nous avons trouvé des indications suffisantes, se partagent en sept groupes, au point de vue du nombre des temps dont se compose ce mode.

Section I

Un seul temps, — Moyen, Bulgnéville.
La forme du temps unique en usage dans les communes de Moyen et de Bulgnéville, est issue du plus-

que-parfait latin: *habúissem, habúisses, habúisset, habuissémus, habuissétis, habúissent.*

Moyen, *qué j'èveuhhe, qué t'èveuhhe, qué l'èveuhhe, qué nos èveuhhe,* etc.

Bulgnéville, *que j'éveusse, que t'éveusse, que l'éveusse.*

Section II

Un présent et un passé. — Ramonchamp, Rehaupal, Vienville, Gerbépal, Ban-sur-Meurthe, Bult, Vomécourt, Ortoncourt, Gircourt, Courbessaux, Laneuvelotte, Lemainville, Allain, Ménil, Houécourt, Vouxey, Circourt, Vittel, Lignéville, Saint-Baslemont, Gelvécourt, Légeville, Vaubexy, Saint-Vallier, etc.

§ I. — LE PRÉSENT. — 1° Ramonchamp, *qu'i aïe, qué t'aïe, qu'el aïe, qué nos aivîsse,* etc.

Vienville, *que j'aye, que t'aye, qu'èl aye, que j'ovoins.*

Vomécourt, Bult, *qué j'aye, qué t'â, qué l'â, qué j'ainse,* etc.

Gelvécourt, Légeville, *que j'âïe, que t'âïe, que l'âïe, que j'insse,* etc.

Vittel, *que j'âïe, que t'âïe, que l'âïe, que j'insse, que vœs insse. que l'insse.*

Ortoncourt, *que j'aïe, que t'aïe, qu'il aïe, que j'insse.*

2° Gircourt, *que j'oye, que t'oye, que l'oye, que j'ainsse,* etc.

Vaubexy, *que j'òye, que t'òye, qu'il òye, que j'insse.*

Saint-Vallier, Saint-Baslemont, *que j'oïe, que t'oïe, que l'oïe, que j'insse,* etc.

Houécourt, *que j'òïe, que t'òïe, que l'òïe, que j'ins,* etc.

Allain, *qu' j'auïe, qu't'auïe, qu'l'auïe, qu'j'insse,* etc.

Lignéville, *que j'oille, que t'oille, qu'eul oille, que j'inse,* etc.

Courbessaux, *que j'òille, que t'òille, que l'òille, que j'innhhe,* etc.

Laneuvelotte, *que j'oye, que t'oye, que l'oye, que j'èvinse,* etc.

Lemainville, *que j'auye, que t'auye, que l'auye, que j'évinhe,* etc.

3° Rehaupal, *que j'au* ou *que j'euye, que t'au* ou *que t'euye, qu'èl au* ou *qu'èl euye, que j'insse,* etc.

4° Gerbépal, *que dj'ei, que t'au, qu'èl au, que dj'ein.*

5° Ban-sur-Meurthe, *que dj'a, que t'au, qu'èl au, que dj'ang,* etc.

6° Circourt, *que j'oue, que t'oue, que l'aut, que j'igne,* etc.

Les formes du pluriel, *aivîsse, ovoins, èvinse,* proviennent directement du plus-que-parfait latin.

§ II. — LE PASSÉ. — Le passé du subjonctif est formé régulièrement du présent du même mode et du participe passé, dans les communes de Ramonchamp, Gerbépal, Ortoncourt, Gircourt, Courbessaux, Laneuvelotte, Lemainville, Allain, Vouxey, Circourt. Le participe passé du verbe « être » s'est substitué à celui du verbe « avoir » dans les communes de Saint-Vallier, Vaubexy, Gelvécourt, Légeville, Saint-Baslemont, Lignéville, Vittel, Houécourt, Ménil.

Dans plusieurs communes, le présent du subjonctif préposé au participe passé diffère, du plus au moins, du présent qui a été indiqué ci-dessus.

Vienville, *que j'aie èvu, que t'au èvu, qu'èl aut èvu.*

Vomécourt, Bult, *que j'aye èvu, que t'aye èvu, que l'aye èvu.*

Saint-Baslemont, *que j'aïe ètu, que t'aïe ètu, que l'aïe ètu.*

SECTION III

Un présent et un imparfait. — Attigny, présent : *que j'auïe, que t'auïe, que l'auïe, que j'èyinsse,* etc.

Imparfait : *que j'èveusse, que t'èveusse, que l'èveut, que j'èvinsse,* etc.

Section IV

Un imparfait et un plus-que-parfait. — Mandray, Saales, Moyenmoutier, Raon-sur-Plaine, Celles, Luvigny, Vexaincourt, Badménil, Lachapelle, Thiaville, Pexonne, Parux, Hablainville, Pettonville, Rehérey, Cirey, Vallois, Hoéville, Custines, Mousson, Mailly, Port-sur-Seille, Thézey, Hamonville.

§ I. — IMPARFAIT. — 1° Raon-sur-Plaine, Vexaincourt, Celles, Luvigny, *que j'éveuhhe, que t'éveuhhe, qu'il éveuhhe, que j'évinnhhe*, etc.

Lachapelle, Thiaville, *que j'éveuhe, que t'éveuhe, qu'il éveuhe, que j'éveuhe*, etc.

Hablainville, Pettonville, Rehérey, Parux, *que j'èveuhh, que t'èveuhh, que l'èveuhh, que j'èvînhh*, etc.

Badménil, *que j'éveusse, que t'éveusse, qu'il éveusse, que j'évinsse*, etc.

Hoéville, *que j'avéhe, que t'avéhe, que l'avéhe, que j'avinhe*, etc.

Art-sur-Meurthe, *que j'avesse, que t'avesse, que l'avesse, que j'avinsse*, etc.

Thézey, Port-sur-Seille, Mailly, Mousson, *que j'èvesse, que t'èvesse, que l'èvesse, que j'èvinse*, etc.

Hamonville, *que j'évosse, que t'évosse, que l'évosse, que j'évinsse*, etc.

2° Saales, *que j'osse, que t'osse, qu'il osse, que j'isse*, etc.

Moyenmoutier, *que h'òsse, que t'òsse, qu'il ò, que h'insse*, etc.

Mandray, *que jg'oonce, que t'oonce, qu'il oonce, que jg'aince*, etc.

§ II. — LE PLUS-QUE-PARFAIT. — Le plus-que-parfait est régulièrement formé de l'imparfait du même mode et du participe passé.

Section V

Un imparfait et un passé. — Docelles.

Imparfait : *qu' j'èveusse, qu' t'èveusse, qu'il èveusse, qu' j'èvinnsse*, etc.

Passé : *qu' j'aye èvu, qu' t'aye èvu, qu'il aye èvu, qu' j'inns èvu*, etc.

Section VI

Un présent, un imparfait et un passé. — Sanchey, Rugney, Bouillonville.

Sanchey, présent : *qué j'âie, qué t'âie, qu'il âie, qué j'insse*, etc.

Imparfait : *qué j'èveusse, qué t'èveusse, qu'il èveusse, qué j'èvinsse*, etc.

Passé : *qué j'âie tu, qué t'âie tu*, etc.

Rugney, présent : *que j'oye, que t'oye, que l'oye, que j'insse*, etc.

Imparfait : *que j'èveusse, que t'èveusse, que l'èveusse, que j'èvinsse*, etc.

Passé : *que j'oye èvu, que t'oye èvu, que l'oye èvu, que j'èvinsse èvu*, etc.

Bouillonville, présent : *que j'oïe, que t'oïe, que l'oïe*.

Imparfait : *que j'avis, que t'avis, que l'avit, que j'avinsse*, etc.

Passé : *que j'oïe aveu, que t'oïe aveu, que l'oïe aveu, que j'avinsse aveu*, etc.

Les trois personnes du pluriel appartiennent en réalité à un plus-que-parfait.

Section VII

Un présent, un imparfait, un passé et un plus-que-parfait. — Ventron, Vagney, Le Tholy, Longuet, Champdray, Deycimont, Lusse, Haillainville, Mazelay, Marainville, Leintrey, Landremont, Pierre-la-Treiche, Domgermain, Pargny.

Ventron, présent: *qu' idj' aïe, t'aïe, èl aïe, nos insse, vos insse, èl eustent.*

Imparfait: *qu'idj' eusse, t'eusse, èl eusse, nos insse, vos insse, èl instent.*

Le passé et le plus-que-parfait se forment régulièrement.

Vagney, présent: *qué j'âie, t'âie, èl âie, nos ayinsse,* etc.

Imparfait: *que j'eusse, t'eusse, èl âye, nos eussions, vos eussiez, èl eussent.*

Passé: *que j'âie eu, que t'âie eu,* etc.

Plus-que-parfait: *que j'eusse eu, t'eusse eu, èl eusse eu, nos eussiin eu, vos eussiin eu, èl eussent eu.*

Le Tholy, présent: *qué j'au, t'au, él au, j'ins,* etc.

Imparfait: *qué j'auïe, t'auïe, él auïe, j'inse,* etc.

Le passé et le plus-que-parfait se forment régulièrement:

Lusse, présent: *que j'ai, t'ai, il ai, j'onse,* etc.

Imparfait: *que j'òsse, t'òsse, il òsse, j'onse,* etc.

Le passé et le plus-que-parfait se forment régulièrement:

Deycimont, présent: *qu'j'au, t'au, l'au, j'in, os in, l'in,* ou bien *qu'j'aie, t'aie, l'aie, j'insse, os insse, l'insse.*

Imparfait: *qu'j'aisse, t'aisse, l'aisse, j''aieinsse,* etc. ou bien *qu'j'ovoueusse, t'ovoueusse, l'ovoueusse, j'ovouinsse.*

Le passé et le plus-que-parfait se forment régulièrement:

Domgermain, présent: *que j'òie, t'òie* ou *t'ò, l'ò, j'insse, v'insse, l'insse.*

Imparfait: *que j'aveuss', t'aveuss', l'aveuss, j'avinss'.*

Passé: *que j'òie èveu, t'òie* ou *t'ò èveu,* etc.

Plus-que-parfait: *que j'áveuss' èveu, t'aveuss' èveu,* etc.

Le présent du subjonctif du verbe français « avoir » est issu du présent latin: *hábeam, hábeas, hábeat, habeámus, habedtis, hábeant,* par les intermédiaires historiques:

aye, ayes, ayemes, ayomes, ayens, ayeiz. Il en en est de même dans nos patois, sauf qu'à Vienville, le pluriel est emprunté à l'imparfait de l'indicatif, et que dans les communes de Ramonchamp et de Lemainville, ce même nombre procède du plus-que-parfait latin.

L'imparfait est issu, dans nos patois, comme dans la langue littéraire, du plus-que-parfait latin, par les intermédiaires *évuisse, ĕuisse, ĕusse, évuisses, ĕuisses, ĕusses, évuist, ĕuist, ĕust, évuissiemes, ĕuissiemes, ĕussiens, évuissies, ĕuissies, ĕussiez, évuissent, ĕuissent, ĕussent*. Mais, tandis que dans la région sud-est et est (Ventron, Vagney, Le Tholy, Mandray, Lusse, Moyenmoutier, Saint-Blaise-la-Roche, Sainte-Barbe), plusieurs dialectes ont formé leur imparfait sur le type *ĕuisse, ĕusse*, on rencontre dans les autres communes des deux départements des formes rappelant celle d'*évuisse*.

Il est peu de dialectes dans lesquels le subjonctif compte le même nombre de temps qu'en français, mais on sait que peu de personnes satisfont, en ce qui concerne ce mode, aux prescriptions de la grammaire.

CHAPITRE IX

L'IMPÉRATIF.

Le verbe « avoir » n'a point d'impératif qui lui soit propre, dans la très-grande majorité des communes. On dit, à Vagney, *ayo* ayons, *ayi* ayez; à Landremont, *ayans, ayoôus*.

Le plus communément, l'impératif est suppléé par l'un des temps du subjonctif précédé de l'un des verbes correspondant à « il faut, je veux, tâche. »

CHAPITRE X

LE PARTICIPE PRÉSENT.

Il n'y a point non plus, dans la majorité des communes, de forme correspondant au français « ayant. »

J'ai noté: *avoant*, à Vagney: *avouant*, à Mandray; *ovouant*, à Deycimont, Vomécourt, Bult, Sainte-Barbe; *évant*, à Landaville; *evant*, à Pexonne.

CHAPITRE XI

LE PARTICIPE PASSÉ.

Ce temps revêt cinq formes différentes:

1° *Eû* (pron. *e*), Ventron, Vagney.

2° *Évu*, Le Tholy, Rehaupal, Gerbépal, Ban-sur-Meurthe, Saales, Rouges-Eaux, Bult, Vomécourt, Sainte-Barbe, Haillainville, Marainville, Gircourt, Docelles, Deycimont, Laneuvelotte, Landremont, Thézey.

Évu, Vienville, Lusse, Chatel, Vallois, Lachapelle, Thiaville, Einville, Serres, Art-sur-Meurthe, Custines, Mousson, Port-sur-Seille, Mailly.

3° *Evi, évi*, Raon-sur-Plaine, Celles, Luvigny, Vexaincourt, Hablainville, Pettonville, Pexonne, Rehérey, Leintrey.

4° *Aveu*, à Bouillonville; *èveue*, à Pierre-la-Treiche; *aiveu*, à Allain; *èveu*, à Domgermain.

5° *Zeuye, zeuil, zeuille*, Bulgnéville, Vouxey, Circourt, Landaville, Pargny, Autigny.

CHAPITRE XII

L'INFINITIF.

L'infinitif revêt les formes suivantes:

1° *Aouor*, Leintrey; *ôouôr*, Vexincourt; *aouarre*, Bouillonville.

2° *Ahoué*, Hablainville; *avoué*, Ventron, Lusse; *avoé*, Vagney; *aouet*, Lachapelle, Thiaville; *âouais*, Landremont; *aouè*, Thézey; *awet*, Courbessaux; *avou*, Ban-sur-Meurthe, Mandray, Saales; *âot*, Mailly.

3° *Ovouè*, Sainte-Barbe; *ovoué*, Haillainville; *ovoue*, Le Tholy; *ovou*, Vienville; *òvouò*, Moyenmoutier; *ovoi*. Ortoncourt; *oouot*, Luvigny; *ouo*, Pexonne: *ooi*, Raon-sur-Plaine.

4° *Évouè*, Mazelay; *èvoué*, Sanchey; *èvoi*, Houécourt; *éouè*, Landaville; *éoui*, Pierre-la-Treiche; *aiwie*, Allain.

5° *Avouill'*, Domgermain.

LIVRE IX
VERBE « ÊTRE »

CHAPITRE Ier

INDICATIF PRÉSENT

SECTION I

La première personne du singulier.

Cette première personne revêt huit formes différentes :

1° *Seu*, Ramonchamp, Ventron, Vagney, Deycimont, La Baffe, Ban-sur-Meurthe, Lusse, Provenchères, Saales, Saint-Blaise-la-Roche, Badménil, Ortoncourt, Haillainville, Chatel, Vallois, Rugney, Hergugney, Crévic, Lemainville, Trampot, Lignéville, Charmois-l'Orgueilleux, Vaubexy.

Seue, Longuet, Grand-Bois, Mandray.

Seûh, Hennezel.

Se, Vomécourt, Bult, Sainte-Barbe, Moyenmoutier, Hablainville, Lachapelle, Thiaville, Anthelupt, Marainville, Gircourt, Saint-Vallier, Frizon, Bainville-aux-Saules, Gelvécourt, Légeville, Saint-Baslemont, Sanchey.

2° *Seuye*, Le Tholy, Rehaupal, Champdray, Docelles, Gerbépal, Maconcourt.

Seuil, Vandeléville, Pargny ; *seuïe*, Pierre-la-Treiche, Allain.

Seye, Rouges-Eaux ; *sèye*, Grandvillers.

3° *Saye*, Vienville.

4° *Soye*, Bouillonville, Raville.

5° *Euil*, Domgermain.

6° *Su*, Mailly, Port-sur-Seille, Mousson, Moivrons, Custines, Aboncourt, Ménil : *sû*, Bulgnéville, Landaville.

Sue, Laneuvelotte, Art-sur-Meurthe, Houécourt.

7° *O*, Raon-sur-Plaine, Celles, Luvigny, Pexonne, Badonviller, Rehérey, Pettonville, Cirey, Parux ; *ô*, Vexaincourt.

8° *A*, Verdenal, Leintrey, Courbessaux, Serres, Hoéville ; *â*, Landremont.

A ou *su*, Einville, Thézey.

On remarquera, en étudiant cette première personne sur la carte, que les formes *o*, *ô*, *a*, *â*, sont exclusivement usitées dans des communes situées à l'est de la Meurthe et de la Moselle. Ces formes, qui sont celles de la seconde et de la troisième personne, s'expliquent par la tendance biflexionnelle.

Section II

La seconde et la troisième personne du singulier.

Ces deux personnes ne diffèrent entre elles que par le pronom, dans la grande majorité des communes.

1° *T'a*, *èl a*, *il a*, *l'a*, Ventron, La Bresse, Vagney, Ban-sur-Meurthe, Mandray, Lusse, Saint-Blaise-la-Roche, Verdenal, Leintrey, Anthelupt, Courbessaux, Serres, Hoéville, Laneuvelotte, Art-sur-Meurthe, Custines, Mousson, Landremont, Port-sur-Seille, Mailly, Thézey, Hamonville, Vandeléville, Battigny, Lemainville, Hergugney, Marainville, Rugney, Gircourt.

2° *T'o*, *èl o*, *él o*, *il o* ; *t'ô*, *il ô* ; *t'au*, *èl au*, Ramonchamp, Le Tholy, Rehaupal, Champdray, Gerbépal, Vienville, Deycimont, Charmois-devant-Bruyères, Docelles, La Baffe, Sanchey, Mazelay, Grandvillers, Rouges-Eaux, Bult, Vomécourt, Ortoncourt, Haillainville, Sainte-Barbe, Lachapelle, Thiaville, Moyenmoutier, Raon-sur-

Plaine, Celles, Vexaincourt, Luvigny, Pexonne, Parux, Cirey, Rehérey, Hablainville, Pettonville, Moyen, Vallois, Raville, Bouillonville, Pierre-la-Treiche, Aboncourt, Maconcourt, Ménil, Houécourt, Bulgnéville, Vittel, Ligneville, Saint-Baslemont, Hennezel, Légeville, Gelvécourt, Vaubexy, Saint-Vallier, Frizon, Chatel, Charmois-l'Orgueilleux, Grand-Bois, Longuet.

3° *T'atoe, l'atoe,* Moivrons.

La troisième personne diffère de la seconde dans un petit nombre de communes de la bande occidentale.

1° *T'é, èl ot,* Attigny ; *t'ès, l'ot* ou *il ot,* Pargny ; *t'iês, il ot,* Trampot.

2° *T'seuïe* ou *t'euïe, l'ot,* Allain ; *t'sû, l'ot,* Vouxey, Landaville, Autigny, Circourt ; *t'euil, l'ot,* Domgermain.

Les formes *t'seuïe, t'sû,* trahissent un violent effort fait en vue de réaliser l'idéal de la conjugaison biflexionnelle.

SECTION III

La première personne du pluriel.

Cette première personne revêt cinq formes différentes :

1° *J'atans,* Anthelupt, Courbessaux, Serres, Laneuvelotte, Art-sur-Meurthe, Custines, Moivrons, Landremont, Mousson, Port-sur-Seille, Mailly, Thézey.

J'étans, Hoéville ; *j'otans,* Raville.

2° *J'atos,* Bouillonville, *j'ateue,* Battigny.

3° *Nos ôtes,* Vallois ; *nos oates,* Moyen ; *jé s-otes,* Grand-Bois.

4° *Je s-ates,* Hamonville, Lemainville, Marainville, Hergugney.

Je sas, Gircourt ; *dje sang,* Ban-sur-Meurthe ; *j'sans,* Domgermain.

5° *Nos sons, je sons, nos sos, je sos,* dans les autres communes.

Les formes *j'atans, j'étans, j'atos, j'ateue,* etc., sont

— 137 —

empruntées à la seconde personne et s'expliquent par la tendance biflexionnelle.

Section IV
La seconde personne du pluriel.

Cette seconde personne revêt sept formes différentes :

1º *Vos saus*, Vienville, Ban-sur-Meurthe ; *vos saòs*, Provenchères ; *vos sòs*, Mandray, Rouges-Eaux, Ménil.

Vos sos, Lusse, Saales, Deycimont, Aboncourt.

Vos sons, Docelles, La Baffe, Badménil-aux-Bois.

2º *Vos ates*, Ventron, Vagney, Saint-Blaise-la-Roche, Verdenal, Leintrey, Moyen, Rugney, Einville ; *v'ates*, Hamonville, Lemainville.

3º *V'atòs*, Domgermain ; *v'atos* en parlant à plusieurs personnes, *v'atez* en parlant à une seule personne, Courbessaux.

V'atos, v'atòs, Battigny, Anthelupt, Art-sur-Meurthe, Laneuvelotte, Custines.

V'atez, Crévic, Serres, Bouillonville ; *v'atais*, Pargny.

4º *V'ateus*, Mousson, Port-sur-Seille, Mailly, Thézey ; *v'atoòus*, Landremont.

5º *V'etos*, Hoéville ; *v'etoé*, Moivrons.

6º *Vos étes*, Ortoncourt, Frizon, Gircourt, Marainville, Saint-Vallier, Vaubexy, Bainville-aux-Saules, Gelvécourt, Légeville, Charmois-l'Orgueilleux, Hennezel, Lignéville, Vittel, Bulgnéville, Landaville, Houécourt, Vouxey, Maconcourt.

V'ètes, Trampot ; *v'étés*, Vandeléville ; *v'aitais*, Allain ; *v'ètais*, Circourt, Pierre-la-Treiche ; *v'ètès*, Autigny, Landaville.

7º *Vos otes*, Grand-Bois, Sanchey, Longuet, Le Tholy, Champdray, Gerbépal, Vomécourt, Bult, Chatel, Haillainville, Sainte-Barbe, Lachapelle, Thiaville, Raon-sur-Plaine, Celles, Vexaincourt, Luvigny, Pexonne, Cirey, Parux, Pettonville, Hablainville, Vallois.

Section V

La troisième personne du pluriel.

1° *Sant*, Domgermain.

2° *Sont, sòt, sot*, dans les autres communes des deux départements.

Tableau du présent de l'Indicatif
DANS UN CERTAIN NOMBRE DE COMMUNES.

Bouillonville.. *je soye, t'o, l'o, j'atos, v'atez, i sont.*
Landremont... *j'â, t'â, l'â, j'atans, v'atoòus, i sont.*
Mousson...... *j'su, t'a, l'a, j'atans, v'ateus, i sont.*
Moivrons..... *je su, t'atoe, l'atoe, j'atans, v'étoé, i sont.*
Laneuvelotte.. *je sus, t'a, l'a, j'atans, v'atos, i sont.*
Art-sur-M.... *je sus, t'a, l'a, j'atans, v'atòs, i sont.*
Einville...... *j'a ou je su, t'a, il a, je sons, vos ates, i sont.*

Courbessaux.. *j'a, t'a, l'a, j'atans* { *v'atos* / *v'atez* } *i sont.*

Leintrey...... *j'a, t'a, l'a, je sons, vos ates, i sont.*
Pexonne...... *j'o, t'o, l'o, je sons, vos otes, i sont.*
Pettonville.... *j'o, t'o, l'o, je sons, vos otes, i sont.*
Vallois........ *jé seu, t'o, l'o, nos ôtes, vos ôtes, i sont.*
Lachapelle.... *j'se, t'o, il o, j'sons, vos otes, i sont.*
Vexaincourt... *j'ò, t'ò, il ò, je sons, vos ôtes, i sont.*
St-Blaise-la-R. *je seu, t'a, l'a, je sons, vos ates, i sont.*
Mandray...... *jge seue, t'a, il a, jge sons, vos sòs i sont.*
Ban-sur-M.... *dje seu, t'a, él a, dje sang, vos saus, é sot.*
Ventron ...... *i seu, t'a, èl a, nos sos, vos ates, è sot.*
Ramonchamp. *j'seu, t'au, èl au, nòs sons, vos otes, è sont.*
Vagney....... *jé seu, t'a, el a, nos sos, vos ates, sot.*

Le Tholy..... { *j'seuye,* / *j'seu,* } *t'o, èl o, j'sons, vos otes, è sont.*

Deycimont.... *j'seu, t'o, lo, j'sos, vos sos, i sot.*
Docelles...... *je seuye, t'o, il o, je sons, vos sons, i sont.*

— 139 —

Haillainville.. *jé se, t'o, l'o, je sons, vos otes, i sont.*
Marainville.... *je se, t'a, l'a, je sates, vos étes, i sont.*
Hergugney.... *je seu, t'a, l'a, je sates, vos ètes, i sont.*
Gelvécourt.... *je se, t'o, l'o, je sos, vos ètes, e sont.*
Hennezel..... *je seuh, t'o, èl o, je sons, vos ètes, i sont.*
Landaville.... *j' sû, t'sû, l'o, j'sons, v'ètès, i sont.*
Pargny....... *je seuil, t'ès, l'o, je sons, v'atais, i sont.*
Lemainville... *je seu, t'a, l'a, je sates, v'ates, i sont.*
Allain .... { *je seuïe,* { *t'seuïe,* *l'o, j'sons, v'aitais, i sont.*
              { *j'euïe,* { *t'euïe,*
Domgermain.. *j'euil, t'euil, l'o, j'sans, v'atos, ie sant.*
Hamonville... *je se, t'a, l'a, je sates, v'ates, i sont.*

CHAPITRE II

LE FUTUR.

Ce temps est formé, dans les patois de toutes les communes, du présent de l'indicatif du verbe « avoir » suffixé au thème *sér, ser, s'r*. Ex. : Le Tholy, *je s'r-â, té s'r-é, è s'r-é, je s'r-ons, vos s'r-os, è s'r-ont.*

Ban-sur-Meurthe, *dje seré, te seré, é seré, dje seros, vos seraus, é seront..*

Les deux premières personnes du pluriel ne sont point toujours formées régulièrement.

CHAPITRE III

L'IMPARFAIT.

Dans un certain nombre de communes, l'imparfait se conjugue différemment suivant que l'action est distante ou prochaine.

Section I

Les deux temps.

Les deux temps sont usités dans les communes qui suivent :

IMPARFAIT DISTANT.

Le Tholy..... j'tè, tè té, è té, j'tins, vos tins, è tint.
Ventron....... i tée, té tée, è tat, nos tins, vos tins, è tint.
Vienville..... je tai, te tai, è tai, je tins, vos tins, è tint.
Rehaupal..... j'tè, té tè, è tè, j'tin, vos tin, è tin.
Deycimont.... j'tè, te té, i tè, j'tin, vos tin, i tin.
Gircourt...... j'èto, t'èto, l'èto, j'ètains, vos ètains, l'ètaint.
Vittel......... j'ètóes, t'ètóes, l'ètòet, j'ètins, vœs ètins, l'ètint.
Allain........ j'aiteuïe, t'aiteuïe, l'aitaut, j'aitins, v'aitins, l'aitint.
Landremont... j'âtoòu, t'âtoòu, l'âtoòu, j'âtins, v'âtins, l'âtint.

IMPARFAIT PROCHAIN.

Le Tholy..... j'tè-ʒeur, tè té-ʒeur, è tè-ʒeur, j'tin-ʒeur.
Ventron....... i tée-sor, té tée-sor, è tat-or, nos tins-or.
Vienville..... je tai-ʒeur, te tai-ʒeur, è tai-ʒeur, je tin-ʒeur.
Rehaupal..... j'tè-ʒeu té tè-ʒeu, èl ètè-ʒeu, j'tin-ʒeu, etc.
Deycimont.... { j'tè-ʒo, te tè-ʒo, i tè-ʒo, j'tinʒo, etc.
              { j'tè-to, te tè-to, i tè-to, j'tin-to, etc.
Gircourt...... j'ett-ore, t'ett-ore, l'ett-ore, j'ètain-tor.
Vittel......... j'ète-taure, t'ète-taure, l'ète-taure, j'ètin-taure, voes ètin-taure, l'ètin-taure.
Allain........ j'aiteuïe-ʒo, t'aiteuïe-ʒo, l'aitaut-ʒo, jaitins-ʒo, etc.
Landremont... j'âtoòu-ʒa, t'âtoòu-ʒa, l'âtoòu-ʒa, j'âtin-ʒa.

Section II
L'imparfait prochain.

L'imparfait prochain est seul usité dans vingt-une communes.

St-Blaise-la-R. j'aitor, t'aitor, il aitor.
Vexaincourt... j'étor, t'étor, il étor, j'étinòre, etc.
Celles .... j'ètor, t'ètor, l'ètor, j'ètinnor, etc.

Luvigny et Raon-s.-Plaine. *j'étor, t'étor, l'étor, j'étinore,* etc.
Moyen et Vallois *jé tor, té tor, i tor, nos tor,* etc.
Lachapelle et Thiaville...... *je tor, te tor, i tor, je tinnor,* etc.
Hablainville... *j'tòre, té tòre, i tòre, nos tinòre,* etc.
Pettonville.... *j'étaur, t'étaur, l'étaur, j'etinnaur,* etc.
Pexonne...... *je taure, te taure, i taure, j'étinaure,* etc.
Rehérey....... *j'étor, t'étor, l'étor, j'étinnor,* etc.
Leintrey...... *j'atòre, t'atòre, l'atòre, j'atinòre.* etc.
Parux......... *j'étòre, t'étòre, l'étòre, j'étinòre,* etc.
Courbessaux.. *j'ato-ʒa, t'ato-ʒa, l'ato-ʒa, j'atin-ʒa,* etc.
Custines...... *j'atò-ʒa, t'atò-ʒa, l'atò-ʒa, j'atin-ʒa,* etc.
Laneuvelotte.. *j'ato-sa, t'ato-sa, l'ato-sa, j'atin-sa,* etc.
Mousson...... *j'ateu-ʒa, t'ateu-ʒa, l'ateu-ʒa, j'atinn-ʒa,* etc.
Domgermain.. *j'ateuil-ʒòue, t'ateuil-ʒòue, l'atò-ʒòue, j'atin-ʒòue, v'atin-ʒòoue, l'atin-tòue.*
Grand-Bois.... *j'èteo, t'èteo, èl étè-tor, j'ètin-tor, vos ètin-tor, ès ètin-tor.*

Section III

Il n'y a qu'un seul imparfait dans les communes qui suivent :

§ I. — 1° Lusse, *j'ère, t'ère, il ère. j'îne, vos îne, il îne.*

Saales, *j'ère, t'ère, il ère* { *j'îne, vos îne, il îne.*
{ *j'ètine, vos ètine, il ètine.*

2° Cirey, *j'étée, t'étée, l'étée, j'étine, vos étine, l'étine.*

Vienville, Champdray, Docelles, *je t'ai, te tai, è tai, je tins. vos tins, è tint.*

Vagney, Longuet, *je taie, té taie, è taie, nos tins,* etc.
Haillainville, *jé té, té té, i té, jé tinn,* etc.
Sainte-Barbe, *jé tée, té tée, i tée, jé téc,* etc.

3° Sanchey, Légeville, Gelvécourt, Bainville-aux-Saules,

Saint-Vallier, Gircourt, Rugney, Saint-Baslemont, *j'èto, t'èto, l'èto, j'ètains,* etc.

Vaubexy, Ménil, Lignéville, Autigny, *j'étô, t'étô, l'étô, j'étins, v'étins, îs étint.*

Hoéville, Hamonville, *j'éto, t'éto, l'éto, j'étin,* etc.

Lemainville, *j'étau, t'étau, l'étau, j'étins,* etc.

Houécourt, Vittel, *j'ètôe, t'ètôe, l'ètôe, j'ètins, vœs ètins, l'étint,*

4° Serres, Laneuvelotte, *j'ato, t'ato, l'ato, j'atins,* etc.

Einville, *j'atto, t'atto, il atto, j'attin, v'attin, is attin.*

Art-sur-Meurthe, *j'atô, t'atô, il atô, j'atin,* etc.

Trampot, *j'atau, t'atau, l'atau, j'atin,* etc.

5° Thézey, Mailly, *j'ateu, t'ateu, l'ateu, j'atin,* etc.

Port-sur-Seille, *j'atteu, t'atteu, l'atteu, j'attin,* etc.

6° Landremont, *j'âtoôu, t'âtoôu, l'âtoôu, j'âtins,* etc.

§ II. — 1° Mandray, *jg'iâe, te l'ière, i l'ière, jge l'ianne,* etc.

Ban-sur-Meurthe, *dj'a, t'ierre, èl ierre, dj'an,* etc.

2° Bult, Vomécourt, *jé taïe, té tai, i tai, jé tains,* etc.

3° Moyenmoutier, *h'étaïe, t'ettei, il été, he tinnes,* etc.

4° Chatel, *j'tet, t'ètô, i tôt, j'tins,* etc.

5° Landaville, *j'étoû, t'étoû, l'éto, j'étain,* etc.

Circourt, *j'étoue. t'étoue, l'étau, j'étain,* etc.

6° Pargny, *j'ateuil, t'ateuil, l'atau, j'atin,* etc.

Pierre-la-Treiche. *j'éteuïe, t'éteuïe, l'éto, j'étins,* etc.

7° Bouillonville, *j'atoïe, t'atoïe, l'ataut, j'atins,* etc.

L'imparfait latin *éram, éras,* etc., s'est maintenu dans un certain nombre de communes de la bande orientale du département des Vosges (Ban-sur-Meurthe, Mandray, Lusse, Saales). Il importe de noter, à ce sujet, qu'au lieu de la forme prochaine *j'aitor,* indiquée par notre correspondant de Saint-Blaise-la-Roche, Oberlin a donné, dans sa Grammaire, un double imparfait distant:

Dj'îre, t'ire, il ire, dj'ines, vos ines, il inent.

Dj'ètëie, t'ètois, il ètoit, dj'ètines, vos ètines, il ètinnent.

Dans la très-grande majorité des patois lorrains, l'imparfait a été formé, soit du latin *stábam*, soit directement de l'infinitif.

Section IV

La version de la Parabole de l'Enfant prodigue m'a fourni, pour seize communes, des formes d'imparfait prochain qui n'avaient point été indiquées dans les Renseignements grammaticaux.

Gerbépal, *è tè, è tè-seur.*
Moyenmoutier, *i té, i tor.*
Vomécourt, Bult, *i tè, i tè-ʒo.*
Sainte-Barbe, *i tè, i tè-ʒo.*
Haillainville. *i té, i té-ʒœ.*
Vitrimont, *ç'atau* c'était, *l'éto-sa.*
Anthelupt, *ç'étau, l'étau-sa,*
Hoéville, *ç'étot, l'éto-ʒa.*
Einville, *il atto, l'ato-ʒa.*
Malzéville, *ç'atô, l'atò-ʒa.*
Saint-Remy-aux-Bois, *il étot, i té-ʒor.*
Lemainville, *l'éto, l'éto-ʒar.*
Vandeléville, *l'éto, l'éto-ʒa.*
Vannes, *ç'atô, l'atin-ʒo* ils étaient.
Battigny, *l'ato, l'ato-sa.*

Enfin, à Ortoncourt, l'imparfait est conjugué ainsi qu'il suit:

J'étô, t'étô, il éto-r, j'étins, etc.

CHAPITRE IV

LE PASSÉ DÉFINI.

Ce temps fait défaut dans les communes de Vienville, La Baffe, Ortoncourt, Raon-sur-Plaine, Luvigny, Hablainville, Pexonne, Cirey, Parux, Einville, Courbessaux, Hoéville, Custines, Thézey, Mailly, Port-sur-Seille, Bouillonville, Lemainville.

Il est suppléé, ici par l'imparfait, là par le passé défini. Dans les autres communes, les formes typiques sont au nombre de six pour le singulier.

§ I. — Moyenmoutier, *he fu, te fu, i fu, he fusse, vos fusse, i fusse.*

Vomécourt, Bult, Sainte-Barbe, Lachapelle, Thiaville, *jé fu, té fu, i fu, jé fusse,* etc.

Pexonne, Rehérey, Pettonville, Leintrey, Serres, *je fi, te fi, i fi, je fihhe,* etc.

Pargny, *je fi, te fi, il fi, je fire,* etc.

Vagney, *jé feu, té feu, è feu, nos feuro,* etc.

Mazelay, Ménil, Vouxey, Landaville, Circourt, Charmois-l'Orgueilleux, Sanchey, *je feu, te feu, te feu, i feu, je feure,* etc.

Lusse, Mandray, *je feu, te feu, i feu, je fêne,* etc.

Badménil, *je feu, te feu, i feu, je feusse,* etc.

Moyen, Haillainville, Rugney, *je feu, te feu, i feu, je feuhhe.*

Allain, *j'feu, t'feu, i feu, j'feuchte,* etc.

Deycimont, *j'feu, te feu, i feu, j'fons,* etc.

Le Tholy, Rehaupal, Gerbépal, *j'fe, t'fe, è fe, j'ferons,* etc.

Grand-Bois, Saales, Frizon, *jè fe, tè fe, è fe, jè feure,* etc.

Lignéville, Attigny, Saint-Baslemont, Bainville, Saint-Vallier, Marainville, *je fe, te fe, il fe, je feure,* etc.

Celles, *j'fe, te fe, i fe, j'feuhh,* etc.

Vandeléville, *je fe, te fe, i fe, je feuchte, ve feuchte, i feuchte.*

Art-sur-Meurthe, *je fe, te fe, i fe, je fiins,* etc.

Longuet, Deycimont, *jé freu, tè freu, è freu, jé fron.*

Docelles, Rouges-Eaux, *je fereu, te fereu, i fereu, j'ferons,* etc.

Vexaincourt, *j'éttée, t'éttée, il éttée, j'éttines*, etc.
Domgermain, *j'ateil, t'ateil, l'ateil, j'atins*, etc.
Laneuvelotte, *j'ato, t'ato, l'ato, j'atin*, etc.
Landremont, *j'atais, t'atais, l'atait, j'atins*, etc.

Ces dernières formes appartiennent à des imparfaits distants.

§ II. — Ramonchamp, *i feu, té feu, è feu, nòs feurons, vòs feures, è feuront*.

Ventron, *i feu, té feu, è feu, nos feute, vos feute, è feustent*.

Pierre-la-Treiche, *je feu, te feu, i feu, je feins, vos feutes, i feurtent*.

Ban-sur-Meurthe, *dje feré, te feré, é feré, dje fero, vos feronne, è feronne*.

Les formes *feuchte, feuhhe, feuhh, fusse, fihhe, feute*, proviennent de la seconde personne latine *fuistis*, qui a donné au vieux français : *fuistes, fustes*.

Les formes *fire, feurons, feures, ferons, frons, feronne*, proviennent de la troisième personne latine : *fuérunt*.

Les formes *fêne, feins, fons, fiins* proviennent de la première personne latine : *fúimus*.

CHAPITRE V

LE PASSÉ INDÉFINI.

Ce temps est formé du présent de l'indicatif du verbe « avoir » et du participe passé du verbe « être ».

Dans quelques patois de l'arrondissement de Neufchâteau, le participe passé du verbe « avoir » se substitue à celui du verbe « être ». Ex.: Vouxey, *j'â ƶeuil* j'ai été, j'ai eu.

Il en est ainsi à Autigny, Pargny, Landaville et Circourt.

CHAPITRE VI

LES AUTRES TEMPS COMPOSÉS DE L'INDICATIF.

Section I

Le futur antérieur.

Ce temps fait défaut dans la commune de Raon-sur-Plaine, où il est suppléé par le conditionnel passé.

Dans les communes de Vouxey et de Landaville, le participe passé du verbe « avoir » tient la place de celui du verbe « être ». Ex. : *j'érâ ʒeuil* j'aurai eu, *je serâ ʒeuil* j'aurai été.

A Circourt, on dit indifféremment : *j'èra ʒeuil* j'aurai eu, j'aurai été.

A Pargny, on conjugue le futur antérieur des trois manières qui suivent : 1° *je sera ʒeuil, te seré ʒeuil,* etc. ; 2° *j'èra ʒeuil, t'èré ʒeuil,* etc. ; 3° *je su ʒeuil, te su ʒeuil, i su ʒeuil,* etc.

Section II

Le plus-que-parfait.

Dans un certain nombre de communes, notamment au Tholy, on distingue le plus-que-parfait prochain du plus-que-parfait distant. Ex. : *j'ovouèʒeur tu* et *j'ovouè tu*.

Le plus-que-parfait prochain est seul usité dans quelques communes, notamment au Grand-Bois.

On conjugue, à Domgermain : *j'aveuilʒôue èteu, t'aveuil èteu, l'avôt* ou *l'avôtoue èteu, j'avins èteu,* etc.

Section III

Le passé antérieur.

Ce temps manque dans les communes où le passé antérieur du verbe « avoir » fait défaut. Sa formation est irrégulière, à Vexaincourt, Vaubexy, Pierre-la-Treiche : *j'évée eutti* au lieu de *j'éveu eutti* ; *j'oye ettu* au lieu de *j'ô ettu* ; *j'euil éteue* au lieu de *j'eue éteue*.

CHAPITRE VII
LE CONDITIONNEL.

Section I
Le Présent.

La conjugaison est rigoureusement biflexionnelle dans les communes qui suivent :

Le Tholy, Deycimont, Lemainville, Hoéville, *jé s'rau, té s'rau, è s'rau, jé s'rins, vos s'rins. è s'rint.*

Docelles, Ortoncourt, Chatel, Mazelay, Sanchey, Attigny, Lignéville, Bulgnéville, Courbessaux, Art-sur-Meurthe, Custines, *je s'rô, te s'rô, i s'rô, je s'rins*, etc.

Leintrey, *je serô, te serô, i serô, je serîne*, etc.

Saales, La Baffe, Badménil, Haillainville, Gircourt, Rugney, Serres, Laneuvelotte, Ménil, Saint-Vallier, Gelvécourt, Légeville, Charmois-l'Orgueilleux, *je s'ro, te s'ro, i s'ro, je s'rins*, etc.

Houécourt, Vittel, *je serôe, te serôe, i serôe, je serins.*

Moyen, *jé seroa, té seroa, i seroa, nos seroaïe*, etc.

Vallois, *jé sero, té sero, i sero, nos s'roïe*, etc.

Mousson, Port-sur-Seille, Thézey, *je s'reu, te s'reu, i s'reu, je s'rin*, etc.

Landremont, *je s'roôu, te s'roôu, i s'roôu. je s'rins*, etc.

Vexaincourt, Luvigny, Celles, Raon-sur-Plaine, Cirey, Parux, Pettonville, Hablainville, Rehérey, *je s'râ, te s'râ, i s'râ, je s'rînne*, etc.

Les trois personnes du singulier n'ont point une seule et même flexion, dans les communes qui suivent :

Ban-sur-Meurthe, *dje s'raïe, te s'rau, è s'rau, dje s'rang*, etc.

Lusse, *je seraie, te sero, i sero, je seranne*, etc.

Rehaupal, *j's'reuye, t's'rau, è s'rau, j's'rins*, etc.

Champdray, *je sereuil, te sero, é sero, je serins*, etc.

Gerbépal, *je serei, tc serau, è serau, je serein*, etc.

Vomécourt, *jé s'raye, té s'râ, i s'râ, jé s'rins*, etc.

Ventron, *i s'ro, tè s'ro, è s'reu, nos s'rins, vos s'rins, è s'rotent.*

Longuet, *jè s'ròe, tè s'ròe, è s' rè, jé s'rins*, etc.

Domgermain, *j's'reuil. te s'reuil, ie serò, je s'rins, ve s'rins, ie s'rint.*

Allain, *j's'reuïe, t' s'reuïe, i s'rot, j's'rins*, etc.

Bouillonville, *je s'roïe, te s'roïe, i s'raut, je s'rins.*

Landaville, Circourt, *j'seròu, t'seròu, i s'rò, j's'rins.*

Section II
Le passé.

Le conditionnel passé est formé régulièrement dans toutes les communes autres que celles où le passé indéfini et le futur antérieur sont empruntés au verbe « avoir ».

CHAPITRE VIII
LE SUBJONCTIF.

Les soixante-neuf communes, dans les cahiers desquelles nous avons trouvé des indications suffisantes, se partagent en onze groupes, au point de vue du nombre des temps dont ce mode se compose :

Section I

Un seul temps. — Moyen, Bulgnéville, Ménil, *qué je seuhhe, qué te seuhhe*, etc.

Bulgnéville, *que je sòye, que te sòye, qu'i sòye, que je sinsse, que v'sinsse, qu'i sinsse.*

Ménil, *que je soye, que te soye, qu'i soye, que je sinsse.*

Section II

Un présent et un passé. — Ramonchamp, Vienville, Gerbépal, Ban-sur-Meurthe, Bult, Vomécourt, Ortoncourt, Gircourt, Rugney, Courbessaux, Lemainville, Allain, Houécourt, Vouxey, Circourt, Pargny, Vittel, Ligné-ville, Saint-Baslemont, Gelvécourt, Légeville, Sanchey, Docelles.

§ I. — LE PRÉSENT. — 1° Ramonchamp, *qu'i saïe, qué t'saïe, qu'e saïe, qué nos sîsse,* etc.

Vienville, *que j'saye, t'saye, è saye, j'sins,* etc.
Ban-sur-Meurthe, *que dje saïe, t'saïe, é sau, dje sang.*
Bult, Vomécourt, *qué j'saye, t'saye, i saye, j'sainse,*
Ortoncourt, *que je saïe, t'saïe, i saïe, je sinsse,* etc.

2° Deycimont { *que j'saie, t'saie, i saie, j'sinsse, os sinsse, i sinsse.*
que j'sau, t'sau, i sau, j'sin, os sin, i sin.

Gerbépal, *que je sau, te sau, é sau, j'sein,* etc.
3° Sanchey, *que je sòïe, te sòïe, i sòïe, j'sinsse,* etc.
Gircourt, Rugney, *que je soye, te soye, i soye, je seinsse,* etc.
Allain, *qu'j'soïe, t'soïe, i soïe, j'sinsse,* etc.
Gelvécourt, Légeville, Saint-Baslemont, *que j'soïe, t'soïe, e soïe, j'seinsse,* etc.
Houécourt, *que je sôeïe, t'sôeïe, i sôeïe, je sinsse,* etc.
Courbessaux, *que j'sòille, t'sòille, i sòille, j'sinhhe,* etc.
Lemainville, *que je sauye, te sauye, i sauye, je sinhe.*
Vouxey, *que j'sauille, t'sauille, i sauille, j'sinieu,* etc.
Lignéville, *que je soille, te soille, e soille, je sinse.*
4° Docelles, *qu'j'sèye, t'sèye, i sèye, j'sinnsse,* etc.
5° Saint-Vallier, *que j'sess, t'sess, i sess, j'sinss,* etc.
6° Circourt, *que j'souè, t'soue, i sauye, j'sinye,* etc.
7° Pargny, *que j'sû, t'sû, i sau, j'sinse,* etc.

§ II. — LE PASSÉ. — Le passé du subjonctif est formé régulièrement du présent du subjonctif du verbe « avoir » et du participe passé du verbe « être », dans les communes de Vienville, Gerbépal, Ban-sur-Meurthe, Vomécourt, Bult, Ortoncourt, Gircourt, Rugney, Courbessaux, Lemainville, Allain, Houécourt, Lignéville, Vittel, Saint-Baslemont, Saint-Vallier, Gelvécourt, Légeville, Sanchey.

A Ramonchamp, le passé est formé du subjonctif présent et du participe passé du verbe « être »: *qu'i saïe tu* que j'aie été.

A Vouxey, le passé est emprunté au verbe « avoir »: *que j'auille ʒeuil* que j'aie eu, que j'aie été.

A Circourt et à Pargny, on emploie concurremment un premier passé formé comme à Ramonchamp, et un second passé formé comme à Vouxey: *que j'soue ʒeuil* ou *que j'oue ʒeuil; que j'sû ʒeuil* ou *que j'û ʒeuil*. Le premier passé signifie au propre « que je sois eû ».

Section III

Un présent et un imparfait. — Art-sur-Meurthe, Laneuvelotte, Custines, Mousson.

Laneuvelotte, présent: *que je soïe, t'soïe, i soïe, j'atinse*, etc.

Imparfait: *que j'ateusse, t'ateusse, l'ateusse, j'atinse.*

Tandis que le correspondant de Laneuvelotte distingue, au moins au singulier, l'imparfait du présent, les correspondants de Mousson, de Custines et d'Art-sur-Meurthe donnent la forme *ateusse* comme équivalant à la forme *soïe*.

Mousson, *que je seue* ou *que j'ateusse, t'seue* ou *t'ateusse, i seue* ou *l'ateusse, j'atinnsse*, etc.

Custines, *que je sôïe* ou *que j'ateusse, t'sôïe* ou *t'ateusse, i sôïe* ou *l'ateusse, j'atinse*, etc.

Art-sur-Meurthe, *que j'soïe, t'soïe, l'atesse, j'atinse*, etc.

On voit que les patois de ces communes ont possédé primitivement un présent en *soïe* ou *seue* et un imparfait en *ateusse*, mais qu'à la longue, cette dernière forme a perdu plus ou moins sa fonction propre.

Section IV

Un présent et un plus-que-parfait. — Marainville, Port-sur-Seille.

Marainville, présent : *que je sôeye, t'sôeye, il sôeye, je sinye*, etc.

Plus-que-parfait : *que j'èveusse ètu, t'èveusse ètu, il òeye ètu, j'èvinsse ètu*, etc.

La troisième personne des deux nombres appartient à un ancien passé.

Port-sur-Seille, présent : *que je seuïe, t'seuïe, i seuïe, j'attinse*, etc.

Les trois personnes du pluriel appartiennent à un ancien imparfait.

Plus-que-parfait : *que j'évesse étu, t'évesse étu, l'évesse étu, j'évinsse étu*, etc.

Section V

Un imparfait et un passé. — Bouillonville.

Notte correspondant qualifie de temps présent un ancien imparfait devenu temps à deux fins.

Imparfait-présent : *que j'atis, t'atis, l'atît, j'atinsse*, etc.

Passé-plus-que-parfait : *que j'oïe ateu, t'oïe ateu, l'oïe ateu, j'avinsse ateu*, etc.

Le pluriel appartient à un ancien plus-que-parfait qui a perdu son singulier et sa fonction.

Section VI

Un imparfait et un plus-que-parfait. — Saales, Moyenmoutier, Raon-snr-Plaine, Celles, Luvigny, Vexaincourt, Lachapelle, Thiaville, Pexonne, Parux, Cirey, Hablainville, Pettonville, Rehérey, Vallois, Hoéville, Thézey, Mailly.

§ I. — L'IMPARFAIT. — 1° Mailly, Thézey, *que j'atesse, t'atesse, l'atesse, j'atinse,* etc.

Hoéville, *que j'atèhe, t'atèhe, l'atèhe, j'atinhe,* etc.

Vexaincourt, *que j'éteuhhe, t'éteuhhe, il éteuhhe, j'étinhhe,* etc.

Parux, *que j'èteuhh* ou *que j'teuhh, t'èteuhh* ou *teuhh, l'èteuhh* ou *teuhh, j'ètinhh* ou *tinhh,* etc.

Hablainville, *qué j'teuhh, t'teuhh, i teuhh, j'tinhh,* etc.

La forme *teuhh* ou *teuhe* est usitée dans les communes de Celles, Luvigny, Lachapelle, Thiaville, Rehérey, Pexonne.

Moyenmoutier, *que he teusse, t'teusse, i teusse, he tinsse,* etc.

Vallois, *qué j'fuchg, t'fuchg, i fuchg,* ou bien *qué j'seuchg, t'seuchg, i seuchg, nos seuchg,* etc.

§ II. — LE PLUS-QUE-PARFAIT. — Le plus-que-parfait est formé régulièrement de l'imparfait du subjonctif du verbe « avoir » et du participe passé du verbe « être ».

Section VII

Un présent, un imparfait et un passé. — Ventron, Rehaupal, Vaubexy.

Ventron, présent: *qu'i seu, t'seu, è seu, nos sinse, vos sinse, è seustent.*

Imparfait: *qu'i seusse, t'seusse, è seusse, nos sinsse, vos sinsse, è sistent.*

Passé: *qu'idj'aïe tu, t'aïe tu,* etc.

Rehaupal, présent: *què je sau, t'sau,* etc.

Imparfait: *què j'ferèsse, t'ferèsse, è ferèsse, j'ferinsse.*

Passé: *què j'au tu* ou *què j'aye tu, t'au tu* ou *t'aye tu,* etc.

Vaubexy, présent: *que j'soye, t'soye, i soye, j'sins.*

Imparfait: *que j'feusse, t'feusse, il feusse, j'sins,* etc.

Passé: *que j'oye éttu* ou *que j'â éttu, t'oye éttu* ou *t'é éttu, l'oye éttu* ou *il é éttu, j'insse éttu* ou *j'ons éttu, vos insse éttu* ou *vos òs éttu, il insse éttu* ou *l'ont éttu*.

Section VIII

Un présent, un imparfait et un plus-que-parfait. — Hamonville, Pierre-la-Treiche.

Hamonville, présent: *que j'soë, t'soë, i soë, j'since*.

Imparfait: *que j'sosse, t'sosse, i sosse, j'sinsse*, etc.

Plus-que-parfait: *que j'évosse étu, t'évosse étu, l'évosse étu, j'évinse étu*, etc.

Pierre-la-Treiche, présent: *que je seuie, te seue, l'ot, je sons, v'étais, i sont*.

Imparfait: *que je feusse, te feusse, i feusse, je finsse*.

Plus-que-parfait: *que j'éveusse éteu* ou *que j'euesse éteu, t'éveusse éteu* ou *t'euesse éteu, l'éveusse éteu* ou *l'euesse éteu, j'évinnsse éteu* ou *j'insse éteu*, etc.

Section IX

Un présent, un passé et un plus-que-parfait. — Longuet, Sainte-Barbe.

Longuet, présent: *qué j'saïe, t'saïe, è saïe, j'sinnss*.

Passé: *qué j'aïe tu, t'aïe tu, l'aïe tu, j'innss tu*, etc.

Plus-que-parfait: *qu'j'èveuss tu, t'èveuss tu, l'èveuss tu, j'èvinnss tu*, etc.

Sainte-Barbe, présent: *qué jé sée, t'séc. i sée, jé sée*.

Passé: *qué j'ée tu, t'ée tu, l'ée tu, j'ée tu*, etc.

Plus-que-parfait: *qué j'èveusse tu, t'èveusse tu, l'èveuss tu, j'èveusse tu*, etc.

Section X

Un imparfait, un passé et un plus-que-parfait. — Lusse.

Imparfait: *que je feusse. te feusse, i feusse, je feinse*.

Passé: *que j'ai estu, t'ai estu, il ai estu, j'osse estu*.

Plus-que-parfait: *que j'ôsse estu, t'ôsse estu, il ôsse estu, j'onse estu*, etc.

Section XI

Un présent, un imparfait, un passé et un plus-que-parfait. — Le Tholy, Deycimont, Mandray, Badménil-aux-Bois, Mazelay, Attigny, Domgermain, Landremont, Leintrey.

Le Tholy, présent: *qué j'sau, t'sau, é sau, j'sins*. etc.
Imparfait: *qué j'sauïe, t'sauïe, é sauïe, j'sinses*, etc.
Passé: *qué j'au tu, t'au tu, él au tu, j'ins tu*, etc.
Plus-que-parfait: *qué j'auïe tu, t'auïe tu, él auïe tu, j'inses tu*. etc.

Deycimont, présent: *que j'sau* ou *que j'saie, t'sau* ou *t'saie, i sau* ou *i saie, j'sin* ou *j'sinsse*, etc.
Imparfait: *que j'saiesse, t'saiesse, i saiesse, j'saieinse*. On dit aussi *que j'feusse, t'feusse*, etc.
Passé; *que j'au tu* ou *que j'aie tu, t'au tu* ou *t'aie tu*, etc.
Plus-que-parfait: *qu'j'ovoueusse tu* ou *qu'j'aiesse tu, t'ovoueusse tu* ou *t'aiesse tu*, etc.

Mandray, présent : *que j'soonce, t'soonce, i soonce, j'saince, vos saince, i saince.*
Imparfait: *que j'feusse, t'feusse, i feusse, j'faince*, etc.
Passé : *que jg'ê stut, t'et estut, il et estut, jg'aince estut*, etc.
Plus-que-parfait : *que jg'oonce estut, t'oonce estut, il oonce estut, jg'aince estut.*

Badménil-aux-Bois, Présent : *que je sai, t'sai, il saí, j'sinn*, etc.
Imparfait : *que je feusse, t'feusse, il feusse, j'sinn*, etc.
Passé : *que j'a tu, t'é tu, il ait tu, j'sinn tu, vos sinn tu, il aient tu.*
Plus-que-parfait : *que je feusse, t'feusse, il' feusse, j'inn tu*, etc.

Ce dernier temps est formé, au singulier d'un imparfait, au pluriel d'un passé.

Mazelay, présent : *que j'sôye, t'sôye, il sôye, j'sinss'*.
Imparfait : *que j'feuss', t'feuss', i feut, j'sinss'*, etc.
Passé : *que j'ôye t'tu, t'ôye t'tu, il ôye t'tu, j'inss't'tu*.
Plus-que-parfait : *que j'èveuss' t'tu, t'èveuss' t'tu, il èveuss' t'tu, j'èvinss' t'tu*.

Attigny, présent : *que j'sôïe, t'sôïe, é sôïe, j'soïinsse*, etc.
Imparfait : *que j'soïeusse, t'soïeusse, é soïeut, j'soïinsse*.
Passé : *que j'ôsse ètu, t'ôsse ètu, l'ôïe ètu, j'inye ètu*.
Plus-que-parfait : *que j'èveusse ètu, t'èveusse ètu, él èveut ètu, j'èvinsse ètu*, etc.

Domgermain, présent : *que j'sôie, t'sôie, il sô, j'sinsse*.
Imparfait : *que j'ateusse, t'ateusse, l'ateusse, j'atinsse*.
Passé : *que j'ô èteu, t'ô èteu, l'ô èteu, j'insse èteu*, etc.
Plus-que-parfait : *que j'aveusse èteu, t'aveusse èteu*, etc.

Landremont, présent : *que j'sôouïe, t'sôouïe, i soôuïe, j'sain'ïe*, etc.
Imparfait : *que j'atesse, t'atesse, l'atesse, j'atinsse,* etc.
Passé : *que j'aïe ètu, t'aïe ètu, l'aïe ètu, j'ain'ïe ètu*.
Plus-que-parfait : *que j'èvesse ètu, t'èvesse ètu, l'èvesse ètu, j'èvinsse ètu,* etc.

Leintrey, présent : *que je séïe, te séïe, i séïe, je sinh'*.
Imparfait : *que j'ateuh', t'ateuh', l'ateuh', j'atinh'*, etc.
Passé : *que j'aie ètti, t'aie ètti, l'aie ètti, j'inh' ètti* etc.
Plus-que-parfait : *que j'aveuh' ètti, t'aveuh' ètti, l'aveuh' ètti, j'avinh' ètti,* etc.

Les formes patoises du présent : *soye, sôye, sòïe, sauye, soille, sôeye, soôuïe, soue, soë, sau, saye, séïe, sèye, sai, seu, sû*, proviennent, comme les anciennes formes françaises *soïe, seïe*, non du latin littéraire *sim*, mais, ainsi que Chavée l'a indiqué, d'accord en cela avec M. Brachet, du latin rustique *siem* ou *siam*.

Du plus-que-parfait latin : *fuissem, fuisses, fuisset, fuissémus, fuissétis, fuissent*, le vieux français a fait l'imparfait : *(que je) fuisse, fuisses, fuist, fuissiemes, fuissies, fuissent*, lequel est devenu : (que je) *fusse, fusses, fût*, etc. Quelques-uns de nos patois ont pareillement tiré de *fuissem* un imparfait *(feusse*, à Mandray, Lusse, Badménil, Mazelay, Vaubexy, Pierre-la-Treiche ; *fuchg*, à Vallois). Mais dans le plus grand nombre des dialectes, d'autres formes ont pris la place du plus-que-parfait latin.

1º Du présent et du latin *essem*, le patois de Deycimont a fait *saï-esse*, celui d'Attigny, *soï-eusse*.

La même combinaison a produit *so-once* à Mandray, *so-sse* à Hamonville, *se-ss* à Saint-Vallier, *seu-chg* à Vallois, *seu-hhe* à Moyen et à Raon-sur-Plaine.

2º Sur la rive droite de la Meurthe et de la Moselle, dans les communes de Celles, Luvigny, Vexaincourt, Parux, Hablainville, Rehérey, Pexonne, Leintrey, Hoéville, Art-sur-Meurthe, Laneuvelotte, Custines, Landremont, Mousson, Thézey, ainsi que dans les communes de Lachapelle, Thiaville et Bouillonville, le latin *essem* a été suffixé au thème de l'imparfait : *at-*, *ét-*. Ex. : *at-eusse*, à Laneuvelotte, *at-èhe*, à Hoéville, *ét-euhhe*, à Vexaincourt, *at-is*, à Bouillonville.

3º Au Tholy, la forme *sauïe* a été affectée à l'imparfait, tandis que la forme *sau* l'a été au présent.

CHAPITRE IX

L'IMPÉRATIF.

Le verbe « être » n'a point d'impératif qui lui soit propre. On emploie, pour commander ou pour prier, soit l'un des temps du subjonctif, soit des périphrases dans le genre de celle qui est indiquée par notre correspondant de Bouillonville : *tâche d'ête*.

CHAPITRE X
LE PARTICIPE PRÉSENT.

J'ai noté: *tant,* au Longuet; *etant,* à Vallois; *atant,* à Einville, Art-sur-Meurthe, Landremont, Bouillonville; *atont,* à Domgermain.

CHAPITRE XI
LE PARTICIPE PASSÉ.

Ce temps revêt sept formes différentes :
1° *Essetu,* Saales; *estut, stut,* Mandray, Gerbépal, Saint-Blaise-la-Roche.
2° *Ètu,* Grand-Bois, Chatel, Marainville, Gircourt, Ortoncourt; *étu,* Lachapelle, Thiaville, Lemainville, Crevic, Mailly, etc.
Ettu, Moyenmoutier, Saint-Vallier, Rugney, etc.
3° *Ttu, t'tu,* Mazelay, Haillainville, Vallois, Courbessaux, etc.
Tu, Ventron, Vagney, Le Tholy, Longuet, Vienville, Bult, Vomécourt, etc.
4° *Ètti,* Hablainville, Pettonville, Leintrey ; *eutti,* Pexonne.
5° *Tti,* Raon-sur-Plaine, Vexaincourt, Luvigny, Celles, Rehérey.
6° *Ateu,* Bouillonville ; *éteue,* Pierre-la-Treiche ; *aiteu,* Allain ; *èteu,* Domgermain.
7° *Teuye,* Bulgnéville.

CHAPITRE XII
L'INFINITIF.

L'infinitif revêt les formes suivantes :
1° *Éte,* Docelles ; *ête,* Saint-Vallier ; *ete,* Vallois ; *aite,* Courbessaux ; *aique,* Rehérey.
2° *Iête,* Vouxey ; *iète,* Lemainville ; *iète* Leintrey; *iaite,* Allain.

LIVRE X

LES VERBES ATTRIBUTIFS

CHAPITRE Ier

LES CONJUGAISONS.

Section I

Patois des vallées de la Moselotte et de la Moselle.

Melle Justine Houberdon distingue, dans les patois des vallées de la Moselotte et de la Moselle (La Bresse, Ventron, Saulxures, Vagney, Ramonchamp, Rupt, etc.), deux conjugaisons comprenant — la première, les verbes qui se terminent à l'infinitif en *a, è, é, i, ié, ïé ;* — la seconde, les verbes qui se terminent à l'infinitif par un *e* muet précédé d'une consonne : *de, te, se, re.*

§ I. — Comparée à la classification quaternaire de la Grammaire française, cette division donne les résultats suivants.

A. — Font partie de la première conjugaison patoise :

1º Tous les verbes qui, en français, appartiennent à la première conjugaison. Ex. : *pouta* porter, *ehhta* acheter, *trova* trouver, *d'na* donner, *dota* craindre, *errosa* arroser ; *félè* filer, *breulè* brûler, *s'èmusè* s'amuser, *boûgé* bouger, *héyé* haïr, *èraché* arracher ; *dansié* danser, *hhauffié* chauffer, *chèssié* chasser, *pincié* pincer ; *bèïé* donner, *bouaüïé* bâiller ; *mouauniïé* manier.

2º Une partie des verbes qui, en français, appartiennent à la seconde conjugaison. Ex. : *dremi* dormir, *pèti* partir, *bianché* blanchir, *voihhié*, verdir, *èrondié* arrondir, *véti* vêtir, *veni* venir, *teni* tenir.

3° Un très-petit nombre des verbes qui, en français, appartiennent, soit à la troisième, soit à la quatrième conjugaison. Ex. : *douè* devoir, *teintè* teindre, *viquè* vivre.

B. — Font partie de la deuxième conjugaison patoise :

1° La majeure partie des verbes qui, en français, appartiennent, soit à la troisième, soit à la quatrième conjugaison. Ex. : *s'èhhère* s'asseoir, *reçure* recevoir, *boère* boire, *tonde* tondre, *vaure* valoir, *couse* coudre, *vaude* vendre, *hhtrode* étreindre, *crère* croire.

2° Une partie des verbes qui, en français, appartiennent à la deuxième conjugaison. Ex. : *couore* courir, *punire* punir.

§ II. — Ces deux conjugaisons présentent la double différence qui suit :

1° A la deuxième et à la troisième personnes singulier du présent de l'indicatif, les verbes de la seconde conjugaison comptent une syllabe de moins qu'aux autres personnes du même temps, tandis que dans la première conjugaison, le nombre des syllabes demeure invariable.

2° La consonne initiale de la dernière syllabe de l'infinitif est remplacée par une autre consonne dans le plus grand nombre des temps de certains verbes de la seconde conjugaison, tandis que le thème de tous les verbes de la première conjugaison demeure immuable.

§ III. — Le présent de l'indicatif se conjugue ainsi qu'il suit :

PREMIÈRE CONJUGAISON.

I chantè, té chante, è chante, nos chantos, vos chantis, è chantot.

I dotè, té dote, è dote, nos dotos, vos dotis, è dotot.

I dremè, té dreme, è dreme, nos dremos, vos dremis, è dremot.

I dansiè, té danse, è danse, nos dansios, vos dansiis, è dansiot.

SECONDE CONJUGAISON.

I reçuvè, té reçu, è reçu, nos reçuvos, vos reçuvis, è reçuvot,

I punissiè, té puni, è puni, nos punissios, vos punissiïs, è punissiot.

I cousè, té cou, è cou, nos cousos, vos cousis, è cousot.

I tondè, té ton, è ton, nos tondos, vos tondis, è tondot.

On voit que *r,* consonne initiale de la dernière syllabe, dans *reçure, punire,* est remplacée par *v, ss,* à la première personne du singulier, ainsi qu'aux trois personnes du pluriel.

La mutation d'une consonne thématique me paraît être un phénomène assez important pour qu'il y ait lieu de modifier la division proposée par Melle Houberdon et de répartir les verbes des patois de la Moselotte et de la Moselle entre trois conjugaisons, caractérisées ainsi qu'il suit :

Première conj. — Immuabilité du thème et invariabilité du nombre des syllabes. Ex. : *chantè* chanter.

Deuxième conj. — Immuabilité du thème et perte d'une syllabe. Ex. : *tonde* tondre.

Troisième conj.— Perte d'une syllabe et mutation de la dernière consonne thématique. Ex.: *reçure* recevoir.

Section II
Patois de la vallée de Cleurie.

Melle Justine Houberdon distingue également, dans les patois de la vallée de Cleurie, deux conjugaisons comprenant : — la première, les verbes qui se terminent à l'infinitif en *è, i, ï, ie ;* — la seconde, les verbes qui se terminent à l'infinitif par un *e* muet précédé d'une consonne : *de, te, se, re.*

§ I. — A. — Font partie de la première conjugaison patoise :

1° Tous les verbes qui, en français, appartiennent à la

première conjugaison. Ex. : *potè* porter, *èch'tè* acheter, *trevè* trouver, *dotè* craindre, *èrosè* arroser, *filè* filer, *brelè* bruler, *s'èmusè* s'amuser ; *bougi* bouger, *dansi* danser, *èrèchi* arracher, *hhauffi* chauffer, *chèssi* chasser, *pinci* pincer ; *bëï* donner, *baüï* bailler ; *maunie* manier, *coquelie* chatouiller.

2° Une partie des verbes qui, en français, appartiennent à la seconde conjugaison. Ex. : *dremi* dormir, *pouèti* partir, *v'ti* vêtir, *v'ni* venir, *bianchi* blanchir ; *vòhhie* verdir, *èrondie* arrondir.

3° Un très-petit nombre de verbes qui, en français, appartiennent soit à la troisième, soit à la quatrième conjugaison.

B. — Font partie de la seconde conjugaison patoise :

1° La majeure partie des verbes qui, en français, appartiennent soit à la troisième, soit à la quatrième conjugaison. Ex.: *porvâre* pourvoir, *tonde* tondre, *cose* coudre, *vode* vendre, *boure* boire.

2° Une partie des verbes qui, en français, appartiennent à la deuxième conjugaison. Ex.: *core* courir, *punire* punir, *finire* finir, *dovouère* ouvrir.

§ II. — Ces deux conjugaisons présentent la double différence qui suit :

1° Aux trois personnes du singulier du présent de l'indicatif, les verbes de la seconde conjugaison comptent une syllabe de moins qu'aux trois personnes du pluriel, tandis que dans la première conjugaison, le nombre des syllabes demeure invariable.

2° La consonne initiale de la dernière syllabe de l'infinitif est remplacée par une autre consonne dans le plus grand nombre des temps de certains verbes de la seconde conjugaison, tandis que le thème de tous les verbes de la première conjugaison est immuable.

§ III. — Le présent de l'indicatif se conjugue ainsi qu'il suit :

PREMIÈRE CONJUGAISON.

Jé chante, té chante, é chante, jé chantos, vos chantès, é chantot.

Jé dote, té dote, é dote, j'dotos, vos dotès, é dotot.
Jé dreme, te dreme, é dreme, jé dremos, vos dremès, é dremot.

Jé danse, té danse, é danse, j'dansos, vos dansès, é dansot.

SECONDE CONJUGAISON.

Jè puni, té puni, è puni, jé punissos, vos punissès, é punissot.

Jé cou, té cou, é cou, jè cousos, vos cousès, é cousot.
Jé ton, té ton, é ton, jé tondos, vos tondès, é tondot.
Jé co, té co, é co, jé coros, vos corès, é corot.

Ce que j'ai dit plus haut, au sujet de la division binaire des conjugaisons, est applicable aux patois de la vallée de Cleurie.

Section III

Les conjugaisons de la vallée de Cleurie correspondent exactement à celles des vallées de la Moselotte et de la Haute-Moselle. Ce sont les mêmes moules, les mêmes catégories. Seulement il y a, entre les deux régions, des différences dialectales,

PREMIÈRE CONJUGAISON.

Les désinences de l'infinitif varient d'une région à l'autre. Moselotte et Haute-Moselle, *pouta, trova, dota, boûgé, èraché, hhauffié, dansié, bouauïé, bianché, voihhié.* Cleurie, *potè, trevè, dotè, bougi, èrèchi, hhauffi, dansi, bauïi, bianchi, vohhie.*

Il en est de même des désinences de la première personne du singulier et de celles de la deuxième personne du pluriel. Moselotte et Haute-Moselle, *i chantè, vos chantis.* Cleurie, *jé chante, vos chantès.*

SECONDE CONJUGAISON.

Le thême de la première personne du singulier est identique au thême des trois personnes du pluriel dans les vallées de la Moselotte et de la Haute-Moselle, et à celui des deux autres personnes du singulier dans la vallée de Cleurie. Moselotte et Haute-Moselle, *i punissié, té puni, è puni, nos punissios*, etc. Cleurie, *jé puni, té puni, è puni, jé punissos*, etc.

Les désinences de la première personne du singulier et de la seconde personne du pluriel, différent d'une région à l'autre. Moselotte et Haute-Moselle, *i tondè, vos tondis*. Cleurie, *jé ton, vos tondès*.

Section IV

On retrouve, dans un grand nombre de nos patois, les deux conjugaisons de la vallée de Cleurie, avec des variations dialectales dans les désinences.

Vienville, *je chante, te chante, è chante, je chantos, vos chantès, è chantot*.

J'voue (je vois), *te voue, è voue, j'voyos, vos voyès, è voyot*.

Champdray, *je chante, te chante, é chante, je chantos, vos chantès, é chantot*.

Je bét, te bét, é bét, je béttos, vos béttès, é béttot.

Docelles, *j'aime, t'aime, il aime, j'aimos, vos aimès, il aimont*.

Je voû, te voû, i voû, je voyos, vos voyès, i voyont.

Ban-sur-Meurthe, *dje prake* (je parle), *te prake, é prake, dje prakang, vos prakès, é prakat*.

Dje bét, te bét, é bét, dje béttas, vos béttès, é béttat.

Saales, *je minge, te minge, i minge, je mingeons, vos mingis, i mingeont*.

Je m'éda (je m'endors), *te t'éda, i s'éda, je nos édeurmons, vos vos édeurmis, i s'édeurmont*.

Provenchères, *je poute, te poute, i poute, je poutons, vos poutis, i poutont*.

Je bét, te bét, i bét, je béttons, vos béttis, i béttont.

Vexaincourt, *je mainge, te mainge, i mainge, je maingeons, vos maingès, i maingeont.*

Je vond, te vond, i vond, je vondons, vòs vondès, i vondont.

Rehérey, *je pâle, te pâle, i pâle, je pâlons, vos pâlès, i pâlont.*

Je prend, te prend, i prend, je peurnons, vos peurnès, i peurnont.

Hablainville, *je rouâte* (je regarde), *te rouâte, i rouâte, je rouâtions, vos rouatiès, i rouâtiont.*

Je bét, te bét, i bét, je béttons, vos bèttès, i béttont.

Vallois, *j'blesse, t'blesse, i blesse, je blessos, vos blessez, i blessont.*

J'm'erpo (je me repents), *te t'erpo, i s'erpo, nos nos repotos, vos vos repotez, i s'erpotont.*

Anthelupt, *jè minge, tè minge, i mínge, jè mingeans, vos mingeôs, î mingeont.*

Jè bét, tè bét, i bét, jè béttans, vos béttôs, i béttont.

Sommerviller, *je mainge, te mainge, i mainge, je maingeas, vos maingez, i maingeont.*

Je crau (je crois), *te crau, i crau, je crayas, vos crayez, i crayont.*

Einville, *je framme* (je ferme), *te framme, i framme, je frammans, vos frammos, i frammont.*

Je di (je dis) *te di, i di, j'dehans, v'dehos, i dehont.*

Serres, *je cohe* (j'écorche), *te cohe, i cohe, je cohons, vos cohez, i cohont.*

Je k'na (je connais), *te k'na, i k'na, je k'nahons, vos k'nahez, i k'nahont.*

Moivrons, *je minge, te minge, i minge, je mingeans, vos minjoês, i mingent.*

Je voi, te voi, i voi, je voyans, vos voyoês, i voyent.

Landremont, *je handele* (je balaie), *te handele, i handele, je handelans, ve handeloòus i handelent.*

Je mat (je mets), te mat, i mat, je mattans, ve mattoòus, i mattent.

Domgermain, j'eilme (j'aime), t'eilme, l'eilme, j'eilmans, v'eilmòs, l'eilmant.

J'pâ (je perds), t'pâ, ie pâ, j'pâdans, v'pâdòs, ie pâdant.

Allain, je chante, te chante, i chante, je chantons, ve chantez, i chantont.

Je r'ceu (je reçois), te r'ceu, i r'ceu, je r'cevons, vos r'cevez, i r'cevont.

Bulgnéville, je pâle, te pâle, i pâle, je pâlons, ve pâlez, i pâlont.

Je keneu (je connais), te keneu, i keneu, je kenechons, ve kenechez, i kenechont.

Ménil, j'éme, t'éme, l'éme, j'émos, v'émès, l'émont.

Je keneu, te keneu, i keneu, je kenechos, vos kenechès, i kenechot.

Marainville, je minge, te minge, i minge, je mingeas, vos mingis, i mingeat.

Je voi, te voi, i voi, je voyas, vos voyis, i voyat.

Ahéville, je còpe, te còpe, i còpe, je còpas, vos còpez, i còpat.

Je voi, te voi, i voi, je voyas, vos voyez, i voyat.

Gelvécourt, j'aime, t'aime, l'aime, j'aimos, vos aimez, l'aimot.

Je bèt, te bèt, e bèt, j'bèttos, vos bèttez, e bèttot.

Chatel, j'éme, t'éme, l'éme, nos émons, vos émet, l'émont.

J'lé (je lis), t'lé, i lé, nos léhons, vos léhet, i léhont.

Mazelay, j'éme, t'éme, il éme, j'émons, vos émet, l'émont.

Je bét, te bét, i bét, je béttons, vos béttet, i béttont.

Sanchey, jé chante, té chante, i chante, jé chantons, vos chantès, i chantont.

Jé voi, té voi, i voi, jé voyons, vos voyès, i voyont.

Sainte-Barbe, jé minge, té minge, i minge, jé mingeons, vos mingès, i mingeont.

Jé voi, té voi, i voi, jé voyons, vos voyès, i voyont.

Deycimont, *j'breule, t'breule, i breule, j'breulos, vos breulès, i breulot.*

Je voue, te voue, i voue, j'voyos, vos voyès, i voyot.

La division binaire, indiquée par M*lle* Houberdon, n'est autre chose que « la véritable classification naturelle des verbes en verbes forts et en verbes faibles (1) » les premiers correspondant aux verbes latins qui portent l'accent tonique sur le radical c'est-à-dire sur l'antépénultième, les seconds correspondant aux verbes latins qui portent l'accent tonique sur la terminaison c'est-à-dire sur la pénultième (verbe fort, *recípere* recevoir ; verbe faible, *tenére* tenir). Si, en effet, on dresse la liste des verbes qui ont servi d'exemple, dans ce chapitre, en faisant suivre chacun d'eux du verbe latin auquel il correspond, il se trouve que, sauf un petit nombre d'exceptions, les verbes de la première conjugaison patoise sont issus de verbes faibles, ceux de la seconde de verbes forts.

Première conjugaison. — *Potè* portáre, *èch'tè* accaptáre, *trevè* turbáre, *d'na* donáre, *dota* dubitáre, *errosa* adroráre, *filè* filáre, *brelè* perustuláre, *bougi* bullicáre, *èrèchi* eradicáre, *hhauffi* calefáre (pour calefácere), *chèssi* captiáre, *baüi* badaculáre, *bèïé* bajuláre, *mouaunié* manicáre, *coquelie* catulliáre, *chanté* cantáre, *émè* amáre, *prakè* prœdicáre, *mingi* manducáre, *pâlé* paraboláre, *framé* firmáre, *cohi* excorticáre, *côpè* colpáre, *dremi* dormíre, *pouèti* partíri, *v'ti* vestíre, *veni* veníre, *teni* tenére, *douè* debére.

Teintè et *viquè*, qui correspondent aux verbes forts *tíngere* et *vívere*, appartiennent cependant à la première conjugaison.

Seconde conjugaison. — *S'èhhère* assídere, *reçure* recí-

---

(1) A. BRACHET, *Grammaire historique de la langue française*, p. 189.

pere, *boére* bíbere, *couse* consúere, *vaude* véndere, *hhtrode* stríngere, *crère* crédere, *couore* cúrrere, *dovouère* de-apérire, *lère* légere, *fàre* fácere, *dère* dícere, *bétte* batúere, *matte* míttere, *penre* préndere, *k'nohe* cognóscere, *pède* pérdere, *rode* réddere.

La seconde conjugaison comprend néanmoins quelques verbes correspondant à des verbes faibles : *vaure* valére, *punire* puníre, *finire* finíre, *voir* vidére, *tonde* tondére.

Je ferai remarquer à ce sujet : 1° qu'en français, « valoir » et « voir » sont des verbes irréguliers ; 2° que « punir » et « finir » sont des verbes inchoatifs et que tous les verbes latins inchoatifs sont des verbes forts ; 3° que « tondre » appartient à la quatrième conjugaison, laquelle correspond à la conjugaison forte des latins, parce que *tondére* a été accentué à tort : *toǹdere* (1).

Que conclure de cet accord entre la distinction latine des verbes forts et des verbes faibles et la classification binaire des conjugaisons dans les patois lorrains, sinon que ces patois ont suivi le latin de plus près que ne l'a fait la langue littéraire, et aussi qu'il conviendrait d'appliquer enfin aux verbes français une classification qui présente le double avantage d'être scientifique et simple.

CHAPITRE II

LE PRESENT DE L'INDICATIF.

§ I. — La première personne du singulier se termine :

1° En -*e*, dans toutes les communes autres que celles qui appartiennent à la région de la Moselotte et de la Haute-Moselle (première conjugaison).

---

(1) Voir A. BRACHET, *Grammaire historique de la langue française*, p. 202 et 203.

2° En -*è*, dans les communes de cette région (première et deuxième conjugaison.)

3° En -*a*, dans le patois du Val-d'Ajol, où l'on dit : *i chanta* je chante.

§ II. — La seconde et la troisième personnes du singulier se terminent en -*e*, dans toutes les communes des deux départements (première conjugaison).

§ III. — La première personne du pluriel se termine :

1° En -*as*, dans les communes de Rupt, Marainville, Ahéville, Gircourt, Rugney, Lalœuf, Affracourt, Lemainville, Sommerviller.

2° En -*ang*, -*as*, à Ban-sur-Meurthe.

3° En -*ans*, dans les communes de Domgermain, Battigny, Anthelupt, Courbessaux, Einville, Laneuvelotte, Art-sur-Meurthe, Custines, Moivrons, Landremont, Mousson, Port-sur-Seille, Mailly, Thézey.

4° En -*os*, dans les communes de Ramonchamp, Ventron, Saulxures, Saint-Amé, La Bresse, Gérardmer, Le Tholy, Champdray, Rehaupal, Vienville, Deycimont, Grandvillers, Docelles, Charmois-l'Orgueilleux, Longuet, Grand-Bois, Attigny, Saint-Baslemont, Lignéville, Vittel, Bulgnéville, Houécourt, Vouxey, Menil, Vaubexy, Bainville, Légeville, Gelvécourt, Moyen, Vallois, Aboncourt, Bouillonville.

5° En -*ons*, dans les communes de Mandray, Lusse, Provenchères, Saales, Moyenmoutier, Saint-Blaise-la-Roche, Luvigny, Vexaincourt, Celles, Lachapelle, Thiaville, Pexonne, Badonviller, Rehérey, Hablainville, Pettonville, Verdenal, Serres, Pierre-la-Treiche, Vannes-le-Chatel, Allain, Vandeléville, Autigny-la-Tour, Pargny, Trampot, Circourt, Landaville, Hennezel, Sanchey, Mazelay, Chatel, Haillainville, Saint-Pierremont, Sainte-Barbe, Vomécourt, Bult, Ortoncourt, Rouges-Eaux.

§ IV. — La seconde personne du pluriel se termine :

1° En -*eus*, dans les communes de Thézey, Port-sur-Seille, Mousson; en -*ôes*, à Moivrons.

2° En -*òous*, à Landremont.

3° En -*ôs*, -*aus*, dans les communes de Battigny, Domgermain, Anthelupt, Courbessaux, Einville, Laneuvelotte, Art-sur-Meurthe, Custines.

4° En -*is*, dans les communes de Ramonchamp, Ventron, La Bresse, Saulxures, Vagney, Saint-Amé, Ban-sur-Meurthe, Mandray, Provenchères, Saales, Saint-Blaise-la-Roche, Marainville, Rugney, Affracourt, Sommerviller.

5° En -*ès*, -*eẓ*, -*et*, -*ais*, dans les autres communes.

§ V. — La troisième personne du pluriel se termine:

1° En -*tent*, à Ventron, La Bresse.

2° En -*at*, à Ban-sur-Meurthe, Ahéville, Gircourt, Rugney, Marainville.

3° En -*ant*, à Domgermain.

4° En -*ent*, dans les communes de Bouillonville, Mousson, Thézey, Landremont, Moivrons, Battigny.

5° En -*ot*, dans les communes de Ramonchamp, Saulxures, Vagney, Gérardmer, Le Tholy, Rehaupal, Champdray, Vienville, Deycimont, Docelles, Grandvillers, Bult, Vomécourt, Charmois-l'Orgueilleux, Longuet, Grand-Bois, Gelvécourt, Légeville, Bainville, Vaubexy, Lignéville.

6° En -*ont*, dans les autres communes.

CHAPITRE III

LE FUTUR.

Bien que la désinence caractéristique de l'infinitif des verbes de la première conjugaison et d'une partie de ceux de la deuxième ait été apocopée dans les patois lorrains, le futur s'y forme néanmoins, comme en fran-

çais, par la snffixation du présent de l'indicatif du verbe
« avoir » à l'infinitif terminé en *-r, -re.* Ex.: à Vagney,
chanta chanter, *i chanterâ, te chanteré, è chanteré, nos
chanterons, vos chanterès, i chanteront.*

CHAPITRE IV

L'IMPARFAIT

Section I
Les deux temps.

L'imparfait distant et l'imparfait prochain coexistent dans les communes qui suivent:

IMPARFAIT DISTANT.

La Bresse, *i tchantéïe, té tchantéïe, è tchanti, nos tchantins,* etc.

Ventron, *i vallée, té vallée, è valli, nos vallins, vos vallins, è valléetent.*

Saulxures, *i chantéïe, té chantéïe, è chanti, nos chantin,* etc.

Saint-Amé, Vagney, *jé chantéïe, té chantéïe, è chanteïe, jé chantins,* etc.

Le Tholy, Gérardmer, *jé chantè, té chantè, é chantè, jé chantins,* etc.

Saint-Étienne, *djé corè, te corè, é corè, djé corinn.*

Gerbépal, *dje corè, te corè, é corè, dje corein,* etc.

Deycimont, *j'breulè, t'breulè, i breulè, j'breulin,* etc.

Allain, *j'chanteüie, t'chanteüie, i chantau, j'chantins.*

IMPARFAIT PROCHAIN.

La Bresse, *i tchantéor, té tchantéor, è tchantéor, nos tchantinor, vos tchantinor, è tchantêtor.*

Ventron, *i valléeor, té vallée-ʒ-or, è valli-t-or, nos vallinʒor, vos vallinʒor, è valléet-or.*

Saulxures, *i chantor, té chantor, è chantor, nos chantinor*, etc.

Saint-Amé, Vagney, *jé chantézor, té chantézor, è chantézor, jé chantinzor*, etc.

Le Tholy, Gérardmer, *jé chantèzeur, té chantèzeur, é chantèzeur, jé chantinzeur*, etc.

Saint-Etienne, *djé corèzau, té corèzau, é corèzau, djé corinnzau*, etc.

Gerbépal, *dje corèzeur, te corèzeur, é corèzeur, dje coreinzeur*, etc.

Deycimont, *j'breuleïezo, t'breuleïezo, i breuleïezo, j'breulinzo*, etc.

Allain, *j'chanteuïezô, t'chanteuïezô, i chantauzô, j'chantinzô*, etc.

Les deux temps sont usités à Rupt. Voir Introduction, p. XL.

Section II

La forme *prochaine* a supplanté la forme *distante*, dans les communes qui suivent :

Moyenmoutier, *he fimor* (je fumais), *te fimor, i fimor, he fiménor*, etc.

Raon-sur-Plaine, *je chantor, te chantor, i chantor, je chantinor*, etc.

Celles, *je rouâtor, te rouâtor, i rouâtor, je rouâtinnor*.

Luvigny, *je fromor, te fromor, i fromor, je frominor*.

Vexaincourt, *je maingeor, te maingeor, i maingeor, je maingînor*, etc.

Rouges-Eaux, *je piantaiszo, te piantaiszo, i piantaiezo, je piantiêzo*, etc.

Pexonne, *je tériôre* (je contrariais), *te teriôre, i tériôre, je tériinôre*, etc.

Rehérey, *je pâlor, te pâlor, i pâlor, je pâlinnor*, etc.

Einville, *je dehoza* (je disais), *te dehoza, il dehoza, je dehinza*, etc.

Courbessaux, *je quoiroza,* (je cherchais), *te quoiroza, i quoiroza, je quoirinnza,* etc.

Mousson, *j'émeuza, t'émeuza, l'émeuza, j'éminnza,* etc.

Port-sur-Seille, *je créeuza* (je croyais), *te créeuza, i créeuza, j'créinza,* etc.

Custines, *j'aimôza, t'aimôza, l'aimôza, j'aiminza,* etc.

Hamonville, *je m'sauvozar,* ()e me sauvais), *te t'sauvozar, i s'sauvozar, j'nos sauvinzar,* etc.

Gircourt, *je mingetore, te mingetore, i mingetore, je mingeintore,* etc.

Haillainville, *j'voyézor, t'voyézor, i voyézor, j'voyinnzor,* etc.

Domgermain, *j'eilmeuilzôue* (j'aimais), *t'eilmeuilzôue, l'eilmeuilzôue, j'eilminzôue,* etc.

Section III

La version de la Parabole de l'Enfant prodigue et d'autres textes m'ont fourni, pour 18 communes, des formes d'imparfait prochain qui n'avaient point été indiquées dans les Renseignements grammaticaux.

Lusse, *je deurmezor* (je dormais), *je vouadezor* (je gardais).

Saales, *mais i falior se réjouï* mais il fallait se réjouir.

Saint-Blaise-la-Roche, *mais i falor bin que j'fayeuss' in r'pet* mais il fallait bien que nous fissions un repas.

Sainte-Barbe, *mâ follèzô biè faire lè noce.*

Lachapelle, Thiaville, *il allor voér bonne émie* il allait voir bonne amie.

Hablainville, *mâ i falôre bien faire in festin.*

Moyen, *mais i failor nos erjoaïe.*

Pettonville, *mais failaur bien faire lè noce.*

Parux, *mais i fèlôre bien faire in fehhtin.*

Anthelupt, *mê faloza bie faire in grand repet.*

Hoéville, *mais i falôza binn faire enne fête.*

Malzéville, *maè falloza faère festin.*

Laneuvelotte, *mè i falloza fère bamboche.*
Autigny, *mâ follozo bin fâre lè fète.*
Saint-Remy-aux-Bois, *i fallézor bin fère eune fête.*
Grand-Bois, *mâ follettor bié fare in r'pet.*
Longuet, *mâ i follaieto bié nos rejoi.*

Section IV

Les désinences de l'imparfait prochain.

Ces désinences sont au nombre de dix :
1° -*Or*, -*ore*, -*ór*, -*aur*, Ventron, Saulxures, La Bresse, Saales, Rouges-Eaux, Moyenmoutier, Saint-Blaise-la-Roche, Raon-sur-Plaine, Celles, Luvigny, Vexaincourt, Lachapelle, Thiaville, Moyen, Vallois, Pexonne, Rehérey, Hablainville, Pettonville, Parux, Leintrey.

2° -*Zor*, -*sor*, Vagney, Saint-Amé, Lusse, Saint-Remy-aux-Bois.

3° -*Zo*, -*zó*, -*zau*, Saint-Étienne, Deycimont, Vomécourt, Bult, Sainte-Barbe, Allain, Vannes-le-Chatel, Autigny.

4° -*Zeur*, -*seur*, Gérardmer, Le Tholy, Gerbépal.

5° -*Zeu*, Vienville.

6° -*Zar*, -*sar*, Hamonville, Lemainville.

7° -*Za*, -*sa*, Vandeléville, Battigny, Vitrimont, Anthelupt, Einville, Hoéville, Laneuvelotte, Malzéville, Custines.

8° -*Zoóue*, Landremont, Mousson, Port-sur-Seille, Domgermain.

9° -*Tor*, -*tore*, -*taur*, -*laure*, Ramonchamp, Rupt, Grand-Bois, Vittel, Gircourt.

10° -*To*, Longuet, Deycimont.

Section V

L'imparfait distant.

I. — Ban-sur-Meurthe, *dje veyæ, te veyî, é veyî, dje veyang, vos veyang, é veyang.*

— 174 —

Landaville, *j'èrètòu, t'èrètòu, l'èrètò, j'èrètain*, etc.

Pierre-la-Treiche, *je minjeuïe, te minjeuïe, i minjau, je minjin*, etc.

II. — Saint-Amé, Vagney, *jé chantéïe, té chantéïe, è chantéïe, jé chantins*, etc,

Lachapelle, Thiaville, *je mingé, te mingé, i mingé, je minjenne*, etc.

Verdenal, *je fiétaye, te fiétaye, i fiétaye, je fiétins*, etc.

Ménil, *j'émô, t'émô, l'émô, j'émins*, etc.

Gelvécourt, *j'aimo, t'aimo, l'aimo, j'aimins*, etc.

Thézey, *je chanteu, te chanteu, i chanteu, je chantin*, etc.

Landremont, *je handeloòu, te handeloòu, i haudeloòu, je handelins*, etc.

CHAPITRE V

LE PASSÉ DÉFINI.

Ce temps fait défaut dans les communes de Ramonchamp, Vienville, Lachapelle, Thiaville, Courbessaux, Einville, Laneuvelotte, Mousson, Port-sur-Seille, Vandeléville.

Dans les autres communes, les désinences sont au nombre de six pour le singulier.

1° -*É*, -*ai*, Ventron, Vagney, Saint-Amé, La Bresse, Le Tholy, Champdray, Gerbépal, Ban-sur-Meurthe, Moyenmoutier, Moyen, Rehérey, Serres. Ex. :

Ventron, *i vallé, té vallé, è vallé, nos vallétes, vos vallétes, è vallont*.

La Bresse, *i tchanté, té tchanté, è tchanté, nos tchantétes, vos tchantétes, è tchantétes*.

Le Tholy, *jé chanté, te chanté, é chanté, jé chantons, vos chantons* ou *vos chantaus, è chantont*.

Ban-sur-Meurthe, *dje praké, te praké, é praké, dje prakonne*, etc.

Moyenmoutier, *he fimé, te fimé, i fimé, he fimène.*
Rehérey, *j'pâlai, t'pâleu, i pâleu, j'pâleuhhe,* etc.

2° -*è*, -*ais*, Attigny, Bulgnéville, Landaville, Gelvécourt, Légeville, Pierre-la-Treiche, Art-sur-Meurthe, Landremont.

Attigny, *jé chantè, té chantè, é chantè, jé chantère.*
Landaville, *j'èrètè, t'èrètè, l'èrètè, j'èrèteure,* etc.
Landremont, *je handelais, te handelais, i handelait, je handelins,* etc.

3° -*éye,* -*ëie,* -*eil,* -*aiye,* Vexaincourt, Allain, Domgermain.

Vexaincourt, *je mainjéye, te maingéye, i maingéye, je maingîne,* etc.
Allain, *je chantaiye, te chantaiye, i chantaiye, je chantinchte,* etc.
Domgermain, *j'eilmeil, t'eilmeil, l'eilmeil, j'eilmins.*

4° -*o,* -*ô,* Gircourt, Bainville, Chatel, Sanchey.
Gircourt, *je mingeo, te mingeo, i mingeo, je mingeins,* etc.

5° -*a,* Bouillonville, *je gnûra* je nourris, *te gnûra, i gnûra,* etc.

6° -*eu,* Ramonchamp, Charmois-devant-Bruyères, Docelles, La Baffe, Deycimont, Grandvillers, Dompierre, Vomécourt, Bult, Sainte-Barbe, Chatel, Haillainville, Celles, Pexonne, Marainville, Longuet, Grand-Bois.

Deycimont, *j'breuleu, t'breuleu, i breuleu, j'breulons.*
Docelles, *j'aimeu, t'aimeu, il aimeu, j'aimeusse,* etc.
Celles, *je rouâteu, te rouâteu, i rouâteu, je rouâteuhh,* etc.

CHAPITRE VI

LES TEMPS COMPOSÉS DE L'INDICATIF.

Le passé indéfini et le futur antérieur se forment régulièrement.

Il en est de même du plus-que-parfait qui, dans quelques communes comporte deux temps. Le passé antérieur manque dans beaucoup de patois.

CHAPITRE VII

§ I. — Le conditionnel présent revêt les formes suivantes :

I. — La Bresse, Saulxures, Vagney, *i chanterau, té chanterau, è chantereu, nos chanterins,* etc.

Ventron, *i vauro, té vauro, è vaureu, nos vaurins, vos vaurins, è vaurotent.*

Gérardmer, Le Tholy, *je chanterèye, te chanterau, i chanterau, je chanterins,* etc.

Champdray, *je béttreuil, te béttro, é bettro, je béttrins,* etc.

Ban-sur-Meurthe, *dje prakeraïe, te prakerau, é prakerau, dje prakerang,* etc.

Sainte-Barbe, *jé mingerée, té mingerâ, i mingerâ, je mingerée,* etc.

Landaville, *j'èrètroû, t'èrètroû, l'èrètro, j'èrètrain.*

Bouillonville, *je gnûrroïe, te gnûrroïe, i gnûrrau, je gnûrrins,* etc.

Allain, *j'chantreuïe, t'chantreuïe, i chantrau, j'chantrins,* etc.

Le Tholy, Vienville, *jé chanterau, té chanterau, é chanterau, je chanterins,* etc.

Docelles, *j'èmerò, t'èmerò, il èmerò, j'èmerins,* etc.

Vexaincourt, Luvigny, etc., *je maingerâ, te maingerâ, i maingerâ, je maingerinne,* etc.

Thézey, Mousson, Port-sur-Seille, *je chantreu, te chantreu, i chantreu, je chantrin,* etc.

Landremont, *je handelròou, te handelròou, i handelròou, je handelrins,* etc.

§ II. — Le conditionnel passé se forme régulièrement.

CHAPITRE VIII

LE SUBJONCTIF.

Les 43 communes, dans les cahiers desquelles nous avons trouvé des indications suffisantes, se partagent en cinq groupes, au point de vue du nombre des temps dont ce mode se compose.

Section I

Un seul temps. — Champdray, Art-sur-Meurthe, Custines, Bulgnéville, Attigny.

Champdray, *que je chantéss', te chantéss', é chantéss', je chantinns*, etc.

Art-sur-Meuthe, *que je demandesse, te demandesse, i demandesse, je demandinsse*, etc.

Custines, *que j'aimeusse, t'aimeusse, l'aimeusse, j'aiminsse*, etc.

Bulgnéville, *que je kenecheusse, te kenecheusse, i kenecheusse, je kenechinse*, etc.

Attigny, *qué jé chanteusse, t'chanteusse, é chanteusse, jé chantinsse*, etc.

Section II

Un imparfait et un passé. — Sanchey, Légeville, Gelvécourt, Vaubexy, Ménil, Gircourt, Courbessaux.

Sanchey, *que je chanteusse, te chanteusse, i chanteusse, je chantinsse*, etc.

Gelvécourt, *que j'aimeusse, t'aimeusse, l'aimeusse, j'aiminsse*, etc.

Courbesaux, *que je quoirèhhe, te quoirèhhe, i quoirèhhe, je quoirinhhe*, etc.

Le passé est formé régulièrement. Ex. : à Courbessaux, *que j'oille quoiri* ; à Gircourt, *que j'oye mingi*.

Section III

Un imparfait et un plus-que-parfait. — Ramonchamp,

La Bresse, Gérardmer, Docelles, Moyenmoutier, Celles, Luvigny, Vexaincourt, Lachapelle, Thiaville, Pexonne, Rehérey, Mousson, Thézey, Port-sur-Seille.

I. — La Bresse, *qu'i tchantésse*; Docelles, *que j'émeusse*; Gérardmer, *que je chantése*; Ramonchamp, *qu'i voyeusse*; Moyenmoutier, *que he fimeusse*; Celles, *que je rouâteuhh*; Luvigny, *que je fromeuh*; Vexaincourt, *que j'maingeuhhe*; Lachapelle, Thiaville, *que j'mingeusse*; Pexonne, *que je térieuhe*; Rehérey, *que je pâleuhhe*; Mousson, *que j'émèsse*; Port-sur-Seille, *que je créesse*.

II. — Moyenmoutier, *que hosse fimet*; Celles, *que j'èveuhh eurouâtieu*; Luvigny, *que j'éveuh fromet*; Vexaincourt, *que j'éveuhhe maingieu*; Pexonne, *que j'éveuhe térieu*; Mousson, *que j'évèsse émé*; Port-sur-Seille, *que j'évesse cru*.

Section IV

Un imparfait, un passé et un plus-que-parfait. — Ventron, Saulxures, Vagney, Saint-Amé, Le Tholy, Longuet, Deycimont, Vienville, Sainte-Barbe, Marainville, Allain, Domgermain, Landremont.

Saulxures, *qu'i chantésse, que j'aïe chanta, que j'eusse chanta*.

Ventron, *qu'i vallésse, qu'idj'aïe vallu, qu'idj'eusse vallu*.

Vagney, *qu'i chantésse, qu'j'aïe chanta, qu'jeuïe chanta*.

Le Tholy, *qué j'chantesse, qué j'au chantè, qué j'auïe ou qu'j'euïe chantè*.

Longuet, *qu' j'èmeuss', qu' j'aïe èmé, qu' j'èveuss' èmé*.

Deycimont, *que j'breuleusse, qu' j'au ou qu' j'aie breulè, qu' j'aiesse ou qu' j'ovoueusse breulè*.

Sainte-Barbe, *qué j'mingeusse, qué j'ée mingié, que j'ovoueusse mingié*.

Allain, *qu' j'chanteusse, qu' j'auïe chanté, qu' j'auïe aiveu chanté*.

Domgermain, *que j'eilmeusse, que j'òie* ou *que j'ò eilmè, que j'aveuss' eilmè.*

Landremont, *que je handelesse, que j'àie handelé, que j'èvesse handelé.*

Section V

Un présent, un imparfait, un passé et un plus-que parfait. — Bouillonville, Hamonville, Pierre-la-Treiche. Bouillonville, notre correspondant a enregistré deux temps quisont chacun mixtes, étant composés, — l'un d'un présent au singulier et d'un imparfait au pluriel, — l'autre d'un passé au singulier et d'un plus-que-parfait au pluriel.

Que je gnûri, t'gnûri, i gnûri, j'gnûrinsse, etc.

Que j'oïe gnûret, t'oïe gnûret, l'oïe gnûret, j'avinsse gnûret, etc.

Hamonville, *que je m'sauve, que je m'sauvesse, que je m'oye sauvait, que je m'èvosse sauvait.*

Pierre-la-Treiche, *que je minge, que je mingeuesse, que j'éveusse mingé, que j'eusse mingé.*

Le manque d'un présent, dans la très grande majorité des patois lorrains, est caractéristique.

Tandis qu'en français, l'imparfait du subjonctif semble être frappé de discrédit et que la tendance générale est à son remplacement par le présent, c'est au contraire, dans la plupart de nos patois, l'imparfait qui s'emploie pour le présent. Les formes que nous employons à regret parce qu'elles nous paraissent emphatiques sont précisément celles que le peuple lorrain préfère.

CHAPITRE IX

L'IMPÉRATIF.

L'impératif des verbes attributifs consiste, comme en français, dans l'emploi sans leurs pronoms de la seconde personne du singulier et des deux premières personnes du pluriel de l'indicatif présent. On se sert, pour les autres personnes, de celui des temps du subjonctif qui fait fonction du présent.

CHAPITRE X
DES PARTICIPES.

Ls participe présent, qui est d'ailleurs d'un emploi peu fréquent se forme comme en français.

Le párticipe passé se confond avec l'infinitif dans les patois des vallées de la Moselotte, de la Haute-Moselle, de Cleurie, ainsi que dans ceux du plus grand nombre des communes lorraines.

A Bouillonville, les deux temps sont distincts. Ex. : ouvrir, *douvri, douvret*; cacher, *couachi, couachet*; haïr, *haïi, haïet*; blanchir, *bianchi, bianchet*; fermer, *fromer, fromà*; labourer, *rabourer, rabourà*; devoir, *devòre, d'veu*; cheoir, *chòre, choïe*; pouvoir, *plòre, pleu*; moudre, *maoure, mouleu*; coudre, *caoude, couseu*; lire, *laïere, leu*; écrire, *acrerre, acret*; plaire, *piâre, piâ*; venir, *v'nin, v'neu*; tenir, *t'nin, t'neu*.

CHAPITRE XI
L'INFINITIF.

Notre correspondant du Tholy a constaté :

I. — Que les verbes français de la deuxième conjugaison se terminent, dans la vallée de Cleurie comme dans les vallées de la Moselotte et de la Haute-Moselle, en -*i* ou en -*ire* suivant qu'ils appartiennent à la première ou à la deuxième conjugaison patoise.

II. — Que les verbes français de la première conjugaison se terminent en -*a* dans les vallées de la Moselotte et de la Haute-Moselle, en -*è* dans la vallée de

Cleurie, mais que cette règle comporte les exceptions suivantes :

1° Les verbes français en -cher, -ger sont ordinairement terminés en -é dans les vallées de la Moselotte et de la Haute-Moselle, en -i dans la vallée de Cleurie. Ex.: arracher, èraché, èrèchi ; bouger, boîgé, bougi.

2° Les verbes français en -cer, -sser, -ffer sont souvent terminés en -ié dans les vallées de la Moselotte et de la Haute-Moselle, en -i dans la vallée de Cleurie. Ex.: pincer, pincié, pinci ; renoncer, renoncié, renonci ; chasser, chèssié, chèssi ; chauffer, hhauffié, hhauffi.

3° Les verbes français en -ller sont ordinairement terminés en -ïé ou -yé dans les vallées de la Moselotte et de la Haute-Moselle, en -ï dans la vallée de Cleurie. Ex.: débrouiller, dèbroûïé, débreuï ; travailler, trèvoyé, trèvèï ; réveiller, rèvoyé, rèvoï.

4° Les verbes français en -ier sont ordinairement terminés en -ié dans les vallées de la Moselotte et de la Haute-Moselle, en -ie dans la vallée de Cleurie. Ex.: manier, mouaunié, maunie ; étudier, ètudié, ètudie.

On peut expliquer, compléter et simplifier les exceptions qui précèdent :

1° Un certain nombre de verbes français en -cer, -sser, -ser proviennent de verbes latins en -tiare (on prononçait tziare). Ex.: agencer agentiáre, renoncer renuntiáre, commencer cuminitiáre, fiancer fidentiáre, sucer suctiáre, chasser captiáre, aiguiser acutiáre. Comme le français, nos patois ont changé t- (tz) en c-, ss-, s-, mais en même temps ils ont généralement conservé la voyelle organique i, de telle sorte qu'aux formes sèches « chasser, renoncer, sucer » ont correspondu les formes mouillées chassié, renoncié, sucié, puis les formes chassi, renonci, suci. Par analogie, et à cause de leur goût prononcé pour le mouillement, certains dialectes ont introduit la voyelle i dans des désinences où elle n'avait que faire; de là *dépensié* (dispensáre), *rèmessieu* (bas lat. *remateare*), etc.

2° Des verbes latins en *-ficáre, -fígere, -tigáre, -dicáre*, le français a régulièrement formé les verbes en *-fier, -tier, -dier*. Ex.: amplifier *amplifi(c)áre*, certifier *certifi(c)áre*, crucifier *crucifi(g)ere*, châtier *casti(g)are*, mendier *mendi(c)áre*, Ces mouillements, résultat de l'élimination de *c, g,* se sont également produits dans nos patois où ils ont fait la tache d'huile; de là *revouâtié, hhauffié*, etc.

Il résulte de plusieurs cartes spéciales dressées pour l'infinitif des verbes attributifs: 1° que les désinences patoises de ce mode sont plus généralement conformes au type de la vallée de Cleurie qu'à celui de la Moselotte et de la Haute-Moselle; 2° que dans la partie septentrionale de la Lorraine la finale de la plupart des verbes est en *-é, -er*, tandis que dans la partie méridionale la finale de ces mêmes verbes est en *-è;* 3° que les verbes français en *-cher, -ger, -der* forment leur infinitif patois en *-ié, -ier, -ieu*, dans une région nord-orientale comprenant tout ou partie des cantons de Blâmont, Badonviller, Baccarat, Gerbéviller, Chatel, Rambervillers, Raon; en *-eu*, dans partie des cantons de Nomeny et de Pont-à-Mousson.

CHAPITRE XII

DES VERBES IRRÉGULIERS.

La question des verbes irréguliers a été effleurée par notre correspondant du Tholy; celui de Vagney l'a traitée avec un peu plus de développements.

§ I. — Tholy.

Il y a dans le patois de la vallée de Cleurie quelques verbes en *-oir* qui ne rentrent exactement dans le cadre ni de l'une ni de l'autre des conjugaisons patoises. Ce sont *pouèiu* pouvoir, *sèvoue* savoir, *vòlu* valoir, *v'lu* vouloir, *voie* ou *voire* voir, lesquels font à l'indicatif présent: *jé pue, jé sè, jé vau, jé vue, jé voue.*

Notre correspondant ajoute que le nombre des verbes irréguliers est moins considérable dans le dialecte du Tholy que dans le français.

§ II. — Vagney.

Liste des verbes irréguliers.

Français	Infinitif	part. présent	part. passé	indicatif présent	passé défini
Aller	*ala*	*n'allant*	*tu*	*jé vé*	*j'n'allé*
Cueillir	*cueuillié*	*cueillant*	*couïé*	*jé cueille*	*je cueillé*
Mourir	*meuri*	*meurant*	*mouau*	*jé meure*	*je meuré*
Vêtir	*véti*	*vètant*	*v'ti*	*jé véte*	*jé r'vété*
Déchoir	*déchère*	*déchèyant*	*dcheu*		*jé d'cheyé*
Devoir	?	*douant*	*deu*	*jé doûie*	*j'deuré*
Pouvoir	*pouèiu*	*poyant*	*poëïu*	*jé pieu*	*j'peuré*
Savoir	*savoé*	*sèvoant*	*seu*	*jé sè*	*j'seuré*
S'asseoir	*s'èhhère*	*s'èhheyant*	*ehheu*	*jé m'ehhé*	*j'm'ehheyé*
Valoir	*valu*	*valant*	*valu*	*jé vaux*	*jé valèyé*
Vouloir	*v'lu*	*v'lant*	*vouhhu*	*i ieu*	*j'veuré, i vlé*
Croire	*crère*	*crèyant*	*cru*	*jé cra*	*j'crèyé*
Prendre	*penre*	*pernant*	*pris*	*jé pro*	*i perné*

J'ai retranché de la liste dressée par notre correspondant plusieurs verbes qui forment leurs différents temps sur le modèle des verbes dont j'ai fait la troisième conjugaison patoise. Tels sont: *ércévoèr* réponde, couse, dire, *lére* lire.

CHAPITRE XIII

DES VERBES RÉFLÉCHIS OU PRONOMINAUX.

Les verbes réfléchis, dans l'immense majorité des patois lorrains, forment leurs temps composés à l'aide de l'auxiliaire « avoir », et non à l'aide de l'auxiliaire « être », comme en Français. Exemples:

I m'a r'pèti je me suis repenti, Ventron.

Je m'â sauvé je me suis sauvé, Longuet.
Je m'ai parmonait je me suis promené, Vienville.
Je m'èrâ r'pèti je me serai repenti, Deycimont.
Je nos ons convenus nous nous sommes convenus, Docelles.
Vos vos ang bettus vous vous êtes battus, Ban-sur-Meurthe.
Que t't'osse trompei que tu te sois trompé, Moyenmoutier.
Vos vos âs vus vous vous êtes vus, Sainte-Barbe.
Vos vos évinore estimès vous vous étiez estimés, Luvigny.
Je m'è pedi je me suis perdu, Celles.
Je m'évée chohhieu je me fûsse chargé, Celles.
Je m'â couchi je me suis couché, Saint-Baslemont.
Je m'a proumouénet je me suis promené, Circourt-sur-M.
T't'é fiétré tu t'es flatté, Vaubexy.
I s'érò fiettè il se serait flatté, Ménil-en-Xaintois.
J'nous ons béttus nous nous sommes battus, Mazelay.
Je m'â grèhhieu je me suis graissé, Thézey.
Je m'ai cohi je me suis écorché, Serres.
Je m'ai balancieu je me suis balancé, Port-sur-Seille.
I s'è repentu il s'est repenti, Mousson.
Je m'évor levé je m'étais levé, Lachapelle.
I s'avoӡa fietté il s'était flatté, Courbessaux.
Je m'aiveüïeӡo fiaittai je m'étais flatté, Allain.

Le verbe réfléchi se conjugue, avec l'auxiliaire « être », dans les communes de Mandray, Pierre-la-Treiche, Hamonville. Ex.: *Jge m'seue trompet* je me suis trompé; *Je me seuie repentet* je me suis repenti ; *je me se sauvait* je me suis sauvé.

A Lignéville, certains verbes se conjuguent pronominalement avec l'auxiliaire « être », d'autres avec le verbe « avoir », et ces derniers sont les plus nombreux.

A Pargny, les verbes réfléchis forment certains temps à l'aide de l'auxiliaire « avoir » et d'autres à l'aide de l'auxiliaire « être » (conditionnel passé, plus-que-parfait du subjonctif).

Enfin, à Autigny, l'auxiliaire être s'emploie à la troisième personne du pluriel. Ex. : *je m'a trompé* je me suis trompé, *i s' sont trompés*.

CHAPITRE XIV
DES VERBES INTERROGATIFS.

Dans le plus grand nombre des communes, le verbe conjugué interrogativement est suffixé de la particule *té, ti, te*. Exemples :

Tholy, *jé ri-té, té ri-té, é ri-té, j'â-té ri* ?

Deycimont, *vos vârau-té* viendrez-vous ? *vos l'au-té vu* l'avez-vous vu ?

Sainte-Barbe, *té vainré-ti èvo mi* viendras-tu avec moi ?

Saint-Pierremont, *té vanrè-ti* viendras-tu ?

Ortoncourt, *vos vrós-ti è lè moosse* irez-vous à la messe ?

Pettonville, *te vanrē-ti* viendras-tu ? *vos vanrâs-ti* viendrez-vous ?

Landremont, *je hhauïerans-ti* glisserons-nous ?

Gelvécourt, *te vinré-te* viendras-tu ?

Domgermain, *j'eilme-tie* aimè-je ? *te finis-tie* finis-tu ? *ie dò-tie* doit-il ?

Le verbe interrogatif se conjugue sans suffixe dans plusieurs communes.

Landaville, *fâ-j'* fais-je ; *fâ-t', fât-îe, fion-j', fiè-v', fiont-îe* ?

Allain, *ost c'que j'chante, chant'-te, chant'-i, chantons-j', chantez-v', chantont-is* ?

CHAPITRE XV
DES VERBES NÉGATIFS.

Les négations *pâ* pas, *poué* point, sont d'un emploi

bien moins fréquent que l'ancienne négation « mie », laquelle revêt cinq formes différentes.

1° *Mi,* Le Tholy, Ventron, Vagney, Longuet, Ban-sur-Meurthe, Vienville, Rehaupal, Gerbépal, Champdray, Moyenmoutier, Rouges-Eaux, Badménil, Chatel, Pettonville, Cirey, Parux, La Baffe, Docelles, Deycimont, Dompierre, Charmois-devant-Bruyères. Ex. :

Tholy, *òtes-vos content ? nono j' n'y seu mi.*

Ventron, *lé pu vié das freres n'aimi mi tortot çoulà* l'ainé des frères n'aimait pas tout cela.

Rouges-Eaux, *not' Colas qu' n'ost mi hontoux peurné enne hhèeure,* notre Nicolas qui n'est point honteux prit une chaise ; *j' n' me vue co mi merriè* je ne veux me encore pas marier.

Rehaupal, *jè n' scoute mi vos rohons* je n'écoute pas vos raisons.

Docelles, *j'liẓi d'hheu qu'si j'n'ovoi mi cheu je n'èrô poi èvu d'brand'vinn* je leur dis que si je n'étais pas tombé je n'aurais pas eu d'eau-de-vie.

Parux, *i ne vlóre mi ontré* il ne voulait pas entrer.

2° *Mé,* A Lusse. Ex.: *je n'trov' mé di tot mè cache* je ne trouve pas du tout ma cachette.

3° *Meu, me,* Saales, Celles, Sainte-Barbe, Haillainville, Moyen, Hablainville, Pexonne, Leintrey, Vitrimont, Sommerviller, Hoéville, Laneuvelotte, Landremont, Thézey, Pierre-la-Treiche, Vandeléville, Lemainville, Gircourt, Saint-Vallier, Vaubexy, Ahéville, Ménil-en-Xaintois, Pargny, Brechainville, Trampot, Aboncourt, Houécourt, Lignéville, Vittel, Laneuveville, Saint-Baslemont. Exemples :

Haillainville, *i ne veleu me ontré,* il ne voulait pas entrer.

Hablainville, *mè mére vlâ-fe m'èchté ènne chminhh ? niant je n'vieu-me,* ma mère voulez-vous m'acheter une chemise ? non, je ne veux pas.

Pexonne, *Nannon n'ost me bèlle; oh! mais l'ost reuche* Nannon n'est pas belle; oh! mais elle est riche.

Thézey, *te n'l'érè-me* tu ne l'auras pas.

Laneuvelotte, *i ne velo-me-za entré* il ne voulait pas entrer. Cette forme dans laquelle la négation s'intercale entre le thème et la particule *za* est des plus curieuses.

Aboncourt, *i n'les layont-me co rodroumi* ils ne les laissent pas encore (se) rendormir.

4° *Mme*, Vexaincourt, Gelvécourt, Lachapelle. Exemples: Gelvécourt, *e n'veulè-mme ontrè* il ne voulut pas entrer.

Lachapelle, *elle n'y é-mme mottu lè pétte* elle n'y a pas mis la patte.

5° *Mm'*, *m'*, Luvigny, Courbessaux, Frizon, Saint-Remy, Raville, Autigny. Ex. :

Saint-Remy, *i n'veleu-mm' entré* il ne voulut pas entrer.

Raville, *i ne-m' vouleu entraye*.

Courbessaux, *i n'velo-m-za entrer*.

On emploie dans plusieurs communes tantôt l'une des formes *mi*, *mé*, tantôt l'une des formes *mme*, *me*, *m'*.

Ex.: Vexaincourt, *i n'tée mi tròp tòt* il n'était pas trop tôt; *niant te n'y ò-mme* non tu n'y es pas.

Ortoncourt, *si elles n'y sont mi* si elles n'y sont pas; *vos n'velè-me di tot* vous ne voulez pas du tout.

Allain, *je ne chante mé* je ne chante pas, *j'n'chanteuïe-m* je ne chantais pas.

Landaville, *je n' verèr-mi* nous ne voulûmes pas; *je n'vû-me* je ne veux pas; *je n'â-me vouru* je n'ai pas voulu.

A Domgermain, quand un verbe négatif exprime un doute, une surprise, un reproche mêlés de dédain, de mépris, on remplace la négation par *de bel*. Ex.: il ne viendra pas, *ie vinrè de bel*; ils n'ont pas fini, *l'ant de bel fini*.

LIVRE XI

MOTS INVARIABLES

CHAPITRE Ier
DES PRÉPOSITIONS

Section I
« à ».

1° *È, et,* dans le plus grand nombre des communes. Ex.: *J'vé è Reméremont* je vais à Remiremont, Le Tholy; *j'virons è Nancy* nous irons à Nancy, Vienville; *jé vé è l'aufe* je vais à l'eau, Sainte-Barbe; *j'alans è lè masse* nous allons à la messe, Thézey.

2° *É, ét, ai,* Vexaincourt, Vaubexy, Autigny, Vandeléville, etc. Ex.: *Je vè é lè mosse,* Vexaincourt.

Section II
« Après ».

1° *Éprés, etprés,* Grand-Bois, Deycimont, Le Tholy, Vagney, Gerbépal, Ban-sur-Meurthe, Lusse. Ex.: *corè èpré li* courez après lui, Deycimont; *èprés lè pioue lo bie taps* après la pluie le beau temps, Ban-sur-M.

2° *Éprès,* Saint-Remy, Custines, Mousson. Ex.: *l'ast èprès me* il est après moi.

3° *Èprès,* Mandray, Grandvillers, Charmois-l'Orgueilleux, Sanchey, Ahéville, Saint-Vallier, Marainville, Gircourt, Lachapelle, Thiaville, Hablainville, etc. Ex.: *èprès lè masse* après la messe, Gircourt; *co èprès li* cours après lui, Hablainville.

4° *Éprès,* Champdray, Saint-Blaise-la-Roche. Ex.: *j'y virons éprès Pâques* nous irons après Pâques, Champdray.

5° *Épreu,* Vexaincourt, Pexonne, Rehérey, Pettonville. Ex.: *couos épreu nos cheouas que s'ont savés* courons après nos chevaux qui se sont sauvés.

6° *Apras.* Ex.: *je trouvins le temps grand apras vous* nous trouvions le temps long après vous, Bouillonville.

Section III
« Avant ».

1° *Devant,* Bouillonville, Vandeléville, Battigny, Affracourt, Circourt-sur-Mouzon, Ménil-en-Xaintois, Ligneville, Gelvécourt, Sanchey, Sainte-Barbe. Ex.: *piante les tôt, piante les tâd, eules ne levront-me devant lo quinz' de Mâ* plante-les tôt, plante-les tard, elles ne leveront pas avant le quinze de Mai (les pommes de terre), Gelvécourt.

2° *D'vant,* Pargny-sur-M., Saint-Vallier, Rehérey, Pettonville, Thézey, Port-sur-Seille. Ex.: *il è veni d'vant nòs* il est venu avant nous, Saint-Vallier; *l'è v'ni d'vant vòs* il est venu avant vous, Thézey.

3° *Dovant,* Chatel, Saint-Pierremont. Ex.: *dovant lo mâte* avant le maître, Saint-Pierremont.

Devont, Domgermain, *marchèz devont mi* marchez devant moi.

4° *Devant-que,* Moyenmoutier, Pettonville, Courbessaux. Ex.: *i vient devant-que mi* il vient avant moi, Moyenmoutier; *j'érivrai devant-que vòs* j'arriverai avant vous, Pettonville; *j'a devant-qu'lu* je suis avant lui, Courbessaux.

5° *Dant,* Vagney, Saales, Ban-sur-Meurthe, Rehaupal, Vienville, Mandray, Saint-Blaise-la-Roche, Vexaincourt. Ex.: *Dant qu'è n'vènesse* avant qu'il ne vienne, Vagney;

dant lo jo avant le jour, Saales ; *dang ti* avant toi, Ban-sur-Meurthe ; *dant r'hhue* avant l'heure à laquelle on donne au bétail la dernière provende de la journée, Rehaupal.

6° *Èvant*, Gerbépal, Champdray, Deycimont, Grand-Bois, Attigny, Hennezel, Vittel, Houécourt, Marainville, Pierre-la-Treiche. Ex.: *èl ost èvant lu* il est avant lui, Hennezel ; *èvant lo vò* avant le vôtre, Deycimont.

7° *Èvant*, Sanchey, Vaubexy, Lignéville, Ménil-en-X. Ex.: *èvant tortot* avant tout, Sanchey.

Section IV

« Avec ».

1° *Evo, etvo*, Moyen, Lusse, Saales, Ban-sur-Meurthe, Rehaupal, Gerbépal, Le Tholy, Vagney, Deycimont, Saint-Remy-aux-Bois, Vaubexy, Lignéville. Ex.: *èvo mè hhieu* avec ma sœur, Vagney ; *èvo ses èmis* avec ses amis, Moyen.

Èvo, Hoéville, Anthelupt, Moivrons, Mousson, Port-sur-Seille. Ex.: *let étu èvo lu é Nancy* il a été avec lui à Nancy, Hoéville.

Èvò, Sanchey, Autigny, Affracourt. Ex.: *è lè Notre-Dème les bòs èvò les rènes* à la Notre-Dame les crapauds avec les grenouilles.

2° *Èvou*, Gircourt-les-Viéville, Gelvécourt, Houécourt, Ménil-en-Xaintois. Ex.: *èvou lu* avec lui ; *èvou ʒos* avec eux, Gelvécourt.

Èvou, Vouxey, Landaville, Custines. Ex.: *l'è veni èvou me* il est venu avec moi, Custines.

3° *Èvode*, Mandray. Ex.: *èvode eune grande devotion* avec une grande dévotion.

4° *Dèvo*, Grandvillers. Ex.: *dèvo mè sœur* avec ma sœur.

5° *Èvon*, Hablainville, Parux. Ex.: *èvance èvon mi* avance avec moi, *èvon des manres fômmes* avec des mauvaises femmes.

Évon, Vexaincourt, Lachapelle, Badonviller. Ex.: *te vreu au morchieu évon Fifine* tu iras au marché avec Joséphine.

Évònn', Saint-Blaise-la-Roche. Ex.: *quand lo feu que vanne-ci qu'é maingé tortot so bin èvonn' dis garces ast r'venu* quand le fils que voici qui a mangé tout son bien avec des filles est revenu.

6° *Avon*, Pettonville, Verdenal, Leintrey. Ex.: à Leintrey, *vos vanrós avon mi* vous viendrez avec moi.

7° *Avo*, Crévic, Courbessaux, Art-sur-Meurthe. Ex.: Courbessaux, *j'ai bachi avo mo frère* j'ai bêché avec mon frère.

8° *Évieu*, Thézey. Ex.: *t'é en'alé évieu li* tu t'es en allé avec lui.

9° *Avaoue*, Bouillonville. Ex.: *v'leẓ-v' venin avaoue mè dans le boû* voulez-vous venir avec moi dans le bois.

10° *Avoou*, Domgermain. Ex.: *Ve vinrós avoou mi* vous viendrez avec moi.

Section V
« Auprès de, à côté de, près de ».

1° *Préche de, preuche de*, Chatel, Rehérey, Saint-Remy-aux-Bois. Ex.: à Rehérey, *preuche d'lè ville*.

2° *Devot, d'vot, devaut*, Saint-Baslemont, Vouxey, Houécourt, Vittel. Ex.: à Houécourt, *d'vot sè mére* à côté de sa mère.

D'voût, Pargny-sur-M. Ex.: *d'voût los paros* auprès des parents.

2° *Devât, d'vat*, Port-sur-Seille, Landremont. Ex.: *devât le muh* auprès du mur.

3° *Doi*, Grandville rs. Ex.: *doi s'n' onkiin* près de son oncle.

4° *È cote, è caute*, Lusse, Deycimont, Grandvillers, Rehaupal. Ex.: Deycimont, *è cote mi* auprès de moi.

De côte, Ortoncourt. Ex. : *de côte mè mére* auprès de ma mère.

Dé côte, Sanchey. Ex. : *dé côte lè maujon.*

E catte, Ban-sur-Meurthe.

5° *Conte*, Gircourt-les-Viéville. Ex. : *conte sè mére* auprès de sa mère.

De conte de, Vagney, Port-sur-Seille. Ex. : *de conte de li* auprès de lui.

Section VI

« Autour ».

1° *Auto, autou, autoue*, Vagney, Deycimont, Sanchey, Saint-Baslemont, Lignéville, Houécourt, Vittel. Ex. :
Vagney, *auto d'lè mouauhon* autour de la maison.

2° *D'auto*, Rehaupal. Ex. : *d'auto di mottéye* autour de l'église.

3° *È l'antò*, Hablainville, Pettonville ; *olontòu*, Vouxey.

4° *È lè ronne*, Saales. Ex. : *è lè ronne do mè* autour du jardin.

Section VII

« Chez ».

Dans un certain nombre de communes, on se sert de prépositions différentes suivant que l'objet régi est un nom ou un pronom personnel.

Pettonville, *si mo pére* chez mon père, *je vrai che vos* j'irai chez vous.

Leintrey, *i se loueu si des gens de lè campéne* il se loua chez des gens de la campagne, *vè t'ein derrieu cheu nòs* vas t'en derrière chez nous.

Courbessaux, *l'aî ttu chéẑ lo Zidore* il a été chez Isidore, *j'aî ttu chinn lu* j'ai été chez lui.

Battigny, *chéẑ mes parents, chi ẑous* chez eux.

Bouillonville, *su vote père* chez votre père, *chî lu* chez lui.

Landremont, *su nâs gens* chez nos parents, *chi ᵹous* chez eux.

Vagney, *chu Colâs Thomès* chez Nicolas Thomas, *chi nos* chez nous.

Ventron, *mé pére é etchi lé das ovrés qu'ont di pain tot lo sô* mon père a chez lui des ouvriers qui ont du pain tout leur saoul, *etchu s' pére* chez son père.

Domgermain, *j'vâ che t'père, l'ost-ie chie vous* je vais chez ton père, est-il chez vous ?

Il n'y a qu'une préposition pour tous les cas, dans les autres communes.

1° *Chéᵹ*, Pierre-la-Treiche, Vandeléville, Grand-Bois, Sanchey, Vomécourt, Bult, Moyen, Verdenal. Ex.: à Moyen, *chèquin chéᵹ ᵹaus* chacun chez soi (chez eux).

Chèᵹ, Hennezel. Ex.: *mo frére ost chèᵹ lu* mon frère est chez lui.

2° *Chi*, Le Tholy, Anthelupt, Moivrons, Custines, Ménil-en-Xaintois, Houécourt, Vittel, Saint-Vallier. Ex.: à Saint-Vallier, *je saute fû de chi vos* je sors de chez vous.

Chî, Docelles, Hoéville, Gelvécourt, Légeville, Vouxey, Saint-Baslemont. Ex.: à Hoéville, *vote maîte ast-i chî lu* votre maître est-il chez lui ?

Chin, Sommerviller.

3° *Chie*, Vienville, Champdray, Deycimont, Chatel, Autigny, Circourt-sur-Mouzon, Landaville. Ex : à Deycimont, *j'vé chie mo pére* je vais chez mon père.

Tchie, Gerbépal, Ban-sur-Meurthe. Ex.: à Ban, *tchie qui-ast-ce que té vé* chez qui vas-tu ?

Chié, Saint-Pierremont, Haillainville, Vallois, Attigny.

4° *Chu*, Saales, Lusse, Moyenmoutier, Saint-Blaise-la-Roche.

Chtu, Mandray.

5° *Cheu, che*, Charmois-l'Orgueilleux, Vexaincourt, Pexonne, Frizon, Mousson, Port-sur-Seille, Thézey. Ex.: à Thézey, *che vas pérents* chez vos parents.

Section VIII

« Contre ».

1° *Contre*, Sanchey, Haillainville, Moyen, Vallois, Pexonne, Sommerviller, Anthelupt, Custines, Mousson, Pierre-la-Treiche, Circourt-sur-Mouzon, Ménil-en-Xaintois. Ex. : à Mousson, *contre note ohe* contre notre porte.

Contre, *d'cante*, à Domgermain. Ex. : *plaider contre lou, passer d'cante mi.*

2° *Conte*, Vagney, Chatel, Pettonville, Art-sur-Meurthe, Lignéville. Ex. : à Pettonville, *conte lo mihhe* contre le mur.

Etconte, Mandray ; *ècatte*, Ban-sur-Meurthe.

3° *Cote*, Deycimont, Frizon. Ex. : à Frizon, *cote lo muhe* contre le mur.

Côte, Grandvillers. Ex. : *côte lo muhh*.

Section IX

« Dans »

1° *Dans*, Hennezel, Battigny, Courbessaux, Anthelupt, Mousson, Custines.

2° *Das*, Vandeléville, Marainville, Gircourt-les-Viéville, Affracourt, Ahéville, Vaubexy, Sommerviller, Ban-sur-Meurthe. Ex. : à Ban-sur-Meurthe, *ing affant ast tcheu das l'auve* un enfant est tombé dans l'eau.

3° *Dons*, Sanchey, Mandray, Moyenmoutier, Saint-Blaise-la-Roche, Vexaincourt, Luvigny, Raon, Pettonville, Pexonne, Leintrey. Ex. : *dons lo ri* dans le ruisseau.

4° *Dòs*, Rehaupal, Gerbépal, Vienville, Deycimont, Grandvillers, Docelles, La Baffe, Rouges-Eaux, Haillainville, Ortoncourt, Frizon, Mazelay, Saint-Pierremont, Vallois, Saint-Vallier, Gelvécourt, Houécourt, Ménil-en-

Xaintois, Vouxey, Landaville, Ligneville, Vittel, Saint-Baslemont, Attigny, Domgermain. Ex.: à Vienville, *je virons dòs lou mahhon* nous irons dans leur maison; à Grandvillers, *dòs lo ru* dans le ruisseau.

Daus, Vagney. Ex.: *daus l'beurheu* dans l'essart.

Section X
« De ».

1° *Dé* dans un certain nombre de communes.
2° *De, d'* dans la généralité des communes.

Section XI
« Depuis ».

1° *Depeu, d'peu, depe*, Gerbépal, Deycimont, La Baffe, Saales, Saint-Blaise-la-Roche, Vexaincourt, Pettonville, Rehérey, Leintrey, Sommerviller, Custines, Mousson, Thézey, Bouillonville, Battigny, Pargny-sous-Mureau, Houécourt, Ménil-en-Xaintois, Circourt-sur-Mouzon, Vouxey, Vaubexy, Gelvécourt, Saint-Vallier, Marainville, Gircourt-les-Viéville, Frizon. Ex.: à Deycimont, *depeu Pinau j'qu'è Brouères* depuis Epinal jusqu'à Bruyères; à Saales, *depe éremain* depuis hier; à Gerbépal, *é d'moure è Jeurbépau depe lo fuetot de l'ènnaye pessaye* il demeure à Gerbépal depuis le printemps de l'année passée.

Dèpe, Rehaupal. Ex.: *dèpe què j'nos hhauwons* depuis que nous nous sommes battus.

Dépe, Saint-Pierremont, Sainte-Barbe. Ex.: *dépe toci jusqu'è tolè* depuis ici jusque-là.

Dépeu, Vagney, Le Tholy, Haillainville, Grandvillers, Moyen, Art-sur-Meurthe. Ex.: à Moyen, *dépeu l'écmoacè jusqu'è lè rècheuve* depuis le commencement jusqu'à la fin.

2° *Dape*, Courbessaux. Ex.: *dape not' hhâ* depuis notre grenier.

3° *Depeuil*, Vandeléville, Domgermain. Ex.: *depeuil midi*.

Depueil, Pierre-la-Treiche.

4° *Etda*, Mandray. Ex.: *etda d'main* depuis demain.

5° *Enne depeu*, Docelles, Lignéville. Ex.: *enne depeu trô jeunaîlles* depuis trois jours.

Eun' depeu, Autigny ; *enne depe*, Ahéville ; *enne depe* ou *dépe*, Attigny.

6° *Inn'da,* Ban-sur-Meurthe. Ex.: *inn'da quée innaïe* depuis quelle année ?

Einndo, Gerbépal.

Section XII
« Derrière ».

1° *Dèrié*, Hennezel, La Baffe.

Derrié, Mandray, Sainte-Barbe, Moyen, Sanchey, Attigny.

2° *Dèrie, derrie, derri, dèri, déri, dairie,* Grand-Bois, Vagney, Le Tholy, Vienville, Gerbépal, Grandvillers, Ban-sur-Meurthe, Lusse, Chatel, Rehérey, Saint-Remy-aux-Bois, Sommerviller, Courbessaux, Custines, Pierre-la-Treiche, Domgermain, Vandeléville, Battigny, Circourt-sur-Mouzon, Ménil-en-Xaintois, Vouxey, Lignéville, Gelvécourt, Légeville, Saint-Vallier, Marainville, Rugney. Ex.: *è sont dèrie lo motèye* ils sont derrière l'église.

3° *Derrieu, dérieu,* Vexaincourt, Badonviller, Leintrey, Hablainville. Ex.: à Vexaincourt, *lè sonte pèsse derrieu cheu lu* le sentier passe derrière chez lui.

4° *Darrier, dariè,* Vallois, Pargny-sur-M.

5° *Déïe,* Mousson. Ex.: *l'ast déïe che nos* il est derrière chez nous,

Section XIII
« Dès »

1° *Dés, det,* Vandeléville, Chatel, Rehérey.

2° *Deu,* Sainte-Barbe. Ex. : *vénèz deu d'main* venez dès demain.

3° *Do, dot,* Pargny-sur-M., Ménil-en-Xaintois, Hennezel.

Doa, Moyen. Ex. : *doa sè pus tenre enfance* dès sa plus tendre enfance.

4° *Da,* Battigny.

5° *Enne-do,* Vagney, Grand-Bois ; *en'dot,* Frizon ; *en'do,* Deycimont ; *ène-do,* Rehaupal ; *eune-do,* Charmois-l'Orgueilleux ; *enédo,* Saint-Baslemont ; *enne-det,* Vexaincourt ; *ène-det,* Pettonville ; *inn'da* Ban-sur-Meurthe ; *on-da,* Rugney ; *nda,* Gircourt-les-Viéville. Exemples : à Vagney, *enne-do qu' té revarré* dès que tu reviendras ; à Frizon, *en'dot lè neuye* dès la nuit ; à Deycimont, *en'do doux houres* dès deux heures ; à Vexaincourt, *lis effants ont brâ épreu li enne-det qu'i l'ont vi* les enfants ont crié après lui dès qu'ils l'ont vu ; à Pettonville, *ène-det lo grand métin* dès le grand matin ; à Gircourt-les-Viéville, *nda lo mètin.*

Section XIV

« Devant »

1° *Devant, d'vant,* Saint-Blaise-la-Roche, Vallois, Gelvécourt, Légeville, Saint-Vallier, Houécourt, Vittel, Pargny-sur-M., Vandeléville, Battigny, Pierre-la-Treiche.

Devont, Domgermain, *devont tourtous.*

Dévant, La Baffe, Grandvillers, Gerbépal, Lusse.

Dovant, Saint-Pierremont, Aboncourt.

Doavant, Moyen. Ex. : *lo berger hoaille doavant lo tropé* le berger marche devant le troupeau.

2° *Dant,* Le Tholy, Mandray, Ban-sur-Meurthe, Vexaincourt. Ex.: au Tholy, *jé vé dant l'euhhe* je vais devant la porte ; à Ban-sur-Meurthe, *dje vé dang l'euhh'.*

3° *Dont,* Saales. Ex. : *dont té* devant toi.

Section XV
« Durant ».

1° *Durant*, Circourt-sur-Mouzon, Ménil-en-Xaintois, Lignéville, Grand-Bois, Chatel, Moyen.

2° *Dîrant,* Badonviller, Rehérey.

3° *Derant*, Pargny-sur-M., Pierre-la-Treiche, Thézey. Ex. : *derant lè gârre* durant la guerre.

4° *Di tau*, à Vagney. Ex. : *di tau das fouos* du temps des foins.

Section XVI
« En ».

1° *En*, Deycimont, Vienville, Gerbépal, Chatel, Sainte-Barbe, Badonviller, Pexonne, Verdenal, Sommerviller, Custines, Mousson, Pierre-la-Treiche, Battigny, Vandeléville, Rugney.

2° *In*, Vexaincourt, Pettonville, Moyen. Ex. : à Vexaincourt, *lis pèlerins ont eutti in vouyège* les pèlerins ont été en voyage.

3° *On*, Sanchey, Attigny, Saint-Baslemont, Lignéville, Vittel, Houécourt, Ménil-en-Xaintois, Gelvécourt. Ex.: à Ménil-en-Xaintois, *l'ètô on joie* il était en joie.

4° *Au*, Ban-sur-Meurthe. Ex : *au pouatant* en partant.

Ot, *o*, Circourt-sur-Mouzon, Landaville, Domgermain. Ex. : *o tare* en terre.

5° *È*, Rehaupal. Ex. : *èl è bottè sè hhoubotte è chligottes* il a mis sa soutane en morceaux.

Section XVII
« Entre ».

1° *Entre,* Courbessaux. Ex. : *entre les doux cheuillons* entre les deux sillons.

2° *Ontre*, Saint-Baslemont, Attigny, Lignéville, Vittel,

Houécourt. Ex. : à Houécourt, *ontre mi et ti* entre moi et toi.

3° *Otre*, Circourt-sur-Mouzon, Pargny-sur-M., Pierre-la-Treiche, Domgermain ; *atre*, Vandeléville.

4° *Enteure, enteur,* Frizon, Gircourt-les-Viéville, Rugney, Saint-Vallier, Ahéville.

Inteure, inteur, Vexaincourt, Pexonne, Rehérey.

Intur, Badonviller ; *eintêur*, Leintrey. Ex. : *eintêur quouète pieinches* entre quatre planches.

Onteure, ontere, onter, Grand-Bois, Mandray, Lusse.

Ontère, Vaubexy.

5° *Oteure, oteur, otere,* Gerbépal, Grandvillers, Deycimont. Ex. : à Deycimont, *lè sélle ost oteure lè taïe et lo leïe* la chaise est entre la table et le lit.

6° *Oterdou*, Vagney. Ex. : *oterdou d'los dousse* entre eux deux.

6° *Atteur*, Ban-sur-Meurthe. Ex. : *atteur nòs saut dit* entre nous soit dit.

7° *Ente*, Saint-Pierremont, Sommerviller, Einville.

Onte, Chatel.

8° *Ote, ott',* Le Tholy, Rehaupal. Ex.: au Tholy, *òte les fons et les r'vouèyins* entre les foins et les regains ; à Rehaupal, *ott' Champdrâ et R'haupau* entre Champdray et Rehaupal.

Section XVIII
« Envers ».

1° *Envers, envère*, Deycimont, Pettonville, Mousson, Pierre-la-Treiche, Vandeléville, Battigny.

2° *Devoua*, Ban-sur-Meurthe. Ex. : *dje seu coupabe devoua lo ciel* je suis coupable envers le ciel.

Dwoa, Vagney. Ex. : *lâs tauts qu'èl é dwoa mi* les torts qu'il a envers moi.

Dvò, Rehaupal ; *doit*, Grand-Bois.

3° *Inoua*, Pexonne.

4° *Enconte*, Landremont. Ex. : *enconte me* envers moi.

Section XIX
« Hors de ».

1° *Fieu*, Grand-Bois, Vagney, Mandray, Saint-Pierremont, Sainte-Barbe, Chatel, Frizon, Sanchey, Moyen, Pexonne, Leintrey. Ex. : à Vagney, *fieu di lét* hors du lit.

2° *Fue, fû*, Vienville, Grandvillers, Docelles, Marainville, Ménil-en-Xaintois, Landaville, Lignéville, Battigny, Domgermain, Vandeléville, Courbessaux. Ex. : à Landaville, *fû d'lè mâjon* hors de la maison ; à Courbessaux, *fue d'chez mo frère* hors de chez mon frère.

3° *D'fie*, Pargny. Ex.: *d'fie l'boû* hors du bois.

Section XX
« Malgré ».

1° *Mâgré, mâgret*, Moyen, Vallois, Vexaincourt, Pexonne, Rehérey, Leintrey, Sommerviller, Courbessaux, Art-sur-Meurthe. Ex.: à Courbessaux, *mâgrè lu* malgré lui.

2° *Môgrè, maugrè, mogrè*, Grand-Bois, Vienville, Deycimont, Sainte-Barbe, Haillainville, Saint-Pierremont, Gircourt-les-Viéville, Rugney, Battigny, Vandeléville, Pierre-la-Treiche, Domgermain, Landremont, Port-sur-Seille, Pargny, Ménil-en-Xaintois, Houécourt, Lignéville, Vittel, Attigny, La Baffe. Ex.: à Deycimont, *ç'ost bie maugrè li* c'est bien malgré lui.

3° *Maugra*, Vagney. Ex.: *èl y vé maugra li* il y va malgré lui.

4° *Môgrin*, Mandray.

Section XXI
« Par ».

1° *Pa*, Mandray, Ban-sur-Meurthe, Marainville, Gircourt-les-Viéville, Rugney, Sommerviller, Courbessaux, Anthelupt, Leintrey, Custines, Art-sur-Meurthe, Mousson, Thézey, Pierre-la-Treiche, Battigny, Circourt-sur-Mouzon, Ahéville. Ex.: à Leintrey, *ç'ast pà tolè qu'on pèsse* c'est par là qu'on passe.

Pâ, Houécourt, Vouxey, Domgermain; *pâ touci* par ici.

2° *Pè*, Hennezel. Ex.: *è reviinrè pè Lyon* il reviendra par Lyon.

3° *Pò, pot*, Le Tholy, Gerbépal, Vienville, Deycimont, Docelles, Sanchey, Vaubexy, Chatel, Sainte-Barbe, Saint-Pierremont, Pexonne, Pettonville. Ex.: à Deycimont, *j'l'â sèvu pò li* je l'ai su par lui; au Tholy, *vos pesseros po Juraumoué* vous passerez par Gérardmer.

Pò, Vexaincourt. Ex.: *je dâ pesset pò lè scèye* je dois passer par la scierie.

Poa, Vagney; *poo*, Saales; *poua*, Ventron, Saint-Blaise-la-Roche; *poi*, Grand-Bois.

Section XXII
« Parmi ».

1° *Parmé*, Mandray, Moyen; *parmè*, Domgermain.
Parme, Gircourt-les-Viéville.
Parmée, Ban-sur-Meurthe; *parmèye*, Gerbépal.

2° *Permi*, Ménil-en-Xaintois.
Peurmée, Sainte-Barbe. Ex.: *peurmée les autes* parmi les autres.

3° *Pormi*, Rehérey.
Pormeu, Deycimont. Ex.: *l'é tu treuvé pormeu les mouauts* il a été trouvé parmi les morts.
Pormain, Vexaincourt. Ex.: *j'n'onmme beson d'li pormain nôs* nous n'avons pas besoin de lui parmi nous.
Pormé, Saint-Pierremont.
Pormeye, Grand-Bois, Le Tholy; *pormeuye*, Vienville.

4° *Pouarmeu*, Vagney; *pouarmé*, Saint-Blaise-la-Roche.

5° *Droho*, Sanchey; *drâho*, Chatel; *drehaut*, Thézey; *drohâ*, Courbessaux. Ex.: à Courbessaux, *j'âi quoiri drohâ nott' champe* j'ai cherché parmi notre chambre.

6° *Èvau*, Le Tholy; *evò*, Ménil-en-Xaintois. Ex.: *èvau les prés* parmi les prés; *evò l'bò* parmi le bois.

Section XXIII

« Pendant ».

1° *Pendant*, Grand-Bois, Moyen, Badonviller, Pettonville, Sommerviller, Ménil-en-Xaintois.

2° *Do ta*, Ban-sur-Meurthe, Marainville. Ex.: à Ban-sur-Meurthe, *èl é venu do ta que dj'azor pouatti* il est venu pendant que j'étais parti.

Do tot, Gerbépal, Attigny, Vittel.

Di tot, Vienville. Ex.: *è feureu volè di tot qu'è dremait* il fut volé pendant qu'il dormait.

Dou tot, Houécourt, Vouxey. Ex.: *dou tot d'let pieuch* pendant la pluie.

3° *O-n' ar'tont qu'ie ferè lo chèmin* pendant qu'il fera le chemin, Domgermain.

Section XXIV

« Pour ».

1° *Pou*, Grand-Bois, Vagney, Saales, Moyenmoutier, Vexaincourt, Luvigny, Sainte-Barbe, Frizon, Gircourt-les-Viéville, La Baffe, Sanchey, Charmois-l'Orgueilleux, Ahéville, Gelvécourt, Ménil-en-Xaintois, Vouxey, Houécourt, Landaville, Autigny, Circourt-sur-Mouzon, Vannes-le-Chatel, Domgermain, Pierre-la-Treiche, Badonviller, Pettonville. Ex.: à Vexaincourt, *pou loquel que vôs v'lais vòtet* pour lequel voulez-vous voter?

2° *Por*, Moyen, Vallois, Anthelupt, Hoéville, Custines, Ex.: à Custines, *ç'ast por me* c'est pour moi.

Por, po, Vandeléville, Art-sur-Meurthe. Ex.: *por lu* pour lui ; *po mes parents* pour mes parents.

3º *Po, pó*, Hennezel, Saint-Baslemont, Le Tholy, Vienville, Ban-sur-Meurthe, Deycimont, Vomécourt, Bult, Chatel, Saint-Remy-aux-Bois, Haillainville, Marainville, Affracourt, Courbessaux, Thézey, Port-sur-Seille.

Pò, Gerbépal, Sommerviller. Ex.: *i trévéont pó vive* ils travaillent pour vivre.

Section XXV
« Sans ».

1º *Sans*, Saint-Baslemont, Attigny, Gelvécourt, Landaville, Ménil-en-Xaintois, Pargny-sous-Mureau, Circourt-sur-Mouzon, Vandeléville, Battigny, Pierre-la-Treiche, Custines, Courbessaux, Sommerviller.

2º *Sons*, Sanchey, Vomécourt, Bult, Chatel, Sainte-Barbe, Saint-Pierremont, Saint-Blaise-la-Roche, Lachapelle, Pettonville, Leintrey, Domgermain.

3º *So*, Grand-Bois, Deycimont, Vagney, Vallois. Ex.: j'virâ *so* li j'irai sans lui.

Soa, Moyen. Ex.: *enne foamme soa tête* une femme sans tête.

4º *Snon*, Mandray. Ex.: *snon ꭓias* sans eux.

Sno, Le Tholy. Ex.: *j'y virâ bé sno vos* j'irai bien sans vous.

Sna, Ban-sur-Meurthe. Ex.: *sna lo medicîng dje seraïe mû* sans le médecin je serais mort.

Section XXVI
« Sous ».

1º *So, ꭓo*, Grand-Bois, Le Tholy, Vienville, Deycimont, Docelles, Chatel, Sainte-Barbe, Moyen, Vallois. Ex.: *i tè ꭓo lo lée* il était sous le lit, à Sainte-Barbe.

Zou, Pierre-la-Treiche.

2º *D'so, d'só, deso, dezo, d'zo*, Mandray, Grandvillers, Leintrey, Port-sur-Seille, Mousson, Custines, Affracourt, Saint-Remy-aux-Bois, Saint-Pierremont, Saint-Blaise-la-Roche, Sanchey, Gelvécourt, Battigny, Vandeléville. Ex.: à Mandray, *d'so let tiarre* sous la terre; à Custines, *dezo lo lée* sous le lit; à Gelvécourt, *d'zo lo tot* sous le toit.

Dezò, Vexaincourt. Ex.: *je vons nòs motte è l'éhhouée dezò in' abre* nous allons nous mettre à l'abri sous un arbre.

Dezou, d'zou, Domgermain, Vannes-le-Chatel, Autigny, Pargny-sous-Mureau, Circourt-sur-Mouzon, Vouxey, Landaville. Ex.: à Vouxey, *d'zou lè tôille* sous la table.

D'hhou, à Vagney.

Section XXVII
« Suivant ».

1º *Suvant*, Gerbépal; *huvant*, Port-sur-Seille.

2º *Sévant*, Vagney, Chatel, Moyen, Saint-Remy-aux-Bois. Ex.: *j'frâ sévant qu'ça m'piâré* je ferai suivant ce qui me plaira, à Vagney.

Sevant, Rugney, Badonviller, Rehérey.

Sévouant, Mandray.

3º *Seuyevant*, Affracourt, Ménil-en-Xaintois, Autigny. Ex.: à Affracourt, *seuyevant lè hêye* suivant la haie.

Seuyeva, Marainville.

Section XXVIII
« Sur ».

1º *Hhu*, Ventron. Ex.: *hhu çoula* sur cela.

Hhou, Vagney. Ex.: *l'aute ast hhou mér* l'autre est sur mer.

2º *Chu*, Vouxey, Landaville, Vittel. Ex.: *chu les tauts* sùr les toits.

Tche, Pargny-sous-Mureau.

3° *Si*, Vexaincourt, Raon-sur-Plaine, Lachapelle, Pettonville, Leintrey. Ex.: à Vexaincourt, *j'o charhi si lo tât* j'ai cherché sur le toit.

4° *Deussu, dessu, dsu*, Attigny, Grandvillers, Ban-sur-Meurthe, Rugney, Port-sur-Seille. Ex.: à Ban-sur-Meurthe, *deussu lè tierre* sur la terre.

Dehhu, Ventron ; *dechu*, Autigny.

5° *Decheu, d'cheu*, Domgermain. Ex. : *d'cheu la taïe.*

6° *Su*, dans les autres communes.

Section XXIX
« A travers »

1° *È trèvouais*, Deycimont ; *è trèva*, Gircourt-les-Viéville.

2° *Dréhâ*, Pexonne. Ex.: *i s'eu piédi dréhâ lis bos* il s'est perdu à travers les bois.

Drohaut, parmi, par, à travers, çà et là, dans, le long de, sur, à Sanchey.

Drehaut, Thézey ; *drôhâ*, Sommerviller.

Section XXX
« Vers ».

1° *Vò*, Le Tholy, Vienville, Chatel, Pierre-la-Treiche. Ex.: *é vâré vò midi* il viendra vers midi.

Voo, Saales. Ex.: *voo lè tiarre* vers la terre.

2° *Voua*, Ventron, Vagney, Ban-sur-Meurthe. Ex.: *in' dé mâs fés ast voua Pèris* un de mes fils est vers Paris, à Vagney.

3° *Ouò*, Vexaincourt. Ex.: *ouô lè sohhon dis brimbèles* vers la saison des brimbelles.

4° *Devot, d'vot*, Saint-Vallier, Bouillonville.

Devoua, Mandray, Ortoncourt.

Douà, Leintrey. Ex. : *douà lè moteu* vers l'église.

Douo, Pexonne. Ex. : *j'ai eutti jusqu'è douo lè mitan* j'ai été jusque vers le milieu.

Deva, d'va, Affracourt, Sommerviller, Anthelupt, Courbessaux, Custines, Port-sur-Seille.

Dvé, Hennezel. Ex. : *dvé mi* vers moi.

Doè, Longuet. Ex. : *è r'véneu doè so père* il revint vers son père.

5° *Podoua*, Ménil-en-Xaintois. Ex. : *podoua midi* par devers midi.

Padéva, Ahéville ; *padevoue*, Circourt-sur-Mouzon.

Section XXXI
Autres prépositions.

Drâbè, Le Tholy. Ex. : *é d'hhò drâbè lo prè* il descendit en bas du pré.

Drâhaut, Le Tholy. Ex. : *montèz drâhaut lè hhaule* montez en haut de l'échelle, *elle co drâhaut lè mòhon* elle court à travers la maison.

Drâtoute, Le Tholy. Ex. : *é vont drâtoute lè route.*

CHAPITRE II
DES ADVERBES DE LIEU.

Section I
« Ailleurs ».

1° *Ellieurs*, Verdenal, Sommerviller, Port-sur-Seille.

2° *Aliaoue*, Bouillonville ; *eilliaoue*, Râville.

3° *Èïou, eïou*, Custines, Landremont, Mousson, Thézey ; *aïaoue*, Vannes ; *aïoûe*, Domgermain.

4° *È aute leu*, Vagney ; *auteur leuïe*, Vienville ; *aute leu*, Vomécourt, Bult ; *è d'at' leus*, Luvigny.

Section II
« Dedans ».

1° *D'dans*, Lachapelle, Thiaville, Courbessaux, Hoéville, Custines, Thézey, Port-sur-Seille.

2° *Dedons, d'dons*, Mandray, Moyenmoutier, Vexaincourt, Pexonne, Pettonville, Rehérey.

3° *Dédos, d'dos*, Le Tholy, Vagney, Vienville, Lusse, Saint-Remy-aux-Bois, Vannes-le-Chatel, Pierre-la-Treiche, Domgermain, Pargny-sous-Mureau, Vouxey.

4° *Dedas*, Ban-sur-Meurthe, Marainville, Sommerviller, Vandeléville, Battigny.

Section III
« Dehors ».

1° *Defue, detfue, ded'fue, d'fu*, Le Tholy, Ban-sur-Meurthe, Marainville, Saint-Remy-aux-Bois, Sommerviller, Courbessaux, Hoéville, Landremont, Vannes-le-Chatel, Domgermain, Vandeléville, Battigny.

D'fieu, Mandray, Laneuvelotte, Thézey, Mailly, Port-sur-Seille.

Detfie, d'fie, Pargny-sous-Mureau, Verdenal.

2° *Fue, fu, fû*, Vienville, Serres, Custines, Bouillonville, Vouxey.

Fieu, Vagney, Lusse, Pexonne, Pettonville, Rehérey, Mousson.

Section IV
« Ici, là ».

L'adverbe « ici » est composé, dans tous les patois lorrains, de l'adjectif *to, tou, teu*, et de la particule *-ci, -cé, -ce, -ceu, -cei, -cet*. Ex.: *to-ci*, Le Tholy; *to-cé*, Lusse; *to-ce*, Leintrey; *to-ceu*, Lemainville; *to-cei*, Sommerviller; *tou-cet*, Pierre-la-Treiche; *teu-ci*, Pargny-sous-Mureau.

La forme *to-ci* est dominante dans les Vosges, celle de *to-ce* l'est dans la Meurthe.

L'adverbe, « là » est composé, dans tous les patois lorrains de l'un des mêmes adjectifs et de la particule *-lè, -let, -là, -lo*. Ex.: *to-lò*, Le Tholy; *to-là*, Lusse; *to-lè*,

Leintrey; *to-let*, Sommerviller; *tou-let*, Pierre-la-Treiche; *tou-là*, Pargny-sous-Mureau.

La locution adverbiale « par ici » se rend ainsi qu'il suit: *pohi*, Haillainville; *poahhi*, Moyen; *pachi*, Pargny-sous-Mureau; *pach*, Courbessaux; *pahheu*, *pahh*, Mailly.

La locution adverbiale « par là » se rend ainsi qu'il suit: *polé*, Haillainville; *poalé*, Moyen; *polet*, Rehérey; *palet*, Courbessaux; *pâlè*, Landremont.

Locution adverbiale « là-bas »: *bèh-lè*, à Leintrey; *bè-lo*, à Saales.

Locution adverbiale « par là-bas »: *oute-di-la-lo*, à Saales.

Locution adverbiale « là-haut »: *hât'-lè*, à Leintrey; *ho-lo*, à Saales.

Locutions adverbiales « ici près, là près »: *van-toci*, *van-tolò*, au Tholy.

Van-là là à côté, Vagney.

Van-lo par là, Rehaupal.

Dróhoç'ci par ici, dans ceci; *dróhocelé* par là, dans cela, à Haillainville.

Les locutions « voici, voilà » revêtent les formes suivantes:

1° *Voi-ci*, *voi-lè*, Grand-Bois, Ortoncourt, Circourt-sur-Mouzon, Autigny, Vouxey, Saint-Baslemont, Attigny.

2° *Vo-ci*, *vo-let*, Grandvillers, Chatel.

Vò-ci, *vò-lò*, Le Tholy; *vo-ci*, *vo-le*, Saint-Pierremont; *vo-ci*, *vol-net*, Sainte-Barbe.

Vo-sce, *vo-lle*, Vexaincourt; *vo-sse*, *vo-lle*, Haillainville, Saint-Remy-aux-Bois; *vo-s'*, *vo-l'*, Vallois, Hablainville, Pierre-la-Treiche.

3° *Vè-ci*, *vè-là*, Vagney.

4° *Va-ce*, *va-lle*, Marainville, Hergugney, Rugney, Leintrey, Courbessaux, Art-sur-Meurthe, Custines, Landremont, Port-sur-Seille, Mailly, Vandeléville, Battigny.

6° *Vanne-ci, vanne-là,* Lusse; *vanne-ci, va-là,* Ban-sur-Meurthe.

6° *V'-cet, v'-là,* Bouillonville.

Section V
« Loin ».

1° *Lang,* Ban-sur-Meurthe ; *lan,* Vienville, Rehaupal, Champdray, Deycimont, Grandvillers, La Baffe, Lusse, Domgermain.

2° *Louon,* Vexaincourt, Luvigny.

3° *Long, lon,* dans les autres communes.

Section VI
« Où ».

1° *Où,* Saint-Baslemont, Lignéville, Trampot, Pargny-sous-Mureau, Battigny, Saint-Vallier, Gircourt-les-Viéville.

Oou que, Domgermain.

2° *Ou-ast-c'que,* Mandray, Saales, Vitrimont, Leintrey, Hoéville, Einville, Art-sur-Meurthe, Custines, Moivrons, Thézey. Ex. : à Saales, *i n'alleu dans in pays béne long ou-ast-c'-qu'il dissipeu tout c'qu'il aweie* il alla dans un pays bien loin où il dissipa tout ce qu'il avait ; à Thézey, *dans in pays étrainge ou-ast-ce-que l'è dépensieu tortot s'bien.*

Ou-ost-ce-que, Vexaincourt, Badonviller. Ex.: à Vexaincourt, *pasque si vôs ollînnmes louon je n'séra ou-ost-ce-que j'devrâ vôs quouéri* parce que si vous alliez loin je ne saurais où je devrais vous chercher ; à Badonviller, *l'olleu dons in pays éloigneu ou-ost-ce-qu'i consumeu tortot so bien.*

3° *Ou-ce-que, ousseque, ousque,* Attigny, Gelvécourt, Charmois-l'Orgueilleux, Sanchey, Longuet, Deycimont,

Champdray, Ortoncourt, Haillainville, Marainville, Saint-Remy-aux-Bois, Vallois. Ex. : à Sanchey, ...*ou-ce-qu' i dissipeu so bié* ; à Champdray, ...*ou-ce-qu'è dissipé tortot.*

4° *Èvou-ce-que*, Grand-Bois, La Baffe, Deycimont, Grandvillers, Vienville, Ban-sur-Meurthe, Le Tholy, Vagney. Ex. : au Grand-Bois, ...*dos in pays bié lon èvou-c'qu'è dissipeu so bié* ; à Grandvillers, *èvou-ce-qu'é sont tes ovuauyes* où sont tes aiguilles ?

5° *Vou-ce-que*, Frizon, Vomécourt, Bult. Ex. : à Frizon, *i s'on alleu dos in pays ètringié bié lon vou-ce-qu'i dissipeu tortot so bié* ; à Vomécourt, *vou-ce-qu'ost to pére* où est ton père ?

Voi-ce-que, *voisseque*, Ménil-en-Xaintois. Ex. : *i s'on ollè dos in pays bin long voi-ce-qu'i dissipait tortot so bin* ; *voi-ce-que l'ost* où est-il ?

Vo-ce-que, Moyenmoutier. Ex. : *vo-ce-que vos olléz* où allez-vous ?

Va-ce-que, Moyen, Courbessaux. Ex. : à Moyen, *je m'en alloye robourer va-ce-que n'y evor point de tierre* je m'en suis allé labourer là où il n'y a point de terre.

6° *Vorou que*, Rehaupal, Sainte-Barbe. Ex. : *vôrou qu' vos eulléz* où allez-vous, Sainte-Barbe.

Vouârou que, Provenchères ; *vouarou que*, Lusse ; *vouéru que*, Landaville. Ex. : *quand l'étô d'chu Timouétàme vouéru qu'on podòt dos l'to pessè* quand il était sur Timouétame où l'on pendait dans le temps passé.

Ouaru que, Mandray ; *ouarou que*, Vannes-le-Chatel ; *ouérou que*, Pierre-la-Treiche ; *ouorou que*, Pexonne.

7° *Èiou que*, Landremont. Ex. : *èiou que l'ast* où est-il ?

Aïaoue que, Bouillonville. Ex. : *aïaoue que v'olléz* où allez-vous ?

Dans quelques communes, « où » interrogatif diffère de « où » simplement locatif. Ex.: à Deycimont, ...*dos in pays ètraingie ou-ce-qu'i dissipeu tortot so betin; èvou-ce-qu'os vons* où allez-vous? à Provenchères, *i n'aôleu dans ie leu beinye lan ou-ost-ce-qu'i dépenseu tout' so beinye; vouaôrou que té vé* ou vas-tu?

A Rehaupal, *mèchauvorou* n'importe où. Ex.: *èl òst tojo fourrè mèchauvorou* il est toujours fourré n'importe où.

Section VII
« Partout ».

1° *Partot*, Thézey, Moivrons, Custines; *pertout*, Pierre-la-Treiche; *patiout*, Pargny-sous-Mureau; *patot*, Trampot.

2° *Tou-patout*, Vannes-le-Chatel; *tou-pâtiout*, Vouxey, Circourt.

To-patot, Verdenal, Vandeléville, Battigny.

To-patiot, Charmois-l'Orgueilleux, Saint-Vallier, Marainville, Saint-Remy-aux-Bois, Lachapelle, Thiaville, Leintrey, Sommerviller, Courbessaux, Hoéville, Laneuvelotte.

3° *To-pètiot*, Hennezel.

4° *To-potot*, Vienville, Rehaupal. Ex.: *ç'ost to-potot què les pîrres sont duhh* c'est partout que les pierres sont dures.

To-potiot, Sanchey, Gircourt-les-Viéville, Haillainville, Sainte-Barbe, Saint-Pierremont, Pettonville.

5° *To-pouètot*, Le Tholy; *to-poatot*, Vagney; *to-pouatot*, Mandray, Ban-sur-Meurthe, Lusse; *to-pouotot*, Pexonne; *to-poitot*, Rouges-Eaux.

6° *Te-potiot*, Lignéville; *te-pote*, Saint-Baslemont.

7° *Tôláh*, Landremont. Ex.: *i n'y en è tôláh* il y en a partout.

CHAPITRE III

DES ADVERBES DE TEMPS

Section I
« Aujourd'hui ».

Cet adverbe revêt les formes qui suivent :

1° *Èneu*, Ventron ; *enneu*, Vagney ; *onoïe*, Bouillonville ; *ineuïe*, Vannes-le-Chatel ; *ineuil*, Domgermain.

2° *Auhhoudeu*, Rouges-Eaux ; *auhoudeu*, Moyenmoutier ; *auhhoudhieuïe*, Ahéville ; *auhoujhdieuie*, Vaubexy ; *auhoudieu*, Saint-Vallier, Haillainville, Frizon, Chatel, Mazelay, Sanchey, Charmois-l'Orgueilleux, Sainte-Barbe, Ortoncourt, Badménil ; *auhoudeu*, Vomécourt, Bult, Dompierre ; *auhhdeuil*, Grandvillers ; *auhoud'heuye*, Rugney.

3° *Ahhoudeux*, Vexaincourt ; *ahoudeu*, Saales, Saint-Blaise-la-Roche, Celles, Luvigny, Pexonne, Badonviller, Hablainville ; *ahodieu*, Moyen ; *ahaideu*, Rehérey ; *ahodé*, Cirey ; *âhodiêu*, Leintrey ; *ahedieu*, Hoéville ; *âhégueu*, Sommerviller ; *ahhdeu*, Pettonville ; *ahogueu*, Vallois.

4° *Aujedeu*, Ramonchamp ; *auj'deue*, Longuet ; *auj'deïe*, Le Tholy ; *aujedeuye*, Gerbépal ; *ojedeuil*, Champdray ; *audjudeu*, Ban-sur-Meurthe ; *aujgud'heu*, Mandray ; *aòjudeu*, Provenchères ; *aujedu*, Serres ; *âjedeuïe*, Verdenal ; *ajed'heu*, Courbessaux ; *âjedeuie*, Anthelupt ; *aj'deuë*, Einville ; *aujed'heue*, Moivrons ; *ajedeuie*, Laneuvelotte ; *ajedeu*, Art-sur-Meurthe ; *aj'deuïe*, Malzéville ; *auj'du*, Thézey, Port-sur-Seille, Manoncourt-sur-Seille ; *ojdu*, Mailly ; *auj'deuie*, Landremont, Martincourt ; *ojed'heuïe*, Custines ; *òjedeuil*, Lalœuf, Lemainville, Vandeléville, Battigny, Aboncourt, Trampot, Brechainville, Pargny, Autigny, Circourt-sur-Mouzon, Bulgnéville, Vouxey,

Houécourt, Vittel, Menil-en-Xaintois, Laneuveville-sous-Montfort, Lignéville, Saint-Baslemont, Marainville ; *auj'deu*, La Baffe, Docelles, Deycimont.

5° *Audeuille*, Dombasle-devant-Darney ; *aud'euye*, Attigny ; *òdieuye*, Hennezel.

Section II
« Autrefois ».

On remplace communément cet adverbe par des locutions comme : *di to passa*, à Vagney ; *do ton pessè*, à Celles ; *dons lo to*, à Ortoncourt ; *dons lo tou*, à Sanchey, etc.

Les adverbes « une autrefois, l'autre fois » se rendent ainsi qu'il suit : *l'att'fouo*, à Vexaincourt ; *l'aut'foue*, à Autigny ; *l'âte-fouo*, à Pexonne ; *l'âte-foué*, à Verdenal ; *l'òte-foué*, à Mousson ; *l'ot'-dé-foué*, à Saint-Pierremont.

Section III
« Bientôt ».

1° *Biètòt*, Vagney, Pargny-sous-Mureau.

Biétòt, *biétot*, Hennezel, Grand-Bois, Sanchey, Chatel, Ortoncourt, Sainte-Barbe, Saint-Pierremont.

2° *Bintòt*, *bintot*, Saint-Blaise-la-Roche, Hablainville, Verdenal, Hoéville, Art-sur-Meurthe, Laneuvelotte, Custines, Vannes-le-Chatel, Battigny, Saint-Remy-aux-Bois, Saint-Vallier, Gelvécourt, Lignéville, Houécourt, Saint-Baslemont.

3° *Bîtòt*, *bietot*, Docelles, Deycimont, Grandvillers.

4° *Bintout*, Autigny, Circourt-sur-Mouzon ; *bintoûe*, Domgermain.

5° *Bêtout*, Le Tholy.

Béteut, Vienville, Rehaupal, Champdray.

Section IV
« Demain ».

1° *Main*, aux Rouges-Eaux.

2° *Demain, d'main, démain, demin, d'min, démin*, dans les autres communes.

Section V
« Ensuite ».

1° *Enhutte*, Lachapelle, Thiaville.
Enhôte, Raville.
Encheute, Pierre-la-Treiche.
2° *Èdala*, Lusse, Saales, Ban-sur-Meurthe.

Section VI
« Hier, avant-hier ».

L'adverbe « hier » revêt les formes qui suivent:

1° *Ohho*, Moyenmoutier ; *ohho* et *ïerre*, Vexaincourt ; *éhhou*, Raville ; *ahheu*, Thézey ; *aheu*, Port-sur-Seille, Mousson ; *ahòe*, Moivrons ; *ahho*, Martincourt ; *ahoòu*, Landremont ; *ahheu*, Mailly ; *achaïe*, Bouillonville ; *ochaò*, Liverdun ; *âcheuil*, Domgermain ; *ohha* et *heur-main*, Docelles.

1° *Hér-main, ér-main, er-main, eur-main, ur-main, er-min, eur-min, eir-main, heur-main*, etc., Ramonchamp, Ventron, Vagney, Longuet, Le Tholy, Vienville, Rehaupal, Gerbépal, Champdray, Ban-sur-Meurthe, Mandray, Saales, Saint-Blaise-la-Roche, Lusse, Provenchères, Rouges-Eaux, Lachapelle, Thiaville, Sainte-Barbe, Roville-aux-Chênes, Ortoncourt, Badménil, Bult, Voméourt, Dompierre, La Baffe, Docelles, Deycimont, Grandvillers, Charmois-devant-Bruyères ; *eiremain* et *hier*, à Chatel.

3° *Éh*, Haillainville ; *iéhh*, Moyen ; *hiéh*, Vallois.
4° *Ére*, à Celles.
5° *Hieil*, à Trampot.
6° *Hier, hiére, ïerre*, etc., Luvigny, Pexonne, Badonviller, Rehérey, Pettonville, Verdenal, Leintrey, Hoéville, Courbessaux, Sommerviller, Einville, Custines, Pierre-

la-Treiche, Lalœuf, Lemainville, Vannes, Vandeléville, etc., etc.

L'adverbe « avant-hier » revêt les formes qui suivent :

1° *Devant-ohho*, à Moyenmoutier ; *devant-ahheu*, à Thézey ; *d'vant-aheu*, à Port-sur-Seille, etc. ; *âdvonʒa-cheuîl* Domgermain.

2° *Dèvant-hérmain*, à Ramonchamp ; *dant-érmain*, à Vagney ; *dant-urmain*, au Tholy, etc.

3° *Devan-s-éh*, à Haillainville ; *devan-ʒ-èh*, à Vallois ; *dévan-ʒ-éhh*, à Moyen ; *avant-ʒ-ieil*, à Trampot.

4° *Devan-ʒ-êr*, à Vouxey ; *évan-ʒ-ére*, à Luvigny ; *devan-s-ére*, à Chatel, etc., etc.

5° *Van-ʒ-ére*, à Celles, Vexaincourt, Badonviller, Pexonne.

Dans le plus grand nombre des communes, l'adverbe « hier » est soudé à la préposition « avant » par un ʒ euphonique.

Section VII
« Jamais ».

1° *Jèmaîs*, Courbessaux ; *jémais*, Hoéville ; *jemais*, Art-sur-Meurthe, Mousson.

2° *Jèmas, jèmâs*, Sainte-Barbe, Haillainville, Mazelay, Sanchey, Saint-Vallier, Domgermain, etc.

Jémas, jémâs, Moyenmoutier, Badonviller, Mailly, etc.

Jemas, jemâs, Le Tholy, Ortoncourt, Lachapelle, etc.

3° *Jamâs*, Bouillonville.

4° *J'ma, j'mâ*, Champdray, Deycimont, Pargny-sous-Mureau ; *j'mâ* ou *h'mâ*, Rehaupal.

Section VIII
« Souvent ».

1° *Sovent*, Lachapelle, Courbessaux, Hoéville, Thézey, Laneuvelotte, Custines, Art-sur-Meurthe, Battigny, etc.

Sevent, Saint-Vallier ; *sèvent*, Rugney.

2° *Souvont*, Mazelay.

Sovont, Mandray, Saint-Blaise-la-Roche, Moyenmoutier, Vexaincourt, Luvigny, etc.

3° *Souvot*, Vannes-le-Chatel, Houécourt, Vouxey.

Sovot, Grand-Bois, Gerbépal, Sainte-Barbe, Chatel, Ménil-en-Xaintois.

Seuvot, *sevot*, Le Tholy, Vienville, Champdray, Ortoncourt, Gelvécourt, Saint-Baslemont, etc.

4° *Sovat*, *sôvat*, Ban-sur-Meurthe, Marainville, Affracourt.

Sevat, Gircourt-les-Viéville.

5° *S'vot*, Vagney, Landaville.

Section IX
« Tantôt ».

1° *Tanteut, tantêut*, Le Tholy, Rehaupal, Champdray.
2° *Tantôue*, Domgermain.
3° *Tantôt*, dans la plupart des communes.

Section X
« Tard ».

1° *Tá*, Gerbépal, Sanchey, La Baffe, Vomécourt, Bult, Sainte-Barbe, Vexaincourt, Chatel, Ménil-en-Xaintois, Vittel, Houécourt, Attigny et Domgermain.

2° *Tê*, Moyen, Leintrey.

Tè, Lachapelle, Laneuvelotte, Port-sur-Seille.

3° *Derrèye*, Grandvillers ; *derrèe*, Ban-sur-Meurthe ; *bé-derraïe*, Champdray.

Section XI
« Toujours ».

1° *Tocoué*, Vagney ; *tocou*, Gerbépal.
2° *Édé*, Lusse.
3° *Tohhô*, Vexaincourt ; *toho*, Moyenmoutier.

4° *Toujou, teujou, tejou*, dans la plupart des communes des arrondissements de Neufchâteau et de Mirecourt.

5° *Tojou*, Mazelay, Saint-Vallier.

Toujoue, Domgermain.

6° *Tojo*, dans les autres communes.

CHAPITRE IV
DES ADVERBES D'AFFIRMATION, DE NÉGATION ET DE DOUTE

Section I
« Assurément, sûrement ».

1° *Hurement*, Port-sur-Seille ; *suremot*, Lignéville ; *essurémot*, Houécourt ; *sûrmot*, Domgermain.

D'éhhirance, Vexaincourt.

2° *Bié sûr*, Sainte-Barbe ; *bin' sûr*, Mandray ; *po sûr*, Docelles ; *pou sûr*, Celles ; *po lo sûr*, Rugney.

Section II
« Certes ».

1° *Çétes*, Rehaupal ; *ciettes*, Deycimont, Vomécourt, Bult.

2° *Çâtes*, Sanchey, Charmois-l'Orgueilleux.

Ciâtes, Saint-Blaise-la-Roche.

3° *Çatieu*, Ménil-en-Xaintois, Houécourt, Vouxey, Ahéville, Gelvécourt.

Section III
« Non ».

1° Dans un certain nombre de communes, l'adverbe « non » revêt deux formes différentes, suivant que l'on parle avec déférence ou familièrement.

	Déférence.	Familiarité.
Provenchères,	*nanni*,	*niant*.
Pexonne,	*nenni*,	*niant*.
Saint-Baslemont,	*nenni*,	*niant*.

Bouillonville,	*nânais,*	*niant.*
Landremont,	*nani,*	*niant.*
Domgermain,	*nâni* et *non,*	*niant.*
Ménil-en-Xaintois,	*non,*	*niant.*
Pettonville,	*non,*	*niant.*
Mailly,	*non,*	*niant.*
Mousson,	*non,*	*niant.*

2° On trouve dans les cahiers d'un grand nombre de communes deux et trois formes concurrentes sans indication de l'emploi particulier de chacune d'elles : *non, nono, nâni, nenni, naîni, niant.*

3° La forme *niant* parait être seule usitée à Ban-sur-Meurthe, Lusse, Vexaincourt, Saint-Pierremont, Marainville, Gircourt-les-Viéville, Vaubexy, Attigny, Bulgnéville, Lemainville, Saint-Remy-aux-Bois, Art-sur-Meurthe.

On dit *niont* à Vannes-le-Chatel.

4° Les formes *nanni, nenni* paraissent être seules usitées à Champdray, Deycimont, Luvigny, Saales, Verdenal, Circourt-sur-Mouzon, Landaville, Ahéville.

5° La forme *noua* est seule usitée à Hoéville et à Serres.

Section IV

« Oui ».

1° Dans un certain nombre de communes, l'adverbe « oui » revêt deux formes différentes, suivant que l'on parle avec déférence ou familièrement.

	Déférence.	Familiarité.
Vexaincourt,	*ouéïe,*	*aïe.*
Landremont,	*oui,*	*aïe.*
Mailly,	*oui,*	*aïe.*
Custines,	*oui,*	*aïe.*
Mousson,	*oui,*	*aïe.*
Moivrons,	*io,*	*aïe.*

Bouillonville,	*ouais,*	*oïe.*
Domgermain,	*oui,*	*ioûe.*
Sainte-Barbe,	*oui,*	*io.*
Deycimont,	id.	id.
Ménil-en-Xaintois,	id.	id.
Saint-Baslemont,	id.	id.
Hablainville,	id.	id.
Courbessaux,	id.	id.

Dans les autres communes, l'adverbe « oui » revêt les formes qui suivent:

1° *Ouye,* Rehaupal; *ouye, oui,* Attigny.

2° *Ouèïeu, ieu, eu,* Le Tholy.

3° *Voueiye,* Hennezel; *ouéïe,* Luvigny.

4° *Voye, eue,* Champdray.

5° *Oeïe,* Saales; *oiée,* Provenchères; *oïe, aïe, eu,* Vienville; *òye,* Râville.

6° *Oui,* Port-sur-Seille, Battigny, Pargny-sous-Mureau, Landaville, Grand-Bois, Moyenmoutier, Ortoncourt, Rugney.

Ioue, Vannes-le-Chatel.

7° *Aïe, aye,* Ban-sur-Meurthe; *âee,* Mandray; *âĕ,* Thézey.

8° *Io, iô, ïau,* Sanchey, Charmois-l'Orgueilleux, Docelles, Mazelay, Vomécourt, Bult, Rouges-Eaux, Saint-Pierremont, Hablainville, Hoéville, Art-sur-Meurthe, Laneuvelotte, Lemainville, Affracourt, Saint-Remy-aux-Bois, Vallois, Moyen, Gircourt-les-Viéville, Vaubexy, Gelvécourt, Ahéville, Lignéville, Bulgnéville, Vouxey, Trampot, Aboncourt.

Dans la plupart des communes, la forme française « oui » est usitée concurremment avec la forme patoise.

Section V

« Peut-être ».

Le Tholy, *steu bé qu'eu* peut-être bien que oui.

Saint-Amé, *stau-bié qu'oui*.

Bellefontaine, *sté-poué* peut-être.

Ménil-en-Xaintois, *stè-poi qu'oui*.

Attigny, *stè-pouè*. Ex.: *é n' geoleré stè-pouè pus* il ne gèlera peut-être plus.

Section VI
« Si, si fait ».

1° *Némoi*, Ménil-en-Xaintois ; *némoua*, Landaville ; *nîmoi*, Sanchey.

2° *Siot*, Landaville, La Baffe, Haillainville, Saales. *Siat*, Gircourt-les-Viéville, Moivrons.

3° *Oh que si* (déférent), *siot* (familier), à Pexonne. *Si* (déférent), *siat* (familier), Landremont.

4° *Si fâ*, Saales ; *si fè*, Laneuvelotte.

CHAPITRE V
DES ADVERBES DE QUANTITÉ.

Section I
« Assez ».

1° *Osséẑ*, Le Tholy ; *ossèẑ*, Vomécourt, Bult.

2° *Essaye*, Courbessaux ; *esseï*, Crévic.

3° *Esséẑ*, *esséẑ*, dans les autres communes.

Section II
« Beaucoup ».

1° *Toupien*, Bouillonville, Pierre-la-Treiche, Autigny, Pargny-sous-Mureau, Houécourt, Landaville, Domgermain.

Topien, Vomécourt, Bult, Chatel, Haillainville, Pexonne, Rehérey, Courbessaux, Hoéville, Serres, etc.

Tòpien, Sainte-Barbe, Marainville, Vaubexy, etc.

Topiin, Custines.

Toupié, Râville ; *topié*, La Baffe.
2° *Trobien*, Luvigny ; *tròbien*, Vexaincourt ; *trobé*, Le Tholy.
3° *Brâmont*, Saint-Blaise-la-Roche, Saales.
Bròmot, Le Tholy.
4° *Moult*, Vienville, Courbessaux.
Maoue, Bouillonville.

Section III
« Guère ».

1° *Ouèrre, ouère*, Vexaincourt, Luvigny, Pexonne, etc.
Ouâre, Landaville ; *vouare*, Houécourt ; *wère*, Domgermain.
Ouarèque, Attigny.
Oir, Pargny-sous-Mureau, Vaubexy ; *voir*, Ménil-en-Xaintois.
2° *Ouai*, Serres, Port-sur-Seille ; *vouai*, Lusse.
Ouâ, Lachapelle, Leintrey, Bouillonville.
Voie, Le Tholy ; *vâ*, Vomécourt, Bult, Sainte-Barbe, Haillainville.

Section IV
« Peu ».

1° *I po*, Mousson, Port-sur-Seille.
Po, Luvigny, Vomécourt, Bult, Rehérey.
Pô, Saales, Vexaincourt, Sainte-Barbe, Chatel, Lachapelle, Leintrey, Courbessaux, Vandeléville, Pargny-sous-Mureau, Gelvécourt, Saint-Vallier.
2° *Poû*, Landaville ; *poê*, Marainville ; *paoue*, Saint-Blaise-la-Roche.

CHAPITRE VI
DES ADVERBES DE COMPARAISON.

Section I
« Ainsi, comme cela ».

1° Badonviller, *inlé* ; Crévic, *anlet*. Ex.: *layons l'anlet* laissons-le ainsi.

Bouillonville, *ainlà*.

2° *Dino*, Ramonchamp, Ex.: *sé t'taie î pô pu îstrut té n' diro mi dino* si tu étais un peu plus instruit tu ne dirais pas comme cela ; *dinet*, Mandray.

Dinsi, Ventron.

Section II
« Aussi ».

1° *Aussi*, *ôssi*, Le Tholy, Mandray, Ban-sur-Meurthe, Sainte-Barbe, Marainville, Sanchey, Deycimont.

Auschi, Landremont.

2° *âssi*, *assi*, Moyen, Vallois, Pettonville, Badonviller, Leintrey, Verdenal, Courbessaux.

3° *Ausse*, *oss'*, *ausseu*; Gircourt-les-Viéville, Affracourt, Moivrons, Thézey, Vouxey.

Auch', Pargny-sous-Mureau ; *auch'*, Domgermain.

4° *Itou*, Crévic. Ex.: *let saléte, ene pougnée d'parsil itou*, la salade, une poignée de persil aussi.

Section III
« Autant ».

1° *Austant*, *ostant*, Custines, Moivrons, Mousson, *Auhhtant*, Moyenmoutier ; *ohtant*, Saint-Pierremont. *ôhetant*, *ohetant*, Lachapelle, Thiaville, Badonviller.

Auchtant, *auchetant*, *ôchtant*, *ochtant*, Vienville, Mandray, Vomécourt, Bult, Sainte-Barbe, Gircourt-les-Viéville, Sanchey, Docelles, Deycimont, Saint-Vallier, Gelvécourt, Hoéville.

Auch'tont, Domgermain.

2° *âstant*, Verdenal.

Ahhtant, Pettonville.

Ahetant, *âhétant*, Moyen, Sommerviller.

Achtant, *âchtant*, Vallois, Hablainville.

Section IV
« Ensemble ».

1° *Ensône*, Haillainville ; *einsône*, Leintrey ; *ensonne*, Bouillonville, Ràville.

2° *Onsonne*, Attigny.
3° *Essonne*, Frizon ; *ésone*, Chatel.
4° *Ensanne*, Lachapelle, Thiaville.

Section V
« Mieux ».

1° *Meûye*, *meüie*, *meuil*, Marainville, Laneuvelotte, Custines, Landremont, Vannes, Vandeléville, Domgermain, Hoéville.
2° *Moïe*, Bouillonville ; *maïoux*, Moivrons.
3° *Mieye*, Affracourt.
4° *Meh*, Hennezel.
5° *Meu, me*, dans les autres communes.

Section VI
« Moins ».

1° *Moué*, Grand-Bois, Saint-Pierremont, Sainte-Barbe, Sanchey, Lignéville, Vallois ; *mouet*, Sommerviller ; *mouè*, Hennezel ; *moé*, Moyen.
2° *Mouan*, Mandray, Ban-sur-Meurthe.
3° *Mois*, Marainville, Gircourt-les-Viéville, Rugney, Saint-Vallier, Gelvécourt, Houécourt, Saint-Baslemont.
4° *Moins*, dans les autres communes.

Section VII
« Plus ».

1° *Pis*, Vexaincourt, Hablainville, Pettonville, Réchérey, Badonviller.
Pe, Domgermain.
2° *Pus*, dans les autres communes.

CHAPITRE VII
DES ADVERBES D'INTERROGATION

Section I
« Combien ? ».

1° *Commbé*, Le Tholy ; *combié*, Longuet, Dompierre, Vomécourt, Bult, Sainte-Barbe.

Cobié, Grand-Bois ; *cobé*, Champdray, Gerbépal.
Cobie, Deycimont ; *cobi*, Lusse.
2° *Combin*, Vaubexy, Houécourt, Vittel, Trampot, Saint-Remy-aux-Bois, Lachapelle, Lemainville, Hoéville, Laneuvelotte.
Combeune, Thézey.

Section II
« Comment ? »

K'mo, Le Tholy ; *quémo*, Ventron ; *quemot*, Houécourt ; *commot*, Vaubexy ; *mosque*, Vittel ; *mosqué*, Ventron.

Section III
« Pourquoi ? ».

Poqué, Le Tholy, Gerbépal ; *pouqué*, Saales ; *pourquet*, Raville.

CHAPITRE VIII
DES CONJONCTIONS.

La plupart de nos correspondants se sont bornés à constater brièvement que les conjonctions du patois ne diffèrent guère de celles du français. J'indiquerai néanmoins, pour les principales d'entre elles, quelques formes recueillies dans les textes.

I. — « Encore » se dit communément : *èco* ou *co*, mais la voyelle *o* fait place à la voyelle *a* dans un certain nombre de communes : Vagney, Courbessaux, Anthelupt, etc.

On dit à Domgermain, *eilcoûe*. Ex.: *j'â rencontrè es' frère eilcoûe sa sœur*.

II. — « Et ». Cette conjonction est assez souvent suivie d'une *s* euphonique, dans les patois de la région sud-est du département des Vosges. Ex.: à Vagney, *e's li demandé* et il demanda ; à Vienville, *et-s' lo touèz* et tuez-le ; à Gerbépal, *et-s' lo bigé* et il le baisa, *et-se ne veuré mi attret* et il ne voulut pas entrer.

III. — « Donc » se dit communément *do*.

IV. — « Si » revêt dans quelques patois les formes suivantes : *sé, se, s,*

V. — « Pourtant » revêt les formes qui suivent : *portant, pochetant, pochtant, pouchtant, pœrtant, poutiant.*

VI. — « Puisque » se dit : *pusseque, pusqué, pousque, posque, pisque.*

VII. — « Parce que ». A côté de la forme *passque,* qui est usitée dans tout le pays, on trouve assez souvent la locution *è cause que,* et dans quelques communes de la région sud-est des Vosges, la conjonction *pòròmou* (Le Tholy), *pramou* (Gerbépal).

VIII. — « Quand » se dit, suivant les localités, *quod, quond, quad, quett.*

IX. — « Comme » devient *k'mo* au Grand-Bois, à Saint-Baslemont, Attigny, Linéville, Vouxey.

X. — « Et puis » se dit généralement *et peu, épeu, èpe.*

XI. — « Pendant que, tandis que » se rendent d'ordinaire par la locution : *dans le temps que.*

XII. — « Ni » se dit *ne* dans quelques communes. On trouve à Vexaincourt *ne-co* pour « et ni ».

CHAPITRE IX

DES INTERJECTIONS.

On peut considérer comme une sorte d'interjection la locution interrogative *neum,* sur laquelle trois de nos correspondants ont fourni quelques renseignements.

Landremont. — *Nam* équivaut au français « n'est-ce-pas » (*n'-ast-me* n'est pas) et s'emploie seulement lorsqu'on tutoie l'interlocuteur. Quand on ne tutoie pas, on se sert de *mé* ou de *mòou* suivant que l'on s'adresse à une ou à plusieurs personnes.

Courbessaux. — La locution française « n'est-ce-pas »

se traduit par *nemm* quand on s'adresse à un seul, et par *nemé* quand on s'adresse à plusieurs. Ex.: *te m'ferai ç'let, nemm'?* tu me feras cela, n'est-ce-pas ? — *ve vròos tolet, nemé?* vous irez là, n'est-ce-pas ?

Crévic. — « N'est-ce pas » se rend par *nome* quand on tutoie ou que l'on parle à une seule personne, par *nomé* quand on ne tutoie pas ou que l'on s'adresse à plusieurs.

Un seul de nos correspondants (Pexonne) a signalé la locution *bonjour dondeu* (bonjour donne Dieu !) qui paraît être aujourd'hui moins usitée qu'anciennement.

VOCABULAIRE
PATOIS-FRANÇAIS

A

broqué se dit de celui à qui il manque des dents, Lay-Saint-Remy.

Acaoué amputé de la queue, Lay-Saint-Remy.

Acé qui a les dents agacées, Allain; *acié* agacer, émousser, Le Tholy, Landremont. Gl. m. (1), *aacier, acer*, agacer.

Achaleilne haleine, Domgermain.

Achauchler pressurer, Domgermain.

Achaule petite raie d'irrigation, Jeuxey.

Acrogne veillée d'hiver, lieu où l'on se réunit pour veiller, Lay-Saint-Remy. Gl. m. *creigne* veillée.

Acouver s'accroupir, s'asseoir sur les talons, Lay-Saint-Remy.

---

(1) *Glossaire du patois messin*, par D. Lorrain. Nancy 1876.

Adolé malingre,— se dit des enfants, Lay-Saint-Remy.

Adré — se dit d'un œuf dont la coquille est molle, Allain.

Ages tiges de pommes de terre, Allain.

Agvotte épouvante, Vannes; *èquevotte*, Allain.

Ahonchi empoigner, Serres. Gl. m. *enhoncher*.

Ahoté empêché, arrêté, — se dit d'un chariot, d'une voiture, Lay-Saint-Remy. Gl. m. *enhatté* accroché, embourbé.

Aibruyenie objet disposé pour servir d'épouvantail à des animaux; *aibruyi* épouvanter un animal, lui faire prendre la fuite, Allain.

Aichignon, liens pour balais consistant en jeunes brins de coudrier, Allain.

Aichiotte sorte de potence où l'on suspend les cochons après les avoir saignés et blanchis, Allain.

Aicoinché qui est tombé les jambes écartées, Allain.

Ailouïere purin, Allain; *èleur*, Landremont; *lohire*, Le Tholy; *louhhei*, La Bresse. Gl. m. *liure*.

Aimairoche scabieuse des champs, Allain.

Ainerbi qui est rempli de mauvaises herbes, Saint-Amé.

Aipaichons fuseaux des brancards des voitures sur lesquelles on rentre les récoltes, Allain.

Aipairots ais employés dans la construction des réduits à porcs, Allain. Gl. m. *aipaireu*, paroi, cloison.

Aipson fuseau amorcé, commencé, La Bresse. Gl. m. *aibeusson* commencement.

Airoffe étoupe de lin de deuxième qualité, Vagney.

Airot réduit à porcs, Allain.

Airoux horrible, La Bresse. Gl. m. *hairoux* hargneux, colère, etc.

Aitiérate étoupe de lin de première qualité, Saint-Amé.

Aitiot nœud avec maille, Allain.

AITRAIYE cimetière, Serres; *atréie,* à Mailly. Gl. m. *atreye.*

AITRONGUIÉÏE — se dit d'une vache dont les pis sont enflés, Saint-Amé.

AIVREU, abri, La Bresse.

ALOUNE alène, Domgermain.

AMBIÈVER ensemencer, Landremont. Gl. m. *embiéver.*

ANDIN ce qu'un faucheur abat sur une ligne, traînée d'herbe qu'il laisse derrière lui, Landremont.

ANGON gond, Saint-Amé ; Gl. m. *angon.*

ANGRIE pierre formant l'angle d'un mur, Saint-Amé

APALLE épaule, Domgermain.

APPROTER habiller, Domgermain.

AQUIOTE pelure de pomme, de poire, Le Tholy.

ARGOLISSE réglisse, Lay-Saint-Remy.

ARI aire de grange ; *arie* ce qu'on a étalé de gerbes sur l'aire, Landremont.

ARPII herser, Bouillonville.

ATÈÏES façons, cérémonies, Landremont ; *aties, atîs,* à Dompaire, Nancy. Gl. m. *atis.*

ATTIE emportement, impétuosité soudaine, Le Tholy.

AUBOTTE ablette, Lay-Saint-Remy. Gl. m. *aubatte.*

AUFEU cuisine, La Bresse ; *aufeûye* foyer, Le Tholy.

AUGATTE fille sotte, bornée, Landremont.

AUHEMO ustensile de ménage, Saint-Amé.

AUHHE amorce; *auhhi* amorcer, Le Tholy. Gl. m. *ahhe* amorce, appât.

AULEUSSE détour, manières, subterfuge, Landremont ; *aulusse* sornette, Crévic. Gl. m. *aulusse.*

AULHOU lierre terrestre, Saint-Amé.

AUMAÏE rapport exagéré, cancan ; *aume* croyance, foi, certitude ; *aumè* estimer, évaluer, Le Tholy.

AUPÉNI qui a l'age d'être sevré, Landremont ; *spéni* sevrer, Le Tholy ; *hhpèni,* à La Bresse.

AUVEU pierre d'eau, évier, Saint-Amé.

Auvoaye boisson épaisse que l'on donne au bétail deux fois par jour, Saint-Amé. Gl. m. *eauwaye* eau blanche, buvée pour le bétail.

Avé un moment de repos, Landaville ; *in petit haivi* un petit moment, La Bresse.

Awotte ce que donne la première distillation des marcs de raisin, Allain.

Azé rucher, Saint-Amé.

B

Baba lait des premières traites, Landremont.

Bacon lard, dans la plupart des communes.

Bagnotte cuve de forme elliptique, Lay-Saint-Remy ; *baignotte* cuvier de même forme, Allain.

Baï gâcher ; *bâïoux* gluant, bourbeux, glissant, Le Tholy.

Baïatte tartine, Saint-Amé.

Balouatte moucheron, Landremont. Gl. m. *balouatte* charançon.

Banhoua garde-champêtre, Vexaincourt. Gl. m. *banwade*.

Baou fosse, Landremont. Gl. m. *bawe*.

Baouer aboyer, Landremont. Gl. m. *bawer*.

Baquioux bucheron, Landremont. Gl. m. *bacquioux*.

Barange pièce de bois servant de séparation dans les étables, Landremont.

Bareter tromper, Lay-Saint-Remy ; *beurtowe* qui trompe au jeu, Allain.

Barrii pousser, secouer une porte pour l'ouvrir, Landremont.

Bassoter s'occuper des menus détails du ménage, se livrer à des travaux sans utilité, Dompaire ; *baissoter*, à Allain ; *baçota*, faire de petits ouvrages, Saint-Amé.

Batou grange où l'on bat les gerbes, Saint-Amé.

Batné balance de voiture, Courbessaux ; *botné*, palonnier, Frizon.

Bauii crier, Landremont.

Bauler — se dit de l'action du vent lorsqu'il couche et fait verser les récoltes pendantes, Landremont.

Bauquer chercher à voir sans être vu, Landremont.

Bauquer tinter les cloches, Landremont.

Bèche auge, *bèchot* auget, Le Tholy. Gl. m. *bachowe* baquet.

Bècheur garçon d'honneur, Epinal.

Bèdèle bavarde, Razey. Gl. m. *berdelle, bredelle*.

Bedelle bardane, Landremont.

Bégnants souhaits, compliments de bienvenue, Dompaire.

Behuraube chasselas, Landremont.

Beï bosseler la vaisselle en métal, Le Tholy.

Beïaï levier, Serres.

Belaud homme épais, sournois, Saint-Amé ; niais, à Serres.

Bènade bât de l'âne, Landremont ; *benade,* panier suspendu au bât de l'âne, Allain ; *benatons,* poches que les femmes tiennent attachées sous leurs robes, paniers suspendus au bât de l'âne, Dompaire. Gl. m. *bainade,* bât, panier.

Berbozé barbouillé, se dit de la figure, Landremont ; *bairbouzé,* même signification, Allain. Gl. m. *berbozer* peindre, barbouiller.

Bere pièce de bois servant de levier, Le Tholy.

Bèré claie, porte de jardin, Le Tholy.

Bèrègne mauvais cheval, Landremont.

Berli vrille, La Bresse.

Bèrotte femme ou fille, Laneuveville-sous-Montfort ; *baratte,* à Hamonville.

Berriou instrument servant à broyer le poivre, La Bresse.

Bertè exténué de fatigue, Le Tholy.

Berteure coffre à grain, Landremont; *beurteuilre*, huche, Domgermain. Gl. m. *beurture*, huche à farine.

Bes'ner bassiner, Mailly.

Beson lourdaud, Dompaire.

Besse vallée, Vagney.

Besse d'aoû flaque d'eau, Landremont; *basse d'eau*, à Nancy.

Bèsse, branche d'arbre fichée en terre pour servir temporairement de borne, Landremont.

Bessinot bouton d'or, Laneuveville-sous-M.

Bèteuïe aire à battre, Le Tholy, Landremont, Allain.

Bètié baptiser, Landremont.

Betta mare d'eau croupissante, Mailly.

Beuchát se dit de celui qui tousse souvent, Allain.

Beugnatte grande cuiller en bois, Landremont. Gl. m. *beguenatte, begnatte*.

Beugne contusion, coup, Landremont, Nancy; *beugnia*, à Saint-Amé; *bigne*, à Lay-Saint-Remy.

Beuïle cruche d'huile, Allain.

Beuildin marcotte de la vigne, Domgermain.

Bezieu travailler avec activité, Mailly.

Biaiye lessive, Saint-Amé.

Biaouti ciller, remuer les paupières, Landremont.

Biasseuïe fruitier, Landremont; *biassié*, à Saint-Amé; *biaussi*, au Tholy. Gl. m. *biassi*.

Bicaoué têtard, Mailly; *bocawé*, à Domgermain. Gl. m. *bacawé*.

Biémie passer au feu une volaille plumée, Allain.

Bieucha billot, Saint-Amé; *buecho*, au Tholy.

Bieuche tronce, bille de bois, Saint-Amé.

Bihi se dit des animaux qui prennent la fuite en levant la queue, Saint-Amé; *ebbéhi*, à Vagney. Gl. m. *bezer, beuzer* s'enfuir, — au propre, se dit des vaches qui, assaillies par les mouches, s'enfuient au loin.

Biové confiture, Dompaire.

Bisbi brouille, chicane, Saint-Amé; *bisbille*, à Landremont.

Blaïe bouillie, Landremont.

Blasse bosse, Landremont.

Blouï, Blue brimbelle, myrtille, Le Tholy.

Blouque boucle, Lay-Saint-Remy.

Boalè bêler, pleurer, Le Tholy.

Boc lait des premières traites, Le Tholy.

Bocans lardons, Rehérey.

Boche étoffe laine et fil, Allain.

Bocot baiser, Dompaire.

Bocs boutons de fièvre, Landremont; *bouques*, à Allain, Nancy.

Bocs (fàre les) faire la moue, Landremont. Gl. m. *boque* moue.

Bodelè jaser, jouer, courir çà et là, Le Tholy; *boidla* bavarder, La Bresse; *bouadelle* bavardage, Saint-Amé.

Bodeneur entonnoir à boudin, Landremont.

Bodère boue, Dompaire.

Boèlotte cruche à huile, Lay-Saint-Remy; *bouérotte*, à Aboncourt; *bourotte*, à Rehérey; *boratte*, à Landremont.

Bohè regarder d'un air bonasse, Le Tholy; *bouaha*, à La Bresse.

Bohhè boursouflé, boursé, — se dit de la croûte du pain, Le Tholy.

Boihhollé charpagne pour enlever les pommes de terre lors de l'arrachage, La Bresse.

Boler brouiller, troubler l'eau, Landremont; *bouler*, à Lay-Saint-Remy, Nancy.

Bolier se hâter, Vienville. Gl. m. *bollier*.

Bolue, bouèlotte, jeu de Colin-Maillard, Laneuveville-sous-M.

Borbis brebis, Lay-Saint-Remy, Domgermain.

Borbondè grommeler, Le Tholy.

Borgueïci parler d'une façon inintelligible, Le Tholy.

Borhé œuf couvé qui n'éclôt pas, Vomécourt ; *borot*, à Razey.

Bosées lie d'huile, Landremont.

Bosèque terme de mépris, Landremont. Gl. m. *bosék* gros enfant stupide et sale.

Boset fiente de vache, Le Tholy ; *boseau*, à Landremont.

Bossottes marques de la petite vérole, Razey.

Botré premier lait de la vache, Dompaire.

Bouatte moucheron, Ban-sur-Meurthe ; *bouotte*, au Tholy.

Bouaulhé paresseux, Saint-Amé.

Bouchot poignée de chanvre à teiller, Allain.

Boudà enfant bien portant, gras, Allain.

Bouèïà brouette à claire-voie, Le Tholy.

Bougeotte bourse, poche, Lay-Saint-Remy.

Boutà vermoulu, — se dit du bois, La Bresse.

Bowtriyé — se dit des céréales enchevêtrées les unes dans les autres par l'effet de la verse, Allain.

Bracat petit tison, Landremont ; *braco* gros bâton, Saint-Amé ; *braicot* le plus gros brin d'un fagot, Allain.

Bracher crier, Dompaire ; *brachie*, à Allain.

Bracie virer, détourner, diriger de droite à gauche, de gauche à droite, Le Tholy.

Brahhte boue de neige, Le Tholy.

Braï bariolé, multicolore, Le Tholy,

Braïe balle dans laquelle est enfermé l'épi du blé, Allain.

Braïe brin de fil plus long que celui avec lequel il est doublé, Le Tholy.

Braïon de chêne paquet de chanvre, Landremont.

Bralées grands cris, Dompaire.

Bran bouffée, intervalle, moment, Saint-Amé.
Brancie balancer, Le Tholy ; *brandié*, à Saint-Amé.
Brandenée brassée de bois jetée sur le feu, Allain.
Branlaïe grand feu, Landremont.
Brate ciboulette, Saint-Amé.
Brater diriger un charriot de droite à gauche, de gauche à droite, Landremont.
Brecotte écume caséeuse produite par la cuisson du petit lait, Le Tholy.
Breheïe essart, Le Tholy ; *beurheu*, à Saint-Amé.
Brehie sentier tracé dans la neige, Le Tholy.
Brehhesse frottée, Le Tholy.
Brehhoux bourru, Le Tholy.
Brème peu flexible, cassant, Le Tholy, Allain. Gl. m. *breinme* fragile.
Brequelè coagulé, rempli de grumeaux, Le Tholy.
Brequenaude cerise aigre, Landremont.
Brequenii brouter, Landremont.
Brequion menu bois, brindille, Le Tholy.
Bresiyi se livrer à des occupations n'ayant pas un but utile, Allain.
Bréstie persévérer dans un travail dont on n'est pas venu tout d'abord à bout, ne pas démordre des conditions qu'on a faites dans un marché, Le Tholy.
Breuille sorte de traineau qui sert à rentrer le foin, Saint-Nabord.
Breuvon partie maigre du lard, Dompaire. Gl. m. *brawon* charnure.
Brigalé bigarré, Landremont. Gl. m. *brigalé*.
Brihe-deu brise-dos, sorte de hotte, Le Tholy.
Brîhi ameublir la terre, Landremont.
Briquat dent d'enfant, Dompaire ; *brocotte*, à Lay-Saint-Remy.
Brisaque brise-tout, Lay-Saint-Remy.
Brivots (chef des) celui qui est chargé de remettre aux habitants les billets d'affouage, Lay-Saint-Remy.

Bro, voiture à fumier, Le Tholy.

Broblatte boue liquide, Landremont. Gl. m. *brobe*, boue.

Brocie conduire le fumier sur les terres, Le Tholy.

Brôler s'agiter pour peu de choses, farfouiller, Lay-Saint-Remy, Allain.

Bronchi plonger, Landremont.

Brondè fredonner, marmotter, Le Tholy.

Brouande feu clair de courte durée, Saint-Amé.

Bu cuveau de lessive, Saint-Amé.

Bûle feu de joie, Landremont.

Burà seau auquel est adapté un long manche droit, La Bresse.

Bùre beurre, Domgermain.

Bures assemblées dans lesquelles on brûlait les valentins qui n'avaient pas racheté leurs valentines, Dompaire.

Burosse lavandière, Lay-Saint-Remy.

Burri écrêmer le lait, Saint-Amé.

Bwautcha cheminée dont l'orifice supérieur se trouve dans le grenier, La Bresse.

C

Cà outil de vigneron, Lay-Saint-Remy.

Cabiau (au) sur le dos, Allain; *cabis*, à Mailly.

Cabiotte cheville en bois qui sert à fixer sur les cordeaux le linge lessivé, Toul; *caibiotte*, buchette à l'aide de laquelle on arrête la ficelle d'une sauterelle (piége à oiseaux), Allain.

Cabocès petits tas de foin que l'on fait vers 4 heures du soir, Saint-Amé.

Cabourotte petite cabane, niche à chien, Lay-Saint-Remy.

Caclée éclat de rire strident, Lay-Saint-Remy.
Cáfi écosser, Landremont. Gl. m. *caffier*.
Cafourette cachette, coin obscur, Saint-Amé.
Cagnou coriace, La Bresse.
Cahône citrouille, Einville ; *caoune*, à Lay-Saint-Remy ; *cahole*, à Saint-Amé.
Caïn branche de vigne marcottée, Allain.
Cairaimaignai étameur, Allain. Gl. m. *caramonia*.
Camand mendiant, Lay-Saint-Remy.
Campousse élan, poursuite, Landremont.
Caouau partie inférieure du tronc de l'arbre, Landremont.
Capéioux déguenillé, Le Tholy.
Capeucine bouteille en bois, Domgermain.
Caque trognon, Le Tholy.
Caqueux mendiant, vagabond, Le Tholy.
Catecalinjô coquelicot, Landremont.
Caulner flâner, Landremont. Gl. m. *caulener*.
Caupouïotte nuque, Le Tholy.
Cauqueler — se dit de la poule qui chante, Landremont ; *caqueler*, Allain.
Cecie faire reculer, Le Tholy.
Ceinotte panier, Le Tholy. Gl. m. *cenatte*.
Céme terre d'alluvion, Landremont.
Cémeu lisière de drap, Saint-Amé.
Cent-foillot panse de bœuf, de vache, Dompaire. Gl. m. *cent-feuillat*.
Cevère civière, brouette, La Bresse.
Chabionqué moisi, taché d'une façon indélébile, Dompaire.
Chabrouillé noirci, Dompaire. Gl. m. *chabrouillé*.
Chaffe cage d'osier sous laquelle on enferme les jeunes poulets, Lay-Saint-Remy ; *choponi*, au Tholy ; *chaipouneuye*, à Allain.

CHAGREGNAT faible, débile, — se dit d'un enfant, Landremont.

CHAGREGNER couper maladroitement, abîmer, Dompaire.

CHAHHENÀ touche-à-tout, Saint-Amé ; *chohhnè* farfouiller, Le Tholy.

CHAIRLIQUIN fagot de bois mort, Allain.

CHAIS pâté, Courbessaux.

CHAISATTE panier où la fileuse met ses fuseaux, Saint-Amé.

CHAIVOTTE licol, Allain. Gl. m. *chaivatte*.

CHAJOYE criard, pleureur, susceptible, Le Tholy.

CHALETTE chenal, Landremont.

CHAMBRET treille, Allain. Gl. m. *chambri*.

CHAMOISE sorte d'étoffe de ménage. Saint-Amé.

CHAMPER tourmenter, Dompaire.

CHÀNER déchirer, Allain.

CHANOTTE la graine de pavot, Lay-Saint-Remy.

CHÀNOTTE gouttière d'un toit, Lay-Saint-Remy.

CHAOUEUX lavoir, Vexaincourt.

CHAPOTA clapoter, Saint-Amé.

CHARÈRE, chemin à travers les bois, Landremont.

CHASAL, emplacement d'une maison, Dompaire ; *chéseau*, au Tholy.

CHASÉYE larve d'un insecte qui se loge dans une sorte de fourreau de bois et qui sert d'amorce aux pêcheurs à la ligne, Dompaire.

CHAUCHE tas de foin ou de paille sur le grenier, Allain.

CHAUCHER fouler aux pieds, Dompaire ; *chauchie*, presser, Allain ; *chaucher*, se dit du coq lorsqu'il couvre une poule, Lay-Saint-Remy ; *chauchi* presser, fouler, Saint-Amé. Gl. m. *chauquier* pressurer.

CHAUCHON violent coup de poing, Landremont.

CHAUDÉ sorte de galette, Allain.

Chaudreni chardonneret, Râville.

Chauraille chaleur intérieure soudaine, Dompaire ; *chôrée*, chaleur soudaine, inquiétude, Lay-Saint-Remy.

Chauvisrie lard grillé dans la poële, Allain.

Chauyi glisser, Allain ; *chayer*, à Nancy. Gl. m. *hhauier*.

Ché cône de sapin, de pin, Saint-Amé.

Chefsenne licol des bestiaux, Mailly.

Chéh' charge, Landremont.

Chèheute cahutte, Landremont.

Chèré gencive, Landremont.

Cherganter balancer, Landremont. Gl. m. *chergater*, voiturer, cahoter, balancer.

Cherpouègne corbeille plate et allongée, Le Tholy. Gl. m. *chairpaigne*.

Cherveneuye chanvre-nu, Landremont.

Chessant avide, Landremont.

Cheuïe suif, Allain ; *hheuïe*, à Landremont.

Cheuyon protégé, favori, Le Tholy.

Chevrecoue troène, Domgermain.

Chevrotte petit meulon de foin, Allain.

Chignie pleurnicher, Allain.

Chiller gâter, abîmer, Épinal. Gl. m. *hheyer* gâter, gaspiller, perdre.

Chin-blanc animal fantastique qui était censé sauter par dessus les enfants occupés à travailler dans les champs, ce qui les rendait paresseux, Allain.

Chiper tromper ; *chipette* jeune fille trompeuse, Allain.

Chique bille, Allain ; Gl. m. *chique*.

Chîre (fâre lè) feindre, faire semblant, Le Tholy ; Gl. m. *chireyes, giries*, façons, grimaces.

Chligottes lambeaux, Rehaupal.

Chloôune cep de vigne recourbé, Landremont.

Chnons liens de coudrier pour balais, Dompaire.

CHOBOSSE capsule granifère du lin, Le Tholy.
CHOCAR têtard, Vexaincourt.
CHOLANDE sorte de gâteau, Le Tholy.
CHOLEYE grimace, Razey.
CHOMBRIOT capuchon adapté à un berceau, Dompaire.
CHOMMÈ flairer, Le Tholy.
CHOÔUMIER sommeiller, Landremont.
CHONLOTTE chenal, Domgermain.
CHONS résidu de la fabrication du saindoux, Allain. Gl. m. *chaons*.
CHOQUESSE brûlure superficielle, Le Tholy.
CHOQURE ortie, Allain.
CHORMOTTE panier à poisson des pêcheurs à la ligne, Razey.
CHOUDOTS dents trop longues — se dit surtout des jeunes porcs, Allain.
CHOUHHA sentier, Saint-Etienne.
CH'TRANSS' épuisé de fatigue, Landremont.
CLICÀ matelot (oiseau), Dompaire.
CLINCHE loquet, Lay-Saint-Remy ; *tionche*, à Chatel. Gl. m. *kieinche*.
C'MOCER commencer, Landaville.
COGNAT coin, Landremont ; *queugnot*, à Lay-Saint-Remy.
COGNIE se dit de la viande de boucherie qui commence à se putréfier, Allain.
COGNULE cornouille, Landremont ; *cougnolle*, à Domgermain. Gl. m. *cognoule*.
COHAT cruel, Landremont.
COHEULE citrouille, Rehaupal.
COHESSE écorchure ; *cohi* écorcher, Landremont.
COHHE court, Le Tholy, Landremont. Gl. m. *cohhe*.
COHHE profusion momentanée d'une chose, Le Tholy.
COHHIRE — se dit d'une vache taurelière, Le Tholy.
COHHOIE qui est recherché par plusieurs amateurs, Le Tholy.

Colandeau vagabond, Le Tholy.
Colèche souche, tronc d'arbre, Le Tholy.
Coltin gilet, Vexaincourt, Courbessaux.
Combonner (se) s'installer difficilement dans un lieu étroit, Landremont.
Compon charbon ardent, Landremont.
Compteuïe corde qui soutient la balance d'une voiture, Landremont. Gl. m. *competu* porte-chaines, comportoir de la charrue.
Conchotte sabot pour enrayer, Le Tholy.
Condu aqueduc, égoût, Le Tholy, Landremont.
Conriant flexible, Landremont.
Consô méteil, Allain.
Copion cupule de lampe, Dompaire.
Coplé — se dit d'un bois qui a travaillé, s'est déjeté, Le Tholy.
Coquaïe éclat de rire, Rehaupal ; *écoquailles*, à Dompaire ; *coquelée*, à Allain.
Coquelijau copeau, ételle, Dompaire.
Coraïe ceinturon du faucheur, Rehaupal.
Corcié (s') se courroucer, La Bresse ; *s'corcé*, à Gerbépal.
Coré solide, vigoureux, Serres. Gl. m. *coré*.
Coriet agile, dispos, Dompaire.
Cormand baguettes recourbées adaptées à l'extrémité de la faux, Epinal. Gl. m. *courmand*, baguette ployée qui forme le rebord supérieur d'un panier.
Cosson coquetier, Courbessaux ; *cousson*, à Allain. Gl. m. *cosson* coquetier, maquignon.
Couaraïe s'assembler, causer ; *couarié* babiller, Serres ; *couaroge* visite ou conversation entre voisins ; *couareuïe* réunion de femmes travaillant et causant devant la porte de l'une d'elles, Le Tholy. Gl. m. *couarail, couarier*.
Couatioux pressé, Remiremont ; *couétioux* jaloux, Razey.

Coubiot cynorrhodon, Houécourt.

Couchâ équarrisseur, Allain. Gl. m. *corcha*.

Couche auget à porcs, Le Tholy.

Coue pierre à aiguiser, Landremont.

Couèhè partie de l'estomac du veau renfermant la présure que l'on emploie pour faire cailler le lait, Le Tholy.

Couènue gâteau que les parrains et les marraines donnent à leurs filleuls et filleules, le jour de Noël, Le Tholy.

Couéteure couverture, Allain.

Coueyeton qui est très-occupé, Rehaupal.

Cougé cueillir, Chatel.

Cougion cordon, Vexaincourt.

Couhhat gilet, Mailly.

Coutange coût, dépense, Lay-Saint-Remy.

Coutrotte couverture d'enfant au berceau. Le Tholy. Gl. m. *coutratte* lange, couverture d'enfant.

Couvot chaufferette, Houécourt. Gl. m. *covat*.

Gové œufs de grenouille, Le Tholy.

Coverasse couveuse, Landremont.

Cowtelaïe quantité de céréales sur pied que le moissonneur coupe d'un seul trait de faucille, Allain.

Crache sorte de hotte dans laquelle on transporte le fourrage sur les lieux élevés, Saint-Amé.

Craïe raie de tête, Landremont. Gl. m. *graye*.

Craille fente dans un mur, Landremont.

Cranter renoncer, ne pouvoir pas aller plus loin, Landremont. Gl. m. *cranter* renoncer par lassitude.

Crapoter grapiller dans les vignes vendangées, Lay-Saint-Remy; *crépater*, à Landremont.

Crâppe mangeoire, Landremont.

Crauquer cuire lentement, Landremont.

Créch'lotte parties cartilagineuses de la viande de boucherie, Allain.

CREHI croître, Chatel. Gl. m. *crahhe*,

CREPATTER gaspiller, Mailly.

CRESSATTE mortier desséché, Landremont.

CREUNÈ LAS DENTS grincer les dents, La Bresse.

CRÉZE fissure; *créži* — se dit d'une porte légèrement entrebâillée, Le Tholy.

CROFIA — se dit de celui qui dérange sans but l'ouvrage préparé par un autre, Allain.

CROHHANT le croissant de la lune.

CROPIOTTE (A LA) à croupetons, Dompaire.

CROYON petite dette, Lay-Saint-Remy.

CRUHATTE l'abécédaire, Landremont.

CUBASSIEU jeter de ci, de là, Mailly.

CUEBLI petit cuveau à une seule oreille, La Bresse.

CUERCHEYE ration de foin pour le bétail, Saint-Amé.

CUERBAUSSIE jeter par dessus, Saint-Amé. Gl. m. *querbaussier*.

CUEUHHÈPE couvercle, Vagney.

CUGNE couenne, Allain.

CULÂ feu follet, Le Tholy; *quelat*, à Allain.

CUREVEHHÈ petit beignet sec, Rehaupal.

CURON écureuil, Lusse; *èquerran*, à Domgermain.

D

DABAU stupide, hébété, Le Tholy; *dabo* souffre-douleur, Dompaire.

DAGONE couenne, La Bresse, Courbessaux.

DAÏE filasse que le teilleur tient entre ses doigts, Allain.

DAÏER aller intringuer, aux fenêtres, les filles qui veillent, en leur récitant, d'une voix contrefaite, des facéties et des bout-rimés, Dompaire ; *dayots*, quatrains plaisants et mordants qu'échangent, aux fenêtres des veillées, les garçons et les filles, Allain. Gl. m, *dayer* tarder, muser, veiller, intriguer les filles aux veillées.

Danga tinter, Saint-Amé ; *dinguer,* à Nancy.

Danjuri répugner, Le Tholy.

Dèbessi indiquer les limites d'un pré, Landremont.

Dèbeuïler (s') se frotter les yeux pour se mieux éveiller, Allain.

Débiscâyé qui a le visage défait, Dompaire, Allain.

Débringler démolir, démonter, Landremont.

Débruter médire de quelqu'un, le dénigrer, Allain.

Décaheler perdre ses plumes, muer, Landremont ; *d'cahler* à Mailly.

Décueuïe — se dit de celui dont la provision de pain est épuisée, Landremont.

Dégouliner couler goutte à goutte, Lay-Saint-Remy.

Dégrimoler gronder, Landremont.

Déhèiaule vieux, délabré, menaçant ruine, Le Tholy ; *dèhoyi* ébranler, hocher, déboîter, Allain.

Déhheuré refroidi. Le Tholy.

Dèlandure courbature, Allain.

Démejeïe agile, enjoué, Le Tholy.

Dèm'hole servante, Le Tholy. Gl. m. *dem'halle.*

Démole habileté, adresse, Le Tholy.

Dèmouyi éparpiller les échalas, détruire la *mouïe*, Allain.

Dépéner dépenser inutilement son argent, Landremont.

Dépolanci qui a les habits en désordre, les épaules presque nues, Le Tholy.

Dépratter déshabiller, Landremont.

Derdangué harceler, Le Tholy.

Dérô tapage, boucan, Dompaire.

Désauma se tromper dans une évaluation, La Bresse.

Détieuhi défricher, Leintrey. Gl. m. *detrehhier.*

Detinsieu éclabousser, Mailly.
Dètro actif, travailleur, Allain.
Deuile source, fontaine, Toul.
Deute galerie creusée par la taupe, La Bresse.
Dévailer descendre, Allain.
Dévouètelè démonter — se dit surtout d'une voiture, Le Tholy.
Dézia étrange, ridicule, Le Tholy.
Diaudinette narcisse des prés, Dompaire.
Dionet glaner, Chatel ; *diane* glane, Landremont ; *glonne*, à Lay-Saint-Remy.
Diot friand, Le Tholy.
Dirènes racontages, propos en l'air, Dompaire.
Dobrûeter dénigrer, Domgermain.
Doïau dé à coudre, Allain.
Doille cordonnet de fil de coton, Landremont.
Doji tarder, Le Tholy ; *dagé, édagé* attarder, Saint-Amé. Gl. m. *dazer* tarder, muser.
Doméhhe domestique, apprivoisé, Le Tholy.
Donnat généreux, Landremont.
Donnés fête des valentins et des valentines, Dompaire.
Doser d'su oser, Dompaire.
Doue dôs, Domgermain.
Doule douve, La Bresse.
Dowcinet graillon, odeur fétide de graisse, Allain.
Doyant sensible, douloureux, douillet, Saint-Amé.
Doyé doubler, Chatel.
Drahé morceau de pain du milieu de la miche, Mailly.
Drahe porte à claire-voie dans un lattis, Landremont. Gl. m. *drâhhe* fausse porte à claire-voie dans le corridor d'une maison.
Drosser se plaindre, Razey.
Drosseuye dressoir, Razey. Gl. m. *drassu*.
Drouance matière fertilisante dans les engrais, Le

Tholy ; *druasse* amendements végétaux tels que récoltes enfouies, Saint-Amé ; *dru* tendre, Landremont. Gl. m. *druyat* un peu mou, tendre, gras.

Duhhi durcir, Chatel ; *duch'* dur, sec. Allain.

Dumeau fricassée dans laquelle entrent les ganglions de l'intestin du porc, Allain. Gl. m. *dumeau* glande de cochon.

E

Eauvechou aqueux, Le Tholy.

Eauvouè conduire l'eau dans les prés, Le Tholy.

Ebèhhe outil, récipient, Lusse.

Èbeuhené qui a le rhume de cerveau, Saint-Amé.

Èbeuhhi embrouillé, Le Tholy.

Èblan agréable, gentil, plaisant, Le Tholy.

Ècalta mal appuyé, en danger de tomber, Saint-Amé.

Èchau fermentation des fourrages, Allain.

Èche herse, Saint-Amé ; *eihhe*, à Vienville.

Èché essieu, Allain ; *èhi*, à Landremont.

Èchiotte échelle de devant d'un chariot, Allain.

Èchotté ahuri, étonné, Dompaire.

Eccmossé commencer, Gerbépal.

Ècohenè former du pus, Le Tholy.

Ècouaï affaissé, Le Tholy.

Ècreche accroc, accident, Le Tholy.

Ècrohhe (s') être sensible à, regretter, Le Tholy.

Ècrohhoux qui est de nature à exciter la sensibilité, Le Tholy.

Ècueunie mal lavé, lessive manquée, La Bresse ; *encueugné*, à Dompaire.

Èdaber (s') s'adresser, Landremont.

Èdaudrnè qui a la tête lourde, Le Tholy.

Èdiuncé éclabousser, Landremont.

Effautie donner une nourriture insuffisante, faire dépérir ; *èfautri* qui est privé du nécessaire depuis longtemps, Le Tholy ; *effautri* malingre, chétif, Dompaire. Gl. m. *aiffautri* affamé, en parlant du bétail.

Èfeie quantité de légumes devant former un plat, Le Tholy.

Effervehé effarouché, Saint-Amé.

Effeutè (s') prendre à tort quelqu'un pour confident, Saint-Amé.

Effinè (s') s'éclipser, disparaître, La Bresse.

Effouhhela donner trop à manger, La Bresse.

Effutiau instrument, Landremont ; meuble grossier, chose mal faite, Saint-Amé.

Èfilè filouter, Le Tholy.

Èfouahhe jugement, bon sens, raison, Le Tholy.

Èfouaïe (fâre ène) allumer du feu, Le Tholy.

Ègnasi (s') demeurer inoccupé par nonchalance, Le Tholy.

Ègœuïetè ajuster, faire emboiter, Le Tholy.

Ègosenè se servir d'une assiette, la salir, Le Tholy.

Ègosse enveloppe de l'oreiller et du plumon, Razey.

Ègrand avide, Le Tholy ; *ogrand* à Allain ; *engrand*, à Landremont.

Ègripsi saisir lestement, Le Tholy.

Èguéfi (s'), se laisser saisir par le froid, en ne se donnant pas de mouvement, Le Tholy.

Ègueuyattes (corre az) courir les aiguillettes, lutter à la course, Saint-Amé.

Ègueyé qui est poursuivi à coups de pierres, Saint-Amé.

Ehcornifié égratigner, Saint-Amé.

Èhochè commencer, se mettre à, Deycimont.

Èhernè étourdi, Le Tholy.

Èholtè d'besonne (s') entreprendre beaucoup de choses, Le Tholy.

Ehhanguïe égarer, éparpiller, Le Tholy.

Ehhedi assourdir, Le Tholy; *éhhoder*, à Mailly.

Ehhouaïe abri, remise, Le Tholy. Gl. m. *ehhouaye*.

Ehhmodi (fàre) faire enrager quelqu'un, Le Tholy.

Èhhuri assurer, Landremont.

Èiau indécis, Le Tholy.

Èjahi, èjasi qui est rendu joyeux et dont la joie se répand en paroles, Le Tholy.

Èjoci apprendre à quelqu'un les belles manières, Le Tholy.

Èjortè embarrasser les jambes pour entraver la marche Le Tholy.

Èlatante fertile, Landremont.

Èledi assommer, Le Tholy.

Elmate petite lampe à pied fixe, La Bresse.

Elouer mettre quelque chose là où on est assuré de pouvoir le retrouver, Landremont.

Emarmillé émerveillé, La Bresse.

Emarmosa barbouiller la figure, La Bresse.

Embèhhe maladroit, Landremont. Gl. m. *ambeuche* — se dit des gens qui s'embarassent d'un rien et qui empêchent les autres au lieu de les aider.

Embènis enclos, Landremont. Gl. m. *embéneye* terrain en défense.

Embiaôuti éblouir, Landremont. Gl. m. *embiaweter*.

Èmeujo milieu du jour, après-midi, Le Tholy.

Emirnè couper les fonges des carottes, La Bresse.

Èmodè devenir gras, Le Tholy.

Èmohhiatte chasse-mouche, Landremont.

Èmohhie exciter, Le Tholy.

Èmouï — se dit des vaches dont le développement des pis annonce le prochain vêlage, Le Tholy. Gl. m. *aimoyer*.

EMPAOUETAU mannequin pour effrayer les moineaux, Mailly.

EMPÉLER embraser, Landremont.

ENAÏE neige amoncelée par le vent, Le Tholy.

ENCOPLÉ, plein jusqu'au bord, Landremont.

ENCHAÔUTÉ échevelé, Landremont.

ENCHAUSNER chauler, Landremont.

ENCRÂLER, embourber, Mailly.

ENCREHALER (s'), se percher, Landremont.

ENFEURNAHIEU affairé, Mailly.

ENFOHHNER (FARE) agacer, Landremont. Gl. m. *fohhner* forcener.

ENFROMI se dit d'un membre dans lequel on éprouve des fourmillements, Landremont.

ENGI communiquer une maladie contagieuse, Landremont.

ENHATTER embourber, Landremont.

ENHENNER ensemencer, cultiver en automne, Mailly. Gl. m. *hainner* ensemencer.

ENHHINCHI déhanché, Landremont.

ENMOUÈHHE amer, Le Tholy ; *èméhh*, à Landremont.

ENNEUTI anuité, Docelles.

ENR'NER éreinter, Landremont.

ENSÂOUÉ qui a les pieds liés ensemble — se dit des animaux, Landremont.

ENTIEUME enclume, Landremont.

ENTIOÔU enclos, Landremont.

ENTÛNER assourdir, Landremont ; *enteugner*, à Nancy ; *otougné*, à Allain. Gl. m. *entûner* entêter, étourdir.

ÉPÈROÔU cloison d'étable, Landremont.

ÉPIEUMURE épluchure, Allain.

ÉPIÈYÉ employer, appliquer, Saint-Amé.

ÉPINÉE échine de porc, Allain.

ÉPOCHE fruit de l'aubépine, Allain.

ÉPOTIATE agrafe, Landremont.

Eppointet commencer, Vienville.

Eptiyi élaguer la vigne au commencement de la pousse, Allain ; *eptier*, à Domgermain.

Èqualer — se dit de l'oiseau qui s'accroupit sur le sol en étendant ses ailes pour se cacher, Allain.

Erhi rassasié, Le Tholy.

Erhie donner à manger au bétail et traire les vaches, Le Tholy.

Èrielle ruelle, Domgermain.

Erlivit vitrier, Landremont.

Erontole toile d'araignée, Houécourt ; *èrètale*, au Tholy. Gl. m. *airanteule*.

Ersonnè rèssembler, Bellefontaine. Gl. m. *ressanner*.

Ervistè visiter, fureter, Saint-Amé.

Escliver (s') s'éclipser. Allain.

Esserber extirper les mauvaises herbes, Lay-Saint-Remy ; *hherber* sarcler, à Landremont.

Esseutchi couvert de suie, La Bresse.

Esseuyi jeter vivement loin de soi, Allain.

Essochi sécher, mettre à sec, Rehaupal.

Estac ruse, habileté, Landremont. Gl. m. *estoc*.

Ètahhe (été) être dans une position incommode pour travailler, Saint-Amé.

Etampier étaler des gerbes au soleil, Landremont ; *éteimpiyi* dresser le chanvre pour le faire sécher, Allain.

Ètèche grande ferme, poutre, Landremont.

Èteule qui entend mal ou feint de ne pas comprendre, Saint-Amé.

Ètieupi accoupler, Mailly ; *ètieuper*, à Allain.

Ètieuse éclaboussure, Allain.

Ètoc poteau, Allain ; *èto*, à Laneuveville-s.-M.

Ètouille éteule, chaume, Allain ; *étrouble*, à Dompaire.

Ètrure se procurer, Le Tholy.

Ettamont le premier morceau coupé dans une miche de pain, Champdray.

Eurcoquer ratisser la vigne, Domgermain.
Euhhèye sortie, passage, Saint-Amé.
Eurfouillie rebêcher la vigne, Domgermain,
Euvion noyau, Allain ; *èvian*, à Domgermain.
Èveheté étourdi, Rehaupal.
Eviau vrille, Razey.
Èvouïe brassée de fourrage jetée dans la crèche, Le Tholy.
Èvu intelligent — se dit d'un enfant, Dompaire.
Ewoira étourdi, brutal, La Bresse.

F

Fagin semences, balles et poussières que l'on balaye sur les greniers avant d'y rentrer les récoltes nouvelles, Allain.
Fairfouyi gâcher l'ouvrage, Allain.
Farfouïé parler indistinctement, Saint-Amé.
Farouille foie, Landremont.
Faufiotte les basses cartes du jeu, Allain.
Féchenottes brandons, Dompaire. Gl. m. *faihhenatte* fagotin.
Féhhattes sarments, Mailly.
Fèhhotte maillot d'enfant, Le Tholy.
Feigne pré fongueux, Dompaire.
Feincé réunion de plusieurs brins de fil, Le Tholy.
Feincelé chanceler, La Bresse.
Féli las, fatigué, Landaville.
Fenetric qui s'emporte facilement, Allain.
Ferguener remuer avec la fourche, Mailly.
Fergueyon petite botte de chanvre que l'on met sécher au four avant le teillage, Saint-Amé.

Ferteuyè fretiller, s'agiter inutilement, ne pas avancer dans un ouvrage quoique on paraisse se donner beaucoup de mal, Saint-Amé ; *fœurteï* faire l'empressé sans avancer à rien, Le Tholy.

Feuhhé sommet, La Bresse.

Feulgni fouiller avec le groin, Landremont ; *feugner*, à Dompaire.

Feurguegnie se déshabiller sans ranger ses vêtements, jeter çà et là des vêtements pour chercher quelque chose, Allain.

Feurguener bousiller, Landremont.

Fî fier, aigre, acide, Lay-Saint-Remy.

Fiâche flasque, Le Tholy. Gl. m. *fiâche*.

Fiaimouche flammèche, flocon de neige, Allain ; *fiémoh* flammèche, étincelle, Landremont.

Fiairau fougères brulées à l'étouffée pour en recueillir les cendres, Saint-Amé.

Fiaivé fléau à battre le grain, Frizon.

Fiari puer, Le Tholy. Gl. m. *fiarer*.

Fiat sorte de nœud aisé à défair., Landremont ; *floc*, à Nancy.

Fiatte sûreté, confiance, Saint-Amé ; *fiotte*, au Tholy.

Fiawoin, fiavotte réplique à des hableries, Allain.

Fie d'our chasselas, Domgermain.

Fiefè s'en défendre, Le Tholy.

Fieurie fourreau de la paillasse, Razey. Gl. m. *fieuré* bâche à porter du foin, cendrier.

Figué piquer, Saint-Amé.

Figuesse fromage à l'anis, La Bresse.

Fihou fusil, briquet, La Bresse.

Fimbrer fumer un terrain, Lay-Saint-Remy.

Fion reproche, insulte, Saint-Amé, Allain.

Fionna pleurnicher, La Bresse.

Fiontcha floquée, grappe, La Bresse.

Flati abattre, aplatir, Lay-Saint-Remy.

Flazin fleur de foin, Lay-Saint-Remy.
Flé fil, La Bresse, Landremont.
F'nahon fenaison, Crévic.
Fodesse fente, gerçure, La Bresse.
Foingi fumer, Le Tholy ; *foinger*, à Dompaire.
Fole piége, Le Tholy ; *falle*, à La Bresse.
Foler fatiguer, Courbessaux.
Fonneure pelle à enfourner le pain, Rehaupal.
Fortè très-fatigué, Le Tholy.
Fottie qui a le bas de ses vêtements mouillé par la pluie ou par la rosée, Le Tholy.
Fouahhe travail énergique de courte durée, Saint-Amé.
Fouailles fées, Razey ; *fayelles*, à Landaville.
Fouïare tiges, feuilles de plantes tuberculeuses, Le Tholy.
Fouona faner, Saint-Amé.
Fourère extrémité d'un champ qui est laissée en herbe, Saint-Amé.
Fousson peloton, Dompaire, Landremont.
Fouyousse ouverture verticale dans une robe, pour passer la main, Allain.
Fràlé écrasé, brisé, Allain, Mailly.
Frayi frotter, Landremont.
Frase qui se brise aisément, Allain.
Frebélon enfant très-remuant, Allain.
Frebler fabriquer hâtivement, Landremont.
Frebli cuire à moitié, Le Tholy ; *ferbeli* blanchir les légumes, La Bresse. Gl. m. *ferbolaye* marmittée de pommes de terre cuites pour le bétail.
Frehhie user d'une chose sans ménagement, l'abimer, Le Tholy.
Frìhi effleurer en passant, Landremont.
Frinque mouvement violent et irréfléchi, Allain.
Frochi aplatir, écraser, Le Tholy.

Frogeons raies de pluie, rayons solaires, Allain.
Frognon groin, Dompaire ; *frougnot*, à Allain.
Froï tartiner, Le Tholy ; *froyée* tartine, Oëlleville.
Frolè se dédire d'un marché, tromper, Le Tholy.
Fropé petit chanvre ; *fropelè* l'arracher, Le Tholy.
Froppe frette, virole, Saint-Amé,
Froté garde-forestier, La Bresse.
Frou sciure de bois, Le Tholy.
Froyon écorchures aux fesses, Dompaire.
Fuché fruits réunis sur un même ramicule, Le Tholy.
Fuge qui a perdu sa saveur (un fruit trop mûr), Lay-Saint-Remy.
Furaïe semence de foin, Le Tholy.

G

Gaffe gifle, Allain.
Gageatte ouverture dans un vêtement, Landremont, Gl. m. *gojatte* fente, ouverture d'une poche.
Gaille chèvre, Domgermain. Gl. m. *gaye*.
Galate copeau, Saint-Amé, Gl. m. *hhalouatte*.
Galer se soigner, Landremont.
Gambille jambe, Lay-Saint-Remy.
Ganguiné brandiller, Le Tholy. Gl. m. *ganguiller*.
Gaudichie (s') avoir soin de soi, Allain.
Gaüi caresser avec la main, Le Tholy.
Gaulou gâteau de poires sèches, Razey.
Gaûôué mouillé, Landremont.
Gauye souillon, Dompaire ; *gauyes* guenilles, à Landaville. Gl. m. *gauyes*.
Gaviant gluant, Landremont.
Gayetraïe étui, Oëlleville. Gl. m. *gayeté*.

Géhou, gérosse compagnon, compagne de lit, Le Tholy.

Gein file d'ouvriers travaillant dans un champ sur une même ligne laquelle s'avance à mesure que l'ouvrage se fait, Le Tholy.

Gelauille traineau qui sert à sortir le foin des prés, Dompaire.

Genieilre poulailler, Domgermain.

Gibler s'ébattre, sauter, Saint-Amé, Allain.

Gigi gésier, Allain.

Gihhe teigne, érésipèle, Saint-Amé.

Girat gobelet de terre cuite, Landremont.

Girnée gironnée, Lay-Saint-Remy.

Godé sorte d'armoire où se trouve un lit, Dompaire.

Godenci dire et se dédire. Le Tholy.

Godiche niais, Dompaire.

Gojenè — se dit d'un sac empli à moitié et que l'on achève de remplir après l'avoir lié par le milieu, Le Tholy.

Golaïe bouchée, Le Tholy. Gl. m. *goláye*.

Goler couler, découler, Epinal.

Gômé seau auquel est adapté un long manche droit, Saint-Amé.

Gorguelotte œsophage, Le Tholy ; *gorgolot*, à Epinal.

Gossé flaque d'eau, trou, Vomécourt, Dompaire.

Gosse gros mensonge, Lay-Saint-Remy.

Gossi étui du faucheur, Rehaupal.

Gotet terrain marécageux, Landremont. Gl. m. *gottet*.

Gotte saindoux, Vexaincourt, Landremont.

Goudie rudoyer, Le Tholy.

Gougie broche laissée sur la vigne, Dompaire.

Gouïot flaque d'eau, Le Tholy.

Gouline lit d'un petit ruisseau, Allain.

Gourer tromper, Le Tholy. Gl. m. *gourrer*.

Gourguéla maltraiter, La Bresse.

GRAFIGNER griffer, Dompaire ; *grèfinè,* au Tholy.

GRAIHE graisse, Landremont ; *graihhe,* à Chatel.

GRÂLE DI CO col de chemise, Rehérey. Gl. m. *grâle col,* cravate.

GRAÔU longueur égale à celle d'une main étendue, Landremont.

GRAÔUYI chercher à tâtons dans un trou, Landremont.

GRAUHELA caqueter — se dit des poules, La Bresse.

GRÈHELÈ jaser, rire, Le Tholy.

GRÈHELATE (JOUER SUS LÈ) jouer d'assurance, Landremont.

GREIGNER grincer les dents, Dompaire ; *grigner,* à Lay-Saint-Remy.

GREIGNEUX épineux, Saint-Etienne.

GREIGNOTS dents, Dompaire.

GREMÉ sorte de potage à la farine, Lay-Saint-Remy.

GREUÏ grelotter ; *greuïons* frissons, Le Tholy.

GRÈVOCHE cravate, Dompaire.

GRIÈVE pénible, difficile, Lay-Saint-Remy.

GRIMOLER murmurer, Dompaire.

GRIPET petite côte fort escarpée, Lay-Saint-Remy.

GRIS, GRITÉ nostalgie, nostalgique, Dompaire ; *gritosse* nostalgie, au Tholy ; *ète gritoux* être en mal de, Landaville.

GRIVOLÉ bariolé de couleurs dans lesquelles le gris domine, Allain.

GROBONS morceaux de lard frits dans la salade, Dompaire.

GROLÂTE grondeuse, Rehaupal. Gl. m. *groler* gronder.

GROSSES GRAIJINES les orges et les avoines, Allain.

GROULER grommeler — se dit des chiens, des chats, Allain.

GROUOTTE foie, Le Tholy ; *gruatte,* à Mailly.

GRUHHE grosse motte de terre durcie, Razey.

GUÈENNE bête efflanquée, Landremont.

Guëïo bûche, Le Tholy ; *gueuïot* gourdin, Dompaire.
Guéné pépin, noyau, Le Tholy.
Gueuïeté étui à aiguilles, Le Tholy ; *gueïté* à Allain.
Gueùnie faire entrer un objet dans un récipient où il n'y a plus guère de place, Le Tholy.
Gueurnottes petits grains qui tombent sous le van, Allain.
Guezieu remuer, Mailly.
Guisse traineau, Le Tholy.
Gula rouler, Ban-sur-Meurthe.
Guté dé à coudre, Mailly.
Gûzè hésiter longtemps avant de prendre un parti, Le Tholy.

H

Hà lien fait avec des pousses de coudrier, Le Tholy. Gl. m. *hâ* hart.

Habeurlin panier, Landremont. Gl. m. *habrelin* panier rond et profond qui servait autrefois à mesurer l'avoine (all. *Haber*).

Hach pommes de terre en robe de chambre, Saales.
Haclat hoquet, Landremont. Gl. m. *haquiat*.
Hàdé las, fatigué, Landremont ; *hodé*, à Lay-Saint-Remy,
Hadion lien avec lequel on lie les fagots, Allain.
Hagii haie, petit bois, Dompaire.
Hàle écharde, Vexaincourt.
Halèie petite averse, Mailly.
Haler secouer, hocher, Landremont ; *holler*, à Bouillonville.
Haltard, homme aux manières libres, dévergondé, étourdi, Saint-Amé.
Hambat, hampàie enjambée, Landremont.

Hampeïon guenille, Le Tholy.

Hana, hané chose, objet, Le Tholy.

Hanhhie vaciller, Le Tholy. Gl. m. *hhanchier*.

Hanhhiotte lampe mobile sur son axe, Le Tholy. Gl. m. *hhanhhiatte*.

Haouiot, qui est en retard, Bouillonville.

Harganda faire du bruit, troubler le repos, Saint-Amé.

Hargot cahot, secousse, Saint-Amé; *hargat*, à Landremont; *halgot*, à Lay-Saint-Remy.

Hargoter secouer, cahoter, Dompaire; *horgotè*, au Tholy. Gl. m. *hairgater*.

Harta ouvrier pauvrement outillé, Landremont; *herta* cultivateur mal monté, à Punerot.

Hartela brise-tout, étourdi, Saint-Amé.

Hassioux qui agit par boutades, fougueux, Saint-Amé.

Hata égrener — se dit du chanvre, Saint-Amé.

Haubersac havre-sac, gibecière, Saint-Amé.

Hauguenons beignets du carnaval, Dompaire.

Haut-la-queue fier, dédaigneux, Landremont.

Haute cheptel, Dompaire.

Hauton petit blé, Landremont.

Hboa goulu, Saint-Amé.

Hcru, scru pénible, sensible — se dit surtout d'un abaissement de température, Saint-Amé.

Hèdé berger, Landremont; *hodié*, à Chatel; *hodèïe*, au Tholy.

Héïant remuant, Landaville; ennuyeux, Landremont; difficile, Le Tholy. Gl. m. *hayant* remuant, insupportable.

Hèhi chaînette qui sert à fixer l'avant-train d'une charrue, Saint-Amé.

Helè sucer, gober un œuf cru, Le Tholy.

Hèlie se dit de la boissellerie dont la sécheresse a disjoint les douves, Le Tholy.

Hènahh fou rire, Landremont; action de trop parler, Mailly.

Henète genet, Lusse.

Hèraudè, travailler fort à divers ouvrages, Le Tholy.

Hèré matériel d'exploitation, Le Tholy.

Herlehan étourdi, évaltonné, Le Tholy.

Herpèter gagner péniblement sa vie, Landremont,

Herpeuyé travailler vite et mal, Saint-Amé.

Herpouyi (se) se quereller, Landremont.

Herquinà chipotier, chicaneur, Le Tholy.

Herquinè remuer, Le Tholy; *harquinè*, chicaner, Frizon. Gl. m. *hairquenia*.

Hersi hérissé, Crévic.

Hetè se dit des bêtes à cornes qui se précipitent sur quelqu'un, Le Tholy; *hûter*, à Allain.

Hétré foie de porc, Mailly.

Heudjahh grande huche à provisions, La Bresse.

Heugni hennir, Landremont, Allain.

Heurer secouer la tête à quelqu'un en lui tirant les cheveux, Landremont; *herer*, à Mailly.

Heuri attendre, Le Tholy.

Heurlepepeu vilain personnage, Landremont.

Heursi fâché tout rouge, Houécourt.

Heutié heurter, Landremont.

Hieppe, ieppe herbe, Vexaincourt.

Hinsieu exciter les chiens contre quelqu'un, Mailly.

Hmeuyé se remuer, s'apprêter, Saint-Amé.

Hôbougi bouger, travailler, Le Tholy. Gl. m. *hober*.

Hohhion anneau que l'on passe au genou d'une vache difficile à traire, Le Tholy; *hhouyot*, à Razimont.

Hochot petit côteau, Allain.

Hoï inviter, Grandvillers.

Holaïe coteau, Lusse.

Holotè brandiller, Le Tholy.

Homaïe légumes cuits pour le bétail, Le Tholy. Gl. m. *homelande* soupe pour le bétail.

Hoppe odeur dégoutante, Landremont.

Hoquotte racine d'arbre séchée propre à brûler, Lay-Saint-Remy.

Horboussi heurter légèrement, Le Tholy.

Hosse malpropre sur sa personne, Rehaupal.

Hot pommes de terre cuites sans être broyées, Champdray.

Houaïe cancan, Le Tholy.

Houbette cabane, tanière, Dompaire.

Hougnets petits cochons, Landremont.

Houssot houx; *houssière* plantation de houx, Dompaire.

Hovard fouillis de plantes trop drues, ensemble de choses disparates qui tiennent beaucoup de place, grosse femme charnue, Saint-Amé.

Hové aboyer, Le Tholy.

Hovena soulever, bouleverser, Saint-Amé.

Howdré — se dit du bois qui est piqué et aussi des tiges de blé tachées de points noirs, Allain.

Hpieula, spieula bobinoir où l'on remplit les canettes de tisserand, Saint-Amé.

Hpoavote épouvantail, épouvante. Saint-Amé.

Huard point d'appui du pressoir, Landremont.

Huler lancer, Landremont.

Hûtè avoir des nausées, Le Tholy.

HH

Hhà chaleur, Dompaire.

Hhâ écluse, Le Tholy. Gl. m. *hâ*.

Hhà maigre, sec, aride, Le Tholy.

Hhâ déchirure, Landremont.

Hhadier échauder, Leintrey ; *hhauda*, à Saint-Amé. Gl. m. *hhauder*.

Hhaï — se dit du bétail qui laisse dans la crèche le foin le moins bon, Le Tholy.

Hhaivatte écheveau, Saint-Amé ; *hhèvotte*, au Tholy.

Hhalatte claie suspendue au plafond, Landremont.

Hhaler garnir une voiture d'échelles, Landremont ; *hholè* voiture garnie de longues échelles, Le Tholy.

Hhamboyi chanceler, Landremont.

Hhâmè chasser, Le Tholy.

Hhamoye vaurien, La Bresse.

Hhaner déchirer ; *hhanesse* déchirure, Landremont ; *hhéner*, à Mailly.

Hhaôutrer pincer la vigne, Landremont.

Hhatela, rahhtela ne pas cesser de remuer, de se gratter, La Bresse.

Hhau vapeur des étables, des écuries, Le Tholy.

Hhauhhuri tourner autour de quelqu'un dans l'espoir qu'il offrira de lui-même ce qu'on n'ose pas lui demander, Le Tholy.

Hhaupécu fruit de l'églantier, Le Tholy.

Hhaupoux qui éprouve une démangeaison, Le Tholy.

Hhaurier exciter l'envie, Landremont.

Hhconcié qui est détruit, La Bresse.

Hhèdié édenté, Landremont ; *hhodè*, au Tholy. Gl. m. *hhairdé*, *hhaidé*.

Hhèïe morceau de bois fendu, Landremont.

Hhelè manquer le but visé, Le Tholy.

Hhènè fouailler, Le Tholy.

Hhèpé échapper, Le Tholy. Gl. m. *hhaipi*.

Hhèrê (s') s'égarer, Le Tholy.

Hherri bord d'un champ laissé en pré, Le Tholy.

Hhervesse vieux bardeau, La Bresse ; *hholvoué*, au Tholy.

Hhervonne éboulement, avalanche, Le Tholy.

Hhètelè gratter la terre, Le Tholy.
Hheuïe suif, Landremont,
Hheulaïe gironnée, Rehaupal; *hhovaïe*, à Saint-Amé; *hhohhée*, à Rehérey.
Hheune écharde, Landremont.
Hheure suivre, Landremont. Gl. m. *hhure*.
Hèvaïe dénudation causée sur un terrain en pente par l'éboulement d'une masse de terre, Le Tholy.
Hhieuïe suie, Landremont.
Hhine verge, Rehaupal.
Hhinon lanière faite d'une jeune pousse de coudrier, Le Tholy.
Hhinotte éclat de bois, Le Tholy.
Hhiqué se bien porter, paré, Le Tholy, La Bresse.
Hhiri suppurer, Le Tholy,
Hhivaïe tas de neige amassée par le vent, Le Tholy.
Hhivè se dit de la fine neige que chasse le vent, Le Tholy.
Hhlèque peccadille, Le Tholy.
Hhloïat, hhlôïer traîneau, glisser, La Bresse.
Hhmaï battre, rosser, Le Tholy.
Hhmàïoux brumeux, Gérardmer.
Hhnattes éclats de bois, Saint-Amé.
Hhnigattes petits morceaux, chutes — se dit des morceaux d'étoffe qui tombent lorsqu'on coupe un vêtement Saint-Amé.
Hhnoïe collier en bois pour attacher les vaches, La Bresse.
Hhnon égouttoir, Landremont.
Hhobe creux, à jeun, Le Tholy.
Hhobe outil de cuvelier, Le Tholy.
Hhobè fané, détérioré, Le Tholy.
Hhodé fatigué, Mailly.
Hhôdé tarte grossière, Saint-Amé, Mailly.
Hhoerasse laveuse, Mailly.

Hhoffe buffet, crédence, Le Tholy; *hhaffe*, à La Bresse.

Hhoffiat soufflet, Mailly.

Hhoffii souffler, Landremont.

Hhohhela — se dit du bruit que font les feuilles sèches, La Bresse.

Hholmotè parler avec réserve d'une chose qu'on ne veut pas dire hautement, Le Tholy.

Hholure piége à rats, à souris, Rehaupal.

Hhoôu paille dont on a séparé le grain, Landremont.

Hhoôuber battre des gerbes, Landremont.

Hhouè essuyer, Le Tholy. Gl. m. *hhouer*.

Hhouïeu fané, Mailly.

Hhouïotte crême pour assaisonner la salade, Razey.

Hhpavreu timide, peureux, Saint-Amé.

Hhpata, ehhpata claquer, crépiter, Saint-Amé; *hhpéta*, à La Bresse; *spotè*, au Tholy; *pater*, à Landremont.

Hhpatnon garrot d'une voiture chargée, La Bresse.

Hhpeuri, speuri faire tomber le poil, la semence, Saint-Amé; *spouri* égrainer, effeuiller, se déplumer, Le Tholy; *spauri* plumer, Rehaupal.

Hhponce, sponce le derrière du bois de lit, Saint-Amé. Gl. m. *hhponce, esponde* ruelle de lit.

Hhpouérié râtisser, nettoyer les prés au râteau, Saint-Amé; *spoéri*, au Tholy; *hhpòrié*, à La Bresse.

Hhpougéye fruits tombés de l'arbre avant leur maturité, Saint-Amé; *spougie*, au Tholy.

Hhtanier éternuer, La Bresse.

Hhtausin gouttière du toit, La Bresse.

Hhtaussié rivaliser, devancer un concurrent, Saint-Amé; *stossi*, au Tholy; *hhtrosse* rivalité, La Bresse.

Hhtelles ételles, copeaux, Saint-Amé.

Hhtellures déchiquetures, Saint-Amé.

Hhterni, sterni éparpiller, disséminer, Saint-Amé; *stenni*, au Tholy; *hhternine* litière, La Bresse.

Hhtio, stio floc (sorte de nœud), Le Tholy ; *tiat*, à Landremont.

Hhtiquè percer, La Bresse.

Hhtronfou, stronfou vantard, Saint-Amé.

Hhueron essuie-main, Le Tholy.

Hhulat maraudeur, Landremont.

Hhur sûr, Landremont.

I

Ievo visite durant l'après-midi, Razey ; *dievo*, à Dompaire.

Imau corbeille, Landremont, Allain.

Indièce alun, Landremont ; *inguiesse*, à La Bresse.

Ive mamelle, pis, La Bresse.

J

Jac (è) accroupi, perché, Landremont.

Jaīe extrémité des douves d'un tonneau, Allain.

Jalonde espèce de devidoir, Le Tholy.

Jalouante treillis, jalousie, Landremont.

Jambotè piétiner — se dit surtout des vaches avant le vêlage, Le Tholy.

Jarat grosse branche de fagot, Landremont.

Jàre gendre, Le Tholy.

Jarhon petite échelle de voiture, Landremont.

Jauginè soulever un fardeau, Le Tholy. Gl. m. *jauge* levier.

Jauhhenè, jauhhon germer, germe, Le Tholy.

Jède atteler deux bœufs ou deux vaches, Le Tholy ; *djèda*, à La Bresse.

Jèhhan gerçure dans le bois, Le Tholy.

Jerguinie découper, déchiqueter, Le Tholy.

Jètè préparer les douves de manière à ce qu'elles joignent bien, Le Tholy.

Jeuhhtier lutter, Saulxures.

Jeupçin trompeur, Landremont ; *jeupçine* sorcière, Allain. Gl. m. *jeuptien* bohémien (égyptien), espiègle ; *jeuptienne* bohémienne, femme habile.

Jèvé javelle, Landremont,

Jôbler badiner, Dompaire. Gl. m. *jôbler* muser.

Jointaïe plein les deux mains, Landremont.

Joselè creuser dans la partie inférieure des douves une raie dans laquelle on adapte le fond, Le Tholy.

Jote choux, Le Tholy, Landremont. Gl m. *jotte* chou cabus.

Joti jeunes choux hachés, Le Tholy.

Jovaïe pièce de la charpente d'une étable dans lesquelles sont fixés les baressons, Le Tholy. Gl. m. *jouàye* poutre horizontale dans laquelle sont fixés les poteaux d'attache du bétail.

K

à croc, Bouillonville, Allain.

Keche grande hâte, Le Tholy,

Kechot forte pente sur un chemin, Le Tholy.

Kèkas mendiants, saltimbanques, etc., Saint-Amé.

Késa purée, Razey.

Kesré terrine, Laneuveville-s.-M.

Kiche étincelle, Le Tholy ; *kichant* étincelant, Dompaire.

Kié petit lait, Vexaincourt.
Kinè pencher, Le Tholy.
Kromme banc, Vexaincourt.

L

à hareng mâle, Allain.

Ladesse blessure large et profonde, bèante, Allain.

Ladeurs injures, Landremont.

Lahh motte de terre, Mailly.

Lahhe sorte d'amadou blanche et dure qui se rencontre dans l'intérieur des hêtres, La Bresse.

Lambaine propos dépourvu de sens, Le Tholy.

Lambchant mou, flasque, poissant, Razey.

Lamé anneau en bois avec lequel on attache les vaches au baresson, Le Tholy.

Lanciron porcelet qui prend de la taille, Hadol.

Landroïe fille ou femme qui se néglige et dans sa mise et dans la tenue du ménage, Le Tholy. Gl. m. landrauye femme lente et paresseuse.

Lanosse crochet à l'aide duquel on retire les seaux tombés dans un puits, Allain.

Lantoire sirop de jus de carotte ou de poire, Le Tholy ; latiarre, à Landremont ; latiar à Allain ; latevar, à Dompaire. Gl. m. latoire raisiné, confiture.

Lantrenatte feu follet, Landremont.

Lanvowe orvet, Domgermain.

Latchon nourriture plus substantielle que l'on donne au bétail pour l'engraisser ou pour augmenter la production du lait, La Bresse ; lachon, à Saint-Amé ; lâchi, à Landremont.

Latrai — se dit du blé qui, lors de la moisson, est versé en tous sens, Allain.

Lauses petits fragments de coton qui se détachent du vieux linge, Lay-Saint-Remy.

Léche tranche mince, Dompaire ; *lache*, à Landremont.

Léhhe gourmand — se dit des chats, Saint-Amé.

Lèhhi laisser, Le Tholy.

Lengotè s'étendre lentement, Le Tholy.

Lenta épeler, La Bresse. Gl. m. *lanter*.

Lentœurni prendre son temps, le perdre, Le Tholy.

Lessiotte tresse pour lacer, Le Tholy.

Leuye plancher, Saint-Amé.

L'hhé peloton de fil, Le Tholy ; *louchè*, à Allain.

Lîhîre lisière, Landremont.

Limochant gluant, Le Tholy ; *l'mechoux*, à Saint-Amé.

Linc lin, Landremont.

Linouse graine de lin, Le Tholy, Landremont.

Litaïe portée d'une truie, Landremont.

Lôche taloche, coup, Sainte-Barbe.

Lode maladroit, La Bresse.

Logne perche, Dompaire. Gl. m. *longne*.

Lohhe gros morceau, Landremont.

Lone, lonié bûche, bûcher, Chatel.

Lonne, lonni bois de chauffage, tas de ce bois, Le Tholy.

Lonzenne pièce de bois qui, dans une voiture, relie le train de devant à celui de derrière, Mailly.

Louibriquin villebreqnin, Landremont.

Loure, louri veillée, veiller, Le Tholy. Gl. m. *loûrier*.

Lua copeau de menuisier, Allain.

Luhesse éclaircie de soleil, Le Tholy.

Luhiant luisant, Landremont.

Lure ceinture de jupe ou de culotte, Le Tholy.

Lurelle lange, drapeau, Dompaire. Gl. m. *lurette*.

Luya branche garnie de ses feuilles, Landremont.

M

Mà, MAZEAU arbres que l'on plantait au mois de mai devant les fenêtres des jeunes filles, Epinal.

MÂCHOILLE viorne cotonneuse, Domgermain.

MAGNÉS chaudronniers, étameurs, marchands ambulants, Saint-Amé ; *mâgni*, à Landremont ; *maignie*, à Allain.

MAHHE grosse botte de chanvre non teillé, Saint-Amé, Landremont ; *maiche*, à Allain.

MAHHIN ulcère, Landremont.

MAHH'RER machurer, Landremont.

MAHHON-BRELÉE coquelicot, Courbessaux.

MAICHAUQUANT je ne sais quand, *maichauque* je ne sais quoi, *maichauquemo* vaille que vaille, *maichauvoarou* je ne sais où, Saint-Amé.

MAICHÉ pièces de bois supportant les tonneaux à la cave, Allain.

MAIGNÉYE servante, Saint-Amé. Gl. m. *maigneye* la fille de la maison, jeune fille.

MAINGUETTE fluette, Allain.

MAINTAGNE manche du fléau, Allain.

MAIQUIN verrat, Allain.

MAIRMOUSET chenet, Allain.

MAIRNAIGE charpente, beffroi supportant les cloches, Allain.

MAIRVU trompé, Saint-Amé.

MAITRET couverture piquée, Allain.

MALATE sacoche en toile des vachers, Saint-Amé. Gl. m. *malie* poche valise.

MALIGN méchant, Crévic.

Malté gâcheur de mortier, Saint-Amé.
Mangain maladif, Le Tholy.
Mangouna mendier d'une voix dolente, Le Tholy.
Maniquain ouvrier de fabrique, Saint-Amé.
Manre moindre, mauvais, Saint-Amé, Landremont. Gl. m. *menre* chétif, mauvais.
Máquehon tubercule de la Gesse, Landremont.
Marin branche de la vigne, Landremont. Gl. m. *marien* branche principale d'un cep.
Marlou matou, souteneur de fille, Allain, Nancy.
Mat but, Landremont. Gl. m. *meut*.
Maton pitié, compassion, Celles.
Mâtrougneil taupinière, Domgermain.
Mauchi remuer une jambe après l'autre, comme le font les tisserands, Le Tholy.
Maugin tarte faite avec du fromage blanc, des œufs, etc., Dompaire ; *meugin*, au Tholy.
Maugressioux qui montre de la mauvaise humeur, Le Tholy.
Mauhenè faire les ouvrages de la maison, Le Tholy.
Maule besace, La Bresse.
Maunjhoux difficile à remuer, embarassant à porter, Le Tholy.
Maussantoux contraire à la santé, Le Tholy,
Mece ouverture de la chemise pour passer la tête, Le Tholy. Gl. m. *meussate* fente, gorge.
Meci se frayer un chemin à travers un obstacle, Le Tholy.
Meçotte moyen de se tirer d'un mauvais pas, Le Tholy.
Megi tas de pierres non façonnées, Le Tholy. Gl. m. *maju*.
Megnon manche de bêche, Landremont.
Meïe tonneau dans lequel on fait la choucroute, Le Tholy ; *meu*, à Saint-Amé.

Meïè débris très fin, poussière, atôme, Le Tholy.

Mèïeuïe bouture de vigne, Landremont.

Mèler — se dit du raisin qui commence à se colorer, Nancy.

Mènehi couper en petits morceaux ; *meunegie*, à Allain.

Mènehon petit morceau, Le Tholy.

Mercarrèïe bouverie, Landremont ; *mouarcare* bouvier, Vagney ; *maircard*, à Allain.

Mergasse résidu, boue de fécule, Razey.

Mesniehelquin ronde d'esprits malins, sabbat, Dompaire.

Mète matière, étoffe, mortier, Le Tholy. Gl. m. *meite*.

Méte rate, Le Tholy ; *mehhte*, à Saint-Amé.

Mète flasque — se dit de l'estomac quand on éprouve le besoin de prendre de la nourriture, Le Tholy.

Meuche humide, Saint-Amé. Gl. m. *meuche*.

Meuhi moisir, Landremont ; *meugi* moisi, Mirecourt.

Meuïe mûr, Allain.

Meuïerotte farine délayée pour faire des beignets, Allain ; *meurotte* beurre ou lard frit auquel on ajoute du vinaigre pour faire la salade, Le Tholy. Gl. m. *meurotte*.

Meuïler meugler, Lay-Saint-Remy.

Meurgeotte variété de souris au museau allongé, Allain.

Meussa lacet pour prendre les oiseaux, Saint-Amé.

Michet amant de cœur, Nancy. Gl. m. *miché*.

Miesse paille de millet, Saint-Amé.

Migaine pâte à beignets, Epinal.

Mignat qui aime à être caressé, Landremont.

Mignot éveillé, turbulent, Saint-Amé.

Minabe indigent, besogneux, Le Tholy.

Minche ficelle à nœuds qui s'attache à l'extrémité de la lanière du fouet, Allain.

Mion morceau, Le Tholy.

Mioux meilleur, Landremont.
Miqué petit bouton sur la lèvre, Le Tholy.
Mirguet muguet, lilas, Le Tholy. Gl. m. *mirguet*.
Mirjalure enjolivure, Landremont ; *mirjola* barioler, Le Tholy.
Mirlifliche colifichet, Saint-Amé, Landremont.
Miston mendiant, saltimbanque, Le Tholy,
Mitan milieu, Dompaire. Gl. m. *mitan*.
Mitra taupinée, Vagney.
Mitreuche petit tertre, Le Tholy.
Moaché battre en grange, Saint-Amé ; *mochi*, au Tholy.
Mocottes noisettes, Dompaire.
Mœitange mélange de blé et de seigle, Landremont.
Moétrasse métairie, Saint-Amé ; *moutrôsse*, au Tholy.
Moéna, moéner valentin, mener, Landremont.
Mofé qui commence à moisir, Le Tholy.
Molans boutons sur la tête des enfants ; *molandroux* enfant qui a de ces boutons, Le Tholy.
Molnat treuil de voiture, Landremont.
Monâme incrédule, athée, Landremont.
Moôu bouchée, mors, Landremont.
Morah'niaule qui est de mauvaise humeur, Landremont.
Mornife soufflet, Dompaire.
Mosa billon, bout de tronce destiné à être fendu en bardeaux, Saint-Amé.
Motè soupe dans laquelle il y a trop de pain, Saint-Amé.
Mouachaise pie-grièche, Lusse.
Mouargola mordiller, grignoter, Saint-Amé.
Mouchon tison, Saint-Amé.
Mouesse brimbelles cuites, Saint-Amé.
Mouèyeque petit lait, Gérardmer.
Mouïaiche canon d'un fermage, Allain.

Moufrète campagnol, Saint-Amé ; *mosrette*, au Tholy.

Mourates babines, baboins, Saint-Amé.

Mourîhhes manières ridicules, Landremont.

Moutrignèïe taupinière, Allain.

Môyi guérir, Le Tholy ; *mouauyé*, à Saint-Amé.

Mùh mur, Landremont. Saint-Amé. Gl. m. *muhh*.

N

Naché fruit à moitié rongé, Le Tholy ; *nachiron*, à Dompaire ; *nachon*, à Landremont.

Nacré articulations des doigts, Landremont ; *nocré*, à Allain.

Nàhir noircir, Vexaincourt ; *noòuhhi*, à Landremont.

Nahhtiet nacher, nachotter, La Bresse.

Napiat qui mange peu et avec dégoût, Landremont ; *napieu* manger du bout des dents, Mailly.

Napiau rabougri, Dompaire ; *napion* enfant au berceau, Allain.

Nau auge de fontaine, Epinal.

Nauï racler des légumes, Le Tholy.

Naule nacelle, Chatel.

Nèguie mordiller, Le Tholy.

Neïetoux sombre, obscur, Le Tholy.

Nezià qui travaille mollement, Le Tholy.

Niau œuf qu'on laisse à la poule pour l'engager à pondre toujours dans le même nid, poire pour la soif, Saint-Amé.

Nice difficile à contenter, Landremont ; contrariant, exigeant ; à Lay-Saint-Remy; nigaud, au Tholy; ennuyeux, à Allain; turbulent, à Courbessaux.

Nohie contrarier, chicaner, Le Tholy.

Noquence voix forte, éloquence, Saint-Amé.

Noval'hon primeure, Saint-Amé.

Novelatte jeune brebis, Landremont; *nouvelotte*, à Houécourt.

Nôviant indolent, paresseux, Saint-Amé.

Nouche noise, Saint-Amé.

O

Obowler entremêler, entortiller, Allain. Gl. m. *embouler*.

Obruné se dit du blé dont la tige est tachée, Allain.

Ocener commencer un travail, Allain.

Ochon goulotte par laquelle l'eau d'une rigole se déverse sur le pré, Le Tholy.

Ocrogne veillée, Domgermain. Gl. m. *creigne*.

Ocugné qui a la figure ou les mains sales, Allain.

Ohauler labourer un champ en commençant par le milieu, Allain.

Ojairter empêtrer, Allain.

Oleïe échafaudage de maçon, Le Tholy; *olleux*, à Docelles. Gl. m. *alou*.

Olevie aiguillée, Le Tholy.

Opigé empiégé, — se dit d'un cheval embarrassé dans les traits, Lay-Saint-Remy.

Opouesse espace d'un moment, moment, Le Tholy.

Oque encre, Le Tholy.

Oraudé — se dit d'un membre engourdi par la fatigue, Allain.

Ordon portion d'une coupe affouagère qui est attribuée à un bûcheron pour la façonner, Allain.

Orgalisse réglisse, Landremont.

Orgeauille érable, Dompaire; *rejöïe,* à Houécourt; *euilgrâille,* à Domgermain. Gl. m. *ozeroille.*

Orgie mélange d'orge et d'avoine, Allain.

Oriotte champignon qui croît sur les troncs de hêtre en décomposition, Allain.

Oroyi mettre la charrue à la raie, commencer un ouvrage, Allain.

Orpan terrain non boisé qui se trouve enclavé dans une forêt, Le Tholy.

Orson hérisson, Landremont.

Orson, orsené ourlet, ourler, Le Tholy. Gl. m. *ohhner.*

Ossatte cheville en fer qui remplace l'écrou à l'aide duquel on fixe une roue à l'essieu, Saint-Amé.

Otenau mouton de deux ans, Allain.

Oticher échalasser, Domgermain.

Otrivoner préparer un champ pour plus tard y semer de l'orge ou y planter des pommes de terre, Allain.

Ouche orge Domgermain.

Ouches issues de grains, vannure, Epinal.

Oué gué, Landremont.

Ouéne veine, Landremont.

Ouérambeau fil de la vierge, Landremont.

Ouïé entendre, Vagney; *ouïi,* à Landremont.

Ouôgi vinaigre, Vexaincourt.

Ouormehhé ver blanc, Vexaincourt.

P

Pabré, corsage sans manches, Dompaire.

Pace partie antérieure du bonnet, Le Tholy.

Pâchon portion affouagère, Allain. Gl. m. *pahhon.*

Pagnotte mou, couard, Dompaire.

Pàhhon échelon, Landremont.

Paicheler échalasser, Allain ; *pèhheler*, à Landremont.

Paihhi donner la becquée, Saint-Amé.

Pailotte battoir de laveuse, Allain.

Paipine grande cuiller en bois, Allain.

Paireuïe bouillie de farine avec laquelle le tisserand lisse son fil, Allain.

Palesse écorchure, Saint-Amé.

Palouhe écorce, Mailly.

Pànaïe long coupon d'étoffe, Le Tholy. Gl. m. *painaye*.

Pané partie inférieure et postérieure d'une chemise, d'une robe, Dompaire.

Pantuhi, épantuhi essoufflé, haletant, Saint-Amé.

Parère carrière de pierres de taille, Saint-Amé, Landremont. Gl. m. *parîre*.

Parie extraire les pierres d'un terrain, Le Tholy. Gl. m. *parier* défoncer un terrain.

Patèrioux déchiré, troué — se dit d'un vêtement, La Bresse.

Patrougnie souiller en le maniant quelque chose que l'on va faire cuire, Allain.

Pau gros bâton ; *pau de bieuche* levier en bois ; *paufia* levier en fer, Saint-Amé. Gl. m. *pau* pieu.

Paulx fourches de l'arrière du brancard, Allain.

Pé peau, Chatel, Landremont.

Péhhant qui se plaint sans motif, Le Tholy.

Pendoroïe pendant d'oreille, Lay-Saint-Remy.

Pènatte morceau de fil, Landremont.

Pénelle plusieurs sillons, corvée, Allain.

Pèrè — se dit d'un fruit qui a mûri après avoir été cueilli, Le Tholy.

Périé prier, La Bresse.

Permetté tailleur d'habits, parmentier, Saint-Amé.

Pès de l'ohh' seuil, pas de la porte, Landremont.
Pesé pois, Rouges-Eaux.
Pesêt paille de légumes secs, Landremont.
Peteler maquigner, Épinal.
Pétieuhi troué, Crévic.
Pette, petèïe chiffon, chiffonnier, Le Tholy.
Peuii éplucher, Landremont.
Peuna couvi, Landremont, Allain.
Peuran petit lait, Domgermain.
Peurer égoutter, couler, Lay-Saint-Remy.
Peut laid, Le Tholy, Landremont.
P'hhotte urine, Le Tholy. Gl. m. *pehhatte*.
Piaï se plaindre, murmurer, Le Tholy.
Piaitelaïe ce que contient un plat, Allain.
Piain lieu plat, vallée, Saint-Amé.
Piaîure paille pour lier la vigne, Landremont.
Piaine outil de sabotier, érable sycomore, Saint-Amé.
Piançon jeune chêne flexible, Le Tholy.
Piâne platane, Domgermain.
Pianton copieux, abondant, Saint-Amé.
Pidôle toupie, Saint-Amé. Gl. m. *pidoune*.
Piechi parler d'un ton de voix très fin, Le Tholy.
Piéssotte sentier, Razey. Gl. m. *piessente*.
Pikion feuille du sapin, de l'épicea, Le Tholy.
Pinée échine, Lay-Saint-Remy.
Pintalè tacheté, Landremont.
Pione pivoine, Lay-Saint-Remy.
Piourer suinter, Landremont.
Pîre pierre, Landremont, Docelles.
Pistelè trépigner, Le Tholy.
Pitaler piétiner, Landremont.
Pitraïe terre qui s'attache à la chaussure, Landremont.
Podèïe, podère mendiant, mendiante, Le Tholy.
Poë-d'-seuc dragée, Landremont.
Pœnà homme s'occupant du ménage, Houécourt.

Pohhelè ne pas donner à ce qu'on fait tout le fini désirable ; *pohhelèye* ordure ; *pohhelerie* saleté, Le Tholy. Gl. m. *pohhelreye* cochonnerie.

Pohhosse ardeur à l'ouvrage, puissance, Le Tholy.

Poince trayon, tettes, Saint-Amé.

Poja flaque d'eau bourbeuse, Lay-Saint-Remy.

Polat brin de paille, fêtu, Landremont.

Pôle veillée d'hiver, Allain.

Polére ouverture pour le passage des poules, Landremont.

Poli juchoir pour les poules, Le Tholy.

Polu (avoi lo) être en retard, Gircourt.

Ponne graisse des poumons du porc, Allain.

Ponner pondre, Lay-Saint-Remy.

Poquesse casserole, Dommartin.

Pototte porte pratiquée dans les ramées donnant sur le fénil, Le Tholy ; *poutotte*, à Allain.

Poture ouverture dans la clôture d'un essart, Le Tholy.

Potte lèvre, moue, Le Tholy. Gl. m. *potte*.

Pougne poing, Domgermain.

Poùhhe poix, Le Tholy ; *pouiche*, à Allain.

Pounai ruiné au jeu, Allain.

Poutôye neige fondue, La Bresse.

Poyotte la nuque, Epinal.

Pransieux lieu où les vaches en pature se rassemblent et se reposent, Dompaire. Gl. m. *pregner*, *pranier* parquer, paitre ; *en pregneure* — les vaches sont dites ainsi quand sur le midi elles se reposent et ruminent.

Prohhte gilet, La Bresse.

Ptéye fromage fabriqué avec des débris, Gérardmer.

Pu-brèsse (é) en bras de chemise, Bussang. Gl. m. *en purbrais*.

Pucie travailler lentement à un ouvrage délicat ; *pucirie* enfantillage, Saint-Amé.

Puri égoutter, faire égoutter, Le Tholy.
Pwahoux paisible, La Bresse.

Q

Quance semblant, dissimulation, Lay-Saint-Remy.
Quaoüé fourreau de la pierre à aiguiser, Landremont.
Quègnotte timide, Le Tholy.
Quelaïe terre que les vignerons portent chaque année au haut de leurs vignes, Allain,
Quenotte dent d'enfant, Dompaire.
Quesocer retourner le foin ou le regain. Allain.
Quetine repas qui suit le baptême, Le Tholy.
Queulgnie garniture de la quenouille, Allain.
Queupe petit bout de planche, Le Tholy.
Queuvelar ouvrier cuvelier, Le Tholy.
Queuveuille litière, objets en désordre, Landremont.
Queuzier remuer beaucoup, Landremont.
Quiche sorte de tarte, Dompaire, Allain.
Quihelè rire aux éclats, Le Tholy.
Quique pointe, Dompaire.
Quoux pierre à aiguiser, Mailly.

R

A roide, Le Tholy.
Ra roi, Saint-Amé; ro, au Tholy.
Raca râcler, Saint-Amé.
Râdi très-pressé, Le Tholy.

Radoser rassembler, remettre en place, Dompaire; *rèdosi*, au Tholy.

Rahhe dartre, La Bresse.

Rahhtelâ étourdi, turbulent, Saint-Amé.

Raibaitue pré qui peut être fauché en deux coups de faulx, de manière à former un seul andain, Allain.

Raibrechoux revêche, Saint-Amé. Gl. m. *rebrohhoux*.

Raibreuhhe branche d'arbre qui grossit d'une façon anormale et qui pousse, dans tous les sens, des rameaux emmêlés, Saint-Amé.

Raidoter — se dit du blé trop mûr, Allain.

Râïe sillon, Landremont.

Raifilotte pierre à aiguiser, Allain.

Raïi arracher, Landremont.

Raïi des euils faire les gros yeux, Landremont.

Railemé reluire, briller, La Bresse.

Raim branche, rameau, Allain. Gl. m. *rain*.

Raimainances fascines, Allain.

Raipouarmaïe mouvement de rotation imprimé au fuseau par la friction des paumes des mains, Saint-Amé.

Raipouarmon eau que l'on verse dans le seau pour le rincer aprés la traîte, Saint-Amé. Gl. m. *repaumer*, rincer.

Raivauder malmener en paroles, Allain; *rèvader* réprimander, à Serres.

Raivaux forte ondée, Allain.

Râjin raisin, Domgermain.

Râle rare, Lay-Saint-Remy. Gl. m. *ralle*.

Ralottes dents, Dompaire.

Rambiou flambée, Landremont.

Raminâ qui se plaint toujours, Le Tholy.

Raminer songer, faire des projets, Allain.

Rampe lierre, Razey; *rempâ*, à Domgermain.

Rampinè grimper, Le Tholy.

Rance enroué, Le Tholy.
Rancuser accuser, Landremont.
Rangoler rangler, Le Tholy.
Ranhhie entrer et sortir fréquemment, Le Tholy.
Raouer courir le guilledou, Lay-Saint-Remy.
Raouner chercher, Landremont.
Rape épi de l'avoine, Razey.
Rassarci reprise, Crévic. Gl. m. *ressarcir* recoudre.
Raujeye turbulent, Le Tholy.
Rauyè fieu faire sortir, La Bresse.
Ravotte rabachage, conte, Épinal.
R'daubè fermer bruyamment les portes, Rehaupal.
Rebau grappe de raisin dépouillée, Landremont.
Rebaubii accabler d'injures, Landremont.
Rebaussi enjamber, Le Tholy.
Rebenotte binette, Bouillonville.
Rebeuhh revêche, Landremont.
Rèbossi coudre ensemble plusieurs morceaux d'étoffe, Le Tholy.
Rèchandè réitérer avec importunité, Le Tholy.
Rèche rude, âpre, dur, Lay-Saint-Remy ; *reuhh*, à Landremont.
Réchou malingre, rachitique, Le Tholy.
Recine collation, réveillon, Epinal.
Reco le dimanche qui suit ou la fête patronale ou un mariage, Le Tholy.
Rècohi calmer les cris ou les pleurs, Le Tholy.
Récovrant agile, dispos, Le Tholy. Gl. m. *récovrant*.
Récousse pommes de terre qui n'ont point été récoltées et qui lèvent l'année suivante, Le Tholy.
Récrue pièce d'entrée d'une maison, La Bresse.
Rédimè diminuer la ration, Le Tholy.
Redompter défricher, Dompaire.
Refâte revenu de la fromagerie, Le Tholy.
Refouir donner un second labeur à la vigne, Lay-Saint-Remy.

Regat une espèce de grenouilles, Landremont.
Rége crible, Le Tholy.
Reginger ruer ; *regingot* coup en retour, Dompaire.
Règranse rallonge, Le Tholy. Gl. m. *raigrance.*
Régueussené repousser par de mauvaises paroles, Le Tholy.
Rèheni morose, insociable, Le Tholy.
Rèheutè calmer la fougue, Le Tholy.
Rehhé sortir, Vienville ; *ehhè,* à La Baffe.
Réhhe forme à fromage, Le Tholy.
Rehheurè réfroidir, Le Tholy.
Rehhue moment auquel on trait les vaches, Le Tholy; *r'hhue* vers cinq heures du soir, Saint-Amé.
Reingi ruminer, Le Tholy.
Rejaller — se dit d'un plancher qui tremble, Landremont.
Rejauder rebondir, Lay-Saint-Remy.
Reliqué — se dit d'un nid abandonné, La Bresse ; *reniqué,* au Tholy.
Remembrer se rappeler, Dompaire.
Remi saindoux, La Bresse ; *rue,* au Tholy.
Remirer se souvenir, Lay-Saint-Remy.
Rèmeuïe (ovou di) tenir bien le ménage, Le Tholy.
Rèmoualè entasser, butter, Le Tholy.
Rèmuché imprégné d'humidité, Allain.
René petite truie, Dompaire.
Rentioôure finir, Landremont.
Répcie renouer, rattacher, Le Tholy.
Repéri attiédir, Le Tholy.
Répi ridé, ratatiné, Le Tholy.
Répouoachtéla rapiécé, La Bresse.
Réprangi économiser, ménager, Saint-Amé.
Requîhe, erquîhe retour de la fièvre, rire provoqué par le souvenir de ce qui a fait rire auparavant, Le Tholy.

Requoiron glanage, Dompaire.
Resahhi herser une seconde fois, Landremont.
Rèsenie mordiller, Le Tholy.
Resgréni rechigner, Le Tholy.
Resgreuï qui sent le froid, Le Tholy.
Résin gratin, Landremont.
Rèsombesse bruit retentissant, Saint-Amé.
Rèsou fort, courageux, Le Tholy.
Ressé adulte — se dit des animaux, Le Tholy ; assouvi, rassasié, Saint-Amé.
Ressère rejoidre, rattraper, Le Tholy.
Ressonner ressembler, Lay-Saint-Remy.
Rètalaïe fruits que le vent a fait tomber, Landremont ; *stoleuse*, au Tholy.
Rétau dicton, Le Tholy.
Rètiiri clarifier, Landremont.
Reto d'feusse goûter au retour d'un enterrement, Le Tholy.
Rètoboquè raccommoder tant bien que mal, Rehaupal.
Rette-volante chauve-souris, Landremont.
Rètu refuge, La Bresse.
Reuhhonhhi recommencer, Saint-Étienne.
Rèus embarrassé, confus, Lay-Saint-Remy.
Révaucher renverser, La Bresse.
Revauï fureter, fouiller, Le Tholy.
Revaux, rouaux ornière creusée par les eaux, Bouzemont ; coude formé par une rivière, Nancy.
Rèvehie aiguiser, Le Tholy.
Révià — se dit d'un maître qui reproche sans cesse à ses gens de ne pas économiser assez, Le Tholy.
Revoinci ruer — se dit de la vache, Le Tholy.
R'ger léger, Grandvillers.
R'grouler murmurer, Allain.
Riau bord d'un champ, Saint-Amé.

Rieulle roue, Vagney. Gl. m. *rieuye*.
Riffe machine à égrainer le lin, Saint-Amé.
Rincie correction manuelle, Allain.
Rindeurre crécelle, La Bresse.
Ringeot crible, Allain.
Ringlaïe longue file, Le Tholy.
Riooule ribotte, Mandray.
Riquesse accroc, déchirure, Le Tholy.
Rjána mûgir, Saint-Amé.
R'joder — se dit d'une tige élastique qui reprend sa position après avoir été courbée, Allain.
R'louge horloge, Lusse. Gl. m. *relouge*.
R'luhiant reluisant, Mailly.
R'maison ce qui reste d'un plat, Allain.
R'nada vomir, Saint-Amé.
Roblier oublier, Lay-Saint-Remy.
Rocrinciyi rétrécir, Allain.
Rode fourrage sec en tas allongé, Allain; *roòute*, à Landremont.
Roffè arracher en tirant brusquement, Le Tholy.
Rofiou rugueux, Le Tholy.
Rograin — se dit d'un maître mécontent qui malmène ses subordonnés, Allain.
Roguichie rattraper au vol, Allain.
Rohhi frapper fort, tousser beaucoup, Le Tholy.
Romaïe cloison intérieure en planches, Le Tholy.
Rombè gronder sourdement, Le Tholy.
Rompure hernie, Le Tholy.
Ronchie ronfler, Allain.
Roncin fromage cuit, Rehaupal.
Rongrainsi fâché tout rouge, Vittel.
Rote rangée, Le Tholy.
Rotosseler placer le foin nouveau sur l'ancien, Allain.
Rouin ornière, Allain.

Rouinsier ruer, Vomécourt.

Royon l'espace entre deux raies de champ, Allain.

Ru, rupt ruisseau, Landremont.

Ruçon chant monotone, ennuyeux, Allain.

Rûnè mugir faiblement, Le Tholy.

Ruot liseron, Allain.

S

Sacener — se dit des animaux qui hésitent à manger ou à boire, Allain.

Saçotte moule à fromage, Allain.

Sacouta chuchotter, Saint-Amé.

Sahhon quenouillée, Landremont.

Saihesse saccade, mouvement convulsif, Saint-Amé.

Saihhe échasse, Saint-Amé.

Saileuïe vase en bois pour le sel, Allain.

Sallure établi sur lequel on dispose les formes à fromage, La Bresse.

Samer fermer violemment la porte, Landremont.

Saumeu ému, saisi, Saint-Amé. Gl, m. *saumu.*

Sáque herbes, ce que l'on sarcle, Le Tholy.

Sarmotter ramasser le sarment, Domgermain.

Sarrou chaine à enrayer, Saint-Amé ; *sèreuïe,* à Landremont.

Sassô grille adaptée à l'extrémité d'un tuyau de fontaine pour empêcher l'introduction de corps étrangers, Le Tholy, Gl. m. *sassa* sas, tamis.

Saucheron champignon, Allain.

Saugue dépareillé, impair, Saint-Amé.

Saugueneue large cuiller en bois, Le Tholy.

Saumer flairer, Allain.

Sauna sembler, La Bresse.

SAUVEU étang, réservoir, Razey. Gl. m. *sauvu.*
SAURE (COUCHONS DE) porcs de deux à quatre mois, Allain ; *soure* troupeau de cochons, Lay-Saint-Remy.
S'BOULÈ culbuter, Le Tholy.
S'BÛCHI ébaucher, Le Tholy.
S'CHOURIEU soigner son corps avec sensualité, Mailly.
SCOHHAU planche de rebut, dosse, Le Tholy.
S'COUTET écouter, Vienville.
S'COVOTTE petit écouvillon, Le Tholy.
S'CRAÏ crier d'une voix stridente, Le Tholy.
SEILGNAN sureau, Domgermain.
SENOTTE tête de pavot, Domgermain.
SERÈÏE peigne pour le chanvre, le lin, Le Tholy.
SÉSI hésiter, travailler lentement, Le Tholy.
SÈTEUYA tâtonneur, Saint-Amé.
SETIAU mutin, querelleur, Mailly.
SÉTON dard de l'abeille, Allain.
SÉU sureau, Dompaire ; *soòugnon*, à Landremont.
SEURÈ sucer, siroter, Saint-Amé.
SEUPA gorgée, Saint-Amé ; *sepô*, au Tholy.
SEVAITE semblable, La Bresse ; *svè, svète*, au Tholy.
S'GRÔLÈ tomber comme la grêle, Le Tholy.
SIME signe, Vagney.
SIMER — se dit d'un tonneau qui perd, Lay-Saint-Remy.
SIMULE manivelle, Allain.
SINGUE bretelle de hotte, Le Tholy.
SLOÏ exposer au soleil, Le Tholy.
SMIQUÈ flairer, Chatel.
SÑAU manche de la faux, Allain.
SNION crème, La Bresse.
SÔ soif, Le Tholy. Gl. m. *seu.*
SOCHIRONS terrains secs, arides, Dompaire.
SOCOTTE petite torche en bois, Dompaire.
SOHHLÈ amasser au rateau les feuilles sèches tombées sur un pré, faire un bruit semblable à celui que font

les feuilles sèches froissées les unes contre les autres, Le Tholy.

Somat jachère, Landremont; *soumâ* versaine, Allain.

Sombrer labourer les versaines, Dompaire. Gl. m. *somerter* faire les labours d'été.

Son sommeil, Docelles.

Soqua assommer, Saint-Amé.

Sorhhés raquettes pour marcher sur la neige, Saint-Amé.

Sorwanda sauvegarder, La Bresse.

Sotré esprit follet, lutin, Le Tholy. Gl. m. *satré*.

Souille taillis en âge d'être coupé, Allain.

Spouètè épointer, briser à la cime, Le Tholy.

Spouraïe légers débris éparpillés, Le Tholy.

Spouri égrainer, effeuiller, Le Tholy.

Spovrei facile à effrayer, Le Tholy.

Spronie, spronion avorter, avorton, Le Tholy.

Spûhi (se) laisser l'eau pénétrer dans ses chaussures, Le Tholy.

Squé désagréable, disgracieux, Le Tholy; bizarre, à Fraimbois.

Squehhau dosseau, Le Tholy.

Squehhi ébrancher, Le Tholy.

Squevèïe (fâre lè) faire la ration du bétail pour la journée, Le Tholy.

Squipè, squipo cracher, salive, Le Tholy; *hhcueupè*, au Tholy; *tioper*, à Courbessaux.

S'taïe (devant) devant la maison; *derri s'taïe* derrière la maison, Bouillonville; *s'tèïe* à la maison, Landremont. Gl. m. *so-ti*, *s'ti* au logis.

Staunie rompre par torsion, Le Tholy.

Stèni, stennure éparpiller, litière, Le Tholy.

Stènouè éternuer, Le Tholy.

Steppe épis glanés ou détachés de la tige pendant le battage, Saint-Amé.

Stiolbotè répandre accidentellement quelques gouttes du liquide contenu dans un vase ; *sto* goutte, Le Tholy.

Stive emplâtre, cataplasme, Saint-Amé.

Stohue pelotte de neige, Le Tholy.

Stoppe étoupe, Saint-Amé ; *hhtope*, à Vagney ; *tope*, à Landremont.

Streinge timide, honteux, Saint-Amé.

Strèmo soubresaut, Le Tholy.

Strici éclabousser, scringuer, Le Tholy ; *trinci*, à Landremont.

Stro, strode serré, serrer, Le Tholy.

Strondeure palette pour tasser le fumier chargé sur une voiture, Rehaupal.

Sugnè pleurnicher, Saint-Amé.

Sujonna être indécis, réfléchir, Saint-Amé.

T

Taihhatte poche de femme, Saint-Amé.

Taique pâté, Courbessaux.

Tairié, térié contrarier, Saint-Amé.

Taitouye babil, Allain, Landremont.

Talmâchi insister, revenir à la charge, Le Tholy ; *tailmaisser* harceler, Allain.

Tandelin hotte en bois, Le Tholy, Landremont.

Tàne massue en bois, Dompaire.

Tàner (se) s'étendre, se coucher, Epinal.

Tangûgner disputer, Landremont.

Tanquiatte piége à oiseaux, Landremont.

Taouner éternuer, Mailly.

Taquela frapper à petits coups, Saint-Amé.

Tàrè — se dit des animaux qui gonflent, Le Tholy.

Tassier téter, Saint-Amé; *tossi,* au Tholy; *tassi,* à Landremont; *tesser,* à Dompaire.

Tassure biberon, Lusse.

Taté gobelet en terre cuite, Landremont.

Taudion femme mal arrangée, Mailly.

Tauïaïe tablée, attablée, Landremont.

Taulaïe rossée, correction, Allain.

Taulare panier dans lequel on sert sur la table les pommes de terre en robe de chambre, La Bresse.

Taunia sournois, Allain. Gl. m. *toûnia.*

Taunie aller et venir, Le Tholy.

Taunie, étaunie avoir le vertige, Le Tholy.

Tausa gonflé après le repas, Saint-Amé.

Tauyotte claie, Laneuveville-sous-Montfort.

Tavelé marqué de taches, Lay-Saint-Remy.

Tèdu tardif, en retard, Le Tholy.

Tehhe gros et court, Le Tholy.

Tèhherand tisserand, Landremont.

Telle ételle, Mailly.

Telpé terre meuble qui s'attache aux chaussures, Allain.

Tenrère vache fraîche de lait, Le Tholy.

Tèpri précoce, Gérardmer.

Termine salaire mensuel du pâtre, Allain.

Terriand paresseux. La Bresse.

Tètu marteau de maçon, Le Tholy.

Teule tuile, Chatel.

Teumer verser maladroitement, Landremont; *timè* verser, au Tholy. Gl. m. *teumer* verser, répandre.

Teumeré tombereau, La Bresse.

Tiavé flaque d'eau, Allain.

Tié partie de la cheminée qui dépasse le toit, Saint-Amé.

Tié-boquesse passe-partout, Allain.

Tièhhe clair, Le Tholy.

Tinche étanche, Razey.

Tiohhelè faire divers ouvrages de peu de valeur, Le Tholy.

Tioquer — se dit de l'appel des poules couveuses, Allain.

Tiowotte claie à sécher des fruits, Allain.

Toca sournois, entêté, Lay-Saint-Remy.

Toffais temps lourd, Landremont ; *touffe*, à Dompaire.

Tohhené se plaindre souvent de sa santé, Le Tholy.

Tohhesse gémissement qui accompagne quelquefois la respiration, Le Tholy.

Tône fort maillet, Saint-Amé ; *toune*, à Allain.

Toné portion de pré entre deux raies d'irrigation, Le Tholy.

Tonné foin répandu sur le pré, Vagney.

Toseler tailler, Landremont. Gl. m. *toser*.

Tossé gerbes serrées au grenier, Allain.

Toté gâteau, Grandvillers ; *touté*, à Saales.

Touaille nappe, serviette, Lay-Saint-Remy.

Tracie passer souvent au même endroit, Le Tholy.

Traïe petit trèfle blanc, Mailly.

Traivotte poutrelle, Allain.

Trala bavard, Saint-Amé.

Tramois petit blé du printemps, Dompaire. Gl. m. *tramoin* blé de mars mélangé d'orge.

Trangner étrangler, Landremont.

Trapelle négligente au travail, Allain.

Trapouïé mouillé jusqu'aux os, Allain.

Tràteie entonnoir, Le Tholy.

Tràttie, tràttirie festin, Le Tholy.

Trawire négligente, paresseuse, Allain.

Trè d'feïe grosse poutre qui traverse la cuisine, Le Tholy.

Tréhhe champ en friche, Saint-Amé ; *treiche*, à Allain. Gl. m. *treihhe*.

Trèïn train de culture, Landremont ; *trèin*, au Tholy.

Trèmaïe gerbes étendues sur l'aire pour être battues, Landremont.

Trèmeure trémie, Landremont.

Tressans canon annuel en grain, Allain.

Treubchat croc-en-jambe, Landremont.

Treuchie souche, Landaville.

Treupler piétiner, Landremont ; *tripler*, à Dompaire.

Trévoinquer contredire, Frizon.

Tricatte jarretière, Courbessaux.

Tricotte guénille, Le Tholy.

Tridène droguet, Rehérey. Gl. m. *tridaine*.

Tridons bons mots, propos comiques, Le Tholy.

Trime nom d'un jeu de billes, Dompaire.

Trinqué légèrement ivre, Le Tholy.

Trinquiotte mèche de cheveux, Le Tholy.

Trique de pain tranche de pain, Dompaire.

Triquer toucher, atteindre, Allain.

Triquon coup de fouet, Landremont.

Trisaler carillonner, Landremont.

Trissaler fignoler, Mailly.

Trissè (s') jaillir, Docelles.

Tro pressoir, Le Tholy.

Tro trognon, Landremont.

Trobiat tourbillon, Landremont ; *tribuot*, à Allain.

Trocelè trimbaler, Le Tholy.

Trochi sauce tournée à l'aigre, Le Tholy.

Trôler aller çà et là, Dompaire.

Trosser geindre, Landremont.

Trote première forme dans laquelle on met le caillé pour faire du fromage, Le Tholy.

Trouaine conte, Rehaupal.

Trousser presser, faire des efforts, Allain.

Tuhô tison, buche, Lusse.

Tunè frapper fort, travailler avec ardeur, Saint-Amé.

Tùte trompette, Le Tholy.

V

Vahhi verser, Landremont.

Vahhou verdure, Landremont ; *vohhe* vert, au Tholy. Gl. m. *vahhou, vahhe*.

Vainotte tablier, Viterne.

Valahhe escarpement, Landremont.

Vaule meuble, mou, Allain.

Veha, v'hha lieu défriché, Saulxures.

Vèhhè cercueil, Le Tholy.

Vejelotte jeune brebis, Viterne.

Venaud complaisant, Landremont ; *v'nau* de bonne volonté, Saint-Amé.

Veselle cicatrice d'une blessure, Allain.

Vichrolle forme à fromage, Domgermain.

Vieudase lourdaud, vilain, Landremont.

Viké vivre, Ramonchamp.

Voagnège, végnège lieu herbeux, récoltes sur pied, Saulxures. Gl. m. *waignaige* gagnage, pâturage.

Voc gui, Le Tholy.

Vohéne versaine, Chatel.

Voidure pas grand chose, Le Tholy.

Voïes fête patronale, Le Tholy.

Voindre cric, Saint-Amé.

Voindré mouillé, Razey.

Voivre broussaille, Épinal.

Voiser courir en désordre, Dompaire.

Volant volet, contrevent, Chatel.

Vortè guetter, espionner, Le Tholy.

Vouácá — se dit d'un petit enfant qui pleure souvent, Le Tholy.

Vouahme fondrière, mare, Saint-Amé.
Vouahhota vaciller, Saint-Amé.
Vouandelè changer de ferme, de maître, Le Tholy.
Vouante fanon de bœuf, de vache, Le Tholy.
Vouantie balancer, Le Tholy.
Vouébi tirer le linge de l'eau après l'avoir fait tremper, Le Tholy.
Vouègna paresseux, turbulent, Le Tholy.
Vouïatte sentier dans le bois, Landremont; *waye* tranchée dans la forêt, Allain.
Vouïe galerie de la taupe, Le Tholy.
Vouinquè — se dit du cri du cochon, Saint-Amé.
Vouohhotè agiter dans l'eau, Le Tholy.
Vozon gazon, Hadol.
Vranti garantir, préserver, Le Tholy.
Vronder — se dit du sifflement de la pierre lancée par une fronde Allain.
Vrô verrou, Vexaincourt; *vrio*, à Domgermain.

W

Wache raygras, Allain.
Waigie gager, déclarer procès-verbal, Allain.
Warcole harnais de poitrail, Allain. Gl. m. *wercollier* bourrelier.
Wémè se dessécher, La Bresse.
Woiyiner — se dit des plantes desséchées qui repoussent au pied après une pluie, Allain.

Z

Zauber battre, Landremont.

Z'gréni qui a la figure pâle, amaigrie, Le Tholy.

Zinguè — se dit du son que rend un verre heurté ou brisé, Le Tholy.

Zinguïï cingler un coup de fouet, Landremont.

Z'lâhi disloqué, Le Tholy.

Z'lédi éprouver en se baissant une douleur dans le dos, Le Tholy.

Z'lère choisir, trier, Le Tholy.

Z'lohhi arracher — se dit d'une branche d'arbre, Le Tholy.

Zogué heurter, Le Tholy. Gl. m. ʒoquesse coup sur la tête.

Zombè — se dit d'un bruit sourd, Le Tholy.

Zonnè bourdonner, Le Tholy.

Zouffa donner sur le dos des coups qui résonnent, Saint-Amé.

VOCABULAIRE
FRANÇAIS-PATOIS COMPARÉ

A

ABEILLE *mouhotte*, Haillainville; *mohhotte*, Le Tholy; *mouhhate*, Saint-Amé; *mohhate*, Leintrey. Gl. m. *mohhatte*.

AIGUILLE A TRICOTER *aiguie*, Cirey; *èguie*, Leintrey; *égue*, Manoncourt; *ègue*, Sommerviller; *aigu*, Ahéville.

AIGUILLE A COUDRE *aigueuille*, Circourt; *aigueil*, Dombasle; *aigueïe*, Saint-Baslemont; *ègueuye*, Hennezel; *égueïë*, Autigny-la-Tour; *aigueuie*, Pierre-la-Treiche; *aiguêi*, Custines; *egulle*, Malzéville.

Egue, Port-sur-Seille; *éguë*, Domgermain; *égu*, Aboncourt; *ègue*, Maconcourt; *égu*, Hergugney; *èque*, Ortoncourt; *ègueue*, Longuet; *anguïe*, Badonviller.

Aiveuïe, Ramonchamp; *èveuïe*, Ventron; *évouille*,

Vouxey; *èvouëïe*, Vittel; *èvoèye*, Charmois-l'Orgueilleux; *èvoué*, Sanchey; *eveuye*, Rôville.

Ovouèïe, Le Tholy; *ovoye*, Vienville; *ovaye*, Rouges-Eaux; *ovouille*, Luvigny; *òvoüïe*, Vexaincourt; *ovouèe*, Haillainville; *ovoué*, Chatel; *ovouée*, Vallois, Sainte-Barbe; *ovoye*, *ovoïe*, La Baffe, Docelles, Deycimont; *ovouauye*, Grandvillers.

Avouille, Gerbépal; *avouie*, Lusse; *âovouieu*, Provenchères; *avóuïe*, Hablainville, Leintrey; *avouée*, Ban-sur-Meurthe, Mandray; *avoée*, Saint-Remy-aux-Bois; *âvouèye* Marainville; *avouèye*, Rugney, Gircourt-les-Viéville; *avouée*, Saint-Vallier; *avouéhieu*, Ahéville.

Oweye, Rehaupal; *awée*, Serres, Courbessaux; *eweille*, Râville; *aouye*, Saint-Blaise-la-Roche; *oouie*, Celles; *oouèye*, Lachapelle; *aouèïe*, Mousson; *âouïe*, Landremont; *aouaye*, Manoncourt; *aouie*, Martincourt; *aoueie*, Frizon; *aouèye*, Mazelay; *auouèye*, Dompierre; *aoïe*, Mailly; *oüée*, Saint-Pierremont.

Aidiû, Anthelupt; *édiue*, Hoéville, Lalœuf; *édiue*, Lemainville; *ètiue*, Affracourt; *aidjû*, Art-sur-Meurthe.

Ahoïe, Einville. Gl. m. *aweye*.

Aimer *prêhi*, Le Tholy; *perhé*, Ventron, La Bresse; *preyehi*, Rehaupal.

Immer, Badonviller; *ainmer*, Rehérey; *einmet*, Provenchères; *aimè*, *èmè*, *êmè* — *aimé*, *émer*, dans la plupart des autres communes.

Aise *ahe*, Le Tholy, Landremont; *âhhe*, Longuet. Gl. m. *ahhe*, *aje*.

Aisé *ahant*, Le Tholy; *auhant*, Vagney; *aihhie*, Courbessaux; *ahi*, Landremont; *augé*, Rupt; *agi*, Dompaire; Gl. m. *agiet*.

Alise *auleuche*, Landaville; *âleche*, Vittel; *òleche*, Houécourt; *hâlosse*, Landremont.

Alisier *alié*, Vagney; *olie*, Le Tholy; *oilleil*, *hâlosseil*, Domgermain. Gl. m. *alier*, *halossier*.

— 297 —

Aller *alla*, Ventron ; *alla, nalla*, Vagney ; *ella*, Ramonchamp.

Nallè, Ban-sur-Meurthe ; *nallè, nallet*, Mandray, Saales.

Nollè, ollè, Le Tholy, Rouges-Eaux, La Baffe.

Allè, alè, allet, Lemainville, Rugney, Ahéville.

Ollè, ollet, olet, Vexaincourt, Cirey, Aboncourt.

Allé, alé, aller, Leintrey, Verdenal, Pettonville.

Ollé, olé, oller, Bouillonville, Haillainville, Vallois.

Ollaye, Raville ; *alleu*, Manoncourt ; *eller*, Liverdun ; *èller*, Pierre-la-Treiche ; *onnollet*, Mazelay.

Allumer *espâre*, Gerbépal ; *anpanre, èlmé*, Thézey ; *empenre*, Landremont.

Allumet, Lalœuf ; *allumer*, Battigny.

Olumet, Aboncourt ; *ollumè*, Autigny, Circourt-sur-Mouzon, Manoncourt ; *olumè*, Laneuveville.

Ellema, Ramonchamp ; *ellemaye*, Râville.

Ellumet, Lemainville, Ménil, Lignéville, Marainville, Ahéville ; *ellumè, èlumè*, Vouxey, Houécourt.

Elleumet, Vannes-le-Chatel ; *èleumer*, Domgermain. Gl. m. *empenre, emprinde*.

Alouette *alouate*, Ventron, Landremont.

Alouotte, Vienville.

Élouatte, Moyen.

Élouotte, èlouotte, Ramonchamp, Pexonne, Moivrons, Pierre-la-Treiche.

Olouotte, Le Tholy.

Aolvouaòte, Provenchères ; *olevotte*, Aboncourt ; *alvouatte*, Ahéville ; *olvotte*, Houécourt, Gelvécourt ; *elvotte*, Vouxey.

Olootte, Saales ; *olhotte*, Martincourt. Gl. m. *alouate*.

Anguille *angueille*, Râville ; *onguille*, Saales ; *inguille*, Saint-Blaise-la-Roche.

Andiie, Anthelupt ; *and'hie*, Port-sur-Seille.

Anguie, angui, dans la plupart des autres communes.

Année *annoïe*, Ventron; *annèye*, Lachapelle; *annaïe*, Verdenal; *anneille*, Courbessaux; *annèye*, Pargny; *anneye*, Liverdun; *anaïe*, Bouillonville.

Onnaïe, Vagney.

Ènaïe, Le Tholy, Landremont; *ainaïe*, *énaïe*, Ramonchamp, Mailly.

Ennaïe, Charmois-l'Orgueilleux.

Èneye, Hergugney; *énêie*, Anthelupt, Aboncourt; *enneie*, Pierre-la-Treiche; *ennée*, Vomécourt; *ènée*, Sainte-Barbe; *énée*, Hablainville; *etnâe*, Lusse; *ènae*, Manoncourt; *ainée*, Laneuvelotte.

Oannée, Moyen; *onée*, Rehérey.

Innaïe, Ban-sur-Meurthe; *ennahieu*, Râville.

Appeler *heuché*, Vagney; *heutchi*, Gerbépal; *heuchi*, Luvigny; *heuchieu*, Vexaincourt.

Houii, Landremont; *hoïer*, Lay-Saint-Remy; *haüer*, Domgermain. Gl. m. *houyer*.

Apprendre *èpanre*, Ramonchamp: *eppanre*, Chatel; *èpenre*, Landremont.

Araignée *felère*, Grange; *frèle*, Serres; *airaigne*, Râville. Gl. m. *airaigne*.

Arbre, *âbe*, *abe*, Le Tholy, Bult; *âpe*, Docelles.

Eibe, *èbe*, *êbe*, Gerbépal, Hoéville; *aîpe*, *êpe*, Moyen, Courbessaux.

Arbe, Mandray; *airbe*, *êrbe*, Custines; *èrpe*, Moivrons.

Aèbre, *êbre*, Anthelupt, Lalœuf, Lemainville.

âbre, dans la plupart des autres communes.

Arc-en-ciel. Ce phénomène est connu sous le nom de « couronne de Saint-Léonard » (*Linard, Linâ, Linad, Lunâ, Luâ, Midâ, Ninâ*), dans la très-grande majorité des communes des Vosges ainsi qu'à Vallois, Lachapelle, Thiaville, Pexonne.

Dans le reste du département de la Meurthe, ainsi que dans la commune vosgienne de Hergugney, l'arc-

en-ciel est dénommé « couronne de Saint-Bernard »,
(*Bérnâ, Beurnâ, Barnâ, Bernè, Bernet*).

Vouxey, *pautieu de Saint-Nicolas*.
Ménil, *potie Saint-Jacques*.
Landaville, *courône de Saint-Girâ*.
Aboncourt, *potieu de Saint-Girâ*.
Gl. m. *coroune de Saint-Bernâ*.

Armoire *armare, armâre*, Pierre-la-Treiche, Ligné-ville, Ahéville ; *ârmâr*, Vouxey.

Armaire, Mandray ; *armère*, Celles ; *armère*, Verdenal ; *armeilre*. Domgermain.

Ormouère, Saint-Blaise-la-Roche ; *aurmâre, ormâre, aurmare, ormare*, Le Tholy, Longuet, Landremont, Sanchey, Vomécourt, Docelles.

Ermaire, ermère, airmaire, Ban-sur-Meurthe, Sommerviller, Einville.

Ermâre, ermare, Pargny-sous-Mureau, Circourt.

Armelle, armèle, armaile, Vexaincourt, Rehérey.

Aumoire, Râville ; *omère, ômère, aumère*, Moivrons, Brechainville ; *omâre, aumare*, Mailly, Bouillonville.
Gl. m. *aumare*.

Arroser *arrouser*, Martincourt, Domgermain ; *arrousè, arrousait*, Pargny-s-Mureau ; *érouser*, Pierre-la-Treiche ; *érousè*, Autigny-la-Tour ; *errousaye*, Râville.

Errosa, Ventron ; *erreuset*, Lignéville ; *erresè*, Attigny.

Eauvoi, Gerbépal. Gl. m. *airosé*.

Assis *èhhèye*, Gérardmer ; *èhhute*, Landremont.

Asseoir, s'asseoir *èhhuter*, Landremont ; *s'èchôti*, Houécourt ; *s'essiter*, Lay-Saint-Remy ; *s'èhhâre*, Le Tholy ; *s'èheur*, Haillainville.

Dachòre, Bouillonville. Gl. m. *aissieuter*.

Atre *are di feüe*, Vienville ; *âre do feu*, Mandray ; *are du fû*, Badonviller ; *arre*, Vexaincourt ; *ârò*, Vouxey.

Aite do feu, Lusse ; *âte do feu*, Lachapelle ; *âte don*

fû, Thézey ; *aite, ête, ète,* Anthelupt, Moivrons, Laloeuf.
Ate, âte, Le Tholy, Vittel, Haillainville.
Aitre, être, Port-sur-Seille, Battigny, Moyen.
Aufeu, Vagney.

AUBE *ár di jo,* Vagney, Le Tholy, Rouges-Eaux ; *ar don jo,* Landremont ; *ar do jou,* Sanchey ; *ar di jo,* Deycimont ; *air do jgo,* Mandray ; *air di jo,* Serres.

Pouette di jo, Ventron ; *poite di jo,* Docelles ; *pointe di jo,* Celles ; *pointe dou jo,* Thézey ; *pointe dou jou,* Maconcourt ; *poitiotte do jou,* Gircourt-les-Viéville.

Pique do jo, Lusse ; *pique do djo,* Ban ; *picotte di jo,* Longuet ; *picotte do joue,* Mazelay.

Dant lo jo, Pexonne ; *âre,* Lignéville. Gl. m. *ar don jo.*

AUBÉPINE *aubaipenne,* Manoncourt ; *aubepenne,* Battigny ; *aubépenne,* Circourt-s-Mouzon ; *ôbèpenne,* Houécourt ; *aubépène,* Mazelay.

Aubrèpine, Ahéville ; *aubrepine,* Gircourt-les-Viéville ; *obrepine,* Mousson ; *augrèpine,* Le Tholy ; *auvrepine,* La Baffe ; *abrepine,* Ventron, Leintrey ; *èbre — èpine,* Hergugney.

Bianche épine, Custines, Lemainville ; *bionch' épine,* Domgermain ; *bianche penne,* Moivrons ; *bianche apenne,* Bouillonville ; *bianche èpène,* Maconcourt ; *biec épine,* Pierre-la-Treiche ; *épine bianche,* Anthelupt.

Épéne, Râville ; *hhpine,* Saint-Blaise-la-Roche ; *èpène,* Maconcourt.

Obrépinque, Chatel ; *abrepique,* Luvigny ; *abrepinque,* Vexaincourt ; *vovre èpinque,* Gelvécourt ; *vouor d'eppinque,* Rôville ; *bianche pînque,* Hablainville ; *bianche spinque,* Deycimont ; *pinque bianche,* Badonviller ; *spingue,* Champdray ; *spinque,* Ban-s-Meurthe, Grandvillers ; *èpinque,* Sanchey ; *pingue,* Vomécourt ; *pigue,* Badménil.

Poueure do bon Dieu, Provenchères ; *pinque de pouore*

do bon Dieu, Moyenmoutier ; *pouerdé*, Mandray ; *pachette*, Mailly.

Automne *d'vèyè*, Vagney ; *vouèin*, Le Tholy ; *voiin'*, Champdray ; *vouèing*, Ban-s-Meurthe ; *vouain*, Lusse ; *vouayin*, Provenchères ; *vouoin*, Moyenmoutier ; *voyin*, La Baffe.

Oêïé, Longuet ; *ooien*, Saales ; *ooin'*, Rouges-Eaux ; *ouéin'*, Vexaincourt ; *ouetin'*, Mandray.

Lé tâ tops, Ventron ; *errière-sohon*, Haillainville. Gl. m. *wayin, wain*.

Avant-grange *chêpeu*, Dompaire ; *chèpeu*, Gircourt : *chéppu*, Chatel ; *chèru*, Le Tholy.

Aveugle *èveugle*, Rouges-Eaux ; *etveugue*, Provenchères ; *éveugue*, Vexaincourt.

Évoyele, Ràville ; *avoïele*, Bouillonville ; *éveuille*, Vannes-le-Châtel ; *èveuille*, Mandray ; *èvoueule*, Ban ; *èvûle*, Mailly ; *évule*, Thézey.

Éveule, èveule dans la plupart des autres communes. Gl. m. *aivule*.

Avoine *avouenne*, Mandray ; *avouène*, Malzéville ; *avouéne*, Mousson ; *avoène*, Anthelupt ; *avoaine*, Hergugney ; *avoûne*, Ban-s-Meurthe.

Aouene, Verdenal ; *aouéne*, Landremont ; *aouaïene*, Bouillonville ; *aouone*, Leintrey ; *aoiéne*, Hoéville ; *aoene*, Moivrons ; *aoine*, Vandeléville ; *aweilne*, Domgermain.

Ovaune, Le Tholy ; *ovouéne*, Chatel ; *ovouène*, Vallois ; *ovouenne*, Deycimont ; *òvoine*, Saales ; *ovoéne*, Bult ; *ovouonne*, Dompierre ; *ovoune*, Docelles ; *ohhouonne*, Vexaincourt ; *ohainne*, Liverdun ; *oouonne*, Celles ; *ouène*, Badonviller ; *ouaine*, Rehérey.

Aivoène, Ramonchamp ; *èvoène*, Longuet ; *èvouaune*, Ventron ; *èvoonne*, Vagney ; *èvône*, Gerbépal ; *évouene*, Lemainville ; *èvoaine*, Dombasle ; *éoène*, Autigny-la-Tour. Gl. m. *awaine*.

Avoir peur *dota,* Ventron ; *dotè,* Le Tholy ; *doté,* Leintrey ; *doutet,* Maconcourt ; *douter,* Domgermain. Gl. m. *doter.*

B

Baiser *bidjé,* Gerbépal ; *bâhié,* Chatel ; *bahi,* Landremont. Gl. m. *bajier.*

Balai *handleur,* Saint-Blaise-la-Roche ; *handleurre,* Vexaincourt ; *handeleur,* Landremont ; *handrèle,* Cirey.

Panneur, Saint-Blaise-la-Roche ; *péneure,* Aboncourt ; *poneure.* Chatel.

Hhqueuve, Saint-Blaise-la-Roche ; *éreule,* Landaville.

Ramon, Aboncourt ; *raman,* Domgermain. Gl. m. *handelure.*

Balayer *handlè,* Vexaincourt ; *handeler,* Landremont ; *ponnè,* Sainte-Barbe. Gl. m. *handeler.*

Baratte *besse,* Le Tholy ; *bestèye,* Gérardmer.

Stande, Lusse ; *tambotte,* Vexaincourt ; *tinotte,* Laneuveville ; *tounotte,* Domgermain.

Barbe *bâbe,* Bult ; *bêbe, baibe,* Hoéville ; *baipe,* Courbessaux ; *bêrbe, bairbe,* Moivrons, Lemainville.

Bardeau *hhonde,* Le Tholy ; *hhonne,* Lusse ; *èhonte,* Chatel ; *ehhin,* Vexaincourt ; *echodre,* Allain.

Bêche *bosse,* Le Tholy ; *bausse,* Vexaincourt ; *basse,* Courbessaux ; *beusse,* Sommerviller ; *bache,* Saint-Blaise-la-Roche.

Pâle, Mandray ; *pale,* Ban ; *pôle,* Saales.

Bêcher *bosser,* Ramonchamp ; *bochieu,* Vexaincourt ; *bochier,* Haillainville ; *boci,* Le Tholy ; *bochi,* Champdray ; *bassiè,* Ventron ; *bachiet,* Lachapelle ; *bachi,* Courbessaux; *bacheu*, Mousson; *bichi*, Bouillonville; *béchi*, Serres; *bécheu*, Thézey.

Hacquè, Gerbépal; *hoquè*, Saales; *hognet*, Vienville; *heubè*, *molinè*, Lusse.

Fouïeu, Leintrey; *fouèï*, Saint-Remy-aux-Bois; *fouïé*, Ortoncourt: *fouir*, Moyen; *feuïe*, La Baffe.

Belette *morcolotte*, Rehérey; *marcolotte*, Laneuveville-sous-Montfort; *marcourotte*, Domgermain.

Bacale, Landremont; *bacoule*, Bouillonville. Gl. m. *bacale*.

Bélier *beurâ*, Vagney; *berâ*, Vittel; *beurat*, Landremont; *belâ*, Domgermain; *blâ*, Allain; *beuiâ*, Houécourt. Gl. m. *bérâ*.

Berceau *berhhé*, Chatel; *beihhe*, Courbessaux; *béhhe*, Landremont; *bihhe*, Mailly.

Bouèye, Le Tholy; *bèye*, Aboncourt; *beu*, Râville. Gl. m. *bîhhe*.

Betterave *biotte*, Attigny; *lisette*, Badonviller; *disette*, Manoncourt; *tournique*, Rehérey; *tirebiche*, Sommerviller.

Biens *bié*, *betin*, Longuet; *biè*, *train*, Vagney; *bain*, Gerbépal; *bé*, Vienville; *bi*, Battigny. Gl. m. *beuttin*.

Blé *biè*, Le Tholy; *feurmont*, Provenchères; *fromot*, Longuet; *feurmot*, *biè*, Vagney; *grain*, Moyenmoutier; *grè*, La Baffe. Gl. m. *bié*.

Blet *biossi*, Dompaire; *biâs*, Landremont; *blosse*, Lay-Saint-Remy. Gl. m. *biat*, *biasse*.

Blouse *blaude*, Saint-Amé; *blôde*, Hennezel. Gl. m. *blaude*.

Bœuf *bieu*, Vagney; *bue*, *bû*, Le Tholy, Landremont; *beuhe*, Hennezel; *bié*, Cirey. Gl. m. *bieu*.

Boire *boure*, Le Tholy; *boucre*, Saint-Blaise-la-Roche; *bouére*, *boére*, *bouère*, *boère* dans la plupart des autres communes.

Bois *bô*, Saint-Blaise-la-Roche; *beu*, Le Tholy; *boòu*, Landremont. Gl. m. *bò*.

Boiteux *boquet*, Vexaincourt ; *baquet*, Landremont ; *béquet*, Vouxey ; *bèquet*, Rugney ; *batché*, Laneuvelotte ; *batiè*, Hoéville ; *bétiet*, Vandeléville ; *béquéttou*, Vaubexy ; *boétiou*, Vagney ; *bouétiou*, Ortoncourt ; *bouètaoue*, Bouillonville ; *bouéstiou*, Le Tholy ; *boïehhtiou*, Ventron ; *bouéstu*, Ban ; *boustieu*, Lusse ; *boueiltiou*, Pargny-sous-Mureau. Gl. m. *bacquet*.

Bonnet *bonnot*, Docelles ; *bonnat*, Courbessaux ; *baunat*, Le Tholy ; *bounnat*, Mandray ; *bounnot* dans la plupart des autres communes. Gl. m. *bonnat*.

Borgne *bouaune*, Ventron ; *bouâne*, *bouanne*, Saint-Blaise-la-Roche, Leintrey ; *boonne*, Rehérey ; *bòne*, Gerbépal ; *boune*, Ban ; *boine*, Luvigny ; *bóune*, Mousson ; *bougne*, Mailly ; *boòugne*, Landremont ; *bogne*, *bògne*, dans la plupart des autres communes. Gl. m. *boûgne*.

Bossu *bossou*, Ventron ; *bosseu*, Saales ; *bossi*, Vexaincourt ; *boussu*, Liverdun ; *bousseu*, Domgermain ; *boussi*, Circourt-s-Mouzon ; *bossute*, La Baffe.

Bouc *boc*, Vomécourt ; *boucá*, Landremont ; *boucho*, Le Tholy. Gl. m. *boc*.

Bouche *boueuche*, Provenchères ; *bouéche*, Grandvillers ; *bouèche*, Mazelay ; *bouoche*, Saint-Blaise-la-Roche ; *boéche*, Saint-Pierremont ; *boiche*, Vallois ; *boche*, Le Tholy ; *bauche*, Trampot.

Boutche, Ventron ; *boutche*, Mandray ; *botche*, Vienville ; *bodche*, Ban-s-Meurthe.

Bouder *baura*, Saint-Amé ; *beurè*, Le Tholy ; *beurrè*, Rehaupal.

Boue *brode*, Saint-Amé ; *brope*, Landremont ; *brodère*, Vagney. Gl. m. *brobe*.

Bouleau *boûlé*, Vagney ; *boulè*, Sanchey ; *boulè*, Chatel ; *bolé*, Ventron ; *beule*, Vienville ; *boule*, Mousson ; *bòle*, Deycimont ; *boulèye*, Gircourt-les-Viéville ; *bolò*, Gl. m. Battigny.

Bôlotte, Vexaincourt ; *boláotte*, Provenchères ; *boon-*

latte, Mandray ; *bolatte*, Ban-s-Meurthe ; *baulatte*, Serres. Gl. m. *boule*.

Bourse *bouhhé*, Râville ; *bohhe*, Courbessaux. Gl. m. *bohhe*.

Bouvreuil *bovreuil*, Saales ; *bouvreu*, Mousson; *bovieu*, Thézey ; *bouhieu*, Moyen ; *bouchenot*, Charmois-l'Orgueilleux.

Piône, Vagney ; *piomme*, Mandray ; *piôle*, Deycimont. *Mancaïesse*, Ventron ; *meçot*, Vannes-le-Châtel ; *gros beuc*, Gelvécourt; *rodge-goudge*, Ban-s-Meurthe ; *recèta*, Hergugney ; *terrain*, Sommerviller ; *grispandar*, Haillainville. Gl. m. *piône*.

Braguette *broyotte*, Deycimont ; *breyotte*, Dompaire; *brayatte*, Landremont. Gl. m. *brayatte*.

Branche *keuhhe*, *keuhh*, Rehaupal, Vexaincourt ; *kèhhe*, Vienville ; *kouhhe*. Mandray ; *kehe*, Badonviller.

Brance, branse, Ventron, Custines ; *brantche*, Ramonchamp ; *branje*, Thézey ; *bronse*, Domgermain.

Broche, *brotche*, Ban-s-Meurthe ; *breutche*, Vienville ; *breche*, Verdenal ; *broucha*, Custines ; *brache*, Manoncourt.

Brosse *brehhe*, Le Tholy ; *breuhhe*, Râville ; *breuh*, Landremont; *brohe*, Haillainville ; *breche*, Rupt ; *brouche*, Domgermain. Gl. m. *breuhhe*.

Brouillard, *feumaïe*, *f'maïe*, Ventron, Le Tholy, Deycimont ; *f'maê*, Mandray.

Brôïard, Rehérey ; *bruïard*, Longuet ; *brouard*, Gelvécourt ; *bruard*, Rôville ; *brouillâ*, Liverdun ; *brouïa*, Domgermain ; *brouïérd*, Hoéville ; *brouillaïrd*, Courbessaux ; *broïêrd*, Sommerviller.

Broyer le chanvre *broquè*, Le Tholy ; *broquer*, Dompaire ; *braca*, Saint-Amé ; *braquer*, Landremont. Gl. m. *braquer*.

Bruler *breulè*, Ventron ; *brelè*, Le Tholy ; *breuler*, Pexonne ; *breler*, Mousson ; *beurlè*, Saales.

Buis *joli-beu*, Vienville ; *joli bó*, Saint-Blaise-la-Roche.

Bis, Vagney ; *beu, be*, Laloeuf, Rugney, Lignéville ; *bû*, Chatel ; *beuil, beuïe*, Domgermain, Pargny-sous-Mureau ; *beûye*, Mazelay.

Brun', Mandray ; *breu, bre*, Hablainville, Anthelupt ; *bru*, Ortoncourt ; *vreu*, Ban-s-Meurthe.

Pomepé, Moivrons ; *pommepi*, Thézey ; *paumepin*, Landremont ; *papi*, Vouxey ; *pinpaume*, Bouillonville.

Pácotte, Trampot ; *paspic*, Landaville.

Buisson *bouhhon*, Vagney ; *bohhau*, Le Tholy ; *bohon*, Landremont ; *bòuchon*, Rupt ; *bouchon*, Lay-Saint-Remy. Gl. m. *bohhon*.

Buse *ohé des hlines*, Gerbépal ; *ouhé des jlines*, Saint-Blaise-la-Roche.

Buhon, Le Tholy ; *bouhhon*, Rouges-Eaux ; *buhhon*, La Baffe ; *bohhon*, Vienville ; *bouhon*, Badonviller ; *bûjan*, Domgermain.

Lâye, laïe, laille, Lachapelle, Hoéville, Vandeléville ; *ollaye*, Dompierre ; *lêïe, lèye*, Sommerviller, Laneuvelotte ; *lêe*, Anthelupt.

Halerre, Mousson ; *halère*, Thézey ; *lair*, Bouillonville ; *lerr*, Martincourt.

Houille, Cirey ; *chouatte*, Mandray. Gl. m. *hallair*.

C

Cacher *couatché*, Ventron ; *coètché*, Ramonchamp, *couèché*, Longuet ; *couèchi*, Le Tholy ; *couetchi*, Ban-s-Meurthe ; *couèchti*, Mandray ; *couéchi*, Lusse ; *couachi*, Bouillonville ; *couechi*, Battigny ; *couecher*, Pierre-la-Treiche ; *couèchè*, Laloeuf ; *couacher*, Domgermain; *couèchié*, Frizon; *couechié*, Ortoncourt; *couèchieu*, Leintrey; *couéchieu*, Vexaincourt; *coèchi*, Saales; *coechier*, Lachapelle; *coichi*, Vienville; *coichier*, Haillainville; *coichieu*, Luvigny; *coicheu*, Port-sur-Seille; *coicher*, Sanchey; *cachî*, Brechainville. Gl. m. *couaicher*.

Cagneux *caignoux*, Anthelupt; *caigneux*, Sommerviller; *cagnow*, Domgermain; *cagnèïe*, Vienville; *cagnard*, Vomécourt; *kignèrd*, Vallois; *cagnoux*, dans nombre de communes; *tiaigneux*, Hoéville; *tiaignou*, Laloeuf; *tièniou*, Vandeléville.

Ross, Longuet; *deriny*, Mandray; *câlin'*, Vexaincourt; *bocca*, Pargny-sous-Mureau.

Caille *cancoyotte*, Ramonchamp; *coïcoïotte*, Longuet; *corcoïotte*, Celles; *carcayotte*, Vexaincourt; *carcaillatte*, Courbessaux.

Coitecâolotte, Provenchères; *couètecolotte*, Moyenmoutier; *couètecouélatte*, Thézey.

Cottecoyotte, Vexaincourt; *couètecoïniô*, Deycimont; *coitecoignot*, Charmois-devant-Bruyères.

Coolotte, Saales; *coyatte*, Vagney; *couaïe*, Le Tholy; *couaye*, Gircourt-les-Viéville; *couaille*, Vouxey; *couêle*, Mandray; *couéle*, Lusse; *couèlle*, Vandeléville; *couâle*, Dompaire; *coille*, Champdray; *coiye*, Aboncourt; *kèïe*, Mousson; *kèille*, Port-sur-Seille; *keille*, Liverdun; *caiye*, Malzéville; *tièïe*, Laloeuf; *tiè*, Battigny; *crouaih*, Saint-Vallier. Gl. m. *couelcouélatte*.

Canard *bouora*, Ramonchamp; *boura*, Ventron; *borâ*, Le Tholy; *bora*, Vienville; *boaure*, Vagney; *bouorre*, Lusse; *bourr*, Mandray; *bouri*, Saales; *bori*, La Baffe.

Cainard, Pexonne: *cainaird*, Verdenal; *tchénèrd*, Art-sur-Meurthe; *tiénaird, tiainaird*, Hoéville, Courbessaux; *canâ*, Manoncourt; *cainâ*, Houécourt; *kènâ*, Martincourt.

Jorat, Charmois-devant-Bruyères. Gl. m. *bourre*.

Cane *bouore*, Ramonchamp; *bouaure*, Ventron; *boôre*,

Longuet; *borre*, Rehaupal ; *bore*, Le Tholy ; *boré*, La Baffe ; *bourr*, Provenchères ; *bouri*, Celles.

Caine, Leintrey ; *kène*, Pexonne ; *caïene*, Bouillonville ; *caïne*, Martincourt ; *tiéne*, Hoéville ; *tchénne*, Laneuvelotte ; *tchène*, Art-sur-Meurthe. Gl. m. *bourre*.

CANETON *boaurion*, Vagney ; *bouor*, Ramonchamp ; *bouriôn*, Ventron ; *borrion*, Charmois-devant-Bruyères ; *borion*, Le Tholy.

Tchiri, Serres ; *tiiri*, Hoéville ; *kiri*, Einville ; *tchira*, Laneuvelotte ; *tiira*, Courbessaux.

Cainon, Aboncourt ; *kènon*, Hergugney ; *caïenon*, Bouillonville ; *cânon*, Domgermain ; *tiénon*, Battigny.

CARPE *cairpe*, Courbessaux ; *corpe*, Saales ; *tièrpe*, Lemainville ; *câpe*, Mazelay,

CAUSER *causa*, Ramonchamp ; *câser*, Hablainville.

Prochi, Vagney ; *prauchi*, Le Tholy ; *praquè*, Rugney ; *proquè*, Mazelay.

CAVE *caive*, Moivrons ; *kève*, Gerbépal ; *caibe*, Vienville : *tiaive*, Einville ; *tième*, Lemainville ; *tiaife*, Serres ; *câfe*, *cafe*, Moyenmoutier, Celles, Liverdun.

CERFEUIL *çorfeuïe*, Longuet ; *çarfoïe*, Bouillonville ; *çarfeuil*, Pierre-la-Treiche ; *cerfouil*, Houécourt ; *çorfeu*, Ventron ; *cerfeu*, Thézey ; *cerfe*, Domgermain ; *cerfue*, Badonviller ; *cerfi*, Einville ; *cerf*, Saint-Vallier.

CERISE *ç'réhhe*, Vienville; *ç'rèhhe*, Hamonville; *ceréhhe*, Moyen ; *ç'lèhhe*, Vexaincourt ; *ç'lèhhe*, Rehérey ; *celèhhe*, Einville ; *ç'rihhe*, Dompierre ; *cerihhe*, Saales ; *c'lihhe*, Laneuvelotte.

Ç'réhe, Le Tholy ; *ceréhe*, Sommerviller ; *cerèhe*, Lachapelle ; *céréhe*, Malzéville ; *cerehe*, Lemainville ; *cerèheu*, Saint-Vallier ; *celéhe*, Cirey ; *celèhe*, Moyenmoutier ; *ç'rihe*, Champdray ; *cerihe*, Landremont ; *cerayehe*, Râville ; *cereyehe*, Gerbépal.

Ç'reich, Charmois-devant-Bruyères ; *cèreiche*, Vandeléville ; *cereiche*, Battigny ; *cerèche*, Lignéville ; *ceriche*,

Ortoncourt ; *cerayeche*, Maconcourt ; *ç'rége*, Gelvécourt ; *ç'rège*, Badménil ; *cerèiege*, Lalœuf ; *céreiege*, Autigny-la-Tour ; *cerége*, Vittel ; *cirége*, Pargny-sous-Murea ; *céraïege*, Bouillonville ; *ç'rèje*, Hennezel ; *ceréje*, Saint-Baslemont ; *scerie*, Manoncourt ; *chireilge*, Domgermain. Gl. m. *celije*.

Cerisier *c'lehhi*, Rouges-Eaux ; *ç'lehhé*, Rehérey ; *ç'léhée*, Anthelupt ; *ç'leheu*, Hablainville ; *ç'leûh*, Leintrey ; *ç'lihé*, Laneuvelotte ; *ç'lihi*, Thézey ; *celhi*, Saint-Blaise-la-Roche ; *çeulheu*, Celles ; *çeulhe*, Badonviller ; *celhé*, Cirey ; *celhei*, Courbessaux ; *celhet*, Einville ; *çeulheye*, Hoéville ; *celeheu*, Pexonne ; *celehé*, Verdenal.

Cerhé, Ventron ; *çeurhé*, Saales ; *cérhé*, Vagney ; *çeurhi*, Lusse ; *cerheie*, Malzéville ; *çeurhèïe*, Martincourt ; *ç'réhi*, Le Tholy ; *ç'rèhi*, Rehaupal ; *ç'rehi*, Mandray ; *ç'rihi*, Mailly ; *ç'rehé*, Sommerviller ; *ç'rihé*, Custines ; *ç'rihée*, Bult ; *ç'réhaie*, Longuet ; *cereuhi*, Moyenmoutier ; *cerihèïe*, Landremont ; *cerihi*, Port-sur-Seille ; *céréhé*, Chatel ; *cerihêe*, Docelles.

Cergeaïe, Bouillonville ; *cirgeil*, Brechainville ; *cirgée*, Vannes-le-Châtel ; *çeurgeil*, Vouxey ; *çorgeil*, Vandeléville ; *cérjé*, Ramonchamp ; *cerejèïe*, Lalœuf ; *chirgeil*, Domgermain. Gl. m. *celji*.

Cesser *heutè*, Le Tholy ; *hòter*, Leintrey ; *hoòuté*, Landremont. Gl. m. *hoûter*.

Chaise *selle*, *séle*, *sèle*, Ramonchamp, Le Tholy, Docelles.

Hhayeure, Saint-Blaise-la-Roche ; *hhèïeure*, Grandvillers ; *hhéyeure*, Lusse ; *hhèeur*, Bult ; *hhoyeure*, Sanchey ; *hayére*, Verdenal ; *haeure*, Saint-Remy-aux-Bois ; *héïeure*, Vexaincourt ; *hoyeure*, Vallois ; *chayeure*, Hablainville ; *chaïère*, Anthelupt ; *chéïére*, Cirey ; *chéïre*, Vannes-le-Châtel ; *cheilre*, Domgermain ; *choyeure*, Mazelay ; *chir*, Manoncourt ; *chire*, Mailly ; *chaire*, dans la plupart des autres communes. Gl. m. *chire*.

Chaleur *tchalou*, Ventron; *tchélou*, Ramonchamp; *tchalo*, Ban-s-Meurthe; *chtalo*, Mandray; *chaulou*, *cholou*, Le Tholy, Docelles; *chèlou*, Pierre-la-Treiche; *chélou*, Vouxey; *chalou*, Marainville; *choleu*, Saales; *cholaoue*, Bouillonville; *chalo*, Trampot.

Chambre *tchambe*, Ban-s-Meurthe; *chtambe*, Mandray; *chamme*, Provenchères; *chomme*, Saales; *chombre*, Domgermain; *champe*, *chambe*, dans la plupart des autres communes. Gl. m. *chambe*.

Champ *tchamp*, Ventron; *jounau*, *jounot*, *jonò*, *jenò*, Maconcourt, Hergugugney, Lemainville, Hamonville.

Chanvre *chainfe*, Aboncourt; *chaigne*, Serres; *chéne*, Landremont. Gl. m. *chaingne*, *chainve*.

Chardon *hhadion*, Leintrey; *hhodion*, Sanchey; *hâdion*, Landremont; *hédion*, Custines; *chadion*, Saint-Vallier; *chadjon*, Art-sur-Meurthe; *chèdion*, Marainville; *chodion*, Bult; *cheudion*, Sainte-Barbe; *sadion*, Courbessaux.

Chariot *tchariat*, Ban-s-Meurthe; *châriat*, Saint-Blaise-la-Roche; *choriot*, Roville; *chériot*, Râville; *chorié*, Charmois-devant-Bruyères.

Chiè, Luvigny; *chié*, Pexonne; *chè*, Le Tholy; *châ*, Vagney; *tcha*, Ventron; *ché*, *chei*, *chaie*, Provenchères, Hoéville, Landremont. Gl. m. *ché*.

Charrue *tchèrue*, Ventron; *chèrue*, Le Tholy; *chérue*, Râville; *chorue*, Longuet; *choroue*, Rouges-Eaux; *charraue*, Manoncourt; *charaoue*, Landremont; *charroe*, Mailly.

Chat *matou*, Le Tholy; *mita*, Rehérey.
Morca, Vienville; *morcâ*, Provenchères; *marca*, Ban-s-Meurthe; *marcâ*, Mandray; *morco*, Celles; *morcou*, Rehérey; *marco*, Vexaincourt; *marcau*, Bult; *marcot*, Domgermain; *margo*, Grandvillers.

M'râoue, Saint-Blaise-la-Roche; *râoue*, Sommerviller; *raou*, Landremont; *raua*, Hoéville; *roë*, Thézey; *raue*, Mousson; *rau*, Hamonville; *rö*, Moivrons.

Tchette, Ventron; *chette*, Vagney; *chet*, Lalœuf, *chéton*, Circourt-s-Mouzon; *chètâ*, Houécourt. Gl. m. *rau*.

CHAT-HUANT *chat-hourant*, Mousson; *chat-horant*, Mailly; *chat-heurant*, Landremont; *houcherant*, Vittel; *hourant*, Gircourt-les-Viéville.

Chette do bo, Roville; *chan-poneu*, Pexonne; s*uotte*, Attigny; *chawe*, Domgermain.

Chouotte, chivotte, chaouatte, chouatte, dans la plupart des autres communes. Gl. m. *chet-heurant*.

CHAUVE *châf, chaf*, Saint-Blaise-la-Roche, Verdenal; *châve*, Pexonne.

Tête palauïe, Ventron; *palé*, Courbessaux; *palè*, Sanchey; *polè*, Celles; *polé*, Rehérey; *polat*, Bouillonville; *dépolet*, Vouxey.

Baçan, Lachapelle; *bausan*, Bult; *bossat*, Gircourt-les-Viéville; *baussat*, Ahéville; *baussot*, Gelvécourt; *bâçais*, Landremont; *baçon*, Serres; *pieumè*, Mazelay.

CHEMINÉE *chèvenée*, Cirey; *chévenée*, Anthelupt; *chev'née*, Hennezel; *chevenaye*, Verdenal; *chèvenèye*, Lemainville; *cheuv'naïe*. La Baffe; *cheufneye*, Hamonville.

Chenevée, Courbessaux; *chen'vèïe*, Art-sur-Meurthe; *chenevaeïe*, Malzéville; *chennvaih*, Saint-Vallier; *chénevée*, Moyen.

Tcheumnaïe, Ramonchamp; *tchèmnaye*, Ventron; *tcheminaïe*, Ban-s-Meurthe; *cheminaïe, chemnaïe, chemnêye, chemnée, chémenée, cheimnèïe*, etc., dans les autres communes.

CHEMISE *chemuhhe*, Docelles; *tch'muhh*, Ban-s-Meurthe; *chtemûhe*, Mandray; *chemuhe*, Champdray; *ch'muche*, Deycimont; *chemihhe*, Laneuvelotte; *ch'mihh*, Longuet; *chemihe*, Pexonne; *ch'mihe*, Vagney; *chemiche*, Aboncourt; *chemige*, Houécourt; *cheminhhe*, Courbessaux; *ch'minhhe*, Thézey; *cheminhe*, Landremont; *cheminche*, Ortoncourt; *cheminge*, Trampot; *tchémindje*, Ventron.

Chercher *quoèri*, Chatel ; *quouéri*, Saint-Remy-aux-Bois ; *quoiri*, Luvigny ; *quêri*, Lay-Saint-Remy ; *quouère*, Lusse. Gl. m. *querre*.

Cheval *tchévouo*, Ramonchamp ; *chevouau*, Ortoncourt ; *chvouau*, Grandvillers ; *cheouô*, Lachapelle ; *choau*, Hamonville ; *choo*, Saales ; *cheouá*, *cheoua*, *chouâ*, *choua*, Luvigny, Pexonne, Hoéville, Bouillonville, Port-sur-Seille ; *choá*, Anthelupt ; *chevau*, *ch'vau*, dans un grand nombre de communes. Gl. m. *chevau*.

Cheveu *tchèvou*, Ramonchamp; *tchavou*, Ban-s-Meurthe; *chèvou*, Mazelay ; *chévoue*, Pierre-la-Treiche ; *chévoë*, Martincourt ; *cheuvoue*, Champdray ; *chevaou*, Vannes-le-Châtel ; *chevaue*, Liverdun ; *chavou*, Vagney ; *chovou*, Le Tholy ; *choou*, Longuet ; *choue*, Lignéville. Gl. m. *chawe*.

Chien *tchîng*, Ban-s-Meurthe ; *chtin*, Mandray ; *chin*, Champdray ; *tchie*, Ramonchamp ; *chié*, Longuet ; *tché*, Ventron ; *chè*, Vagney ; *chein*, Le Tholy. Gl. m. *chin*.

Chienne *chieunne*, Einville ; *chenne*, Râville ; *chinne*, Ménil ; *cagne*, Houécourt ; *kègne*, Landremont. Gl. m. *caigne*.

Chiendent *lihesse*, Rehérey ; *coutche*, Ventron ; *couche*, Le Tholy ; *trène*, La Baffe ; *volasieppe*, Luvigny ; *trainante-ieppe*, Moyenmoutier ; *pohè-laye*, Rouges-Eaux.

Dot-de-chié, Roville ; *dot-de-chie*, Docelles ; *dot-de-chin*, Grandvillers ; *dont-d'chié*, Sanchey ; *poi-d'chin*, Port-sur-Seille ; *po-d'chin*, Mailly.

Chident, *chindent*, *chaindent*, *chindot*, *chidot*, *chindat*, *chidat*, dans les autres communes. Gl. m. *poë-d'chin*.

Ciseaux *cisiaux*, Hoéville ; *cisiâs*, *cisias*, Leintrey, Einville ; *cigées*, Trampot ; *cisés*, dans la plupart des autres communes.

Clair *kiach*, Ban-s-Meurthe ; *kiéhhe*, Vexaincourt; *tièhhe*, Le Tholy ; *tiair*, Courbessaux ; *tiir*, Landremont. Gl. m. *kié*.

Clé *kiè, kié*, Gerbépal, Cirey, Serres; *kiéye*, Râville; *kia*, Ban-s-Meurthe; *tiè, tié*, dans la plupart des autres communes. Gl. m. *kié*.

Cloche *kioche*, Râville; *tieuche*, Saint-Amé; *tioche*, Domgermain; *tiache*, Landremont. Gl. m. *kiache*.

Clocher *cûchèye*, Le Tholy; *tieuché*, Saint-Amé; *tieuchéye*, Houécourt; *tiocheil*, Domgermain; *tiachi*, Mailly. Gl. m. *kiachi*.

Clou *tieu*, Le Tholy; *tio*, Saint-Amé; *tiau*, Grand-villers; *tiò*, Courbessaux; *tioòu*, Landremont; *clò*, Lay-Saint-Remy.

Cochon de lait *p'hhé de lâcé* Thézey; *p'hé d'lêcé*, Mousson; *pouhé dé lacé*, Rôville; *pouché d'lâcé*, Ramonchamp; *pouchiot de lacé*, Badménil.

Pohhion, Le Tholy; *pouhhion*, Lusse; *pouhion*, Pexonne; *pohhiot*, Ban-s-Meurthe; *pouhhiot*, Dompierre; *pouhiot*, Frizon; *pouchiot*, La Baffe.

Pouhhlat, Rugney; *pouhhelot*, Sanchey; *pouchelot*, Gelvécourt; *pochelot*, Saint-Baslemont.

Couchon d'lacé, Badonviller; *couchon d'laicé*, Hoéville; *couchon de lâ*, Maconcourt; *cochin d'lait*, Domgermain; *coch'not d'lâ*, Pargny-sous-Mureau; *couchenat*, Vandeléville; *couchenot*, Ménil; *cochenot*, Autigny-la-Tour; *coch'not*, Vouxey.

Penant, Luvigny; *houguet*, Landremont, Gl. m. *pohhion*.

Cœur *kûhh*, Ban-s-Meurthe; *kieuhhe*, Mandray; *kieuhe*, Saales; *kieu*, Saint-Blaise-la-Roche; *kure*, Râville; *tieur*, Courbessaux. Gl. m. *kieur*.

Coiffe *cournette*, Vagney; *cornette*, Rehérey; *patenasse*, Gerbépal; *halette*, Thézey; *beguinette*, Saint-Baslemont.

Coèffe, couèffe, couéffe, dans la plupart des autres communes.

Colère (adjectif), *fié*, Longuet; *fiér*, Sanchey; *fie*, Deycimont.

Connaitre *k'noche*, Ramonchamp ; *k'nahe*, Serres ; *conah*, Landremont. Gl. m. *conahhe*.

Coq *couchot*, Pargny-sous-Mureau ; *coucheré*, Ménil. *Jâ*, Saint-Blaise-la-Roche ; *jè*, Laneuvelotte ; *jé*, Domgermain ; *tjo*, Ramonchamp ; *djau*, Ventron ; *jgô*, Mandray ; *jâo*, Provenchères ; *jôe*, Vandeléville ; *jau, jò*, dans la plupart des autres communes. Gl. m. *jau*.

Coquille *crofoye*, Rehérey ; *crafaye*, Courbessaux ; *craffaïe*, Landremont. Gl. m. *crafaille*.

Corbeau *crôque*, Bouillonville ; *raqué*, *counaille*, Lusse.

Corbeille *fourrau*, Oëlleville ; *fourrâ*, Serres ; *bonjatte*, Courbessaux. Gl. m. *fourrau*.

Corridor *pôhhe*, Courbessaux ; *pouôche*, Vexaincourt.

Corvée *crouâil*, Landaville ; *crouâïe*, Courbessaux ; *crouaille*, Dompaire. Gl. m. *crouâye*.

Cosses *scafes*, Vienville ; *coffies*, La Baffe ; *côfions*, Moyenmoutier ; *coloffes*, Longuet ; *écaloffes*, Frizon. Gl. m. *caffes*.

Cou *keu*, Le Tholy ; *coon*, Mandray ; *cawe*, Râville ; *coôu*, Landremont ; *cooue*, Pargny-sous-Mureau ; *coouve*, Circourt ; *caoue*, Bouillonville ; *coe*, Mailly ; *cô, co*, dans la plupart des autres communes.

Coucher (se) *s'ègére*, Vienville ; *s'edgére*, Ban-s-Meurthe ; *s'èjgére*, Mandray ; *se motte è gére*, Cirey ; *s'èjeûre*, Rouges-Eaux ; *s'éjeure*, Vexaincourt ; *jeure*, Haillainville.

Se couchié, Ortoncourt ; *s'couchie*, Autigny-la-Tour ; *es'couchi*, Courbessaux ; *s'coëchi*, Liverdun ; *s'caouchi*, Bouillonville ; *s'coucheu*, Mousson ; *es'cueilcher*, Domgermain ; *se coecher*, Pierre-la-Treiche ; *s'couchè*, Mazelay.

Coude *code*, Landremont ; *cotte*, *cote*, Marainville, Custines ; *coute*, Liverdun ; *coudé*, Ramonchamp ; *coutre*, Domgermain ; *cottré*, *cotré*, dans la plupart des autres communes.

Coudre *coude*, Liverdun; *côse*, Saint-Blaise-la-Roche; *cosse*, Saales; *cose*, Lusse; *câoese*, Martincourt; *couese*, Pierre-la-Treiche; *coser*, Custines; *causre*, Trampot; *cousre*, Grandvillers; *cowse*, Domgermain; *caouse*, Vannes-le-Châtel; *couse*, *coûse*, *cousse*, dans la plupart des autres communes. Gl. m. *cose*.

Couleuvre *couleuve*, Ramonchamp; *couleufe*, Liverdun; *coulûve*, Anthelupt; *colûve*, Le Tholy; *colufe*, Laneuvelotte; *colieuve*, Mailly: *colieufe*, Saales; *keliéve*, Ventron; *kéliéve*, Vagney.
Colûre, Champdray; *colieure*, Vexaincourt.

Couilluvre, Trampot; *couïuvre*, Pierre-la-Treiche; *quieuvre*, Pargny; *queîuvre*, Autigny-la-Tour; *queïeuvre*, Circourt; *couïuvre*, Maconcourt; *quîvre*, Domgermain. Gl. m. *colieuffe*.

Cour *cohhelle*, Thézey; *cohelle*, Landremont; *couhelle*, Allain; *cou*, Vandeléville; *coue*, Vannes-le-Châtel; *cor*, Einville; *co*, Mousson. Gl. m. *co*, *cohhelle*.

Courir *couore*, Ventron; *couaure*, Mandray; *couauri*, Celles; *core*, Le Tholy; *còre*, Leintrey; *coure*, Saales; *couri*, Art-sur-Meurthe; *courè*, Attigny; *coûe*, Maconcourt. Gl. m. *corre*.

Courtiser *fiètri*, Vagney; *fiétri*, Badménil; *fiètrè*, Longuet; *fièté*, Thézey.

Galanter, Einville; *galantè*, Lemainville; *olè ouar*, Celles; *aler ouér*, Landremont; *s'hanter*, Rôville.

Crapaud *cropâ*, Vexaincourt; *cropod*, Aboncourt; *crapâ*, Verdenal; *crépâ*, Râville; *crépaud*, Moivrons; *crèpé*, Ménil.

Bod, Ventron; *bad*, Landremont; *règa*, *poure home*, Thézey. Gl. m. *bad*.

Crémaillère *keurmè*, Saales; *crèmè*, Le Tholy; *crémè*, Courbessaux; *crémau*. Gl. m. *crémau*.

Cruche *crougue*, Champdray; *crouque*, Saales; *créque*, Gerbépal; *crèque*, Râville; *crique*, Courbessaux; *creuque*, Moivrons; *creuche*, Trampot; *criche*, Pexonne.

Breuchie, brechie, brechi, Le Tholy, Saint-Vallier, Sanchey, Hennezel ; *breuche,* Vexaincourt ; *brechon,* Houécourt.

Pintotte, Lemainville ; *pintatte,* Gircourt-les-Viéville. Gl. m. *creuque.*

Cuir *keu,* Saint-Amé ; *keuye,* Le Tholy ; *koeille,* Champdray ; *keuïe,* Landremont.

Cuisine *queuhhine,* La Baffe ; *queuhine,* Le Tholy ; *quehenne,* Mailly ; *côuhhine,* Vexaincourt ; *cohhine,* Ban-s-Meurthe ; *couhine,* Mandray ; *cohine,* Grandvillers ; *ècouhine,* Haillainville ; *couèhine,* Vallois ; *coéhine,* Saint-Pierremont ; *kieuhine,* Einville ; *cuhène,* Mousson ; *kehène,* Thézey.

Queujine, Ramonchamp ; *|cujine,* Pierre-la-Treiche ; *cugenne,* Bouillonville ; *queuegène,* Trampot ; *couchine,* Badménil.

Tieuhine, Serres ; *tiejine,* Lalœuf ; *tieugène,* Vandeléville ; *tcheuhine,* Laneuvelotte. Gl. m. *cujenne.*

Cuisse *keuhhe,* Ventron ; *keuhe,* Mousson ; *kehh,* Mailly ; *kihhe,* Luvigny ; *kihe,* Pexonne ; *keuche,* Ramonchamp ; *keche,* Domgermain.

Tieuhhe, Hamonville ; *tieuhe,* Vandeléville ; *tchieuhhe,* Laneuvelotte ; *tcheuhe,* Art-sur-Meurthe.

Cul-de-jatte *cul-d'jape,* Le Tholy ; *qui-de-jette,* Badonviller ; *qui-de-jotte,* Rehérey ; *tiu-de-jatte,* Hoéville.

Marne des jampes, Thézey ; *marme,* Moivrons ; *morme,* Aboncourt.

Culotte *chausse,* Vienville ; *châsse,* Courbessaux ; *tchausse,* Ban-s-Meurthe ; *chtausse,* Mandray ; *châosse,* Provenchères ; *chauasse,* Hoéville.

Culatte, Verdenal ; *keulatte,* Mousson ; *kelotte,* Liverdun ; *tiulatte,* Sommerviller ; *tiulotte,* Lemainville.

D

Dé a coudre *doyô*, Laneuveville-s-Montfort ; *dâ*, Vexaincourt ; *dau*, Landremont. Gl. m. *dau*.

Dégel. *dèdgeal*, Ventron ; *dedgeal*, Mandray ; *dègeal*, Vagney ; *degeal*, Pierre-la-Treiche ; *dageal*, Brechainville ; *dogeal*, Domgermain ; *dègeol*, *dégeol*, Ramonchamp, Rehérey, Docelles ; *dégeôl*, Vexaincourt ; *dageol*, Bouillonville ; *deugeôl*, Provenchères ; *dégealaïe* Gerbépal ; *dégealeye*, Hergugney ; *dégeolaïe*, Laneuve-ville-sous-Montfort.

Déjeuner *petit dèjeun*, Ramonchamp ; *p'tit dèjune*, Deycimont ; *p'tit djgin*, Ban ; *petit djunet*, Lusse ; *p'tiot daijin*, Rehérey ; *petét dèjin*, Vittel ; *petiot dejun*, Ortoncourt.

Dèdjunet, Ventron ; *dèjunet*, *dejuner*, *déjinet*, Gerbépal, Badonviller, Anthelupt, Aboncourt ; *djuné*, *djuner*, Saint-Blaise-la-Roche, Sommerviller, Mailly ; *djunon*, Thézey ; *dèjune*, Grandvillers ; *djinè*, *djiner*, Celles, Hablainville ; *dèjun*, Champdray ; *dèjin*, Gerbépal ; *dedji* Ban-s-Meurthe. Gl. m. *djunon*.

Dent *dont*, Sanchey ; *dot*, Ventron ; *dat*, Hergugney ; *dent*, dans la plupart des autres communes.

Descendre *déhhonde*, Vexaincourt ; *dèhhonde*, Leintrey ; *déhonte*, Chatel ; *d'hhonde*, *d'hhode*, Le Tholy ; *dehende*, Landremont.

Dévailer, Serres ; *dovaller*, Domgermain. Gl. m. *d'hhende*.

Dévidoir *jalande*, Saint-Amé ; *jolonde*, Le Tholy ; *girouante*, Landremont.

Hâpe, Rehaupal; *hape*, Rehérey; *habe*, Razey. Gl. m. *jalouante, hâpe*.

Dimanche *diémôuaudje*, Ventron ; *diémouoge*, Vagney; *diémointjge*, Mandray ; *dièmoinche*, Moyen ; *dieumoinche*, Vomécourt; *démouanche*, Saint-Blaise-la-Roche ; *dîmoindje* Ban-s-Meurthe; *diimoinche*, Grandvillers ; *tjemointje*, Ramonchamp; *dimôche*, Domgermain ; *dieumange*, Mailly. Gl. m. *diémanche*.

Dîner *grand djunet*, Provenchères ; *grand djgin*, Mandray ; *grand dejun*, Ortoncourt ; *grand dèjûn*, Docelles.

Dèjunet, *dejuner*, *déjinet*, Vienville, Einville, Moivrons, Lalœuf ; *dojûener*, Domgermain ; *djune*, *djuner*, Saint-Blaise-la-Roche, Laneuvelotte ; *djunon*, Thézey ; *dèjune*, Grandvillers ; *djinè*, *djiner*, Celles, Rehérey, Leintrey ; *dèjun*, Vagney; *dedjinè*, Ban-s-Meurthe; *dèjin*, Laneuveville-sous-Montfort.

Morode, Le Tholy ; *marodet*, Gerbépal ; *morondet*, Luvigny ; *moronde*, Pexonne.

Doigt *dat*, Ventron ; *daut*, Ban-s-Meurthe; *dâet*, Mandray; *dòet*, Moivrons ; *douille*, Battigny ; *dauïae*, Moyenmoutier ; *douaïe*, Leintrey ; *dòeye*, Marainville ; *douoïe*, Haillainville ; *douoûie*, Moyen ; *deuïe*, Thézey ; *deuye*, Mailly ; *daïe*, *daye*, *daille*, Le Tholy, Lusse, Grandvillers ; *dauïe*, *doïe*, *doille*, dans la plupart des autres communes. Gl. m. *deuye*.

Donner *bayé*, Moyen ; *bayi*, Vienville ; *baï*, Saint-Blaise-la-Roche ; *baïeu*, Leintrey ; *bèïé*, *beyè*, Ramonchamp, Sanchey ; *béyi*, *beyi*, Champdray, Saint-Vallier ; *bèïeu*, *bèïeu*, Vexaincourt, Mousson, Mailly ; *bèï*, *béï*, Le Tholy, Vittel.

Déna, Ventron ; *d'na*, Vagney ; *danner*, Moivrons ; *d'net*, Ban-s-Meurthe ; *denner*, Circourt-s-Mouzon; *d'ner*, Domgermain.

Dormir *dormi*, Battigny; *dourmi*, Circourt-s-Mouzon ; *daurmi*, Vouxey ; *deurmi*, Vittel ; *deurmé*, Saales.

Droumin, Liverdun ; *droumi*, Domgermain ; *dromi*, Aboncourt ; *dremin*, Landremont ; *dremé*, Trampot ; *drémi*, Vallois ; *dreumi*, Ventron.

DRAP *lincieu*, Vagney ; *lessue*, Le Tholy ; *linçue*, Moivrons. Gl. m. *lincieu*.

DROITIER *draté*, Vagney ; *drâtè*, Hablainville ; *drâtet*, Lachapelle ; *droté*, Sommerviller ; *drôtet*, Einville ; *drouté*, Battigny ; *douoté*, Vallois ; *drateu*, Luvigny ; *droti*, Port-sur-Seille ; *dreuti*, Mousson ; *dratée*, Ban ; *dratèe*, Vomécourt ; *drautée*, Anthelupt ; *drotèe*, Allain ; *drâtèïe*, Le Tholy ; *drataye*, Champdray ; *drôtaye*, Maconcourt ; *dreutaye*, Manoncourt ; *drôteil*, *drotèye*, Hoéville, Hamonville, Pargny-sous-Mureau ; *droòutèïe*, Landremont ; *droutèye*, Aboncourt ; *drâtieu*, Celles.

E

EAU *aòvoueu*, Provenchères ; *ave*, Vallois ; *awe*, Serres ; *âoue*, *aoue*, Pexonne, Mousson ; *eauve*, *eaufe*, dans la plupart des communes ; *ooë*, Saales ; *œoue*, Saint-Blaise-la-Roche ; *ouœ*, Hoéville ; *œë*, Liverdun ; *òoue*, Lalœuf ; *oë*, Autigny ; *òye*, Lemainville. Gl. m. *eauwe*.

ÉCALE *hhâfe*, Vagney ; *scâfe*, Le Tholy ; *câfe*, Rupt ; *carfaille*, Courbessaux ; *crafaille*, Malzéville ; *acrauve*, Bouillonville ; *caloffe*, Laneuvelotte.

ÉCHALAS *pehhi*, Chatel ; *pèhhé*, Landremont ; *péché*, Malzéville ; *paissé*, Lay-Saint-Remy. Gl. m. *paihhé*.

ÉCHALOTTE *èchalatte*, Vagney ; *échalatte*, Verdenal ; *achalatte*, Art-sur-Meurthe ; *achala*, Laneuvelotte ; *échalette*, Landremont ; *échélotte*, Râville ; *échèlotte*, Vouxey ;

èchèlot, Maconcourt ; *ècholotte, écholotte,* dans un grand nombre de communes. Gl. m. *hhalogne.*

Échelle *èhhole,* Chatel ; *hhaule,* Le Tholy ; *hhâle,* Leintrey.

Éclair *équiair,* Saint-Blaise-la-Roche ; *étierre,* Saint-Remy-aux-Bois ; *ètiâre,* Haillainville ; *ettiâre,* Chatel.

Hlaida, Vagney ; *hlèdâ,* Ventron ; *ʒloda ,* Ban-sur-Meurthe ; *lèda,* Ramonchamp ; *loonda,* Mandray ; *élôd* (éclair de chaleur), Vouxey ; *lêdot,* Le Tholy ; *lèdot,* Deycimont ; *lédot,* Rehaupal ; *loudiáo ,* Provenchères ; *louodiot,* Vexaincourt; *louodot,* Pexonne ; *èlète,* Grand-villers ; *élète,* Rôville. Gl. m. *enloûte, élode.*

Écrevisse *grabousse,* Gerbépal ; *grobousse,* Saales ; *grovousse ,* Moyenmoutier ; *graousse,* Saint-Blaise-la-Roche ; *groousse,* Luvigny.

Egroouisse, Vienville ; *égrâouisse,* Verdenal ; *ègrêeouisse,* Marainville ; *ègrèouisse,* Longuet ; *écroouisse,* Battigny ; *écraouisse,* Hablainville ; *ègrovouisse,* Sainte-Barbe ; *ègravouisse,* Saint-Vallier ; *ègreavouisse,* Maconcourt ; *êgrèvouisse,* Hergugney ; *ègrévuisse,* Charmois-devant-Bruyères ; *agravisse,* Bouillonville ; *ègrâvisse,* Thézey ; *égravisse,* Landremont ; *ègrebisse,* Ramonchamp ; *ègrevisse ,* Ventron ; *ègreveusse,* Circourt-s-Mouzon ; *écrevesse,* Trampot ; *ègrêvisse,* Mousson ; *ègroisse ,* Rouges-Eaux ; *egröisse,* Lemainville ; *ègrovisse,* La Baffe.

Écume *squème,* Le Tholy ; *quéme,* Chatel ; *équeume,* Landremont. Gl. m. *queume.*

Écumoir *ehhquémeure,* La Bresse ; *éqnemrosse,* Râville ; *squemrosse,* Rouges-Eaux ; *queumrasse,* Leintrey.

Écurie *hhtâle,* La Bresse ; *hhtaïe,* Saint-Blaise-la-Roche ; *staye,* Rouges-Eaux ; *stauye,* Lusse.

Étaube (écurie des chevaux), La Bresse ; *étaupe,* Landremont. Gl. m. *étaupe.*

Église *motèïe,* Le Tholy ; *moté ,* Lusse ; *moteu,*

Vexaincourt ; *motaïe*, Courbessaux ; *moteye*, Houécourt. Gl. m. *motin, moti.*

Emprunter *èprata*, Vagney ; *èperta*, Ventron ; *éprota*, Ramonchamp ; *èproté*, Le Tholy ; *èpratè*, Marainville ; *èprètè*, Ban-s-Meurthe ; *èproter*, Haillainville ; *éproter*, Rôville ; *èpreiniétè*, Saales.
Imprintè, Vexaincourt ; *improtè*, Luvigny ; *improter*, Badonviller ; *impratet*, Lachapelle ; *eimprater*, Leintrey ; *emprater*, Hoéville ; *empreter*, Moivrons ; *empreuter*, Martincourt ; *emprotè*, Lemainville ; *emproter*, Vallois.
Opretet, Aboncourt ; *oprotet*, Maconcourt ; *opruté*, Vannes-le-Châtel ; *oprûeter*, Domgermain ; *auprunter*, Pierre-la-Treiche ; *opruntè*, Pargny-sous-Mureau ; *omprotè*, Vittel ; *ompruntet*, Vouxey ; *appratet*, Laloeuf.

Enfant *offant*, Celles ; *affant*, Verdenal ; *èffant*, Ventron ; *ofont*, Domgermain. Gl. m. *afant.*

Enflure *ofiou*, Vagney ; *onfiou*, Pexonne ; *infiou*, Hablainville ; *enfiou*, Serres ; *enfioë*, Martincourt ; *enfiure*, Mailly ; *onfiure*, Saales ; *infiure*, Saint-Blaise-la-Roche ; *offiure*, Domgermain ; *affiure*, Laloeuf ; *ofieure*, Brechainville ; *offure*, Ventron ; *affure*, Ban ; *onfire*, Celles.

Épi *hhpie*, Vagney ; *spie*, Le Tholy ; *pie*, Rupt ; *paume, pòme*, Landremont. Gl. m. *paume.*

Épine dorsale *schneille di dos*, Courbessaux ; *chnaïe di dos*, Rehérey ; *chènaie*, Landremont ; *chine*, Crévic. Gl. m. *hhenaye.*

Épingle *nonnotte*, Chatel ; *nounnotte*, Vexaincourt ; *nonotte*, Moyen ; *nonnatte*, Landremont. Gl. m. *nonnatte.*

Épinoche *epineuche*, Charmois-l'Orgueilleux ; *pinouche*, Anthelupt ; *pinouhhe*, Thézey ; *pinoche*, Lemainville.
Espinglé, Martincourt ; *pinguié*, Lachapelle ; *piingré*, Grandvillers ; *pinguíai*, Charmois-l'Orgueilleux ; *pingué*, Hergugney ; *pindiè*, Longuet ; *pindié*, Sommerviller ; *èpindié*, Domgermain.

Chette d'aue, Ventron ; *préte*, Deycimont.

Escalier *ascallii*, Courbessaux ; *ascaï*, Domgermain ; *ascaïer, escolii, escolie, escolié, escoïer*, Le Tholy, Rouges-Eaux, Sanchey, Sainte-Barbe, Bult, Docelles, Grandvillers ; *escailier, esquèlié, escaïer*, Ramonchamp, Longuet, Lachapelle, Moivrons, Attigny, Saint-Vallier, Gelvécourt ; *escoïe*, Hoéville ; *eskèlieu, eskéïeu*, Luvigny, Vexaincourt ; *escalieu, escaïeu*, Rehérey, Verdenal, Mousson, Mailly ; *eskèï*, Liverdun ; *eskéïe*, Autigny-la-Tour ; *escaï*, Anthelupt ; *estieti*, Lalœuf ; *estée*, Battigny.

Degraïe, Landremont ; *degrâē*, Thézey ; *sgrè*, Le Tholy ; *zgret*, Gerbépal ; *montâïe*, Vaubexy ; *montâē*, Thézey. Gl. m. *degraye*.

Escargot *ascargot*, Trampot ; *ascorgot*, La Baffe ; *astargot*, Bouillonville ; *achtargot*, Domgermain ; *estargot*, Martincourt ; *escorgòt*, Sanchey ; *escorgot*, Longuet ; *eskergòt, eskergot*, Ramonchamp, Lachapelle, Rugney ; *estergòt, estergot*, Verdenal, Courbessaux, Lemainville ; *eskergole*, Provenchères ; *estergoòu*, Malzéville ; *estergat*, Landremont.

Gangòt, Pexonne ; *messkergòt*, Custines ; *mestangot*, Manoncourt ; *mesgangoē*, Mailly.

Tangòne, Serres ; *meulçon*, Liverdun.

Estomac *astomè*, Laneuvelotte ; *astouma*, Trampot ; *astoumac*, Bouillonville ; *èchtomèc*, Gerbépal ; *echtoméc*, Moivrons ; *ehhtomèc*, Mailly ; *ehtoméc*, Landremont ; *estoumais*, Râville ; *estoumet*, Malzéville ; *estoumei*, Liverdun ; *estoumac*, Martincourt ; *estouma*, Pargny-sous-Mureau ; *estoumec*, Autigny ; *estemè*, Laneuveville-s-Montfort ; *estamet*, Ahéville ; *estomè, estomet, estomèc*, dans la plupart des autres communes.

Étalon *étolon*, Badonviller ; *ètolon*, Dompierre ; *ételon*, Pierre-la-Treiche ; *ètèlon*, Manoncourt.

Ronsin, Saales, Leintrey ; *haras*, Lachapelle ; *hèrâs*, Sainte-Barbe ; *hèrês*, Moivrons ; *entire*, Champdray ; *entie*, Ban-s-Meurthe. Gl. m. *roncin*.

Été *onnäie*, Vagney; *onnaïe*, Longuet; *aunaye*, Rouges-Eaux; *ènaïe*, *ennaye*, Le Tholy, Docelles ; *innaïe*, Bans-Meurthe ; *onèye*, Lachapelle ; *année*, Moyenmoutier.

Tchau tops, Ventron ; *bé tops*, Attigny ; *baile sohon*, Saint-Blaise-la-Roche ; *até*, Bouillonville.

ÉTEINDRE *hhtède*, Ventron ; *stède*, Le Tholy ; *tède*, Rupt.

ÉTOILE, *hhestèlle*, Ventron ; *hhtêle*, Vagney ; *estouèle*, Chatel ; *atoile*, Bouillonville ; *ètèle*, Ramonchamp ; *étôle*, Ménil ; *stâle*, *stale*, Le Tholy, Ban-s-Meurthe.

ÉTRANGLER *hhtrâgner*, Vagney ; *trâgner*, Rupt ; *stranguie*, Le Tholy ; *tranguer*, Landremont.

ÉTROIT *hhtra*, Vagney ; *stra*, Le Tholy ; *tra*, Rupt.

ÉVANOUIR (s') *tchère fiave*, Vagney ; *chtère fiawe*, Mandray: *chére fiofe*, Cirey ; *chère fiaufe*, Rôville ; *cheure fiaufe*, Vomécourt ; *cheu fiaf*, Saint-Blaise-la-Roche ; *chay fiésse*, Gerbépal.

F

FABLE *fiôfe*, Chatel ; *fiauve*, Landremont ; *fiâwe*, Courbessaux. Gl. m. *fiauve*.

FÂCHER (SE) *sé fouotchi*, Ramonchamp ; *se fouatchi*, Ban-s-Meurthe; *sè fouauchi*, Vagney; *se fouachi*, Provenchères ; *se foochi*, Saales ; *se fauchi*, Le Tholy ; *s'fâchti*, Mandray ; *se fâchi*, Anthelupt ; *es' faôachi*, Hoéville ; *se fâchie*, Trampot ; *se fauchié*, Haillainville ; *se fâchier*, Vallois ; *se fâchieu*, Celles ; *se fochiet*, Lachapelle ; *se faucheu*, Thézey ; *sé fautché*, Ventron ; *s'fauchet*, Mazelay.

FAINE *faouïne*, Hoéville ; *fawine*, Domgermain ; *faouène*, *faouenne*, Landremont, Vannes-le-Châtel; *faoêne*,

Port-sur-Seille ; *faouéne*, Mailly ; *fayine*, Dompierre ; *fayenne*, Haillainville ; *foenne*, Râville ; *fouène*, Art-sur-Meurthe ; *fouéine*, Circourt-s-Mouzon ; *fèïne*, *féïne*, dans la plupart des autres communes. Gl. m. *fawenne*.

Farine *fèrine*, Le Tholy ; *fèrène*, Thézey ; *farenne*, Bouillonville ; *férenne*, Mailly ; *frène*, Vouxey.

Faucher *sèïé*, Saint-Amé ; *soï*, Le Tholy ; *saïeu*, Leintrey ; *séïi*, Landremont.

Faucille *séye*, Laneuveville-s-Montfort ; *seye*, Hamonville ; *séïe*, Landremont ; *sèille*, Domgermain.

Fauciller *seyé*, Chatel ; *séïeu*, Leintrey.

Fauvette besse *manquayèsse*, Vagney ; *manquéyesse*, Longuet ; *moussinhaïe* Cirey ; *messonhâille*, Vouxey ; *maçonnhaye*, Ahéville ; *moussèhaïe*, Sanchey ; *moussehâye*, Haillainville ; *messehaye*, Einville ; *mashèe*, Anthelupt.

Messatte, Lalœuf ; *meussate*, Rugney ; *messote*, Vittel ; *meussotte*, Lignéville.

Jaune vadière, Hoéville ; *utiotte*, Domgermain ; *tâte*, Lachapelle.

Fâvatte, Lusse ; *fauvatte*, Mousson ; *fâvotte*, Luvigny ; *fauvotte*, Rouges-Eaux.

Femme *foume*, *foumme*, Malzéville, Domgermain ; *faume*, *fòme*, Longuet, Rehérey, Vittel ; *fome*, *fomme*, Ventron, Le Tholy, Mailly, Landremont.

Fermer, *tiore* (pousser la porte), *fermâ*, (la fermer à la clef), La Bresse ; *tiore*, *feurma*, Ventron ; *tioure*, *framé*, Thézey ; *tiaure*, *formet*, Vouxey.

Tiore, Vagney ; *tiaure*, Vaubexy ; *tieure*, Le Tholy ; *kiore*, Ban-s-Meurthe.

Former, Domgermain ; *formet*, Vouxey ; *farmer*, Malzéville ; *farmet*, Lalœuf ; *foirmer*, Rôville ; *foirmè*, Autigny-la-Tour.

Frema, Ramonchamp ; *fremè*, Longuet ; *fronmet*, Saales ; *fromè*, Luvigny ; *fromer*, Pexonne ; *framer*,

Courbessaux ; *framè*, Lemainville. Gl. m. *kioure*, *framer*.

Feuille *fouye*, *fouille*, Gerbépal, Circourt-s-Mouzon. Vouxey ; *foue*, Liverdun ; *fulle*, Domgermain ; *faille*, Landremont ; *faë*, Pargny-sous-Mureau ; *foïe*, Thézey.

Fouïotte, *fouyotte*, *fouillotte*, Le Tholy, Vexaincourt, Aboncourt, Grandvillers : *foueïotte*, Frizon ; *fouéiotte*, Saint-Pierremont ; *foieillotte*, Vaubexy ; *fouéotte*, Sanchey ; *foillotte*, Saint-Vallier ; *foïotte*, Mazelay ; *fouotte*, Vallois ; *foueutte*, Champdray ; *feuïotte*, Longuet ; *fouïatte fouyatte*, *fouillatte*, Ban-s-Meurthe, Leintrey, Courbessaux, Hergugney ; *fohiatte*, Ahéville.

Fiançailles *mouatchés*, Ventron ; *mouerchés*, Longuet ; *martchis*, Ban-s-Meurthe ; *meurchées*, Champdray ; *merchies*, Saint-Vallier ; *merchîs*, Gelvécourt ; *merchês*, Sanchey ; *merchiés*, Ortoncourt ; *morchiés*, Dompierre ; *morchies*, Charmois-devant-Bruyères ; *morchis*, Docelles ; *morchieus*, Vexaincourt ; *morchîs*, Grandvillers.

Aicords, Rehérey ; *écords*, Vallois ; *accourds*, Port-sur-Seille ; *ècoòurds*, Landremont ; *écourds*, Thézey.

Fiances, Vienville.

Fièvre *fife*, *five*, *fîfe*, *fîve*, Champdray, Docelles, Marainville, Sommerviller, Battigny, Vittel ; *fivre*, Domgermain ; *fieufe*, *fieuve*, Saales, Vexaincourt, Mailly ; *fieuf*, Celles ; *fieffe*, *fieve*, Deycimont, Saint-Vallier, Lachapelle ; *fief*, Haillainville ; *fiève*, *fiéve*, Ramonchamp Le Tholy, Saint-Blaise-la-Roche ; *fièffe*, *fièf*, Longuet, Charmois-l'Orgueilleux, Moyen.

Fille (dans l'acception généalogique), *fée*, Ventron ; *feye*, Hergugney ; *feuille*, Thézey ; *fëie*, *fèie*, *feille*, *fèye*, Le Tholy, Verdenal, Vandeléville, Attigny, Gelvécourt, Docelles ; *faïe*, Einville ; *fèlle*, Dombasle-devant-Darney.

Fille (dans l'acception sexuelle et domestique), *boayèsse*, Vagney ; *boëïesse*, Ramonchamp ; *bëïesse*, Le

Tholy; *boyesse*, Ventron ; *bayesse*, Vienville; *beyesse*, Champdray; *bèyèsse*, Rouges-Eaux ; *bèésse*, Ban-s-Meurthe; *béesse* Mandray.

Bacelle, bacèle, basselle, Moyenmoutier, Vexaincourt, Cirey, Verdenal, Landremont, Maconcourt, Charmois-devant-Bruyères; *baicelle, bêcelle, bécelle*, Courbessaux, Mailly, Art-sur-Meurthe, Malzéville, Custines, Marainville ; *bèssatte*, Hergugney.

Gahe, Râville ; *gâhe*, Martincourt ; *gâche*, *gache*, Pierre-la-Treiche, Domgermain, Brechainville, Bouillonville.

Fillette *béeusse*, Pexonne.

Bacelatte, Landremont; *baicelatte*, Lemainville; *bacelotte, basselotte*, Maconcourt, Gelvécourt, Haillainville, Docelles; *baisselotte*, Moyen ; *bassatte*, Gircourt-les-Viéville; *bassotte*, Vittel.

Gachotte, Houécourt. Gl. m. *bacelotte*.

Filleul *fillere*, Ramonchamp ; *filleur*, Sanchey ; *fillieu, filieu, filleu*, Ventron, Le Tholy, Vexaincourt, Haillainville, Charmois-l'Orgueilleux, Dompierre ; *fillu, filiu*, Saales, Verdenal, Martincourt ; *fiû, fiue, fiu*, Hoéville, Laneuvelotte, Sommerviller, Landremont, Lemainville, Brechainville ; *fieu*, Saint-Blaise-la-Roche ; *fiiue*, Domgermain ; *fieure, fiieur*, Mousson, Port-sur-Seille ; *filû*, Lignéville ; *flue, flûe*, Vienville, Gerbépal, Champdray ; *fiilleug*, Provenchères ; *féliû*, Râville : *fiul*, Vandeléville ; *feuiû*, Vouxey.

Filleule *filliure*, Ramonchamp ; *fillieure*, Ventron ; *fillure*, Martincourt ; *filleure*, Le Tholy ; *fillieuse*, Vexaincourt ; *filleuse*, Provenchères ; *filiûse*, Saales ; *fiûe, fiue*, Anthelupt, Sommerviller, Custines ; *fiure*, Moivrons ; *fieure*, Port-sur-Seille, *fillûe*, Rouges-Eaux ; *fllûre*, Lignéville ; *flue*, Gerbépal ; *flûre, flure*, Vienville, Champdray ; *filliule*, Verdenal ; *fillule*, Battigny ; *fiule*, Malzéville ; *fieule*, Mousson ; *feïule*, Circourts-Mouzon ; *fieue*, Liverdun.

Fils *fé*, Ramonchamp ; *fet*, Vandeléville ; *feu*, Saint-Blaise-la-Roche ; *fe*, Vexaincourt. Gl m. *feu*.

Fleur *fiou*, Le Tholy ; *fio*, Ventron ; *fieu*, Provenchères ; *fieuce*, Chatel ; *fieur*, Vaubexy ; *boquet*, Saint-Pierremont.

Foin *fouon*, Ramonchamp ; *fouan*, Mandray ; *fouin*, Thézey ; *fouau*, Vagney ; *fouot*, Ventron ; *fouè*, Ligné-ville ; *foué*, Hennezel ; *foè*, Charmois-l'Orgueilleux ; *foi*, Lemainville.

Foung, Ban-sur-Meurthe ; *fon*, Le Tholy ; *fogne*, Domgermain.

Fouet *tchesseure*, Ramonchamp ; *chesseure*, Vagney, etc.

Acourgie, Bouillonville ; *courgie*, Port-sur-Seille ; *cougie*, Saint-Blaise-la-Roche ; *ècouhi*, Landremont ; *ècouhie*, Martincourt ; *couheaïe*, Moivrons ; *couhiêïe*, Mousson ; *couhièe*, Thézey ; *couiaïe*, Manoncourt ; *couégie*, Saint-Remy-aux-Bois ; *cougéïe*, Saales ; *couhie*, Custines.

Scoche, Vienville ; *scoge*, Gerbépal. Gl. m. *corgèye*.

Four *fouohh*, Longuet ; *foôhhe*, Rehérey ; *fohhe*, Vagney ; *fohe*, Sommerviller ; *foche*, Badménil ; *fausch*, Manoncourt ; *fouhhe*, Saint-Blaise-la-Roche ; *fouhe*, Moyenmoutier ; *fouche*, Malzéville.

Fouò, Ramonchamp ; *fouot*, Ventron ; *foue*, Vannes-le-Châtel ; *foû*, *fou*, Pierre-la-Treiche, Vandeléville, Saint-Baslemont ; *fau*, Trampot ; *fot*, Attigny. Gl. m. *fohhe*.

Fourche *fohe*, *foche*, Chatel ; *fohe*, Landremont.

Foine, Rehérey ; *feûne*, Courbessaux ; *feuïne*, Lay-Saint-Remy ; *feuilnotte* (fourche à fumier), Domgermain.

Fourmi *feurmi*, Provenchères ; *feurmé*, Saales ; *formi*, Saint-Blaise-la-Roche ; *fermi*, Art-sur-Meurthe.

Fromi, Landremont ; *froumi*, Bouillonville ; *froumin*, Râville ; *fremet*, Pierre-la-Treiche ; *fremé*, Trampot ;

frémi, Vallois ; *fremin*, Vexaincourt ; *fremi*, dans la plupart des autres communes.

Frac *rochot*, Epinal ; *rechot*, Houécourt ; *rouchot*, Lay-Saint-Remy. Gl. m. *rechat*.

Frapper *toutché*, Ramonchamp ; *touchié*, Ortoncourt ; *touchie*, La Baffe ; *touchî*, Vouxey ; *touchi*, Courbessaux ; *tochi*, Le Tholy.

Taòquet, Provenchères ; *toquè*, Saales ; *toquer*, Laneuvelotte.

Bette, Moyenmoutier ; *bettu*, Manoncourt ; *batte*, Domgermain.

Frappa, Ventron ; *frépper*, Malzéville ; *freppè*, Attigny ; *freppet*, Dombasle-devant-Darney ; *froppè*, Charmois-l'Orgueilleux.

Zauber, Landremont ; *hhmellè*, La Bresse ; *hhmèlè*, Le Tholy ; *rohier*, Haillainville.

Fruit *frit*, Vexaincourt ; *frute*, La Bresse ; *frue*, Domgermain ; *frût*, *frut*, dans la plupart des autres communes.

Fumier *fiein*, Ramonchamp ; *fiin*, Celles ; *fien*, Luvigny ; *fiè*, Vagney ; *fié*, Ortoncourt ; *fiē*, Badménil ; *fie*, Deycimont ; *fî*, Rouges-Eaux ; *fin*, Saint-Blaise-la-Roche ; *fîn*, Lachapelle ; *fein*, Le Tholy ; *fîng*, Ban-sur-Meurthe ; *feinïe*, Saales.

Fromo, Cirey ; *fromò*, Courbessaux ; *formo*, Saint-Pierremont ; *fremo*, Affracourt ; *fremau*, Saint-Baslemont ; *frémau*, Anthelupt ; *froumot*, Brechainville ; *froumô*, Pargny-sous-Mureau ; *froma*, Lalœuf ; *frema*, Marainville.

Fromeraue, Moivrons ; *from'roôu*, Landremont ; *fromerò*, *fromereu*, Mailly, Port-sur-Seille ; *froumerau*, Bouillonville ; *froumerot*, Martincourt ; *froum'rò*, Liverdun ; *fremerou*, Râville ; *fremereu*, Mousson.

Femie, Domgermain ; *femi*, Pierre-la-Treiche ; *femeil*, Trampot ; *femeiye*, Hennezel ; *femeye*, Attigny ; *fémeil*, Dombasle-devant-Darney ; *fumie*, Vannes-le-Châtel.

Fuseau *fusé*, Ramonchamp ; *fisé*, Le Tholy ; *fésé*, Longuet ; *fousé*, Vexaincourt ; *feusé*, Vaubexy ; *fesé*, Thézey ; *fuse*, Vienville ; *fu*, Ventron.

G

Gagner *gaigné*, Ramonchamp ; *guéni*, *gaini*, Le Tholy, Saint-Blaise-la-Roche, Rouges-Eaux ; *gainii*, Mandray ; *guènii*, Malzéville ; *guégni*, *gaigni*, Lachapelle, Sommerviller, Laneuvelotte, Brechainville ; *guinii*, Saales ; *gogni*, Rugney ; *gongner*, Domgermain ; *gainieu*, Vexaincourt ; *guinieu*, Badonviller ; *guénieu*, Hablainville ; *guégneu*, Mailly ; *gaigneu*, Manoncourt ; *gaingneu*, Pexonne.

Vouégni, Lalœuf ; *oigni*, Battigny ; *diéni*, Anthelupt ; *diégni*, Hoéville. Gl. m. *waigner*.

Galant *tchalant*, Ventron ; *gailant*, *guélant*, Ramonchamp, Pierre-la-Treiche ; *guèlant*, Maconcourt ; *chôlant*, Le Tholy ; *golant*, Rouges-Eaux ; *gôlant*, Moyenmoutier ; *chôlant*, Vexaincourt ; *golont*, Saales ; *serviteur*, Champdray.

Garçon *bouobe*, Ramonchamp ; *bouaube*, Vagney ; *boueube*, Provenchères ; *boébe*, Lusse ; *boûbe*, Rehaupal ; *boube*, Rouges-Eaux.

Gahhon, Marainville ; *gahon*, Sommerviller ; *gahchon*, Vaubexy ; *gachon*, Vandeléville ; *gâchon*, Vouxey ; *gachan*, Domgermain ; *gohhon*, Grandvillers ; *gohon*, Lachapelle ; *gochon*, Gelvécourt ; *guèchon*, Liverdun ; *guéchon*, Circourt-sur-Mouzon.

Garçonnet *gachenat*, Lemainville ; *gahenat*, Hergugney ; *gahhnat*, Gircourt-les-Viéville ; *gachenot*, Autigny-la-Tour; *gâchenot*, Attigny; *gochenot*, Saint-Baslemont; *gohenot*, Saint-Vallier; *gohhenot*, *gohhnot*, Docelles, Sainte-Barbe, Moyen. Gl. m. *gaihhenat*.

GARDER *vouada*, Ventron; *veudet*, Champdray; *voidiet*, Chatel; *vodiè*, Vomécourt; *voidé*, Battigny; *ouodè*, Celles; *oidjé*, Art-sur-Meurthe; *ouèdier*, *ouèder*, Landremont; *ouéder*, Port-sur-Seille; *ouâder*, Bouillonville.

GAUCHER *gauché*, Ventron; *gauché*, Vagney; *goché*, Saales; *gauchet*, Lachapelle; *gauchée*, Vannes-le-Châtel; *gauchëïe*, Le Tholy, Landremont; *gauchéïe*, Martincourt; *gauchëïe*, Deycimont; *gauchêïe*, Saint-Baslemont; *gauchéye*, Lemainville; *gaucheye*, Charmois-l'Orgueilleux; *gaucheil*, Charmois-devant-Bruyères; *gauchaïe*, Bouillonville; *gauchaye*, Rouges-Eaux; *gauchi*, Port-sur-Seille; *gâché*, Saint-Blaise-la-Roche; *gaché*, Rehérey; *gâcheu*, Vexaincourt; *gâche*, Hablainville; *gache*, Luvigny; *gâchieu*, Celles; *gachée*, Anthelupt; *gachet*, Einville; *gâchëïe*, Vienville; *gachéïe*, Laneuvelotte; *gâcheïe*, Provenchères.

GEAI *voitro*, Saales; *oitro*, Luvigny; *ouâtro*, Pexonne; *ouatro*, Serres.

Jaiques, *jâcques*, dans la plupart des autres communes. Gl. m. *jâcque*.

GELÉE *tgélaïe*, Ramonchamp; *gèlâe*, Hablainville; *gelae*, Pierre-la-Treiche; *djalauïe*, Ventron: *gealaïe*, Gerbépal; *gealaye*, Verdenal; *djalae*, Ban; *jgeâlâe*, Mandray; *gealée*, Courbessaux, Domgermain; *gealeye*, Marainville; *gealéïe*, Leintrey; *geolaie*, Le Tholy; *geolaye*, Grandvillers; *geoleye*, Charmois-l'Orgueilleux; *geolée*, Vomécourt.

GÉNISSE *torrèhhe*, Provenchères; *torèhhe*, Lusse; *toriche*, Vittel.

Hneusse, Ventron; *hneusse*, Vagney; *hnésse*, Gerbépal; *géneûsse*, Le Tholy; *geneusse*, Vaubexy; *j'neusse*,

Grandvillers ; *genesse*, Laneuveville-sous-Montfort ; *tgénisse*, Ramonchamp ; *jeunisse*, Vexaincourt ; *j'nisse*, Celles ; *genie, j'nie*, Courbessaux, Landremont.

Vauïotte, Lay-Saint-Remy.

Genou *hhno*, Ventron ; *hnot*, Le Tholy ; *geno*, Grandvillers : *hnon*, Provenchères ; *j'non*, Moyenmoutier ; *geneu* Sanchey ; *gene, j'ne*, Gircourt-les-Viéville, Laneuveville-sous-Montfort ; *gineu*, Domgermain ; *geneuje*, Rôville ; *gineuil*, Pargny-sous-Mureau ; *genace*, Martincourt ; *geneue*, Pierre-la-Treiche ; *genaou*, Bouillonville.

Giron *hhô, hho*, Ventron ; *hhoe*, Longuet ; *hheue*, Vienville ; *hheu*, Le Tholy ; *hhue*, Champdray ; *hhou*, Mandray ; *hô, ho*, Moyenmoutier, Badonviller ; *chô, cho*, Charmois-l'Orgueilleux, Rôville.

Geron, Port-sur-Seille ; *geuron, jeuron*, Landremont ; *j'ron*, Courbessaux ; *gero*, Vannes-le-Châtel ; *giran*, Domgermain ; *juron*, Lalœuf ; *jouron*, Saint-Baslemont. Gl. *gèron*.

Glace *guiace*, Bouillonville ; *guièce*, Le Tholy ; *guiaice*, Saint-Blaise-la-Roche ; *guèce*, Verdenal.

Diace, Martincourt ; *dièce, diaice*, Ramonchamp, Courbessaux, Lemainville ; *djèce*, Laneuvelotte.

Gland *èguiand*, Le Tholy ; *eiguiand*, Moyenmoutier ; *éguiand*, Lusse ; *oguiand*, La Baffe ; *èguiond*, Saales.

Guiand, Gerbépal ; *gdiang*, Moyen.

Ediand, [ediand, Ventron, Pierre-la-Treiche, Bulgnéville ; *adiand*, Brechainville ; *diand*, Sommerviller ; *djand*, Laneuvelotte ; *diond*, Domgermain.

Glisser *hhauyè*, Le Tholy ; *hhâïeu*, Leintrey ; *hhauyi*, Landremont ; *châyer*, Nancy. Gl. m. *hhauyer*.

Glorieux *diaurioux*, Ventron ; *dieurioux*, Le Tholy ; *diôrioux*, Landremont ; *diourioux*, Mailly.

Gorge *gaurge*, Pierre-la-Treiche ; *gourge*, Autigny-la-Tour ; *goaujge*, Mandray ; *gouauche*, Rouges-Eaux ; *gouôche*, Saint-Blaise-la-Roche ; *gouoge*, Pexonne ;

gouohe, Vallois; *gouohhe*, Rehérey; *gouache,* Verdenal ; *gouahe*, Leintrey.

Gooche, Salles; *goohe*, Liverdun; *goiche*, Lachapelle ; *gôge*, Ramonchamp; *goge*, Champdray; *gòche*, Martincourt; *gôhe*, Anthelupt; *gohe*, Affracourt; *gôhhe*, Courbessaux; *gohhe*, Einville.

Goudge, Ban ; *goûge*, Bouillonville; *gouge*, Domgermain; *gouche*, Vannes-le-Châtel; *gouhe*, Manoncourt ; *gouhhe*, Thézey; *goòuhhe*, Landremont.

Aheléïe, Landremont ; *garguelère*, Ventron ; *golot*, Charmois l'Orgueilleux.

GOUGEON *gouvion*, Verdenal ; *govion*, Landremont ; *gueuvion*, Provenchères ; *gavouâe*, Mandray; *gavoua*, Ban-s-Meurthe. Gl. m. *govion*.

GOUTER *p'tite mouarode*, Vagney ; *p'tite morode*, Le Tholy; *p'tiote moronde*, Pexonne.

Mouarodé, Lusse ; *moèronde*, Longuet ; *mouâorondet*, Provenchères ; *mouauroda*, Ventron.

Morondet, Rehaupal; *meurondet*, Champdray ; *moronde* Houécourt; *mooronte*, Salles; *moronte*, Laneuveville-sous-Monfort; *morodè*, Docelles ; *morode*, Deycimont ; *morainder*, Rehérey ; *morander*, Haillainville; *moarinder*, Moyen ; *moiroder*, Rôville.

Marrondet, Mandray ; *maroder*, Domgermain; *marodè* Pargny-sous-Mureau ; *maronder*, Vaubexy ; *marandet*, *marander*, Lachapelle, Laneuvelotte, Marainville; *marande*, Art-sur-Meurthe; *marante*, Saint-Vallier; *maradè*, Ban-s-Meurthe ; *marindé*, Hablainville.

Mèrodè, Autigny-la-Tour; *mérondet*, Vouxey; *mérandaye*, Râville; *mèrandet*, Maconcourt. Gl. m. *mérande*.

GRAND'MÈRE *mémé*, Ventron ; *mémée*, Vienville; *manmie*, Vexaincourt; *manmin*, Moivrons; *mâmin*, Domgermain; *manmène*, Serres. Gl. m. *manmi*.

GRAND-PÈRE *pépé*, Rouges-Eaux ; *pampie*, Luvigny ; *pampin*, Serres; *pâpin*, Haillainville. Gl. m. *papi*.

Grègues *guerguettes*, Pexonne ; *guerguesses*, Dompaire ; *vouerguesses*, Mazelay. Gl. m. *guerguesses*.

Grêle *grôle*, *graule*, Moyenmoutier, Haillainville, Vittel ; *grole*, *grolle*, Le Tholy, Bouillonville, Vouxey ; *grale*, *gralle*, Ventron, Courbessaux, Battigny ; *grâle*, Verdenal ; *grâole*, Provenchères ; *grôule*, Autigny-la-Tour.

Grenier *guerneïe*, Ramonchamp ; *guerneye*, Houécourt ; *guernëïe*, Le Tholy ; *gueurnéïe*, Martincourt ; *gueurnèye*, Marainville ; *gueurneil*, Brechainville ; *guerneil*, Pargny-sous-Mureau ; *gnérneye*, Attigny ; *guérnaïe*, Longuet ; *gueurnaye*, *guernaye*, Vienville, Bouillonville, Liverdun ; *gueurnée*, Ban-s-Meurthe ; *gueurnèe*, Saint-Vallier; *gueurné*, Saint-Blaise-la-Roche ; *gueurnet*, Lachapelle ; *gueurni*, Thézey ; *gueurneu*, Vexaincourt ; *gueurne*, Badonviller.

Dierné, Sommerviller ; *djeurnèe*, Laneuvelotte ; *dieurneye*, Hamonville ; *diernèïe*, Lalœuf ; *dierneye*, Lemainville ; *diernéye*, Affracourt.

Solé, La Bresse ; *soleu*, Leintrey ; *soleil*, Gerbépal ; *herbeau*, Gerbépal ; *hâ*, Courbessaux.

Grenouille *raine*, Ventron ; *reine*, Gelvécourt ; *rêne*, Vagney ; *réne*, Le Tholy, Landremont.

Guernouille, *guernoüe*, Ramonchamp, Badonviller, Lignéville ; *guernauille*, Trampot ; *guernoille*, Pargny-sous-Mureau ; *guérnoüe*, Longuet ; *gueurnoüe*, Hablainville ; *grenoue*, Maconcourt.

Gril *gréye*, Ramonchamp ; *grée*, Sainte-Barbe ; *grie*, *grie*, Vexaincourt, Sommerviller, Vallois ; *grî*, *gri*, Celles, Vouxey, Lignéville.

Grive *haute-grive*, *besse-grive*, *chèmerlin*, *chaumeratte*, *veigneratte*, *rosselle*, Vagney ; *chomerlin*, *veignerotte*, Le Tholy.

Guêpe *vehhpère*, La Bresse ; *guébrotte*, Le Tholy ; *ouépe*, Landremont ; *vouéce*, Chatel ; *rôse*, Haillainville ;

vausse, Dompaire ; *vòsse*, Lay-Saint-Remy. Gl. m. *weipe*.

H

HABITS *besagnes*, Manoncourt ; *b'sagnes*, Serres ; *besognes*, Landaville ; *b'sognes*, Aboncourt ; *besaugnes*, Ahéville ; *besonnes*, Ortoncourt.

Hanais, Leintrey ; *honais*, Cirey ; *hèrdes*, Moivrons ; *bettins*, Vittel ; *ègaris*, Landremont.

Habets, Bouillonville ; *hébets*, Pierre-la-Treiche ; *hèbits*, *hébits*, dans la plupart des autres communes. Gl. m. *besagnes*.

HAÏR *hèï*, Le Tholy ; *hèyé*, Vagney ; *heini*, Provenchères ; *hhé*, Thézey.

HANNETON *méri*, Ventron ; *meuri*, Le Tholy ; *meuyeri*, Gerbépal ; *meueri*, Mandray ; *meuran*, Longuet ; *peurimeuri*, Provenchères ; *beurli*, Ban-sur-Meurthe.

Châte-meurotte, Vexaincourt ; *chette-miniaoue*, Laneuvelotte.

Enchicaule, Badonviller ; *anchenôle*, Sainte-Barbe.

Halô, *halau*, *hâlo*, *halo*, Hablainville, Leintrey, Courbessaux, Hoéville, Einville ; *hallon*, Sommerviller.

Herbau, *herbò*, Mousson, Port-sur-Seille ; *hherbau*, Landremont ; *hhourbau*, Martincourt ; *heurbé*, Liverdun.

Voulton, Râville ; *volant*, Lemainville ; *volambot*, Saint-Pierremont.

Carambole, Thézey ; *charambau*, Manoncourt.

Boudion, Affracourt ; *bodon*, Vandéléville ; *bòudran*, Domgermain.

Jeuneton, Pierre-la-Treiche ; *gueunneton*, Vannes-le-Châtel ; *guen'ton*, Brechainville ; *queuneton*, Houécourt ; *queun'ton*, Maconcourt.

Brouyant, Aboncourt ; *brouvouant*, Saint-Vallier.

Cancouaine, Vittel ; *canquouêne*, Saint-Remy-aux-Bois ; *cancoîne*, Gelvécourt ; *cancouelle*, Hennezel ; *cancaïatte*, Chatel ; *quincard*, Lignéville.

Boneu, Haillainville ; *zôneu*, Moyen.

Bicara, Mailly ; *tompe*, Mazelay.

Bète de fouïo, Saales ; *bieu de châne*, Sanchey ; *bête de couorre*, La Bresse. Gl. m. *heulat*, *arlot*.

HÊTRE *fainesse*, Rehaupal ; *féniesse*, *fainiesse*, Deycimont ; *fînesse*, Rouges-Eaux ; *faiesse*, Trampot ; *fèisse*, Pargny-sous-Mureau ; *fayisse*, Brechainville ; *faouée*, Vannes-le-Châtel.

Bohon, Gerbépal ; *bouhon*, Saales ; *bohho*, Ban-sur-Meurthe ; *bouhhon*, Provenchères.

Èpoche, Hennezel ; *haite*, Ramonchamp, Le Tholy.

HEURE *ure*, Ban-s-Meurthe ; *ûre*, Mandray ; *aouere*, Bouillonville ; *haore*, Martincourt ; *aore*, Liverdun ; *hòre*, Pierre-la-Treiche ; *aoure*, Vannes-le-Châtel ; *aure*, Trampot ; *howre*, Domgermain ; *houre*, *oure*, dans la plupart des autres communes.

HIBOU *hourand*, Ventron ; *ohhé des moots*, Rehérey ; *boulilêron*, Moivrons ; *diaute*, Aboncourt ; *boubou*, Saint-Baslemont ; *duc*, Lalœuf ; *chaouatte*, Courbessaux ; *chèvotte*, Rehaupal ; *tchouotte*, Ban-s-Meurthe ; *chootte*, Saales ; *chaouotte*, Bouillonville ; *chouootte*, Ortoncourt ; *chouotte*, Le Tholy. Gl. m. *chawatte*.

HIRONDELLE *alande*, Ventron ; *alante*, Rouges-Eaux ; *alanne*, Provenchères ; *olande*, Le Tholy ; *olante*, Rehaupal ; *oloûne*, Saales ; *eulande*, Champdray ; *èlande*, Ramonchamp.

Hérindrêle, *èrindrêle*, Vexaincourt, Badonviller ; *érendrelle*, Verdenal ; *érindrâle*, Hablainville ; *hérondrelle*, Martincourt ; *irondrelle*, Thézey ; *arandrelle*, Port-sur-Seille ; *arondralle*, Bouillonville.

Hirondalle, Pierre-la-Treiche ; *hérandelle*, Sommerviller ; *hèrondelle*, Gelvécourt ; *herrindelle*, Lemainville ; *èradelle*, ¡Hergugney ; *arandelle*, Domgermain. Gl. m. *alondrelle*.

Hiver *éviâ*, Vagney ; *euvia*, Provenchères ; *évouê*, Le Tholy ; *euvîng*, Ban ; *ivâ*, Vouxey ; *ivoir*, Hennezel.

Hongre *honque*, Thézey ; *hingre*, Saint-Blaise-la-Roche ; *bidet*, Badménil-aux-Bois.

Houblon *hobion*, Sommerviller ; *heubion*, Vaubexy ; *hebion*, Rugney ; *houbion*, Le Tholy.

Houe *houïe*, *houye*, Ventron, Vagney ; *hoonve*, Mandray ; *hâovoueu*, Provenchères ; *hovoué*, Ménil ; *havatte*, Gircourt-les-Viéville ; *howhe*, Lusse ; *hooë*, Saales ; *hooue*, Saint-Blaise-la-Roche ; *hoouet*, Cirey ; *hooué*, Aboncourt ; *haoué*, Leintrey ; *hawe*, Domgermain ; *haoe*, Martincourt.

Hâouatte, Courbessaux ; *hhaouatte*, Thézey ; *haouïatte*, Lemainville ; *haouotte*, Bouillonville ; *hoouotte*, Pierre-la-Treiche ; *hoouotte*, Maconcourt.

Fosseux, Luvigny ; *fòeçeuil*, Vittel ; *fosseuil*, Lignéville ; *foceïe*, Saint-Baslemont ; *fosseûïe*, Le Tholy.

Bacheu, Lachapelle ; *bacheue*, Saint-Vallier ; *bacheuye*, Rugney ; *bocheu*, Rehérey ; *boacheu*, Moyen ; *baucheu*, Dompierre ; *bocheuye*, Mazelay ; *boicheuye*, Ràville ; *bochéye*, Badménil ; *erbachatte*, Ahéville.

Cro, Badonviller ; *hôpe*, Sanchey. Gl. m. *hawé*, *hawatte*.

Huile *òle*, Frizon ; *ouòle*, Saint-Blaise-la-Roche ; *oûle*, Ràville ; *oile*, Domgermain. Gl. m. *oule*.

J

Jambe *jampe*, Rouges-Eaux ; *jamme*, Provenchères ; *jomme*, Saales ; *jompe*, Domgermain ; *jobe*, Saint-Blaise-la-Roche ; *tjambe*, Ramonchamp ; *djambe*, Ventron ; *jgambe*, Mandray.

Jardin *jardî*, Ramonchamp ; *jgadin*, Mandray ; *djading*, Ban-s-Meurthe ; *jadin*, Saint-Blaise-la-Roche ; *jadien*, Pargny-s-Mureau ; *jadiin*, Vittel ; *jodin*, Moyenmoutier ; *jadiin*, Grandvillers ; *jèdin, jédin*, Vagney, Serres ; *jédiin*, Haillainville ; *jédjin*, Art-sur-Meurthe ; *jédien, jèdien*, Saint-Vallier, Mazelay, Charmois-l'Orgueilleux ; *jediin*, Lemainville ; *jèguin*, Sommerviller ; *hoagdin*, Moyen.

Moa, Vagney ; *mouè*, Le Tholy ; *mouet*, Ortoncourt ; *moè*, Autigny-la-Tour ; *moi, moy, moit*, Aboncourt, La Baffe, Vittel, Maconcourt ; *moix*, Lignéville ; *maie*, Liverdun ; *mèe*, Laneuvelotte ; *meix*, Domgermain ; *mey*, Einville ; *mei*, Saales ; *met*, Provenchères ; *mé*, Pexonne.

Erre, La Bresse ; *ére*, Ventron.

Mouèzelèye, Gérardmer ; *tiosè*, Vouxey. Gl. m. *meix* jardin auprès de la maison, préau.

Jars *otchâ*, Ventron ; *ochê*, Sommerviller ; *occâ*, Râville ; *oca*, Martincourt ; *okâ*, Bouillonville ; *ohâ*, Saint-Pierremont ; *acà*, Landremont.

Orké, Battigny ; *orquèe*, Marainville ; *ortiait*, Vandeléville ; *oretiè*, Laloeuf.

Loca, Landaville ; *laquê*, Port-sur-Seille ; *recâ*, Gircourt-les-Viéville.

Jorâ, Ortoncourt ; *jorrâ*, Rôville ; *jora*, Sanchey ; *jorai*, Vallois ; *jarrâ*, Lusse ; *jarra*, Charmois-l'Orgueilleux ; *jarat*, Lachapelle ; *jorò*, Saales ; *jéra*, Provenchères ; *jerâ*, Vomécourt ; *jera*, Dompierre ; *jâ*, Chatel.

Bricâ, Thézey ; *brica*, Aboncourt ; *brinca*, Einville ; *bricai*, Courbessaux ; *briké*, Moivrons ; *briquais*, Art-sur-Meurthe ; *britchai*, Serres ; *bridjè*, Laneuvelotte ; *britiai*, Hoéville.

Bigâ, Pexonne ; *biga*, Rehérey ; *biguê*, Moyen ; *ganza* Ramonchamp ; *gigâ*, Sainte-Barbe ; *chaud*, Deycimont. Gl. m. *auca*.

Jeudi *tjeudi*, Ramonchamp ; *djieudi*, Ventron ; *jgieudi*,

Mandray; *jieudi*, Moyenmoutier; *jiedi*, Verdenal; *djûdi*, Ban-sur-Meurthe ; *jûdi*, *judi*, Le Tholy, Anthelupt, Martincourt; *jûdé*, Saales; *jûdet*, Bouillonville; *judet*, Pierre-la-Treiche.

JEUNE *tjène*, Ramonchamp; *djène*, Ventron: *jène*, Laneuveville-sous-Montfort ; *jéne*, Haillainville ; *jaine*, Vittel; *jeine*, Lignéville; *jêne*, Rugney; *jgeune*, Mandray; *djenne*, Ban-sur-Meurthe ; *jone, jòne, jonne*, Le Tholy, Saales, Maconcourt; *jonïe*, Celles ; *jonie*, Luvigny; *jonhie*, Vexaincourt ; *jouòne*, Moyenmoutier ; *joòne*, Rehérey; *joune*, Râville; *jagne*, Laneuvelotte; *janne, jane*, Malzéville, Landremont, Lalœuf.

JOUE *djeuhhe*, Ban-sur-Meurthe ; *jeuhhe*, Rehaupal ; *djeuhe*, Ventron; *jgeûhe*, Mandray; *jeuhe*, Le Tholy; *jeuche*, Aboncourt; *jeuge*, Houécourt; *jeuihhe*, Vienville; *jeuïche*, Martincourt; *jeuiche*, Vandeléville; *jooue*, Saint-Blaise-la-Roche; *jaoue*, Manoncourt. Gl. m. *jaoue*.

JOUR *joue*, Mazelay; *jouo*, Attigny; *joû, jou*, Sanchey, Bouillonville; *tjô*, Ramonchamp; *djo*, Ventron; *jgot*, Mandray; *joo*, Rehérey; *jò, jo, jot*, dans la plupart des autres communes.

JUMENT *jumende*, Ventron; *jumente*, Moyenmoutier; *jimente*, Vexaincourt; *jémonte*, Mazelay; *jemonte*, Ortoncourt; *j'monte*, Vaubexy; *jematte*, Lemainville; *jemotte*, Maconcourt; *jumotte*, Badménil; *j'motte*, Dompierre; *jiment*, Celles; *jement*, Courbessaux; *j'ment*, Mailly.

Cavale, Pargny-sous-Mureau ; *kévéle*, Houécourt.

JUPE *jeupe*, Vannes-le-Châtel ; *jepe*, Pierre-la-Treiche.

Catte, Landremont : *cotte*, dans la plupart des autres communes.

L

Labourer *laboura*, Ventron ; *labourè*, *labouret*, Ban-sur-Meurthe, Saint-Blaise-la-Roche, Marainville ; *lobourè*, *lobouret*, Le Tholy, Lignéville, Saint-Baslemont ; *leubouret*, Champdray ; *lébouraye*, Râville ; *lébourer*, Pierre-la-Treiche ; *lobourer*, Badonviller ; *laborer*, Port-sur-Seille ; *laborè*, Battigny.

Rabourè, *rabouret*, Lachapelle, Pargny-sous-Mureau, Hergugney ; *râbouré*, *rabourer*, Einville, Domgermain, Vaubexy ; *robourè*, *robouret*, Longuet, Voméecourt, Vittel ; *robouré*, *robourer*, Haillainville, Saint-Pierremont, Rehérey ; *raòbouret*, Provenchères ; *roabourer*, Moyen ; *raibourer*, Liverdun ; *rèbourè*, Maconcourt ; *rébouret*, Vouxey ; *raborer*, Courbessaux ; *rabauret*, Vannes-le-Châtel.

Roboulè, *roboulet*, Celles, Luvigny, Vexaincourt. Gl. m. *raboroux* laboureur.

Lait *lâcé*, *lacé*, Saint-Blaise-la-Roche, Manoncourt, Vaubexy ; *lêcè*, *laicé*, Hoéville, Hamonville, Battigny ; *lâ*, Pierre-la-Treiche ; *lêieu*, Sommerviller. Gl. m. *lâcé*.

Lait de beurre *bétisse*, Vexaincourt ; *bètisse*, Landremont ; *betture*, Houécourt ; *betteure*, Vittel. Gl. m. *baittisse*.

Lait caillé *lâcé motné*, Le Tholy ; *moton*, Vexaincourt ; *maton*, Landremont. Gl. m. *mattons*, caillebotes.

Lame *armelle*, Le Tholy ; *almène*, Lusse ; *almègne*, Landremont.

Lampe *heurcha* (lampe à pivot), Saint-Blaise-la-Roche ; *heurchot*, *herquina*, Vienville. Gl. m. *ḥeurchat* lampe à crochet.

Langue *longue*, Le Tholy ; *lonque*, Grandvillers ; *lingue*, Pierre-la-Treiche ; *linque*, Domgermain.

Laver *hhvuvè*, Le Tholy ; *hhauwet*, Rehaupal ; *hhauvoi*, Docelles ; *hhavouer*, Vallois ; *hhaouer*, Laneuvelotte ; *hhoer*, Mailly ; *chauouet*, Circourt-sur-Mouzon ; *chauoué*, Rôville ; *choouet*, Aboncourt ; *châouer*, Martincourt ; *chauet*, Lignéville ; *chòoè*, Autigny-la-Tour.

Erlava, Ventron ; *lava*, Vagney ; *lâvet*, Saint-Blaise-la-Roche ; *lèvè*, *lèvet*, Ramonchamp, Marainville, Saint-Baslemont ; *lèvé*, *lèver*, Hablainville, Custines, Haillainville ; *lévet*, *lêvè*, Vexaincourt, Lachapelle, Charmois-l'Orgueilleux ; *lévé*, *léver*, Pexonne, Badonviller, Sommerviller ; *lever*, Art-sur-Meurthe ; *levè*, *levet*, Lalœuf, Ménil, Ortoncourt.

Lessive *l'hhive*, Mailly ; *boaye*, Rouges-Eaux ; *bouaye*, Gircourt-les-Viéville ; *bouaïe*, Landremont ; *buâye*, Houécourt ; *buéïe*, Vagney ; *buée*, Dompaire ; *bouée*, Courbessaux ; *biée*, Domgermain.

Lever *lova*, Ramonchamp ; *lové*, Battigny ; *lovet*, Aboncourt ; *louver*, Pierre-la-Treiche ; *louvè*, *louvet*, Circourt-sur-Mouzon, Vouxey, Houécourt ; *luver*, Courbessaux ; *leuvet*, Dompierre ; *levè*, *levet*, Le Tholy, Saint-Blaise-la-Roche, Marainville ; *l'vè*, *l'vet*, Ban-sur-Meurthe, Celles, Luvigny ; *lever*, *l'ver*, dans la plupart des autres communes.

Lézard *lèẓâde*, Ramonchamp ; *léẓâde*, Mazelay ; *leẓadhe*, Rugney ; *léẓate*, *lèẓate*, Badonviller, Saint-Vallier, Charmois-l'Orgueilleux ; *laẓate*, Pierre-la-Treiche ; *lèẓête*, Lalœuf ; *léẓète*, Vandeléville ; *lanẓade*, Maconcourt.

Leẓaidieu, Hoéville ; *léẓèdieu*, Lemainville ; *lèẓadieu*, Lignéville ; *léẓathieu*, Laneuveville-sous-Montfort ; *lèẓatië*, Houécourt ; *laẓatieu*, Gelvécourt ; *léẓathiœ*, Gircourt-les-Viéville ; *lèẓètieu*, Hergugney.

Lézère, Moivrons ; *léẓair*, Hamonville ; *lèẓeêrd*, Marainville ; *lâzard*, Domgermain ; *lézâ*, Saint-Blaise-la-Roche ; *laizai*, Courbessaux ; *lézê*, Einville ; *lézèd*, Port-sur-Seille ; *lézai*, Battigny.

Nazade, Verdenal ; *nézaigue*, Anthelupt ; *lézèque*, Sommerviller ; *lazêque*, Aboncourt.

Lajaïenne, Bouillonville ; *lojadieu*, Autigny-la-Tour.

Lahade, Ventron ; *lohate*, Sanchey ; *lohhatte*, Grandvillers ; *lehate*, Lachapelle ; *lehhate*, Dompierre ; *lèháte*, Haillainville ; *lohande*, Le Tholy ; *leuhaute*, Champdray ; *lohaute*, Docelles ; *lahaute*, Deycimont.

Aolhaòte, Provenchères ; *elhate*, Moyenmoutier ; *elhade*, Rouges-Eaux ; *ellehète*, Moyen ; *elhèque*, Vallois.

Erholate, Lusse ; *eurhaille*, Luvigny ; *rehalle*, Vexaincourt.

Couètrepâë, Thézey ; *quatrepiche*, Martincourt ; *quètèbrache*, Landremont ; *quouète-è-brouche*, Custines.

Jorjolotte, Saales. Gl. m. *couétrepaye*.

LIÈVRE *liéve*, Ramonchamp ; *lieuve, lieve*, Gerbépal, Provenchères, Manoncourt ; *liuve*, Pierre-la-Treiche ; *liéfe, liéf'*, Longuet, Vomécourt, Charmois-l'Orgueilleux ; *lieuffe, lieffe, lieff'*, Grandvillers, Saint-Blaise-la-Roche, Moyenmoutier, Landremont ; *lieuvre*, Domgermain.

Lîve, Le Tholy ; *lîfe*, Sommerviller.

Lieur, lieurre, Vexaincourt, Hablainville, Verdenal.

Iivre, Vouxey ; *iuvre*, Autigny-la-Tour ; *yve*, Aboncourt.

LIMAÇON *liméçon*, Manoncourt ; *limèçon*, Mazelay ; *lèm'çon*, Le Tholy ; *lémeço*, Ban-sur-Meurthe ; *lémeçon*, Moyenmoutier ; *lemeçon, lem'çon, l'meçon*, Ventron, Rouges-Eaux, Moivrons, Charmois-devant-Bruyères ; *lum'çon*, Mandray ; *lemèçon*, Attigny.

Limaice, Courbessaux ; *lémèsse*, Longuet ; *lemesse*, Hennezel.

Lémmeçu, Saales ; *lémeçu*, Art-sur-Meurthe ; *lèmeçu*, Gircourt-les-Viéville ; *lem'çue, lemeçue*, Sommerviller,

Hoéville. Lemainville; *lém'cieu, lèm'cieu,* Lachapelle, Hablainville, Ortoncourt; *leum'cieu, lem'cieu,* Celles, Vexaincourt, Sanchey.

Vermeçon, Landremont; *meuleçon, meul'çon,* Affracourt, Vandeléville, Houécourt; *mel'çan,* Domgermain. Gl. m. *vermeçon.*

Linot *linotte,* Badonviller; *linatte,* Sommerviller; *linette,* Landremont; *lunotte,* Moyenmoutier; *lunatte,* Custines; *lunette,* Ramonchamp.

Lit *lëïe, léïe, lèye, léye, leil,* Le Tholy, Landremont, Pierre-la-Treiche, Lemainville, Saint-Baslemont, Brechainville; *leille,* Trampot; *leïe, leye,* Rehaupal, Charmois-l'Orgueilleux; *laïe, laye,* Longuet, Courbessaux, Bouillonville; *lée,* Ventron; *lé, let,* Ramonchamp, Saint-Blaise-la-Roche, Art-sur-Meurthe; *leu, le,* Vexaincourt, Badonviller, Verdenal.

Loriot *oriot,* Circourt-sur-Mouzon; *orio,* Gelvécourt; *òriò,* Lignéville; *oriau,* Dombasle-devant-Darney; *lourio,* Thézey; *lariat,* Manoncourt.

Gloriot, Ventron; *gloriöt,* Anthelupt; *gloriou,* Sommerviller; *glòriat,* Pexonne; *gloriat,* Leintrey; *glorieut,* Ahéville.

Doêriout, Houécourt; *ressetot,* Champdray; *rougiron,* Dompaire.

Louche *galie,* Ventron; *guéliâ,* Rehaupal.

Guinard, Vexaincourt; *guinâ,* Vagney; *guina,* Sanchey; *jguina,* Mandray; *guino,* Saales; *guinai,* Vallois; *guine,* Gerbépal; *ganiche,* Lusse; *quèné,* Bulgnéville; *câné,* Dombasle-devant-Darney; *cané,* Attigny.

Hhoóunat, Landremont; *hhoênêe,* Marainville; *hhounê,* Port-sur-Seille; *hehòne,* Hoéville; *hòne,* Anthelupt; *hònâ,* Liverdun; *honè,* Hergugney; *chouna,* Vannes-le-Châtel; *chonâ,* Aboncourt; *chaunâ,* Vouxey; *chònea,* Maconcourt; *chougne,* Einville; *chouenâ,* Domgermain.

Visâ, Gelvécourt; *vise,* Charmois-l'Orgueilleux; *calougne,* Bouillonville.

Loup-garou *loup-gorou*, Rehércy ; *laoue-harraoue*, Bouillonville ; *laou-haraou*, Vannes-le-Châtel ; *loup-hérou*, Landremont.

Darou, Vagney ; *dorou*, Le Tholy ; *mâ loup*, Sainte-Barbe.

Lumière *lumeire*, Vannes-le-Châtel ; *lumirre*, Marainville ; *lémére*, Haillainville ; *leumère*, Pexonne ; *lemère*, *l'mère*, *l'mére*, *lemaire*, Saint-Blaise-la-Roche, Moyenmoutier, Badonviller, Landremont ; *lemiére*, Pierre-la-Treiche ; *lemaïere*, Bouillonville ; *lemire*, Thézey.

Kiètet, Rouges-Eaux ; *kiatet*, *kiatè*, Gerbépal, Mandray ; *kètiè*, Rugney.

Tiairtè, Courbessaux ; *tierté*, Hoéville ; *tiètè*, *tiètet*, Le Tholy, La Baffe, Maconcourt ; *tiettè*, Sanchey ; *tiétet*, Ménil ; *tiété*, Vaubexy ; *tiâtet*, Vouxey ; *tiotè*, Rehaupal ; *tiâtè*, Domgermain.

Lune *lîne*, Vexaincourt ; *line*, Badonviller ; *liîne*, Mandray ; *leune*, Bouillonville ; *leunne*, Domgermain ; *lene*, Pierre-la-Treiche.

M

Maison *mouauhon*, Ventron ; *mouauho*, Ban-sur-Meurthe ; *moauhon*, Vagney ; *moohon*, Saales ; *moaujon*, Ramonchamp.

Mâhhon, Vexaincourt ; *mahhon*, Laneuvelotte ; *mâhon*, Saint-Blaise-la-Roche ; *mahon*, Landremont ; *mâjon*, Brechainville.

Mauhhon, Moyenmoutier ; *móhhon*, Hamonville ; *mauhon*, *mòhon*, Rouges-Eaux, Hoéville, Marainville ; *mohhon*, Dompierre ; *mohon*, Thézey ; *mauhjhon*, Vaubexy ; *maujon*, *mòjon*, Vandeléville, Houécourt, Hennezel ; *mojon*, Saint-Baslemont.

— 344 —

Maijon, Vannes-le-Châtel ; *maijean*, Domgermain ; *mason*, Lay-Saint-Remy.

Maîtresse *mâtrasse*, Ventron ; *mâtrosse*, Ramonchamp ; *mâtresse*, Rouges-Eaux ; *maitrasse, métrasse*, Art-sur-Meurthe, Lemainville ; *maintresse*, Rehérey.

Bouenne èmie, Vagney ; *bôn'èmie*, Le Tholy ; *blonde*, Landremont, Serres.

Manchot *meintchot*, Ramonchamp ; *mintchot*, Ban-sur-Meurthe ; *minchtot*, Mandray ; *mainchot, meinchot*, Provenchères, Vexaincourt, Maconcourt ; *minchot*, Moyenmoutier ; *méchot*, Rouges-Eaux ; *meuchot*, Lachapelle ; *mainchat*, Vagney ; *minchat*, Verdenal ; *minchet*, Art-sur-Meurthe.

Manger *maintjgi*, Mandray ; *maingi*, Vagney ; *mindgi*, Ban-sur-Meurthe ; *mingi*, Saint-Blaise-la-Roche ; *mégi*, Le Tholy ; *maingié, maingier*, Dompierre, Haillainville ; *mingié, mingier*, Saint-Pierremont, Cirey ; *maingieu*, Badonviller ; *maingie*, Grandvillers ; *mingie*, Trampot ; *mainjeu*, Port-sur-Seille ; *minjeu*, Thézey ; *meintjé*, Ramonchamp ; *minger*, Pierre-la-Treiche ; *mingè*, Pargny-sous-Mureau ; *minget*, Mazelay ; *méger*, Rôville.

Marcher (avancer) *haye*, Saint-Amé ; *haïeu*, Leintrey ; *haï*, Le Tholy ; *hai*, Serres. Gl. m. *hâyer* marcher, se hâter.

Mardi *mouadi*, Provenchères ; *moâdi*, Gerbépal ; *maudi*, Le Tholy ; *mâdi*, Domgermain ; *madi*, Ventron ; *mêrdi*, Anthelupt ; *mêdi*, Moivrons ; *maigui*, Vallois ; *mâdet*, Bouillonville ; *mâdais*, Pierre-la-Treiche ; *mâdii*, Lignéville ; *madii*, Landremont ; *maidii, mêdii, mèdii*, Courbessaux, Sommerviller, Lemainville, Aboncourt ; *maidji*, Laneuvelotte ; *mâdie*, Gelvécourt ; *madiei*, Chatel ; *mèdié*, Einville.

Maréchal *meurchau*, Chatel ; *meurchâ*, Courbessaux ; *merchau*, Landremont ; *malchau*, Lay-Saint-Remy. Gl. m. *merhhau*.

Marraine *mouauraine*, Longuet ; *mouaraine*, Ramonchamp ; *mouaréne*, La Baffe ; *mouoraine*, Ventron ; *moauraine*, Vagney ; *moaraine*, Ortoncourt ; *mouarraine* Provenchères ; *mooraine*, Saales.

Mauraine, Docelles ; *morraine*, Vomécourt ; *mairaine*, *mêraine*, Courbessaux, Sommerviller, Port-sur-Seille ; *marraïenne*, Bouillonville ; *mârreilne*, Domgermain.

Marteau *mouaoté*, Provenchères ; *mouaté*, Ban-sur-Meurthe ; *mouôtté*, Vexaincourt ; *mouoté*, Badonviller ; *mooté*, Saales ; *moaté*, Gerbépal ; *moèté*, Longuet.

Maté, Pierre-la-Treiche ; *matée*, Trampot ; *maité*, Martincourt ; *mèté*, Ventron ; *metté*, Port-sur-Seille ; *meuté*, Champdray ; *métée*, Rôville ; *méqué*, Vallois ; *moté*, Le Tholy.

Matié, Leintrey ; *mètié*, Courbessaux ; *mètché*, Laneuvelotte ; *mètiè*, Houécourt ; *métiè*, Aboncourt ; *métié*, Hoéville ; *métché*, Art-sur-Meurthe ; *mêtié*, Landremont; *mettié*, Lignéville ; *motié*, Dompierre.

Martin-pêcheur *martni-pouhhou*, Saint-Blaise-la-Roche; *martin-pohou*, Badonviller ; *martin-pohoë*, Liverdun ; *martin-poihou*, Rôville ; *martin-pòchou*, Pargny-sous-Mureau ; *martin-pochou*, Hennezel ; *martin-poèchou*, Mazelay ; *maiti-pouchon*, Ramonchamp ; *mertin-pahou*, Sommerviller ; *mèrtin-pahhou*, Thézey ; *mertin-pachou*, Vandeléville ; *mètiin-pouèchou*, Laneuveville-sous-Montfort ; *mètien-poèchou*, Charmois-l'Orgueilleux.

Voaohe-poahhion, Vallois ; *m'lère d'eauve*, Vagney.

Spohhirû, Ban-sur-Meurthe ; *pohhrieu*, Vexaincourt ; *pouhhra*, Ventron ; *paucherot*, Circourt-sur-Mouzon.

Garde-rôpe, Gircourt-les-Viéville ; *garde-boutique*, Sainte-Barbe ; *quarde-boutique*, Lachapelle ; *carde-boutique*, Moyenmoutier ; *botiquée*, Docelles.

Toc-meurchâ, Celles ; *tric-béréque*, Mailly ; *boc-bot*, Aboncourt ; *techerand*, Gelvécourt ; *mettlat*, Lalœuf; *oua-tietie*, Deycimont.

Matin *main*, Ventron ; *mettein*, Provenchères ; *mettin*, Rehérey ; *mètin*, Le Tholy ; *maitin, métin*, Moyenmoutier, Sommerviller, Vandeléville ; *mettien*, Gerbépal ; *mètiin*, Grandvillers.

Mauve *mauffe*, Chatel ; *maufe*, La Baffe.

Guimaufe, Docelles ; *guimofe*, Badonviller ; *diimauve*, Hoéville ; *dimauve*, Laloeuf ; *guimauge*, Pargny-sous-Mureau.

Fromaigeon, fromègeon, Hablainville, Laneuvelotte, Vandeléville ; *from'geon*, Thézey ; *fromégeot*, Ménil ; *fromègeat*, Vagney ; *frometjgé*, Mandray ; *fromingeon*, Badonviller ; *froumégeot*, Aboncourt ; *froumagean*, Domgermain ; *fremégeot*, Sanchey ; *fremègeon*, Haillainville ; *fremègeat*, Hergugney ; *fremégeon*, Einville.

Menteur *boudou*, Ventron ; *bodou*, Le Tholy ; *boudeu*, Provenchères.

Mentu, Ban-sur-Meurthe ; *mentou*, dans le plus grand nombre des communes.

Mercredi *meinkerdi*, Ramonchamp ; *minkerdi*, Ventron ; *mainkerdi*, Vagney ; *mainkérdi*, Longuet.

Merkedi, Le Tholy ; *merkedé*, Saales.

Mèkeurdi, mékeurdi, Landremont, Domgermain, Vaubexy ; *mécurdi*, Vannes-le-Châtel ; *mekeurdi*, Martincourt ; *makeurdet*, Bouillonville ; *mèkeurdet*, Pierre-la-Treiche ; *mettierdi*, Laloeuf ; *métieurdi*, Vandeléville.

Mécredi, mècredi, dans la plupart des autres communes ; *mecredi*, Vexaincourt ; *mécredé*, Trampot.

Merle *marle*, Gelvécourt ; *miâle*, Mandray ; *miêle*, Celles ; *miéle*, Luvigny ; *miaile*, Rehérey ; *mièle*, Moyen ; *mieule*, Vexaincourt ; *mielle*, Vallois ; *maile*, Mailly.

Melotte, Grandvillers ; *meleutte*, Champdray ; *moulotte*, Sainte-Barbe ; *émelotte*, Lachapelle ; *m'lotte*, Le Tholy ; *m'laote*, Provenchères.

M'lère, Ventron ; *m'lére*, Saulxures.

Métairie *mouétrasse*, Vagney ; *moétrosse*, Longuet ; *moutrosse*, Le Tholy.

Miroir *m'reux*, Vexaincourt ; *mureu*, Chatel ; *mireu*, Rehérey ; *meroye*, Râville ; *mereuïe*, Landremont ; *mureuye*, Aboncourt ; *mureuil*, Landaville. Gl. m. *melu*.

Moineau *mohhat*, Courbessaux ; *mohat*, Anthelupt ; *mouhhat*, Marainville ; *mouhat*, Hergugney ; *moihhat*, Rugney ; *mouhhot*, Haillainville ; *mouéhot*, Chatel ; *mochot*, Nancy.

Mouèneau, Celles ; *maneau*, *manò*, Provenchères, Moyenmoutier ; *manot*, Lachapelle.

Honé, Ban-sur-Meurthe ; *schpats*, Saint-Blaise-la-Roche ; *pieurot*, Rehérey. Gl. m. *mohhat*.

Mois *moue*, Le Tholy ; *moué*, Ventron ; *moé*, Vagney ; *mouo*, Dompierre ; *moueu*, Provenchères ; *mot*, Mailly.

Moissonner *mouhh'na*, Ventron ; *mouchena*, Ramonchamp ; *mouhhenè*, Le Tholy ; *mohh'né*, Thézey ; *mohhener*, Landremont ; *mohener*, Moivrons ; *moh'ner*, Port-sur-Seille ; *mochenè*, Trampot ; *moch'nè*, Pargny-sous-Mureau ; *moch'ner*, Bouillonville.

Séï, *çéï*, Rehaupal, Gelvécourt, Saint-Baslemont ; *séïe*, Leintrey ; *séeieu*, Pexonne ; *sayé*, Rehérey ; *seyi*, Einville ; *sèïer*, Domgermain ; *çéïet*, Mazelay ; *çéyé*, *çeïer*, Charmois-l'Orgueilleux, Grandvillers, Haillainville. Gl. m. *mohhener*.

Morceau *mouhhé*, Vexaincourt ; *mohhé*, *miatte*, Landremont ; *mion*, Vagney ; *caille*, Courbessaux. Gl. m. *mohhé*.

Mulet *milet*, Celles ; *meulet*, Martincourt ; *melet*, Domgermain ; *mulot*, Maconcourt.

Mur *mihhe*, Vexaincourt ; *muhhe*, Saint-Amé ; *múhh*, Landremont ; *muhh*, Mailly. Gl. m. *muhh*.

N

Nareux *maunihhié*, Chatel ; *mónijou*, Houécourt ; *lirou*, Le Tholy ; *deulchou*, Rehaupal ; *chauònou*, Grand-Bois ; *naraoue*, Lay-Saint-Remy. Gl. m. *nairoux*.

Nèfle *néfe*, *nèfe*, *neffe*, Port-sur-Seille, Manoncourt, Martincourt ; *népe*, *nèpe*, Râville, Mailly, Bouillonville ; *népieu*, Domgermain.

Tiu de chin, *tiu d'chîe*, Leintrey, Anthelupt, Vandeléville ; *cul-de-chin*, *cul-de-chî*, dans la plupart des autres communes ; *pione*, à Badonviller. Gl. m. *neipe*.

Neige *natje*, Ramonchamp ; *nadje*, Ventron ; *nadjge*, Mandray ; *nage*, *nâge*, Vagney, Courbessaux, Malzéville ; *nache*, Saint-Blaise-la-Roche ; *noge*, *nauge*, Le Tholy, Ortoncourt, Pierre-la-Treiche ; *noche*, *nauche*, Grandvillers, Haillainville, Hamonville.

Naufe, Manoncourt ; *nauve*, Mousson ; *nove*, Moivrons ; *naffe*, Port-sur-Seille. Gl. m. *nafe*, *nofe*.

Nettoyer *natié*, *nattié*, Vagney, Einville, Lalœuf ; *natie*, *nattie*, Ban-sur-Meurthe, Gerbépal, Saint-Vallier ; *natieu*, *nattieu*, Leintrey, Thézey, Port-sur-Seille ; *nattii*, Saint-Blaise-la-Roche ; *nattiie*, Lemainville ; *nattchi*, Laneuvelotte ; *natchi*, Art-sur-Meurthe ; *natti*, Mandray ; *nattire*, Ménil ; *notié*, *nottier*, Ramonchamp, Domgermain, Martincourt ; *nottiè*, *notiè*, Brechainville, Pargny-sous-Mureau, Mazelay ; *nottie*, *notie*, Vienville, Charmois-devant-Bruyères, Liverdun ; *nottieu*, *notieu*, Luvigny, Pexonne, Hablainville ; *notî*, Docelles ; *nottire*, Houécourt.

Ernettié, Ventron; *r'nottie*, Le Tholy. Gl. m. *nattier*.

NEVEU *néveu*, Ventron; *n'veu*, *n've*, Vienville, Saint-Blaise-la-Roche, Saint-Baslemont; *névou*, Saulxures; *nevou*, *n'vou*, Le Tholy, Mazelay, Port-sur-Seille; *nevaoue*, Bouillonville; *nevaou*, Vannes-le-Châtel; *nevooue*, Pierre-la-Treiche; *nevow* Domgermain; *nevue*, Badonviller; *nevoë*, Martincourt.

NEZ *naz*, Ramonchamp; *nèz*, Le Tholy.

NIÈCE *neveuse*, Ventron; *nieuce*, Vexaincourt; *nîce*, Laneuvelotte; *nice*, Verdenal; *gnîce*, *gnice*, Domgermain, Brechainville, Lignéville; *nuce*, Houécourt.

NOISETTE *neuhatte*, *nehatte*, Vagney, Verdenal, Landremont; *n'hatte*, Custines; *neuatte*, Manoncourt; *neujatte*, *nejatte*, Vandeléville, Battigny; *neuhhotte*, Rchérey; *neuhotte*, *nehotte*, Le Tholy, Pexonne, Liverdun; *neuhâotte*, Provenchères; *neuheutte*, Champdray; *noyehotte*, Râville; *neuïhotte*, Martincourt; *neuhjhotte*, Vaubexy; *neugeotte*, *negeotte*, Ramonchamp, Aboncourt, Saint-Baslemont; *noïegeotte*, Bouillonville; *neuijotte*, Vannes-le-Châtel; *neuiejotte*, Autigny-la-Tour; *neuiljotte*, Domgermain; *neuïsotte*, Lay-Saint-Remy. Gl. m. *neuhatte*.

NOISETIER *còre*, *corre*, Ramonchamp, Vagney, Moyenmoutier; *corère*, Luvigny; *coraïe*, Longuet; *cœure*, Le Tholy; *couaure*, Mandray; *coure*, Vexaincourt; *couraïe*, Râville; *colieure*, Celles.

Nehattier, Lachapelle; *nehatéïe*, Landremont; *neuhattée*, Anthelupt; *nehaté*, Verdenal; *n'haté*, Custines; *nehati*, Thézey; *n'hati*, *nehatti*, Mousson, Mailly; *nejatèïe*, Lalœuf; *nejaté*, Battigny; *neuhhotté*, Chatel; *neuhotté*, *nehotté*, Badonviller, Cirey, Haillainville; *neuhotti*, Deycimont; *nehotteu*, Pexonne; *nohoteu*, Hablainville; *neuhottée*, Laneuvelotte; *n'hotée*, Liverdun; *nehoteye*, Mazelay; *nehotteye*, Charmois-l'Orgueilleux; *nehotaïe*, Sanchey; *neujoteil*, Houécourt; *neuiejoteil*,

Autigny-la-Tour ; *neuhjhoteil,* Vaubexy ; *neujotêye,* Gelvécourt ; *nejotaye,* Maconcourt ; *noïegeottaie,* Bouillonville.

Neuhelèye, Lemainville ; *neuigelée,* Vannes-le-Châtel ; *neuj'leil,* Domgermain ; *negeleil,* Vandeléville ; *macleye,* Hergugney.

Noix *neuhhe,* Saint-Blaise-la-Roche ; *neuhe,* Hoéville ; *nûhe,* Badonviller ; *néhe,* Cirey.

Neuïe, neuye, Lemainville, Custines, Maconcourt ; *neuil,* Domgermain ; *neuê,* Liverdun ; *neïeu,* Hamonville ; *neie,* Lalœuf ; *noye,* Affracourt ; *neujaïe,* Pargny-sous-Mureau ; *neuiejaie,* Autigny-la-Tour.

Neutjôle, Ramonchamp ; *neudjaule,* Ventron ; *neujaulle, nejôle,* Vagney, Le Tholy, Lignéville ; *neuiljôle* Circourt-sur-Mouzon ; *nejôille,* Vouxey ; *neuhjhaule,* Vaubexy ; *nejale,* Gerbépal ; *nehôle,* Mazelay.

Hhala, Thézey ; *hala,* Landremont ; *chala,* Moivrons ; *holo,* Râville. Gl. m. *hhala.*

Nombril *bedote,* Le Tholy ; *bodotte,* Dompaire ; *boudotte,* Domgermain ; *bodate,* Landremont. Gl. m. *bodatte.*

Noyer *nehhli,* Le Tholy ; *neuhelé,* Ventron ; *neuheli,* Lachapelle ; *neuhlé,* Vallois ; *neuhlèe,* Vomécourt ; *neuhli,* Reyaupal ; *neheleye,* Mazelay ; *neuch'lé,* Ramonchamp.

Nejauli, nejoli, Vienville, Charmois-devant-Bruyères ; Rouges-Eaux ; *nejali,* Gerbépal ; *negeli,* Docelles ; *nejôleye,* Houécourt ; *neuj'lèye,* Grandvillers ; *nejelaye,* Maconcourt ; *nej'lèïe,* Gelvécourt ; *neuj'lé,* Vagney ; *neuj'laïe,* Longuet ; *negeleye,* Charmois-l'Orgueilleux ; *negelaïe,* Sanchey ; *negelaî,* Badménil ; *neujaïeïe,* Pargny-sous-Mureau ; *neuïejoeil,* Autigny-la-Tour.

Neuhhi, Moyenmoutier ; *neuhhté,* Saint-Blaise-la-Roche ; *neuhier,* Saales ; *neuheie,* Hoéville ; *neuhée,* Laneuvelotte ; *neuhi,* Courbessaux ; *nehet,* Einville ; *nouhé,* Verdenal.

Nouvouèïe, Ahéville ; *nouéïe*, Martincourt ; *nouéïe*, Lalœuf ; *noueil*, Domgermain ; *noueille*, Vaubexy ; *nouêeye*, Marainville ; *noiieiye*, Hennezel ; *nouail*, Pierre-la-Treiche ; *nouiel*, Vandeléville ; *noéil*, Brechainville ; *noïeu*, Hamonville ; *nouée*, Anthelupt ; *noué*, Sommerviller ; *noueu*, Vexaincourt ; *nvoui*, Provenchères; *nouii*, Lusse : *noêe*, Liverdun ; *noye*, Rugney.

Hhalati, Thézey ; *hhalatti*, Mailly ; *halati*, Mousson ; *halatèïe*, Landremont.

Nuage, *éneule*, Ventron ; *èneuïe*, Ramonchamp ; *nouaïe*, Le Tholy ; *nvouaye*, Provenchères ; *nouaiye*, Saint-Blaise-la-Roche ; *nouáe*, Mandray ; *noaïe*, Saales ; *niâïe*, Longuet ; *nièïe*, Vagney ; *nouée*, Celles ; *noué*, Moyenmoutier ; *noye*, Hergugney.

Nuége, *nuège*, Art-sur-Meurthe, Lemainville, Saint-Baslemont ; *nuiêge*, Lalœuf ; *nuèche*, Liverdun ; *nuïache*, Domgermain.

Mouton, Badonviller ; *nôrions*, Courbessaux ; *neurions* Thézey ; *monées*, Ahéville ; *moncés*, Gircourt-les-Viéville; *brauïons*, Vouxey ; *brôïons*, Maconcourt ; *broeïons*, Charmois-l'Orgueilleux. Gl. m. *nowe*.

Nuit *neu*, Ramonchamp ; *neuïe, neuye,* Vienville, Gircourt-les-Viéville, Martincourt ; *neuil, neuille*, Champdray, Art-sur-Meurthe, Ligneville ; *neïe*, Le Tholy ; *noïe*, Bouillonville ; *nut*, Thézey ; *nue*, Badonviller ; *nètié*, Cirey ; *neutaïe*, Moivrons. Gl. m. *nut*.

O

EUF *ïeu*, Vexaincourt ; *ue*, Le Tholy ; *û*, Houécourt ; *ûe*, Domgermain ; *u*, Landremont.

Oie *oïe, oye, òie, ôye*, Ramonchamp, Le Tholy, Courbessaux, Maconcourt ; *ʒoye*, Verdenal ;

euïe, euye, Gerbépal, Champdray ; *ouauïe*, Moyenmoutier ; *ouoaïe*, Moyen ; *oiye*, Lachapelle ; *oïïe*, Leintrey ; *ouye*, Landremont ; *oue*, Manoncourt ; *oëe*, Liverdun.

Gangotte, Vienville ; *gâgotte*, Celles ; *gagotte*, Luvigny ; *cacotte*, Pexonne. Gl. m. *ouye*.

OIGNON *ègnon*, Ramonchamp ; *égnon*, Moyenmoutier ; *eugnon*, *egnon*, Vexaincourt, Landremont, Liverdun ; *ougnan*, Domgermain ; *ougnon*, Vannes-le-Châtel ; *ignon* Maconcourt.

Ayon, Vienville ; *ëïon*, Provenchères ; *èon*, Mandray ; *éon*, Lusse ; *èo*, Ban-sur-Meurthe. Gl. m. *egnon*.

OISEAU *ouhhé*, Grandvillers ; *ouhjhé*, Vaubexy ; *ouché*, Badménil ; *ougé*, Gelvécourt ; *ougion*, Bouillonville ; *ougelot*, Domgermain.

Ohhé, Courbessaux ; *ohé*, Le Tholy ; *ogé*, Vandeléville.

Jeanne, Thézey, Landremont. Gl. m. *ouhhé, jone*.

OISILLON *ouhion*, Sainte-Barbe ; *ouhiot*, Longuet ; *ouhelot*, Ortoncourt ; *ougelot*, Pargny-sous-Mureau ; *ohhion*, Chatel ; *ohion*, Haillainville ; *öïon*, *òyon*, Le Tholy, Saint-Blaise-la-Roche, Vouxey ; *oïon*, Ramonchamp ; *ohillon*, Pexonne ; *euïon*, Longuet ; *eïon*, Vallois ; *ouyon* *ouïon*, Râville, Vannes-le-Châtel, Battigny ; *ouillon*, Circourt-sur-Mouzon ; *oujon*, Pargny-sous-Mureau ; *auson*, *ausson*, *òsson*, Verdenal, Hoéville, Laneuvelotte, Mailly ; *ousson*, Landremont.

ONCLE *onque*, Haillainville ; *onquin*, Le Tholy ; *inquin* Badménil ; *onkiot*, Gerbépal ; *onkiat*, Ban-sur-Meurthe ; *ontiat*, Ventron ; *ontie*, Attigny ; *onclin*, Vexaincourt ; *quiequie*, Provenchères.

Nonon, Landremont ; *nounon*, Bouillonville.

ONGLE *inque*, Landremont ; *ʒinque*, Vexaincourt ; *indieu*, Domgermain. Gl. m. *ingue*.

ORAGE, *orèdge*, Ventron ; *orèche*, *oraiche*, Saint-

Blaise-la-Roche, Martincourt, Laneuveville-sous-Montfort ; *orège, oraige,* Verdenal, Lignéville, Marainville ; *érège,* Lemainville.

Nouée, Badonviller ; *nouèye,* Lachapelle ; *nouêïe,* Lalœuf ; *nouèlle,* Vandeléville ; *nouwée,* Courbessaux ; *nouaïe, nouaye,* Hoéville, Bouillonville, Sanchey ; *nouvouaïe,* Ahéville ; *nouaèïe,* Malzéville ; *nouaë,* Thézey ; *noye,* Hergugney ; *noeye,* Vomécourt. Gl. m. *nouaye.*

ORE ILLE *orauïe, orauye,* Sanchey, Vittel, Ménil ; *oroïe, oroye, oroille,* Le Tholy, Docelles, Bouillonville, Saint-Baslemont ; *auroille,* Dompierre ; *ooroïe,* Ortoncourt ; *oraille,* Vienville.

Araille, Ventron, Courbessaux ; *arauaille,* Hoéville ; *araē,* Manoncourt ; *arâe,* Mandray ; *araië,* Thézey ; *araïeu,* Ban-sur-Meurthe ; *aroye, aròye, aroïe,* Charmois-l'Orgueilleux. Rugney, Trampot, Hamonville.

Eurœille, Champdray ; *èraïe,* Ramonchamp ; *èróïe, èroïe,* Lusse, Vallois, Sommerviller ; *éroïe, éroye, érauye,* Moyenmoutier, Vexaincourt, Saint-Remy-aux-Bois. Gl. m. *araille.*

OREILLER *arailli,* Art-sur-Meurthe ; *oreilleu,* Manoncourt ; *orèlie,* Saint-Remy-aux-Bois ; *òrelie,* Chatel ; *orelie,* Docelles ; *orlier,* Ramonchamp ; *orlie,* Le Tholy ; *eurlie,* Vaubexy ; *r'lie,* Charmois-devant-Bruyères ; *érayer,* Saint-Blaise-la-Roche.

Orrié, orier, orié, Ventron, Sommerviller, Pargny-sous-Mureau, Attigny ; *oriie, orrîi,* Houécourt, Vouxey, Marainville ; *eurii,* Rugney ; *orëi,* Laneuveville-sous-Montfort ; *âriu,* Landremont ; *orriu, oriu,* Martincourt, Lalœuf, Affracourt ; *oïeru,* Bouillonville ; *orhieu,* Liverdun ; *orieu,* Battigny ; *ouriu,* Malzéville.

Tchefsau, Ventron ; *tchevsau,* Ban-sur-Meurthe ; *chtepvsò,* Mandray ; *chepsâo,* Provenchères ; *chèveço,* Saales ; *chèvot, chévot,* Moyenmoutier, Luvigny, Moyen ; *chevot,* Lachapelle ; *chévat,* Verdenal ; *chavat,* Hoéville ; *chavot,* Laneuvelotte.

ORMEAU òrme, Sommerviller ; ormé, Lemainville ; ârme, Thézey.

ORTIE hadiure, Serres ; hhaudieure, Landremont ; choquesse, Rehaupal.

OSEILLE ojelotte, Houécourt ; alhatte, Mailly ; ouʒelotte, Lay-Saint-Remy ; lijotte, Vittel. Gl. m. aljatte.

OUVRIER ovrè, Ventron ; ouvraïe, Bouillonville ; mègneye, Vagney.

OUVRIR dovouère, Le Tholy ; doveuer, Champdray ; dauvére, Mousson ; dovére, Landremont ; douvoir, Circourt-sur-Mouzon ; douvouâre, Vouxey ; douvâre, Vaubexy ; douvri, Courbessaux ; douarre, Charmois-devant-Bruyères ; douére, Vienville ; doire, La Baffe.

Devâre, devare, Longuet, Rugney, Aboncourt ; deviarre, Saales ; déviarre, Saint-Blaise-la-Roche ; déviar, Grandvillers.

Deveire, Courbessaux ; devére, Battigny ; dévère, Laloeuf ; déver, Vannes-le-Châtel ; dèvierre, Haillainville ; devierre, Saint-Remy-aux-Bois ; deinvière, dinvière, Celles, Badonviller, Leintrey ; devie, Ban-sur-Meurthe ; dévii, Sommerviller ; devri, Vittel ; deuvri, Marainville.

D'vère, Hoéville ; d'vére, Thézey ; d'vâ, Laneuveville-sous-Montfort ; d'vâre, Mazelay ; d'va, Badménil ; d'vouar, Docelles.

Dreuvi, Ramonchamp ; ouvri, Pierre-la-Treiche ; ouvré, Trampot ; ouvraïe, Liverdun ; ovére, Martincourt. Gl. m. deveire.

P

PAILLE hhtrain, strain, Saint-Amé ; ètrain, Landaville ; train, Courbessaux ; strè, Gerbépal ; tré, Chatel. Gl. m. train.

PANIER bossèle, Lusse ; bouge, bougeotte, Dompaire ; chévan, Râville ; tchintrè, Ban-s-Meurthe.

Papillon *biblé*, Vagney ; *bobieu*, Le Tholy ; *bobion*, Charmois-devant-Bruyères ; *babio*, Gircourt-les-Viéville ; *babiò*, Sanchey ; *babillau*, Longuet.

Vollé, Vienville ; *volleté*, *volté*, Rehaupal, Docelles, Rouges-Eaux ; *chauvolant*, Sanchey ; *volambot*, Saint-Pierremont ; *volant*, Affracourt.

Pavion, Saales ; *pâovion*, Provenchères ; *papion*, Saint-Blaise-la-Roche ; *popion*, Thézey ; *paupion*, Pierre-la-Treiche ; *papian*, Domgermain ; *pépeion*, Râville ; *paipiéon*, Liverdun ; *pepion*, Maconcourt ; *pépillon*, Art-sur-Meurthe.

Paresseux *trouvouand*, Le Tholy ; *trouand*, Deycimont, Landremont ; *hlape*, Gerbépal.

Parrain *pouaurin*, Longuet ; *pouorain*, Ramonchamp ; *poaurain*, Vagney ; *pouarrain*, Provenchères ; *poorain*, Saales ; *pouarin*, Dompierre ; *pouaré*, Badménil ; *poaré*, Ortoncourt.

Paurè, *pauret*, Le Tholy, Vomécourt, Rouges-Eaux ; *pauré*, Docelles ; *parret*, Vienville ; *páré*, Sainte-Barbe ; *pârè*, Grandvillers ; *poiret*, La Baffe.

Pairain, *pêrain*, *pèrain*, Courbessaux, Laneuvelotte, Malzéville, Hergugney ; *porrain*, *pòrain*, Lalœuf, Vandeléville, Battigny.

Part *poâ*, Gerbépal ; *pât*, Vienville ; *pau*, Charmois-devant-Bruyères.

Pauvre *pore*, Ban-sur-Meurthe ; *pòre*, Vexaincourt ; *peure*, Gérardmer ; *poòure*, Landremont. Gl. m. *poure*.

Pêcher *pohhi*, Ban-sur-Meurthe ; *piéhhi*, Provenchères ; *péhhi*, Mailly ; *pochi*, Bouillonville ; *pécheil*, Domgermain.

Pelle-a-feu *trâbraze*, Saales ; *trambraise*, *trâfeuye*, Houécourt.

Vëïn, Parux ; *vaiin*, Rehérey ; *vaïin*, Bouillonville ; *véillin*, Courbessaux ; *véyen*, Vannes-le-Châtel ; *veïen*, Lay-Saint-Remy ; *vëïen*, Domgermain ; *végni*, Aboncourt. Gl. m. *veyin*.

Penser *songié*, Charmois-l'Orgueilleux ; *chongieu*, Leintrey ; *chongé*, Luvigny ; *r'chongé*, Vomécourt.

Persil *parhhin*, Le Tholy ; *parhhi*, Vagney ; *parhi*, Rouges-Eaux ; *parhiin*, La Baffe ; *parsiin*, Grandvillers ; *parsuin*, Dompierre ; *pársin*, Sainte-Barbe ; *parsi*, Badménil ; *pouahhi*, Ban-sur-Meurthe ; *piarhin*, Saales ; *piarhhé*, Saint-Blaise-la-Roche ; *parset*, Bouillonville ; *persin*, Badonviller ; *pochi*, Domgermain.

Pervenche *vouauche*, Vagney ; *vouahhe*, La Baffe ; *vòge*, Le Tholy ; *vâche*, Hergugney ; *vêche*, Vandeléville ; *venche*, Serres ; *vonge*, Vouxey ; *ouinche*, Pexonne ; *oinche*, Cirey.

Pervintche, Ramonchamp ; *peurvinche*, Mazelay.

Hèbe des gens mouauts, Deycimont.

Pétrin *mâ*, Saales, Landremont ; *ma*, Saint-Amé ; *med*, Aboncourt. Gl. m. *mâ*.

Peuplier *peuplié*, Vagney ; *pèplier*, Dompierre ; *peupli*, Sommerviller ; *pepli*, Le Tholy ; *peuplie*, Ban-sur-Meurthe ; *peuplieu*, Celles ; *peuplêïe*, Martincourt ; *peplaiye*, Râville ; *peupleil*, Lignéville ; *peuplin*, Dombasle-devant-Darney ; *peplîê*, Saint-Remy-aux-Bois ; *peupli*, Domgermain.

Popeli, Battigny ; *popli*, Mousson ; *popelé*, Moivrons ; *poplé*, Custines ; *poplêïe*, Landremont ; *poplû*, Laneuveville-sous-Montfort ; *pòplu*, Vittel ; *poupli*, Liverdun.

Peupié, Longuet ; *pepié*, Vallois ; *pépié*, Provenchères ; *peupier*, Saint-Blaise-la-Roche ; *pepier*, Sanchey ; *peupieu*, Vexaincourt ; *peupièye*, Ménil ; *peupieil*, Circourt-sur-Mouzon ; *poupieil*, Vouxey ; *popii*, Autigny-la-Tour.

Porpier, Moyen ; *porpe*, Marainville ; *prope*, Courbessaux. Gl. m. *popli*.

Pie *agasse*, Brechainville ; *aguesse*, Landremont ; *èguesse*, Le Tholy ; *éguesse*, Sommerviller ; *ogasse*, Domgermain ; *oguesse*, Liverdun.

Adiesse, Lemainville ; *édiesse*, Hoéville ; *èdiesse*, Thézey ; *édjesse*, Art-sur-Meurthe ; *èdjesse*, Laneuvelotte ; *étesse*, Mandray.

Aïesse, *ayesse*, Vagney, Saint-Vallier, Ménil ; *oïesse*, *oyessse*, Aboncourt, Vouxey, Sanchey ; *oïasse*, Pargny-sous-Mureau.

Pione, Champdray ; *spéïe*, La Baffe. Gl. m. *aiguesse*.

Pied *piéd*, Vagney ; *pieud*, Vexaincourt ; *pîd*, *pid*, Mandray, Landremont, Laneuveville-sous-Montfort ; *pè*, Saint-Blaise-la-Roche.

Pigeon *pitjon*, Ramonchamp ; *pidgeon*, Ventron ; *pîng-djo*, Ban-sur-Meurthe ; *pingeon*, Le Tholy ; *pigean*, Domgermain.

Colòn, Saint-Blaise-la-Roche.

Pioche *houe*, Le Tholy ; *haouatte*, Lusse ; *houé*, Attigny.

Hòpe, Sanchey ; *pic*, Longuet ; *bick*, Mandray ; *pieuche*, Sommerviller ; *piache*, Thézey ; *hac*, Mailly ; *fosseuye*, Vagney ; *bocheu*, Pexonne ; *cro*, Saint-Blaise-la-Roche.

Pivert *spé-vohe*, Chatel ; *épè*, Laneuveville-sous-Montfort.

Bâche-boòu, Landremont ; *bache-bòe*, Mailly.

Plaisir *piehi*, Ban-sur-Meurthe ; *piâhi*, Thézey ; *piéhi*, Hamonville. Gl. m. *piahi*.

Plantain *piantin*, Ramonchamp ; *pianti*, Rouges-Eaux ; *piantet*, Pierre-la-Treiche ; *piantè*, Le Tholy ; *pianteu*, Einville ; *pianton*, Martincourt.

Lon-pianta, Vagney ; *rond-piantet*, Lachapelle ; *rond-pianteu*, Pexonne.

Bian-piantè, Longuet ; *bian-piantè*, Charmois-l'Orgueilleux ; *pian-piantè*, Rehaupal.

Haut-piontin, Domgermain ; *haut-piantan*, Mailly ; *ho-piontè*, Saales ; *hâo-pianteu*, Provenchères ; *hâ-piantet*, Vexaincourt ; *ha-piantieu*, Rehérey ; *hâ-piantin*, Leintrey ; *haut-piantieu*, Hoéville ; *hât-pianteu*, Laneuvelotte ; *hâ-pianté*, Sommerviller ; *haut-pianté*, Moivrons.

Alhâtte de crépòd, Landremont ; *pain d'ògé*, Vouxey.

Planter *pianta*, Ventron ; *piantè*, Le Tholy ; *pianter*, Pexonne.

Pleurer *brâre*, Vagney, Landremont ; *braire*, Port-sur-Seille.

Keuriet, Provenchères ; *keriet*, Saint-Blaise-la-Roche ; *criè*, *criet*, Le Tholy, Vexaincourt, Lalœuf ; *crier*, Badonviller. Gl. m. *brâre*.

Pluie *pieutje*, Ramonchamp ; *pieudge*, Ventron ; *pieuge*, Vagney ; *pieuche*, Vannes-le-Châtel ; *pieuilche*, Domgermain ; *pieuhe*, Mazelay ; *piuche*, Courbessaux ; *piuge*, Lemainville ; *piauche*, Dombasle-devant-Darney ; *piauge*, Attigny ; *pioge*, Saint-Baslemont ; *pioche*, Bouillonville ; *pieuëge*, Autigny-la-Tour ; *pueche*, Deycimont ; *pûge*, *pûche*, Le Tholy, Gircourt-les-Viéville, Ménil.

Pioonve, Mandray ; *piouve*, Moyenmoutier ; *piauve*, Vallois ; *piove*, Lachapelle ; *piòfe*, Sainte-Barbe.

Piooue, Saales ; *pioue*, Gerbépal ; *piaòoue*, Provenchères ; *piue*, Saint-Blaise-la-Roche ; *piau*, *piò*, Hablainville, Cirey, Verdenal ; *pio*, Badonviller ; *pioë*, Thézey ; *piauë*, Mailly ; *piole*, Rouges-Eaux. Gl. m. *piowe*.

Pluie (grande) *pieûvin*, Le Tholy ; *piouvin*, Celles.

Ouorbée, Pexonne ; *vouerbaïe*, Haillainville ; *rohhie*, Vagney ; *hauaïe*, Landremont ; *raivaihe*, Mailly.

Pluie (petite) *pieuvin*, Moyen.

Broussenotte, Pexonne ; *broucinotte*, Laneuveville-sous-Montfort ; *brucénerie*, Haillainville ; *brusnesse*, La Baffe ; *brousseune*, Charmois-devant-Bruyères ; *breusseure*, Landremont ; *brouiasse*, Domgermain ; *rosenesse*, *errosatte*, Vagney. Gl. m. *brussatte*.

Plumon *pieumon*, Saint-Blaise-la-Roche ; *piemon*, Lalœuf ; *piémon*, Cirey. Gl. m. *pieumon*.

Poêle (chambre) *pale*, *palle*, *pâle*, Ventron, Courbessaux, Vallois, Landremont ; *pòle*, *pole*, *paule*, Le Tholy, Badonviller, Affracourt, Lignéville ; *poûle*, Circourt-sur-

Mouzon ; *pâole*, Provenchères ; *péle*, Anthelupt ; *pélatte*, Lusse ; *pelatte*, Vandeléville. Gl. m. *pale*.

Poire *poère*, Ramonchamp ; *poére*, Hergugney ; *poêre*, Ventron ; *poerre*, Liverdun ; *poeure*, Lachapelle.

Poueure, Provenchères ; *pouerre*, *pouere*, Gerbépal, Mandray, Deycimont ; *pouorre*, Vexaincourt ; *pouère*, Pierre-la-Treiche ; *pouére*, Landremont ; *pouêre*, Vouxey ; *pouêrre*, Hennezel ; *pouill're*, Domgermain ; *pouiere*, Vannes-le-Châtel ; *poure*, Le Tholy ; *poore*, Rehérey. Gl. m. *poeire*.

Poireau *poureau*, Ramonchamp ; *pouro*, *pourot*, Pargny-sous-Mureau, Circourt-sur-Mouzon, Hennezel ; *pouriau*, Moyenmoutier ; *pouriâ*, Vexaincourt ; *poriau*, Le Tholy ; *pouré*, La Baffe ; *pouret*, Vouxey ; *pouriâo*, Provenchères.

Pouratte, Verdenal ; *poratte*, Courbessaux ; *poiratte*, Art-sur-Meurthe ; *pourotte*, Badonviller ; *porotte*, Saint-Baslemont ; *poirotte*, Liverdun. Gl. m. *poratte*.

Poirier *poiré*, Ramonchamp ; *poéré*, Art-sur-Meurthe ; *poèré*, Sommerviller ; *poeuré*, Saales ; *poêré*, Moivrons ; *poeré*, Vallois ; *poirée*, Saint-Vallier ; *poérée*, Anthelupt ; *pouéré*, Serres ; *pouorée*, Sainte-Barbe ; *pouorèe*, Vomécourt ; *pouierée*, Vannes-le-Châtel.

Poueuri, Provenchères ; *poueri*, Deycimont ; *pouorri*, Moyenmoutier ; *pouéri*, Mousson ; *poûri*, Le Tholy ; *poëri*, Lachapelle ; *poéri*, Port-sur-Seille ; *perrit*, Mandray ; *pouoreu*, Luvigny ; *pooreu*, Rehérey ; *poureu*, Verdenal.

Pouéraïe, Bouillonville ; *poiraïe*, Liverdun ; *poiraye*, Maconcourt ; *pouéraïe*, Sanchey ; *poéraïe*, Longuet ; *poireye*, *poiréïe*, *poireil*, Hoéville, Vandeléville, Aboncourt, La Baffe ; *pouaireïe*, Râville ; *pouéreil*, Brechainville ; *pouilreil*, Domgermain ; *pouéreye*, *pouéréïe*, *poéreye*, *poéreil*, Landremont, Houécourt, Marainville, Attigny.

Poisson *pouhhon*, Grandvillers ; *pouhon*, Anthelupt ; *pouhchon*, Vaubexy ; *pouchon*, Dombasle-devant-Darney ; *pohhon*, Le Tholy ; *pohon*, Landremont ; *pochon*, Lignéville ; *pochan*, Domgermain ; *pouéhhon*, Sanchey ; *pouéchon*, Gelvécourt ; *pouohon*, Râville ; *poichon*, Maconcourt.

P'hhon, Mailly ; *p'hon*, Vallois, Landremont ; *p'chon*, Manoncourt. Gl. m. *p'hhon*.

Pomme *peumme, pemme, peume, peme*, Ventron, Hoéville, Landremont, Liverdun, Trampot ; *paime*, Vittel ; *pème*, Lignéville.

Peumotte, Vannes-le-Châtel ; *pemotte*, Domgermain ; *p'motte*, Pierre-la-Treiche ; *pematte*, Vandeléville ; *p'matte*, Anthelupt ; *p'ma*, Verdenal.

Kemotte, Charmois-devant-Bruyères ; *k'motte*, Le Tholy ; *kemo, k'mo*, Saales, Badonviller, Hablainville ; *kémot*, Cirey ; *kémotte*, Sainte-Barbe ; *kemeutte*, Champdray ; *kematte*, Sommerviller ; *k'matte*, Ban-sur-Meurthe ; *k'matte de mali*, Mandray ; *k'ma*, Saint-Blaise-la-Roche. Gl. m. *k'matte*.

Pomme de terre *pemme de tiarre*, Vagney ; *pométiare*, Longuet ; *peume de terre, peme de terre*, Hoéville, Moivrons, Liverdun ; *peum' de tarre*, Domgermain ; *peume de târe*, Pargny-sous-Mureau ; *paime de tare*, Vittel ; *pème de tare*, Lignéville ; *pemo de tare*, Vouxey.

Peumotte de terre, Vannes-le-Châtel ; *p'motière*, Lachapelle ; *p'motte de tare*, Maconcourt ; *p'matiére*, Verdenal ; *p'ma dè terre*, Anthelupt ; *p'ma de terre*, Laloeuf ; *p'matte de terre*, Battigny.

K'mo dé terre, Le Tholy ; *k'mo dé tiare*, Grandvillers ; *kemo de tiare*, Charmois-devant-Bruyères ; *k'mo de tièrre*, Deycimont ; *kemot de tiare*, Docelles ; *k'motte dé tiare*, Dompierre ; *k'mot de tierre*, Badménil ; *kemot de tière*, Vallois ; *kemotte de tiare*, Rouges-Eaux ; *k'mo de têre*, Aboncourt ; *kemot de târe*, Houécourt ; *kemotte de tierre*, Saint-Remy-aux-Bois ; *k'mot de tare*, Mazelay ;

k'motte d'târe, Sanchey ; k'mo de tarre, Rugney ; k'matt' d'tierre, Ban-sur-Meurthe ; k'matte de tiare, Mandray ; k'matte de terre, Sommerviller ; k'ma dé terre, Hamonville : kema de târe, Ahéville ; k'ma de têerre, Marainville ; kema dè terre, Hergugney ; k'mat de tare, Gircourt-les-Viéville.

K'motière, Moyenmoutier ; k'métiarre, La Baffe ; kémotière, Cirey ; kemontére, Champdray ; k'matiarre, Saint-Blaise-la-Roche ; kmâotiare, Provenchères ; k'matièrre, Leintrey.

Potaton, Landremont ; toupi, Le Tholy ; tref, Vandeléville ; trèfe, Saint-Baslemont ; poiroutte, Rôville.

POMMIER pommé, Ramonchamp ; peumé, pemmé, pemé, Ventron, Courbessaux, Custines, Moivrons ; pemi, peumi, Mousson, Mailly, Port-sur-Seille ; pomaïe, Longuet ; peummaïe, Bouillonville ; peumeïe, pemeïe, Hoéville, Landremont, Martincourt ; pemeil, peumeil, Domgermain, Brechainville, Pargny-sous-Mureau ; pemeye, Vittel ; pommeil, pommeiye, pomeïe, Lignéville, Saint-Baslemont, Dombasle-devant-Darney, Grandvillers.

Peumotée, Vannes-le-Châtel ; p'moteïe, Pierre-la-Treiche ; p'moteil, Vouxey ; p'mottaye, Maconcourt ; p'matti, Lachapelle ; p'matée, Anthelupt ; pematèïe, Laloeuf ; p'mateye, Lemainville ; pematteil, Vandeléville ; p'maté, Battigny ; p'mateu, Verdenal.

Kemotté, k'moté, Saales, Badonviller, Sainte-Barbe ; k'motée, Vomécourt ; kémoté, Cirey ; kemoti, k'moti, Le Tholy, Moyenmoutier, Docelles ; kemotteu, k'motteu, Luvigny, Vexaincourt, Pexonne ; kemoteïe, k'moteïe, kemotteye, k'motteil, Aboncourt, Houécourt, Vaubexy, Charmois-l'Orgueilleux, La Baffe ; k'mottaïe, Sanchey.

K'mati, Saint-Blaise-la-Roche ; k'mateu, Leintrey ; k'maté, Battigny ; kematé, Sommerviller ; k'matée, Anthelupt ; kematéye, kematteil, kematèïe, k'matèye, Hamonville, Affracourt, Marainville, Rugney, Ahéville.

Mali, Ban-sur-Meurthe ; *mâoli*, Provenchères. Gl. m. *pemati*.

Porc *pouhhé*, Vagney ; *pouhé*, Luvigny ; *pouché*, Charmois-l'Orgueilleux ; *pouhaye*, Mazelay ; *pohhé*, Le Tholy ; *pohé*, Landremont ; *p'hhé*, Mailly ; *p'hé*, Thézey, Landremont ; *p'ché*, Manoncourt.

Pouo, Ventron ; *poo*, Saales ; *pouau*, Provenchères.

Couchon, Leintrey, Hoéville, Courbessaux, Râville, Anthelupt, Sommerviller, Art-sur-Meurthe, Malzéville, Hamonville, Lalœuf, etc.; *cochin*, Domgermain.

Voret, Gelvécourt ; *gouri*, Hennezel ; *v'ret*, Rehérey. Gl. m. *pouhhé*, *p'hhé*.

Porte *pouaute*, Ramonchamp ; *pouotte*, Charmois-l'Orgueilleux ; *pôte*, Verdenal ; *pòte*, Attigny ; *poûte*, Brechainville ; *pôtieu*, *potieu*, Lemainville, Ahéville, Custines ; *pôtië*, Vittel ; *potie*, Hergugney ; *pôthie*, Rugney ; *poutië*, Pargny-sous-Mureau ; *pauque*, Anthelupt.

Euhhe, Le Tholy ; *euhe*, Hoéville ; *ehe*, Badonvillers; *éhe*, Serres ; *eusse*, Lay-Saint-Remy ; *euche*, Domgermain ; *eche*, Lalœuf ; *ohhe*, Mailly ; *ohe*, Landremont ; *òhe*, Affracourt ; *ouche*, Martincourt. Gl. m. *poute*, *euhhe*.

Porte a claire-voie *djemme*, La Bresse ; *prienèye*, Grandvillers ; *prané*, Laneuveville-sous-Montfort ; *prauné*, Vouxey.

Pot *potot*, Vexaincourt ; *poutot*, Domgermain ; *potat*, Sommerviller ; *poutat*, Malzéville ; *pout*, Liverdun.

Tépin, Manoncourt ; *t'pin*, Mousson ; *cazotte* (pot de terre), Domgermain. Gl. m. *tèpi*.

Poulain *poulî*, Ramonchamp ; *pouli*, Rouges-Eaux ; *poulé*, Râville ; *polain*, Moyenmoutier ; *polin*, Vandeléville ; *polè*, Ventron ; *polé*, Moyen.

Poule *hhline*, Vagney ; *hline*, Le Tholy ; *chlîne*, Ramonchamp ; *geline*, Lemainville ; *géline*, Ventron ;

g'line, *j'line*, Saint-Blaise-la-Roche, Rehérey, Affracourt.

Pouille, *pouïe*, Hoéville, Laneuvelotte, Bouillonville ; *poïe*, Landremont ; *pouë*, Liverdun ; *poe*, Manoncourt ; *paule*, Trampot. Gl. m. *jeline*.

Poulet *djallé*, Ventron ; *jalé*, Gerbépal ; *jalat*, Landremont ; *geolé*, *jolé*, Longuet, Grandvillers, Mazelay ; *jâolé*, Provenchères ; *geolot*, Vomécourt.

Pouïon, Martincourt ; *pucenot*, Vittel. Gl. m. *jalat*.

Poussin *pussin*, Sommerviller ; *puncin*, Vagney ; *pissin*, Le Tholy ; *pucci*, Ventron ; *pûecin*, Liverdun ; *pucî*, Ramonchamp ; *pouïon*, Bouillonville ; *pussenot*, Circourt-sur-Mouzon. Gl. m. *pussin*.

Prendre *pôre*, Le Tholy ; *pare*, Grandvillers ; *penre*, Vagney. Gl. m. *penre*.

Prêter *perta*, Ventron ; *prata*, Vagney ; *prota*, Ramonchamp ; *protè*, *protet*, *prôtè*, *prautet*, Le Tholy, Saales, Vexaincourt, Lignéville, Aboncourt ; *proter*, *proté*, Badonviller, Pierre-la-Treiche, Vallois ; *pratet*, *pratè*, Mandray, Saint-Blaise-la-Roche, Rugney ; *prater*, *praté*, Leintrey, Courbessaux, Mousson ; *proutè*, Autigny-la-Tour ; *preutet*, Champdray ; *preter*, Landremont ; *prètè*, Ban-sur-Meurthe ; *prétaye*, Râville.

Printemps *printa*, Ban-sur-Meurthe ; *printon*, Saales ; *pruntemps*, Landremont.

Euhhifue, Le Tholy ; *auhhifue*, Docelles ; *hhifue*, Grandvillers ; *ohhifieu*, Vagney ; *auhhifieu*, La Baffe ; *euhhifieu*, Vomécourt ; *ehhifieu*, Saint-Blaise-la-Roche.

Fieuton, Mandray ; *fieutot*, Ventron ; *contrefieu*, Moyenmoutier.

Prunelle *peurnelle*, Landremont ; *peurnalle*, Bouillonville ; *peunelle*, *penelle*, Moivrons, Vandeléville, Brechainville ; *pénelle*, Attigny ; *prenèlle*, Hennezel ; *ponelle*, *ponéle*, Rehaupal, Sommerviller, Haillainville ; *pounelle*, Moyenmoutier ; *punelle*, Hoéville ; *pinelle*, Courbessaux ; *p'nelle*, Pargny-sous-Mureau.

Hhâodrelle, Provenchères ; *hhâdrelle*, Saint-Blaise-la-Roche.

Crehelle, Landremont ; *graihelle*, Liverdun ; *crélotte*, Domgermain.

Behotte, Ventron ; *b'hotte*, Vagney ; *bleuce*, Le Tholy. Gl. m. *penelle*.

PRUNIER *pruni*, Vienville ; *prieni*, Gerbépal ; *prini*, Ban-sur-Meurthe ; *pouni*, Provenchères ; *pruné*, Sommerviller ; *prunée*, Sainte-Barbe ; *prunêe*, Vomécourt ; *peuné*, Vallois ; *pruneu*, Verdenal ; *prunaïe*, Bouillonville ; *prunéye*, *prunèïe*, *pruneil*, *pruneye*, Hoéville, Landremont, Pierre-la-Treiche, Saint-Remy-aux-Bois, Hennezel ; *preneye*, Ménil.

Blauché, Ramonchamp ; *bleuhhé*, Ventron ; *bleussi*, Le Tholy ; *blosseu*, Badonviller ; *bloucheil*, Trampot ; *bleusseye*, Ahéville ; *blosseil*, Autigny-la-Tour ; *blosseye*, Houécourt ; *blocheye*, Attigny ; *blossé*, Haillainville.

Koitchi, Saint-Blaise-la-Roche ; *kouetcheil*, Vouxey ; *kouèchieu*, Celles ; *kouécheux*, Vexaincourt ; *kouèchèïe*, Lalœuf ; *koichèe*, Saint-Vallier ; *koichaie*, Sanchey ; *koichèïe*, La Baffe ; *koèchi*, Docelles ; *koichi*, Charmois-devant-Bruyères ; *koëchi*, Lachapelle ; *koiche-docimateu*, Rehérey.

Demlêye, Aboncourt ; *damleil*, Domgermain.

PUITS *peut*, Saint-Amé ; *peye*, Le Tholy ; *peuhh*, Courbessaux ; *peuch*, Serres ; *put*, Bouillonville. Gl. m. *peut*.

PUTOIS *pehhawe*, Râville ; *p'hhoòu*, Landremont ; *v'hho*, Saint-Amé ; *hho*, Courbessaux ; *vichaoue*, Bouillonville ; *visso*, Lay-Saint-Remy. Gl. m. *vehho*.

Q

Quenouille *quénaïe*, *quénaille*, Ramonchamp, Ventron, Vagney ; *quenaille*, *quenaïe*, Gerbépal, Hablainville, Anthelupt ; *qu'naille*, Lalœuf ; *quenoïe*, *quenoye*, *quenoille*, *qu'noïe*, *qu'noye*, *qu'noille*, Le Tholy, Saales, Badonviller, Hergugney, Saint-Pierremont, Docelles, La Baffe, Deycimont ; *quenauïe*, *quenauille*, *qu'nauïe*, *qu'nauille*, Longuet, Saint-Blaise-la-Roche, Lemainville, Vittel, Haillainville, Sainte-Barbe ; *quénoïe*, Leintrey ; *quénauïe*, Moyen.

Queneuïe, Champdray ; *queneuille*, Houécourt ; *queneuye*, Ménil.

Queneïaule, Moivrons ; *queniaule*, Mousson ; *qu'niaule*, Landremont.

Quionne, Bouillonville ; *tionne*, Martincourt.

Qu'rauïe, Dompierre ; *queille*, Grandvillers ; *quelogne*, Autigny-la-Tour ; *qu'logne*, Pargny-sous-Mureau. Gl. m. *quioule*.

Queue, *quoue*, Ban-sur-Meurthe ; *quawe*, Courbessaux ; *quaòu*, Landremont.

R

Radis *râtiss'*, Longuet ; *radisse*, Circourt-sur-Mouzon ; *râti*, Ventron.

Rayie, Rouges-Eaux ; *rayïe*, Cirey ; *rayi*, Gircourt-les-Viéville ; *rays*, Moyen ; *raii*, Lusse ; *raïs*, Vandeléville ; *raï*, Saint-Vallier ; *raye*, Maconcourt.

27

Rèdis, Ramonchamp ; *rèï*, Rehaupal ; *reïie*, Moyenmoutier ; *rêïe*, Luvigny ; *reiĕ*, Autigny-la-Tour ; *reye*, Houécourt ; *rèïe*, Sainte-Barbe ; *rêïs*, La Baffe ; *reïei*, Deycimont.

Raôyu, Provenchères ; *rôyi*, Mazelay ; *roï*, Haillainville ; *roois*, Ortoncourt ; *roye*, Charmois-l'Orgueilleux.

Raife, Hamonville ; *rêve*, Sommerviller ; *ravonette*, Rehérey ; *ravonatte*, Bouillonville ; *révonette*, Badménil.

Raison *rohon*, Le Tholy ; *rahon*, Gircourt-les-Viéville ; *raujon*, Ramonchamp ; *râson*, Lay-Saint-Remy.

Rat *rette*, *rète*, Ramonchamp, Ahéville, Lalœuf ; *ret*, Landremont.

La, *lâ*, Vagney, Pexonne, La Baffe ; *lau*, *lô*, Le Tholy, Courbessaux, Hamonville ; *lot*, Gelvécourt ; *lœ*, Laneuvelotte ; *loê*, Liverdun ; *laue*, Circourt-sur-Mouzon ; *louo*, Saint-Remy-aux-Bois ; *louot*, Haillainville ; *louoa*, Môyen ; *loo*, Ortoncourt.

Réduit a porcs *ran*, Vexaincourt ; *éran*, Landremont ; *aran*, Bouillonville ; *arot*, Domgermain.

Regain *ergain*, Domgermain ; *r'vouèin*, Le Tholy ; *r'vouetien*, Gerbépal ; *r'vouaîng*, Ban-sur-Meurthe ; *r'vouâoyen*, Provenchères ; *revouèïn*, Ahéville ; *r'voyin*, *revoyin*, *revoïin*, Vienville, Rehaupal, Moyenmoutier, Vouxey ; *revoyen*, *r'voyen*, Vittel, Dombasle-devant-Darney ; *revoyé*, *r'voyé*, Charmois-l'Orgueilleux, Sanchey, Ortoncourt.

Ervoyen, Houécourt ; *ervoyin*, Sainte-Barbe ; *eurwoiin*, Courbessaux ; *voyein*, Ramonchamp ; *veyè*, Ventron.

Roèïé, Longuet ; *rouèïet*, Mazelay ; *rouoïé*, Haillainville ; *royet*, Badménil ; *royer*, Grandvillers ; *erroyer*, Rôville ; *roiie*, Vandeléville ; *rouetine*, Mandray ; *rouetie*, Lalœuf ; *rouetiain*, Saint-Remy-aux-Bois ; *roïin*, *royin*, Rouges-Eaux, Saint-Blaise-la-Roche, Hergugney ;

royien, Hamonville ; *royain*, Custines ; *royen*, Aboncourt ; *roiiain*, Hennezel ; *erroyin*, Chatel ; *royi*, Battigny ; *rouain*, Lusse ; *rouaiin*, Serres ; *rouèin*, Landremont ; *rouein*, Port-sur-Seille ; *rouèien*, Pargny-sous-Mureau ; *rouëïn*, Saint-Vallier ; *rouéyin*, Vaubexy ; *rouèïn*, Marainville ; *rouoïé*, Haillainville ; *roueïain*, Frizon ; *rouoain*, Moyen ; *reouéin*, Pexonne ; *reouin*, Charmois-devant-Bruyères ; *rooien*, Saales ; *rrouéhin*, Vexaincourt ; *euroïn*, Rehérey ; *reyin*, Einville. Gl. m. *rewayin*.

REGARDER *rèvoètié*, Ramonchamp ; *rèvoitié, r'voètié*, Ventron ; *éroètié*, Longuet ; *revoítié*, Docelles ; *r'voitié*, La Baffe ; *ervoitié*, Chatel ; *ervouatié*, Ortoncourt ; *ervouétier*, Vallois ; *ervoétier*, Moyen ; *errouatié*, Frizon ; *èrouatiet*, Mazelay ; *erouatier*, Cirey ; *euouatier*, Rehérey ; *revatier*, Lachapelle ; *ervâtier*, Haillainville.

Eurouâtieu, Celles ; *euroitieu*, Luvigny ; *rrouâtieu*, Vexaincourt ; *reouâtieu*, Badonviller; *errouatieu*, Hablainville ; *erouatieu*, Leintrey ; *roêtieu*, Mousson ; *reòetieu*, Port-sur-Seille ; *reouatieu*, Manoncourt ; *euroitie*, Autigny-la-Tour ; *rouêtie*, Custines ; *avouatie*, Marainville ; *ervouatie*, Saint-Vallier ; *errouâthie*, Vaubexy.

Revoîti, Le Tholy ; *r'voiti*, Grandvillers ; *eurvouéti*, Mandray ; *euroati*, Saales ; *roiti*, Saint-Blaise-la-Roche ; *revouéti*, Lusse ; *eroiti*, Hoéville ; *rrwâti*, Courbessaux ; *ròeti*, Anthelupt ; *erouèti*, Laneuvelotte ; *errouaiti*, Art-sur-Meurthe ; *reouati*, Malzéville ; *reouâtii*, Landremont ; *rehouâtî*, Martincourt ; *ervoiti*, Lemainville ; *revoiti*, Battigny ; *reoiti*, Aboncourt ; *ròiti*, Circourt-sur-Mouzon ; *eurvouâtî*, Vouxey ; *ervouâtî*, Houécourt ; *ervouati*, Ahéville ; *r'vâti*, Laneuveville-sous-Montfort ; *revâthii*, Lignéville ; *ervâti*, Saint-Baslemont ; *revâti*, Dombasle-devant-Darney ; *rouèti*, Saint-Remy-aux-Bois ; *eroueilter*, Domgermain. Gl. m. *rewatier*.

Rideau *rudiau*, Ventron ; *ridiau*, Le Tholy, Landremont ; *riguiau*, Provenchères ; *ridiâ*, Sommerviller ; *ridjâ*, Laneuvelotte ; *ridé*, Saint-Blaise-la-Roche.

Robe *röpe*, Deycimont ; *reube*, Le Tholy ; *roombe*, Mandray ; *rôbotte*, *robotte*, Hablainville, Sanchey, Vittel ; *roubotte*, Houécourt ; *robatte*, Courbessaux ; *roubatte*, Thézey ; *roòubatte*, Landremont.

Jacquotte, Pargny-sous-Mureau ; *hèbit*, Domgermain. Gl. m. *roubatte*.

Roitelet *récetat*, Dompaire ; *récetot*, Laneuveville-sous-Montfort ; *râtet*, Vexaincourt.

Rosée *rosaïe*, *rosaye*, *rosail*, Ramonchamp, Rouges-Eaux, Landremont ; *rousaïe*, *rousaye*, *rousail*, Malzéville, Liverdun, Houécourt, Vaubexy ; *rosae*, *rosâe*, Ban-sur-Meurthe, Thézey, Manoncourt ; *resaïe*, Saint-Baslemont ; *rosoïe*, Ventron ; *rosèye*, *roséïe*, *roseil*, Lachapelle, Courbessaux, Aboncourt, Hergugney ; *rouseïe*, Pierre-la-Treiche ; *rousée*, Vannes-le-Châtel.

Rôti *reuti*, Ventron ; *reti*, Le Tholy ; *reuietet*, Pierre-la-Treiche ; *reûyeti*, Mazelay ; *reuilti*, Domgermain ; *routi*, Sainte-Barbe ; *réti*, Anthelupt.

Rouet *rouot*, Ramonchamp ; *riatte*, Ventron ; *rue*, Chatel.

Tourot, Le Tholy ; *tourâot*, Provenchères ; *torot*, Vexaincourt ; *tourat*, Ahéville ; *torat*, Landremont ; *touret*, Vannes-le-Châtel ; *toû*, Pargny-sous-Mureau ; *toûe*, Domgermain ; *toue*, Autigny-la-Tour. Gl. m. *to*.

Rougeole *rougeotte*, Charmois-devant-Bruyères ; *rogeotte*, Le Tholy ; *rougeatte*, Vandeléville ; *rojgeate*, Mandray.

Rodjilure, Ban-sur-Meurthe ; *rogelure*, Serres ; *rogeliure*, Thézey ; *rogelieure*, Port-sur-Seille ; *rougelure*, Courbessaux ; *réj'lure*, Mousson ; *rougieure*, Vexaincourt.

Porpellieure, Leintrey ; *popelieure*, Port-sur-Seille ; *poplure*, Landremont. Gl. m. *rogerieulle* rougeole, *popelieure* petite vérole.

Ruche *chéture*, Lusse ; *chèteur*, Haillainville ; *chèteri*, Laneuveville-sous-Montfort.

Rûcher *chètri*, Landremont ; *eipi*, Le Tholy.

S

Sabot *solet d'beu*, Gerbépal ; *solet d'boon*, Mandray ; *solè de bo, sobo*, Ban-sur-Meurthe ; *sola d'bo, sad'bo*, Ventron.

Sobot, Le Tholy ; *saubot*, Dompierre; *sâobot*, Provenchères ; *saibot*, Martincourt ; *sèbot*, Mousson ; *sabout*, Malzéville ; *sèbat*, Landremont ; *sobò*, Vittel.

Sac *sèche*, Lusse ; *chèche*, Chatel.

Saison *sohhon*, Vexaincourt ; *sohon*, Le Tholy ; *sahon*, Landremont ; *sázon*, Lay-Saint-Remy.

Salamandre *tosse-vèche*, Le Tholy ; *tasse-vètche*, Ventron.

Crauchatte, Vagney ; *crachotte*, Vienville ; *crocheute*, Champdray ; *crauchotte*, Rouges-Eaux ; *crachâote*, Provenchères ; *crochatte*, Lachapelle; *crochotte*, Gelvécourt; *crâche*, Gerbépal.

Mennetrè, Moyenmoutier ; *meinnetré*, Saales ; *mentré*, Vexaincourt ; *meltré*, Parux.

Quatrefiche, Bouillonville ; *couetté-brache*, Manoncourt ; *couétrépaïe*, Mailly.

Avion de rochte, Mandray ; *langeawe*, Domgermain ; *salamanque*, Sommerviller.

Sale *ouette*, Frizon ; *vouette*, Vomécourt ; *wette*,

Courbessaux ; *ouète,* Landremont ; *ouatte,* Bouillonville. Gl. m. *ouette.*

Sanglier *sanglie,* Rouges-Eaux ; *sanglî,* Laloeuf ; *sanglè,* Pargny-sous-Mureau.

Sanguié, Einville ; *sanguier,* Pierre-la-Treiche ; *sanguie,* Autigny-la-Tour ; *sanguii,* Liverdun ; *sanguiéïe,* Râville ; *sanguî,* Houécourt ; *hhinguié,* Vagney ; *singuiè,* Le Tholy ; *singuié, singuier,* Saint-Blaise-la-Roche, Vexaincourt, Lachapelle ; *singhiet,* Moyenmoutier ; *sénïeguiet,* Saales.

Sandié, Courbessaux ; *sandjé,* Laneuvelotte ; *sandier,* Domgermain ; *hindiè,* Ventron ; *hhindiè,* Longuet ; *sindié,* Hablainville ; *sindiet,* Vomécourt,

Sarcler *sakiet, sakiè,* Ventron, Ban-sur-Meurthe, Lusse ; *sâkier,* Liverdun ; *sakii,* Bouillonville ; *sèkiet, sèkiè,* Le Tholy, Charmois-devant-Bruyères, La Baffe ; *sâokiet,* Provenchères ; *sokiet,* Saales ; *sékiet,* Saint-Blaise-la-Roche ; *sékier,* Badonviller ; *sèkieu,* Celles.

Satié, Martincourt ; *satiè, satiet,* Brechainville, Vannes-le-Châtel, Vouxey ; *sâtier,* Domgermain ; *saitia,* Ramonchamp ; *seitié, sétié, sétier,* Sommerviller, Hoéville, Saint-Pierremont, Port-sur-Seille ; *sètié,* Courbessaux ; *sétiet,* Marainville ; *sètiè, sètiet,* Vittel, Saint-Baslemont, Docelles ; *sètcher,* Laneuvelotte ; *sétcher,* Art-sur-Meurthe ; *sotiè,* Attigny.

Sèkè, Hergugney ; *sâcler,* Lay-Saint-Remy.

Saule, *sausse, sauce,* Ramonchamp, Moyenmoutier, Saint-Baslemont ; *sosse,* Saales ; *soce,* Battigny ; *sousse,* Brechainville ; *sauceye,* Attigny ; *sâce, sace,* Celles, Courbessaux, Laneuvelotte ; *sau,* Landremont ; *sauë,* Thézey ; *sâle,* Saint-Blaise-la-Roche ; Gl. m. *sausse.*

Scie *sègotte,* Rehaupal ; *soyotte,* Râville.

Scier *sèguè,* Le Tholy ; *saïeu,* Leintrey. Gl. m. *saïer.*

Seau *séon,* Lusse ; *sayon,* Landaville ; *sâille,* Courbessaux ; *saïe,* Bouillonville ; *sôïe,* Vexaincourt ; *soïan,*

Domgermain ; *sèïe,* Landremont ; *sé,* Aboncourt ; Gl. m. *seille.*

Sec *sache,* Saint-Amé ; *soche,* Le Tholy ; *sac,* Landremont ; *sa,* Vagney.

Seigle *sâle,* Vexaincourt ; *seule,* Mailly ; *sôoule* Landremont ; *seïle,* Lay-Saint-Remy ; *soïle,* Domgermain. Gl. m. *seule.*

Seins *sès,* Le Tholy ; *seis,* Charmois-devant-Bruyères ; *svins,* Hennezel.

Titas, Vexaincourt ; *quatre-sous,* Lemainville ; *mechottes,* Luvigny ; *briquets,* Ventron ; *estoumac,* Domgermain.

Semer *séma,* Ventron ; *s'ma,* Ramonchamp ; *somer,* Landremont ; *somè, somet,* Lalœuf, Lignéville, Gelvécourt ; *soumer,* Domgermain ; *soumè, soumet,* Brechainville, Autigny-la-Tour, Vouxey ; *samer,* Sommerviller ; *samè, samet,* Marainville, Rugney, Ahéville ; *semè, semet, s'mè, s'met,* Le Tholy, Longuet, Vexaincourt, Ortoncourt, Mazelay.

Sentier *sotte, sonte,* Chatel ; *satte,* Ban-sur-Meurthe ; *sotte,* Domgermain ; *sente,* Lay-Saint-Remy.

Serpolet *hhpolieu,* Saulxures ; *spolieue,* Le Tholy ; *polieue, polieu,* Vagney, Sanchey, Luvigny ; *poulieu,* Ventron ; *polié,* Cirey ; *poliot,* La Baffe.

Serpelot, Einville ; *sârpolate*, Thézcy ; *sarpelet*, Pierre-la-Treiche ; *serfolet*, Dompierre : *serponette,* Rugney.

Seneçon, Lalœuf ; *pouèvréle,* Provenchères.

Ieppe de fremi, Moyenmoutier ; *ièpe de lief,* Hablainville.

Serrure *siarre,* Ventron ; *serrire,* Vexaincourt ; *sarrure,* Vaubexy ; *sareure,* Pargny-sous-Mureau.

Siffler *fieftet,* Vexaincourt ; *fieute,* Dompaire.

Sifflet *fiûtat,* Courbessaux ; *fiutat,* Landremont ; *fieûtot,* Houécourt ; *fleuïetot,* Lay-Saint-Remy. Gl. m. *fiutat.*

Hheuï, Le Tholy ; *hheïo*, Rehaupal.

Sœur *hhieu*, Vagney ; *hheu*, Ventron ; *hhue*, Le Tholy; *sieur*, Saales ; *sieu*, Saint-Blaise-la-Roche ; *sue*, Gerbépal ; *cheu*, Ramonchamp. Gl. m. *sieu*.

Soif *sa*, Saint-Amé ; *sâ*, Rouges-Eaux ; *so*, Sanchey ; *soòu*, Landremont. Gl. m. *seu*.

Soir *sâ, sa*, Ramonchamp, Le Tholy, Marainville ; *sò, so*, Charmois-l'Orgueilleux, Sommerviller, Bouillonville ; *sâo*, Provenchères ; *soa*, Moyen.

Soér, soair, soër, Courbessaux, Hoéville, Moivrons, Port-sur-Seille ; *souère*, Custines ; *souâer*, Malzéville ; *souêr*, Hennezel ; *souair*, Attigny ; *sooir*, Einville ; *soôur*, Landremont ; *seur*, Thézey ; *soï*, Domgermain.

Soleil *selo, s'lo*, Ventron, Le Tholy, Verdenal ; *selò, s'lò*, Sanchey, Moyenmoutier ; *sélot*, Aboncourt ; *seulot*, Pexonne ; *sla*, Port-sur-Seille ; *slaoue*, Bouillonville ; *selaœ*, Martincourt ; *slaoë*, Liverdun ; *selou*, Vouxey ; *s'lou*, Landremont ; *seloue*, Trampot ; *selow*, Domgermain ; *sle*, Saint-Baslemont.

Solail, Pierre-la-Treiche ; *souleil*, Malzéville. Gl. m. *sela, selo*.

Sons *grûs, grus*, Le Tholy, Courbessaux, Saint-Baslemont ; *gris*, Vexaincourt ; *greus, gres*, Bouillonville, Domgermain, Brechainville ; *creus*, Ventron. Gl. m. *grus*.

Sorbier *hhorbé*, Moyen ; *sorbé*, Sommerviller ; *sorbèe*, Anthelupt ; *sorbet*, Einville ; *sourbi*, Mailly ; *sorbieu*, Badonviller ; *sorbeu*, Leintrey.

Hhorbèye, Gircourt-les-Viéville ; *horbeye*, Saint-Vallier ; *chorbèïe*, Lalœuf ; *chorbêye*, Aboncourt ; *chorbeil*, Domgermain ; *chorbée*, Vannes-le-Châtel ; *sorbèïe*, Ahéville ; *sorbeiye*, Hennezel ; *sorbeil*, Dombasle-devant-Darney ; *sorbie*, Hergugney ; *sorbi*, Saint-Baslemont ; *hoôurbèïe*, Landremont ; *hourbéïe*, Martincourt ; *hourbi*, Mousson ; *chourbaïe*, Bouillonville ; *chourbeye*, Houécourt ; *chourbèïe*, Laneuvelotte ; *chourbeil*, Vouxey ; *cheurbeye*, Pargny-sous-Mureau.

Arboua, Ventron ; *arboa*, Vagney ; *erbet*, Mandray ; *honoppe* (sorbe), Saint-Remy-aux-Bois. Gl. m. *hhourbi*.

Sorcier *sorciier*, Ventron ; *sorcie*, Le Tholy ; *sòrcie*, Courbessaux ; *sorcieu*, Vexaincourt ; *sòrcieu*, Leintrey ; *sorci*, *sòrci*, Anthelupt, Custines, Lignéville ; *soòurci*, Landremont ; *sorcet*, Pierre-la-Treiche.

H'nat, Mandray ; *genot*, Dompaire ; *genoche*, Allain. Gl. m. *génat*.

Sortir *œuhhi*, *ehhi*, Le Tholy ; *ehhè*, La Baffe ; *rechi*, Ban-sur-Meurthe ; *rehhè*, Vienville.

Sautet fieu, Châtel ; *sauter fû*, Lay-Saint-Remy.

Soulier *solet d'keille*, Champdray ; *solè d'keuïe*, Le Tholy ; *sola d'keu*, Vagney ; *sad'keu*, Ventron.

Soulaiye, Râville ; *souleye*, Malzéville ; *soulé*, Bouillonville ; *soulè*, Brechainville ; *soléïe*, Hoéville ; *solé*, *salè*, *solet*, dans la plupart des autres communes.

Souper *seupè*, *seupet*, Ramonchamp, Rugney, Lignéville ; *sepè*, *sepet*, Le Tholy, Sanchey, Saint-Baslemont ; *seuper*, Rôville ; *sopè*, *sopet*, Saint-Blaise-la-Roche, Marainville, Aboncourt ; *sopè*, *soper*, Badonviller, Hoéville, Landremont.

Soupière *scarlin*, Le Tholy ; *carlin*, Leintrey ; *késsatte*, Vagney.

Sourd *houdié*, Frizon ; *choude*, Houécourt ; *hhot*, Landremont.

Sournois *chògniá*, *tounieuye*, Houécourt ; *touneuil*, Vittel. Gl. m. *tounia*.

Souris *seris*, *s'ris*, Charmois-devant-Bruyères, Champdray, Deycimont.

Mouselotte, Badonviller.

Ratte, Martincourt ; *rétte*, dans la plupart des autres communes.

T

TABLE *tâle,* Ventron ; *tauye, tauïe, tauille, tôille,* Vagney, Moyenmoutier, Landremont, Ligné-ville, Dombasle-devant-Darney ; *toye, toïe, toille,* Ramonchamp, Hamonville, Marainville, Charmois-l'Orgueilleux ; *toë,* Liverdun ; *taye, taïe, tâille, taille,* Le Tholy, Saint-Blaise-la-Roche, Sommerviller, Pierre-la-Treiche ; *taée,* Domgermain. Gl. m. *tauille.*

TABLIER *devantéye,* Bainville-aux-Saules ; *d'vinté,* Sainte-Barbe ; *davotée,* Vannes-le-Châtel.

Ventré, Courbessaux ; *ventrin,* Landremont. Gl. m. *venterien, ventrin.*

TAIRE (SE) *se cohi,* Le Tholy ; *se couhi,* Landremont ; *se couchi,* Dompaire ; *s'cougi,* Landaville ; *s'couaïegi,* Bouillonville ; *se couser,* Lay-Saint-Remy. Gl. m. *se cougier.*

TANTE *tantin,* Le Tholy ; *tantien,* Gerbépal ; *tantiin,* Mandray ; *tantie,* Provenchères ; *tanti,* Ban-sur-Meurthe ; *tonti,* Saales ; *tatan,* Landremont ; *tétan,* Râville ; *titan,* Martincourt. Gl. m. *tantin.*

TARIÈRE *oviau,* Châtel ; *onviô,* Houécourt.

Losse, Le Tholy ; *lousse,* Bouillonville.

TAS *mouau,* Le Tholy ; *mouâ,* Courbessaux ; *miô,* Dompaire ; *mouïe* (tas d'échalas), Landremont.

Tèhhé (tas de foin), Le Tholy ; *tèhhé* (tas de gerbes), Landremont ; *tochais,* Cirey ; *teusse* (tas de foin), Saint-Blaise-la-Roche.

Mèchat, Landremont ; *machot,* Lay-Saint-Remy.

Pâre (tas de fumier), Le Tholy ; *pêrr',* Rehaupal. Gl. m. *mouâye, téhhé.*

Taupe *feuïant*, Lusse ; *feïant*, Le Tholy ; *fouïant*, Vexaincourt ; *fiant*, Razey. Gl. m. *fouiant*.

Taureau *toré*, Le Tholy ; *tauré*, Marainville ; *torée*, Longuet ; *touré*, Moyenmoutier ; *taurée*, Vaubexy.

Ouoré, *ouaré*, *ouèrè*, *oiré*, *woirè*, Rehérey, Courbessaux, Art-sur-Meurthe, Mailly, Landremont, Custines.

Godin, Frizon. Gl. m. *wairé*.

Temps *tomps*, Ramonchamp ; *tops*, Deycimont ; *taps*, Ban-sur-Meurthe.

Thym *tî*, Ramonchamp ; *petirelle*, Mandray ; *ièpe de puce*, Haillainville.

Tilleul *tiot*, *tillot*, Ramonchamp, Domgermain, Saint-Baslemont ; *kio*, *kiot*, Luvigny, Vexaincourt, Cirey ; *tiat*, *tia*, *tilla*, Verdenal, Sommerviller, Affracourt ; *tcha*, Laneuvelotte ; *teuïa*, *teïa*, Moivrons, Thézey, Landremont ; *kia*, Lusse.

Tiyeu, Saint-Blaise-la-Roche ; *tè*, Ban-sur-Meurthe.

Tire-braise *bocquant*, Vomécourt ; *ròye de fou*, Aboncourt ; *rauïe*, Landremont ; *craouïotte*, Bouillonville ; *crawie*, Domgermain ; *fourgon*, Razey.

Tison *tuho*, Lusse ; *tuhon*, Saales ; *tehon*, Landremont. Gl. m. *tehon*.

Toit *tat*, *tât*, Ramonchamp, Vexaincourt, Ahéville ; *tot*, *tôt*, *taut*, Ban-sur-Meurthe, Malzéville, Pargny-sous-Mureau, Laneuveville-sous-Montfort ; *tœt*, Laneuvelotte ; *teut*, Port-sur-Seille ; *teuïe*, Thézey ; *tëïe*, Martincourt ; *toôut*, Landremont ; *taeie*, Pierre-la-Treiche ; *toïeu*, Domgermain ; *touot*, Saint-Pierremont ; *toua*, Moyen. Gl. m. *tit*.

Tomber *cheure*, Châtel ; *tchère*, Rupt ; *chëur*, Hennezel ; *chôre*, Houécourt ; *choòur*, Landremont. Gl. m. *cheur*.

Tonnerre *tiènere*, Ramonchamp ; *tiénaire*, Ventron ; *tiènerre*, Vagney ; *tiénar*, Longuet ; *tiénerre*, Rôville.

Tinarre, Saint-Blaise-la-Roche ; *tinorre, tinaure*, Sommerviller, Pargny-sous-Mureau, Mazelay ; *tinouôrre*, Saint-Remy-aux-Bois ; *tinouorre*, Vallois ; *tinouare*, Moyen ; *tineure*, Thézey ; *tunorre*, Hoéville ; *tonneure*, Port-sur-Seille ; *tonnoóure*, Landremont ; *tonnòre*, Custines ; *tonore*, Houécourt ; *tonaure*, Attigny ; *tenôre, tenore*, Bouillonville, Lemainville, Circourt-sur-Mouzon ; *ténore*, Maconcourt ; *tounôre*, Vannes-le-Châtel ; *tanore*, Marainville.

T'narre, Champdray ; *t'nòre*, Hamonville ; *t'norre*, Vaubexy.

Tordre *touade*, Leintrey ; *toòude*, Landremont ; *tòque*, Serres.

Toux *teusse*, Verdenal ; *teussot*, Haillainville ; *teuss'ri* Longuet ; *tousse*, Vandeléville ; *tosse*, Hablainville ; *to*, Saint-Blaise-la-Roche.

Sarhonnet Mandray ; *sorhonnet*, Vexaincourt.

Rohhe, Celles. Gl. m. *teusse*.

Trou *pouèteû*, Le Tholy ; *poteu*, Rehaupal ; *potieu*, Vouxey ; *poitieu*, Houécourt ; *pètieu*, Vittel ; *pétieu*, Courbessaux ; *p'tieu*, Landaville.

Truie *truïe*, Ventron ; *truë*, Moivrons ; *treuïe, treuye, treuille*, Vagney, Saint-Blaise-la-Roche, Brechainville, Attigny ; *troïe*, Bouillonville.

Catche, Ban-sur-Meurthe ; *cachte*, Mandray ; *cache*, Einville ; *coche*, Le Tholy ; *câoche*, Provenchères ; *coache*, Moyen. Gl. m. *trûye*.

Truite *treute, trete*, Ramonchamp, Moyenmoutier, Ortoncourt ; *trûte*, Einville ; *tròte*, Sanchey.

V

Vache *vaitche*, Ramonchamp ; *vaiche*, Saint-Blaise-la-Roche ; *vètche*, Ventron ; *vèchte*, Mandray ; *vèche*, *vetche*, Vagney, Le Tholy, Laneuvelotte ; *véche*, Anthelup. Gl. m. *vaiche*.

Vaurien *rè-n'-vaut*, Le Tholy ; *ro-n'-vaut*, Vagney.

Veau *véon*, Lusse ; *vëïon*, Saales ; *vaïon*, Cirey.

Vélot, Vittel ; *véo*, Ban-sur-Meurthe ; *vée*, Saint-Vallier ; *vé*, dans la plupart des autres communes. Gl. m. *vé*, *vaillon*.

Vendanger *vendangi*, Le Tholy ; *vadedgi*, Ban-sur-Meurthe ; *vadangi*, Saint-Vallier ; *vindintjgi*, Mandray ; *vindaingi*, Saint-Blaise-la-Roche ; *védégi*, Lusse ; *vindogi*, Saales ; *vodogi*, Circourt-sur-Mouzon ; *vondongi*, Houécourt ; *vodogie*, Pargny-sous-Mureau ; *vondongie*, Vaubexy.

Vendangiet, Lachapelle ; *vendangié*, Charmois-l'Orgueilleux ; *vendangier*, Hablainville ; *voadongier*, Moyen ; *vodogiet*, Vallois.

Vondanger, Ramonchamp ; *vodogè*, Vagney ; *vondiger*, Pierre-la-Treiche ; *vodigé*, Vannes-le-Châtel ; *vodangè*, Pargny-sous-Mureau ; *vodonget*, Mazelay ; *vondongé*, Sanchey ; *voidanger*, Rôville ; *vendangeu*, Mailly.

Vendemaïe, Râville. Gl. m. *vendomier*.

Vendre *vende*, Anthelupt ; *vente*, Sommerviller ; *vonde*, Ramonchamp ; *vonte*, Vexaincourt ; *vaude*, Vagney ; *vode*, Le Tholy ; *vòte*, Vannes-le-Châtel ; *vote*, Domgermain ; *vadd'*, Ban-sur-Meurthe ; *vonne*, Docelles ; *vondu*, Laneuveville-sous-Montfort ; *voundre*, Brechainville.

Vendredi *venredi, venr'di*, Ramonchamp, Verdenal, Saint-Baslemont; *vonr'di*, Domgermain; *varedi, vardi, vârdi*, Le Tholy, Charmois-devant-Bruyères, Grandvillers; *vonredé*, Saales; *venr'det*, Bouillonville.

Venir *veni, v'ni*, Vagney, Le Tholy, Sommerviller; *véni*, Ventron; *vèni*, Hablainville; *venu*, Lachapelle; *v'nu*, Mazelay; *venin*, Landremont; *venè*, Rouges-Eaux; *venn'*, Vienville; *vanr'*, Saint-Blaise-la-Roche; *v'nant*, Liverdun; *vinre*, Dombasle-devant-Darney.

Vent *vont*, Ramonchamp; *vot*, Le Tholy; *vaut*, Vagney; *veut*, Champdray; *voat*, Moyen; *vat*, Vandeléville.

Vent du nord *djoẑêne*, Ventron.

Ardène, Le Tholy; *adeilne*, Domgermain; *adeine*, Vannes-le-Châtel; *ordenne*, Saales; *erdénne*, Sommerviller.

Bihhe, Provenchères; *biehhe*, Deycimont; *bihe*, Pexonne, *bige*, Vouxey; *nôre biche*, Laloeuf.

Téu, Aboncourt; *thèu*, Autigny-la-Tour; *tèhu*, Laneuveville-sous-Montfort; *tèu*, Saint-Baslemont.

Vent d'est *bihhe*, Vexaincourt; *bihe*, Le Tholy; *bîche*, Laloeuf; *haute-bihe*, Vomécourt; *bige*, Lignéville.

Téhu, Vouxey; *solair*, Vagney; *drot vot*, Houécourt; *Vosges*, Dombasle-devant-Darney; *vot d'bâs*, Domgermain.

Vent du sud *vot dé lé pieudge*, Ventron; *vot d'lè pieuche*, Vannes-le-Châtel: *vot d'lè pûche*, Docelles.

Vont, Moyenmoutier; *vot*, Deycimont.

Drot vont, Rehérey; *drot vot*, Attigny; *drat vat*, Hergugney; *drat-vent*, Rugney.

Vosges, Courbessaux; *vauches*, Haillainville.

Vent d'ouest *ardène*, Saint-Vallier; *vont*, Moyenmoutier; *vot*, Le Tholy; *voat*, Moyen; *drot-vat*, Sommerviller; *dròt-vôt*, Autigny-la-Tour; *drot-vent*, Einville; *vat-drot*, Laloeuf; *vot d'haut*, Domgermain.

Tèhu, Houécourt ; *téhu*, Gircourt-les-Viéville ; *tëïu*, Attigny ; *solair*, Rôville ; *vot d'let pieuche*, Vouxey ; *vot d'lè pioge*, Saint-Baslemont.

Ventre *vente*, Courbessaux ; *vonte*, Moyenmoutier ; *vote, votte*, Ventron, Le Tholy, Maconcourt ; *vate, vatte*, Ban-sur-Meurthe, Sommerviller, Hergugney ; *vountre*, Trampot ; *vare*, Pargny-sous-Mureau ; *vontre*, Vouxey.

Ver *vièh*, Lalœuf ; *véhhe*, Landremont. Gl. m. *veihhe*.

Véron *grèvire*, Le Tholy ; *grèvére*, Vittel ; *gravelle*, Lachapelle ; *grèvelle*, Deycimont ; *grèvêlle*, Charmois-l'Orgueilleux ; *grevelle*, Rugney ; *grèvelin*, Houécourt ; *grévelotte*, Cirey.

Varon, Liverdun ; *hâron*, Thézey.

Froïant, Bouillonville ; *merchand*, Gelvécourt ; *vié d'aufe*, Sainte-Barbe.

Verre a boire *voure*, Le Tholy ; *ouore*, Vexaincourt ; *godot*, Frizon. Gl. m. *gadat*.

Veste *chèmehotte*, Haillainville ; *cheumehhotte*, Rehérey ; *chèmehatte*, Landremont.

Viande *châ*, Le Tholy ; *tcha*, Ban-sur-Meurthe ; *chtâ*, Mandray ; *châe*, Circourt-sur-Mouzon ; *chai, chê, chè*, Hoéville, Affracourt, Moyen. Gl. m. *châ*.

Vigne *vain*, Deycimont ; *vein*, Le Tholy ; *vin*, Lalœuf ; *vênne, vaîne, vêne, véne*, Longuet, Pexonne, Liverdun, Saint-Vallier, Chatel ; *veigne, végne, vègne*, Vagney, Sommerviller, Manoncourt, Hennezel ; *vinieu*, Ban-sur-Meurthe ; *vinie*, Moyenmoutier ; *veinieu*, Provenchères ; *veinie*, Saales ; *vinie*, Celles, *veinhie*, Vexaincourt.

Violette *vieulette*, Longuet ; *violatte*, Sommerviller ; *vieulatte*, Port-Sur-Seille ; *vialatte*, Moivrons ; *violotte*, Pierre-la-Treiche.

Voir *vore, vôr, vôre*, Hoéville, Art-sur-Meurthe, Martincourt, Liverdun ; *veur, veure*, Mousson, Mailly, Port-sur-Seille ; *var, vâr*, Lachapelle, Gelvécourt, Saint-Baslemont ; *vâ*, Sainte-Barbe ; *vère*, Ban-sur-Meurthe ;

voye, Champdray; *voè*, Longuet; *voie*, Le Tholy; *voua*, Ortoncourt.

Ouâr, ouar, Celles, Leintrey, Mazelay; *ouaèr,* Malzéville; *ouère,* Thézey; *ouér,* Landremont; *ouoir,* Saint-Vallier; *oir,* Luvigny; *oêr,* Anthelupt; *wâ,* Rehaupal. Gl. m. *veur.*

PROVERBES

Généralités agricoles et météorologiques.

Le Tholy. — Ènaye d'fèïnes, ènaye d'fémine.
Année de faines, année de famine.

Gircourt-les-Viéville. — Ennaye de chadions, ennaye de grennehon.
Année de chardons, année de grenaison.

Gérardmer. — Onaye d'nèyehhes, onaye d'bestaux.
Année de noisettes, année de bâtards.

Le Tholy. — Quand é téne fue sohon, é fat di tops fue rohon.
Quand il tonne hors saison, il fait du temps hors raison.

Deycimont. — Quand elle è ène tête elle n'è pouèt de quoue, quand elle è ène quoue elle n'è pouèt de tête.
Quand elle a une tête elle n'a point de queue, quand elle a une queue elle n'a point de tête. (La lune rousse).

Le Tholy. — É faut s'mè les vèyes s'moces i vic d'lune et les novelles i crohhant.

Il faut semer les vieilles semences au vieux de la lune et les nouvelles au croissant.

Landremont. — On ne doôu me pianter ni sommer dans lè novelle lune.

On ne doit planter ni semer dans la nouvelle lune.

Landremont. — Novelle lune, quand i fat bé, au bout de troôus jos bèïe de l'eauwe ; quand lè lune prend dans l'eauwe, au bout de troôus jos i fat bé.

Nouvelle lune, quand il fait beau, au bout de trois jours donne de l'eau ; quand la lune prend dans l'eau, au bout de trois jours il fait beau.

Sommerviller. — Lo vat d'Erdénnes n'faît di bin en Lorraine que quand lo bié graîne.

Le vent d'Ardennes ne fait du bien en Lorraine que quand le blé graine.

Vagney. — Peut diémouoge, bé lundi, vouète sémaine ; bé diémouoge, peut lundi, balle sémaine.

Laid dimanche, beau lundi, sale semaine ; beau dimanche, laid lundi, belle semaine.

Crévic. — Quand i fât bé l'venr'di, i pleut l'di-mainche.

Quand il fait beau le vendredi, il pleut le dimanche.

Bellefontaine. — Lo venredi aimerè meux crovè qu' d'ersonè so vouèsin.

Le vendredi aimerait mieux crever que de ressembler à son voisin.

Lusse. — Quand les hhlines se poïont c'ast in sine qu'i vût piure.

Quand les poules se pouillent c'est signe qu'il veut pleuvoir.

Lusse. — Quand lis cheuves levont lè quowhe, c'ast pou dè grale ou pou dè piowhe.

Quand les chèvres lèvent la queue, c'est pour de la grêle ou pour de la pluie.

Lusse. — Quand lo jau chante è n'allant o lè, lo tomps eurchinge tôt.

Quand le coq chante en allant au lit, le temps change bientôt.

Le Tholy. — Vot d'sus, bîhe dézos, pûge démain tot lo jo.

Vent d'ouest dessus, vent d'est dessous, pluie demain tout le jour.

Vagney. — Bîhe èprès s'lo hhconciant, picœuge dant s'lo lovant.

Vent d'est après soleil couchant, pluie avant soleil levant.

Vagney. — Quand è picœut d'bîhe, è picœut è lè guihe.

Quand il pleut de bise, il pleut à la guise.

Le Tholy. — Lo sâ lè coronne Saint-Lunâ érhhoue les tâts, et lo mètin elle fât haï les molin.

Le soir l'arc-en-ciel essuye les toits, et le matin il fait aller les moulins.

Vagney. — Quand las èneules sont roges lé sâ et bianches lé mètin, c'ast lè jonaye di pélérin.

Quand les nuages sont rouges le soir et blancs le matin, c'est la journée du pélérin.

Domgermain. — Quond t'voïré el seilgnan fièrie, dôs ieuil joûs t'voïré dos rajins fièris.

Quand tu verras fleurir le sureau, dans huit jours tu verras des raisins fleuris.

Domgermain. — Quond t'voïré el chevrecoûe fièri, erweilte dôs los vins, i n'y è dos rajins fièris, pac'que lè vin va coumm' el chevrecoûe, et quond l'chevrecoûe mole, le rajin counmoce à moler ons vins.

Quand tu verras le troène fleuri, regarde dans les vignes, il y a des raisins fleuris, parce que la vigne va comme le troène, et quand le troène mêle, le raisin commence à mêler aux vignes.

DOMGERMAIN. — Si l'rampâ ost chôgé, i n'y arè tout pien d'rajins.

Si le lierre est chargé (de fruits), il y aura beaucoup de raisins.

DOMGERMAIN. — Si los fruets del' rampâ sant bel et noï, los rajins vinrant bel et noï, et on ferè dow bon vin.

Si les fruits du lierre sont beaux et noirs, les raisins viendront beaux et noirs, et on fera du bon vin.

DOMGERMAIN. — Si t'vouill' o-n' ètè tout pien d'aragn' ons vins, on n'ferè-m' ine boun'année.

Si tu vois en été beaucoup d'araignées dans les vignes, on ne fera pas une bonne année.

DOMGERMAIN. — Si t'vouill' dos mar'chaux pien après los çops, el vin serè bon.

Ti tu vois des coccinelles plein après les ceps, le vin sera bon.

DOMGERMAIN. — Y n'y è-tie ie p'tit ver dôs los peumott' (1) de chêne ie pieuvrè tout pien, més s'i n'y è ine petite mouche dedôs l'année s'rè soche et l'vin bon.

Y a-t-il un petit ver dans les pommes du chêne il pleuvra beaucoup, mais s'il y a une petite mouche dedans, l'année sera sèche et le vin bon.

LANDREMONT. — Quand les jos décaheulent en été on èrè i longe enhenné.

Quand les coqs perdent leurs plumes en été on aura un long automne.

LANDREMONT. — Ennaïe de rouoiin ennaïe de piat vin.

Année de regain, année de petit vin.

---

(1) On nomme ainsi les excroissances charnues qui se développent fréquemment sur les feuilles du chêne.

Calendrier agricole et météorologique.

JANVIER.

Bainville-aux-Saules. — Janvî lo doux, mars lo rude.
Janvier doux, mars rude.

Saint-Vallier. — Quand i fat bé es nors ros, lo lin, l'oche venant sus les tots.

Quand il fait beau aux rois noirs, le lin, l'orge viendront sur les toits (11 janvier).

Landremont. — Quand le s'lou bèille ès Roôus, lè chène vint sus les toôuts.

Quand le soleil brille aux Rois, le chanvre vient sur les toits.

Landremont. — È lè Saint Paûl bèle jonàïe ne promat eune boune ennàïe, mas s'i vint è piure eulle s'rè manre po l'hhure.

A la Saint-Paul une belle journée nous promet une bonne année, mais s'il vient à pleuvoir elle sera mauvaise pour le sûr.

Saint-Vallier. — Lè tière jounaih dénote belle ènnaih; si fât do broyard, mortalité de tote part; si put, si noge, chirtè sus tarre.

La claire journée annonce belle année; s'il fait du brouillard, mortalité de toute part; s'il pleut, s'il neige, cherté sur terre. (Conversion de saint Paul, 25 janvier).

FÉVRIER.

Landremont. — Lè nauve en fèvrii, c'ast don fromeroôu de berbis.
La neige en février c'est du fumier de brebis.

Vagney. — Lé jou das Chandéles, quand l'selo lut lé mètin, lé mouarcâre piœut penre sé pau et n'alla èhheta di fouau.

Lé jour de la Chandeleur, quand le soleil luit le matin, le marcaire peut prendre son bâton et aller acheter du foin. (La Purification, 2 février).

Gérardmer. — S'o voue lo s'lo lo mètin des Chandaules dant lè mosse, lo morcare pie penre so boton po n'ollè vore èprès do fon.

Si on voit le soleil le matin de la Chandeleur avant la messe, le marcaire peut prendre son bâton pour aller voir après du foin.

Courbessaux. — És Chandôles, quand lo slo béille, lo loup enteure dans sè grotte pou hheille semaines; quand i n'béille-me, c'ast pou quarante jonées.

A la Chandeleur, quand le soleil brille, le loup rentre dans sa grotte pour six semaines; quand il ne brille pas, c'est pour quarante jours.

Saint-Vallier. — Quand i fat bé és Chandolles, l'ours se r'tire dos sè grotte pou hée semaines.

Quand il fait beau à la Chandeleur, l'ours se retire dans sa grotte pour six semaines.

Le Tholy. — É lè sainte Ègotte, o seume l'ovaune é lè royotte.

A la sainte Agathe, on sème l'avoine au sillon. (5 février).

Ortoncourt. — È lè sainte Ogôtte les ovouène è lè royotte, si elles n'y sont mi i faut les motte.

A la sainte Agathe les avoines au sillon, si elles n'y sont pas il faut les mettre.

Courbessaux. — È lè sainte Agatte lè charrue è lè rayatte, si elle n'ast-mme ca fât l'y matte.

A la sainte Agathe la charrue au sillon, si elle n'(y) est pas encore (il) faut l'y mettre.

Sommerviller. — Saint Mathias kêsse lè dièsse, quand i n'y in est pouet i fât que l'in fièhe.

Saint Mathias casse la glace, quand il n'y en a point il faut qu'il en fasse.

MARS.

Landremont. — Quand l'mars fat l'èvri, l'èvri fat l'mars.

Quand mars fait avril, avril fait mars.

Landremont. — Quand on ouïe le tonnôoure en mars on put dire que les vèches sont trasses.

Quand on entend le tonnerre en mars on peut dire que les vaches sont traîtes.

Gircourt-les-Viéville. — Quand i fat do broyard en mars, c'ast pou dè geolaye ou dè puche en maye.

Quand il fait du brouillard en mars, c'est pour de la gelée ou de la pluie en mai.

Domgermain. — Auch'tont d'brouïâ o mars auch'tont d'gealée ou d'pieulch' o mée.

Autant de brouillard en mars autant de gelée ou de pluie en mai.

Grandvillers. — Quand i tînne en mars on pue dire: hélas! quand i tînne en èvri on pue s'rejoï.

Quand il tonne en mars on peut dire: hélas! quand il tonne en avril on peut se réjouir.

Sommerviller. — Hêle de mêrs, piue d'èvri et roséye de Mêye, temps è sohêt.

Hâle de mars, pluie d'avril et rosée de mai, temps à souhait.

Saint-Vallier. — Tèe te vène è lè Saint-Aubin si t'vu

avoi do raisin, tèe-lè pus tot si t'vu en avoi de pu gros.

Taille ta vigne à la Saint-Aubain si tu veux avoir du raisin, taille-la plus tôt si tu veux en avoir de plus gros. (1ᵉʳ mars).

AVRIL.

Landremont — Èvri froôud, máïe chaud bëïe don pain tot èvau.

Avril froid, mai chaud donnent du pain tout partout.

Rupt. — L'tièneire di moués d'èvri vaut fiè d'berbis.
Le tonnerre du mois d'avril vaut fumier de brebis.

Sommerviller. — Piue d'èvri vât di fumie de berbis.
Pluie d'avril vaut du fumier de brebis.

Sommerviller. — Tinaure in èvri, prépare tes baris.
Tonnerre en avril prépare tes barils.

Domgermain. — Tounoïre o-n' avri, prèpare tos baris.
Tonnerre en avril, prépare tes barils.

Gircourt-les-Viéville. — Raisin d'avri ne va-me on bari.
Raisin d'avril ne va pas au baril.

Gelvécourt. — Bourgeon que pousse en avri mot pô de vin au bori.
Bourgeon qui pousse en avril met peu de vin au baril.

Bainville-aux-Saules. — Ovouène d'avri ç'ost pou l'biqui.
Avoine d'avril c'est pour le chevreau.

Domgermain. — El mois d'avri n's'o va jèmâs son z-épi.
Le mois d'Avril ne s'en va jamais sans épis.

GELVÉCOURT. — È Saint-Vincent tière jounaye nos ènnonce ène boine ènâye.

A la Saint-Vincent, claire journée nous annonce une bonne année.

DOMGERMAIN. — D'Saint-Vincent lè tière joûenée nous annonce ine boun' année (5 avril).

VAGNEY. — Frade Pouaurme chaude Pâques, chaude Pouaurme frade Pâques.

Froids les Rameaux chaudes Pâques, chauds les Rameaux froides Pâques.

LUSSE. — Frade Pompe chaude Paiques, chaude Pompe frade Paiques.

LANDREMONT. — Quand i piut le Venr'di Saint, i fat chache les trôous quarts de l'ennaïe.

Quand il pleut le Vendredi Saint, il fait sec les trois quarts de l'année.

SAINT-MAURICE. — S'è d'jèle lè neut di Venredi-Saint è djèleré dos tchèque moués d'l'ènnaye.

S'il gèle la nuit du Vendredi-Saint, il gèlera dans chaque mois de l'année.

LUSSE. — Onteure lè Saint-George et lè Saint-Moua i crave eune bête de chaud ou de frad.

Entre la Saint-George et la Saint-Marc il crève une bête de chaud ou de froid (saint Georges, 23 avril — saint Marc, 25 du même mois.)

LANDREMONT. — È lè Saint Geoôuche some t'n'oôuhe, è lè Saint-Màrc ç'ast trap tâd.

A la Saint-Georges sème ton orge, à la Saint-Marc c'est trop tard.

MAI.

LANDREMONT. — Lè chalou don mois de Máïe se revaut toute l'ennaïe.

La chaleur du mois de mai se fait sentir toute l'année.

Rupt. — S'è pioeut lé d'jo d'lè Sainte-Cre, è faut s'ma di lin ch'què sus las bretches.

S'il pleut le jour de la Sainte-Croix, il faut semer du lin jusque sur les rochers (Invention de la Sainte-Croix, 3 mai).

Circourt-sur-Mouzon. — È lè Saint-Gengout soume te chenevou.

A la Saint-Gengoult sème ton chénevis (11 mai).

Saint-Maurice. — S'è pioeut l'premé jo des Rogations è pioeuvré pou rètra l'fouo; s'è pioeut l'dousième jo è pioeuvré pou fâre lè mouhon; s'è pioeut l'traugième jo è pioeuvré pou fâre lè vendange.

S'il pleut le premier jour des Rogations il pleuvra pour rentrer le foin; s'il pleut le deuxième jour il pleuvra pour faire la moisson; s'il pleut le troisième jour il pleuvra pour faire la vendange.

Domgermain. — On z-arè pou lè f'naison el tomps qu'ie ferè el Lundi dos Rogations; pou lè mouèsson on z-arè el tomps del Mâdi; enfin ie f'rè à la vodoche el meilme tomps que l'mèkeurdi dos Rogations.

On aura pour la fenaison le temps qu'il fera le lundi des Rogations; pour la moisson on aura le temps du Mardi; enfin il fera à la vendange le même temps que le mercredi des Rogations.

Landremont. — Quand i fat bé ès Rogations, le promèïe jo ç'ast po lè fénau, le douzime po lè mohhon, le troôuhime po lè vendange.

Quand il fait beau aux Rogations, le premier jour c'est pour la fenaison, le deuxième pour la moisson, le troisième pour la vendange.

Gircout-les-Viéville. — Tote fômme de rahon eune tond-me ses moutons devant les Rogations.

Toute femme de raison ne tond pas ses moutons avant les Rogations.

Gelvécourt. — Piante-les tôt, piante-les tâd, eules ne levrot-mme devant lo quinze de mâ (les pommes de terre).

Plante-les tôt, plante-les tard, elles ne léveront pas avant le quinze de mai.

Dompaire. — Piante mi tôt, piante mi tâd, je n'levra qu'en mâ (la pomme de terre).

Plante-moi tôt, plante-moi tard, je ne léverai qu'en mai.

JUIN.

Sommerviller. — Piantis des féves è lè Saint-Diade elles rétrep'ront les âtes.

Plantez des fêves à la Saint-Claude elles rattrapperont les autres (6 juin).

Grandvillers. — Quand i pieut è lè Saint-Médad i pieut co hhèye s'maines pus tâd.

Quand il pleut à la Saint-Médard il pleut encore six semaines plus tard (8 juin).

Domgermain. — Quond ie pieut à la Saint-Madâ c'ost pou quarante joûs pe tâd.

Quand il pleut à la Saint-Médard c'est pour quarante jours plus tard.

Landremont. — Saint Médâ grand p'hhâ, saint Barnabé l'y casse le nez.

Saint Médard grand pissard, saint Barnabé lui casse le nez.

Circourt-sur-Mouzon. — È lè Saint-Bernèbé soume tos nèvés, si te les vues pus groûs soume los pus toût.

A la Saint-Barnabé sème tes navets, si tu les veux plus gros sème-les plus tôt (11 juin).

GELVÉCOURT. — Quand e pût lo jou de Saint-Jean l'orge s'on vâ dèperissant.

Quand il pleut le jour de Saint-Jean l'orge s'en va dépérissant (24 juin).

ORTONCOURT. — È lè Saint-Jeau raisin pendant, ovouène molant, neuhotte rossiant.

A la Saint-Jean raisin pendant, avoine mêlant, noisette roussissant.

DOMGERMAIN. — Auch'tont de joûnées que l'ougnan da li fièri après la Saint-Jean, auch'tont de joûnées que la vodoche serè r'tardée après la Saint-François (14 octobre).

Autant de jours que l'oignon du lis fleurit après la Saint-Jean, autant de jours que la vendange sera retardée après la Saint-François.

VAGNEY. — Quand è piœut l'jo d'lè Trinité è piœut hhei semaines.

Quand il pleut le jour de la Trinité, il pleut six semaines.

DOMGERMAIN. — Quond ie pieut à la Trinité ç'ost pou quarante joûs sons bé.

Quand il pleut à la Trinité c'est pour quarante jours sans beau.

RUPT. — Lé fouè soche aux pras comme las mès as tâts.

Le foin sèche aux prés comme les mais sur les toits (La Fête-Dieu).

GÉRARDMER. — Quod les mâzeux sochot bé, dos lè heutaine os ont do bèye tops po f'nè.

Quand les mais sèchent bien, dans la huitaine on a du beau temps pour faner (la Fête-Dieu).

JUILLET, AOÛT.

Landremont. — Lè piauve d'août bèïe don mi et don bon vin.

La pluie d'août donne du miel et du bon vin.

Bellefontaine. — Saint-Thiébaut rèmouène lo chaud.

Saint-Thiébaut ramène le chaud (1ᵉʳ juillet).

Gircourt-les-Viéville. — Quand i pût lo jou de Saint-Thîbaut a mat les tannés sus lo haut, quand i pût è l'Assomption a les bousse pus long.

Quand il pleut le jour de Saint-Thiébaut on met les tonnaux sur le grenier, quand il pleut à l'Assomption on les pousse plus loin.

Gelvécourt. — Ê 'lè Modeleine tio l'euche de tes veignes.

A la Madeleine ferme la porte de tes vignes (22 juillet.)

Landremont. — È lè Sainte-Madeleine, les biés peudent zout' rècene, les raihins mâlent et les nehattes sont piaintes.

A la Sainte-Madeleine, les blés perdent leur racine, les raisins mêlent et les noisettes sont pleines.

SEPTEMBRE.

Ortoncourt. — È lè Saint-Mansuy les loures au pays.

A la Saint-Mansuy les veillées au pays (3 septembre).

Lusse. — È lè Saint-Michel lè mouarode ast montaïe o ciel.

A la Saint-Michel le goûter est monté au ciel (29 septembre).

OCTOBRE

Saales. — È lè Saint-Simon, lè nage sus lo tuhon.
À la Saint-Simon, la neige sur le tison (28 octobre).

NOVEMBRE, DÉCEMBRE.

Le Tholy. — S'o fat lè bouaye lè semaine d'lè Tossaint os èront in porot qu' meureré dos l'ènaye.

Si on fait la lessive la semaine de la Toussaint on aura un parent qui mourra dans l'année.

Grandvillers. — È lè Saint-Maitii l'hiver est en ch'mi.
À la Saint-Martin l'hiver est en chemin (11 novembre).

Ortoncourt. — Sainte-Catherine rèmouène lè vouètine, Saint-Nicolas lè rèmouène tot-è-fât.

Sainte-Catherine ramène la saleté, Saint-Nicolas la ramène tout-à-fait (25 novembre).

Saint-Vallier. — Tièr Noué, tière jèvelle.
Clair Noël, claire javelle.

Vagney. — Quand lé tops ast tièhhe lé sa d'masse dé mouèneut, ç'ast sime dé tièhhe jèvelle.

Quand le temps est clair le soir de la messe de minuit c'est signe de claire javelle.

Vagney. — Lé sa d'masse dé mouèneut quand ç'ast l'vot qui bèye, è bousse lé pain das lè késsatte, quand ç'ast lè bîhe elle lé boûsse fieu.

Le soir de la messe de minuit quand c'est le vent d'ouest qui donne, il pousse le pain dans la soupière, quand c'est la bise elle le pousse dehors.

Landremont. — Lè piauve don jou de Naoué veuïde guernèïes et tonnés.

La pluie du jour de Noël vide greniers et tonneaux.

Landremont. — Naoué au tarons, Páques au compons.
Noël au soleil, Pâques au feu.

Ortoncourt. — È Noué lo mouéchiron, è Pâques lo diosson.

A Noël le moucheron, à Pâques le glaçon.

Saales. — È Noé lis jos règrauzont do sât d'in vé, è lè Sainte-Luce do sât d'eune puce, is Ras do boaïa d'in jâ, è lè Saint-Antoine do repâs d'in moine.

A Noël les jours croissent du saut d'un veau, à la Sainte-Luce du saut d'une puce, aux Rois du baîllement d'un coq, à la Saint-Antoine du repas d'un moine.

Domgermain. — El vot qu'ic ferè los dousse premeilr' joûnées après Nawé, ce s'rè l'vot d'chècun dos dousse mois d' l'année.

Le vent qu'il fera les douze premiers jours après Noël, ce sera le vent de chacun des douze mois de l'année.

Proverbes moraux et économiques.

Le Tholy. — Près d'motèïe, lon d' Dèïe.
Près de l'église, loin de Dieu.

Bainville-aux-Saules. — Ç' qu'ost peut ost co malin.
Ce qui est laid est encore méchant.

Bellefontaine. — Lo mau viè è chwau mâs el o r'vé è pied.
Le mal vient à cheval, mais il s'en va à pied.

Grand-Bois. — Las pètèts effants las pètèts maux, las grands las grands maux.
Les petits enfants les petits maux, les grands les grands maux.

Le Tholy. — In bodoux ost pus teut rètropè qu'in bouèstioux.
Un menteur est plus tôt rattrapé qu'un boîteux.

Rupt. — Qui qu' prod in iœu prod in bieu.
Qui prend un œuf prend un bœuf.

La Bresse. — Èvi s'couche, èvi s'lôve.
Tard se couche, tard se lève.

Grand-Bois. — L'aute qu'é tiét lo sac ost aussé coupabe qué l'aute qué mot d'dos.
Celui qui tient le sac est aussi coupable que celui qui met dedans.

La Bresse. — Èvi lave sas mains, vlotère dèjune lé main.
Tard lave ses mains, volontiers déjeûne le matin.

Rupt. — Ç'ast dòs l'mètin qu'o s'èneute.
C'est dès le matin qu'on s'anuite.

Vagney. — Pus liroux, pus vouète.
Plus nareux, plus sale.

Affracourt. — C'ast lo fôhe que hoye lo molin : brelet !
C'est le four qui appelle le moulin : brûlé !

Grand-Bois. — Qué hante las chiés écquote das puces.
Qui hante les chiens attrappe des puces.

Serres. — Lè premère g'line que caquele ast celle que ponu.
La première poule qui caquette est celle qui a pondu.

Grand-Bois. — E ne faut mi sè moquè das chiés qu'on nè sot fieu do villaige.
Il ne faut pas se moquer des chiens avant qu'on ne soit hors du village.

Rupt. — E n' sé faut mi fiè è l'eauve qué gûze, ç'ost lè çule qué nèye.

Il ne faut pas se fier à l'eau qui dort, c'est celle qui noie.

Le Tholy. — È lè bonne faim, é n'y é pouèt d'mâ pain.

A la bonne faim, il n'y a point de mauvais pain.

Vagney. — Besogne è lè guihe di mâte vaut mieux qu' besogne biè fâte.

Besogne à la guise du maître vaut mieux que besogne bien faite.

Le Tholy. — Hèré mainge hèré.
Le train mange le train.

Le Tholy. — Qui qu'prote so levain manque sè fonaye de pain.

Qui prête son levain manque sa fournée de pain.

Vexaincourt. — Lo çi qu'imprinte ôst l'esclave do çi que prote.

Celui qui emprunte est l'esclave de celui qui prête.

Ban-sur-Meurthe. — È p'tit fîng, p'tit soléye.

A petit fumier, petit grenier.

Vexaincourt. — Po récoltè i fât ingraihhieu.

Pour récolter il faut engraisser.

Vexaincourt. — Enne poûnie de train dône doux poûnies de fien que bèyeront enne poûnie de grain ou de sâle.

Une poignée de paille donne deux poignées de fumier qui donneront une poignée de blé ou de seigle.

Ban-sur-Meurthe. — Vade sè paiye ç'ost vade so fîng, et que vad so fîng vad so soléye.

Vendre sa paille c'est vendre son fumier, et qui vend son fumier vend son grenier.

La Bresse. — Ène tcharoye dé fouo biè chègéye, biè sarroye, biè hhpatnoye ast lè mouétiéye mouonoye.

Un chariot de foin bien chargé, bien serré, bien garotté est la moitié mené.

Le Tholy. — Jâre et bru ç'ost bein d'autru.

Gendre et bru c'est bien d'autrui.

Vexaincourt. — L'oiseveté eursônne è lè rôye, elle îse trôp bien pis que lo trévaye ; lè kiè qu'on serve ost tojo pis kière.

L'oisiveté ressemble à la rouille, elle use beaucoup plus que le travail ; la clef dont on se sert est toujours plus claire.

Diarville. — Pucin d'Omance, bécelle ch'vo de selle, femme haridelle.

Enfant maladif, fille qui est un cheval à l'ouvrage, femme sans courage (1).

---

(1) *Pucin d'Omance* s'applique ici à tout enfant maladif, les poulets d'Amance ayant une triste réputation dans le pays. *Bécelle ch'vo de selle*, jeune fille pleine de santé, cheval à l'ouvrage. *Femme haridelle*, comme les vieux chevaux, sans force et sans courage.

(Note de M. Gérard, notaire à Diarville).

LÉGENDES, CHANSONS, CONTES

I

La tôuniotte et la hottée del Diâpe après la coûte Saint-Michel tout près de Tow.

(Patois de Domgermain).

Èchitans n'tourtous touci ine minute, mos amis, j'causerans ossonne. — Si v'velôz, mais racontèz n'coûe ieune dôs belles petit' histoires que v'savôz chi bin raconter. — Oh! si v'velôz et si ça pe v'faire piâgi. — Vôs n'atôz bin sûr que ça n' ferè piâgi, j'eilmans tont voûs histoires. — V'savôz-tie bin pouquoï que n'y è dèrie la coûte Saint-Michel ie grou fand et ie coteau? — Nâni. — Eh bin! j'vâ ve l'dire, accowtèz-m' bin. — Oui j'v'acowtans on n'sarô meuil, v'poiôz k'mocer.

Depeuil que Saint-Michel ch'teil fûe el Diâpe de d'dos l'Paradis, ie n's'ant jèmâ eilmè. Inc foûe ie s'rencontrin d'vot Tow et ie s'disceutin.. El Diâpe, pou faire voïre que l'atô pe fort que l'Ange, wageil d'opouter la coûte Saint-Michel dos trôs hottées L'Ange wageil qu'ie n'poïrôt-m'. L'Diâpe prépareil danc sa hotte, ie toûdeil lòs pe groûs chênes pou dòs beurtelles. Mais quand l'ôt chogè sè premeilre hottée, lòs beurtelles qu'atint pourtont toutes grousses cassin coûe, ie n'poïeil l'olever et ie pâdeil s'pari. Tout bionc d'colère ie s'mie à courie après Saint Michel qui s'foutôt bin d'lou, ie l'poursuiveil j'qu'en haut d'la coûte. El Saint euss' sauvôt o riont, de coûtè et d'aute, l'allôt ie v'nôt dos tourtous lòs sens, et coume l'atôt pe leste que l'Diâpe ie fie tont d'toûes et d'dètoûes qu'ie l'pâdeil dos tourtous lòs p'tites sottes qu'ie fiïn, et que l'paure Diâpe en' poïeil pe se r'trouver.

Ie fû obligè d'aller s'coicher tout hantoux o l'enfer, et Saint Michel tout joïow er'manteil o riant dos l'Paradis.

On vouille coûe ineuil l'odroit ow que Saint Michel pâdeil l'Diâpe, c'ost c'qu'on hoïe la toûniotte del Diâpe, et ie n'y vint pont d'harbe.

La hottée que d'moreil che piace dèrie la coûte, âlan del poteu que l'Diâpe crûseil pou choger sa hotte, se hoïe coûe ineuil la hottée del Diâpe.

C'ost d'peuil l'moument-là que lè premeilre coûte de Tow è prin l'nam de coûte de Saint-Michel.

Le sentier tournant et la hottée du Diable après la côte Saint-Michel, tout près de Toul.

Asseyons-nous ici une minute, mes amis, nous causerons ensemble. — Si vous voulez, mais racontez-nous encore une des belles petites histoires que vous savez si bien raconter. — Oh! si voulez et si cela peut vous faire plaisir. —Vous en êtes bien sûr que cela nous fera plaisir, nous aimons tant vos histoires. — Savez-vous bien pourquoi il y a derrière la côte Saint-Michel un gros fond et un coteau ? — Non. — Eh bien! je vais vous le dire, écoutez-moi bien. — Oui, nous vous écoutons on ne saurait mieux, vous pouvez commencer.

Depuis que Saint Michel jeta le diable hors du Paradis, ils ne se sont jamais aimés. Une fois ils se rencontrèrent près de Toul et ils se disputèrent. Le Diable, pour faire voir qu'il était plus fort que l'Ange, gagea d'emporter la côte Saint-Michel dans trois hottées. L'Ange gagea qu'il ne pourrait pas. Le Diable prépara donc sa hotte, il tordit les plus gros chênes pour des bretelles. Mais quand il eût chargé sa première hottée, les bretelles qui étaient pourtant toutes grosses cassèrent encore, il ne put l'enlever et il perdit son pari. Tout blanc de colère, il se mit à courir après Saint Michel qui se f..... bien de lui, il le poursuivit jusqu'en haut de la côte. Le Saint se sauvait en riant, de côté et d'autre, il allait, il venait dans tous les sens, et comme il était plus leste que le Diable, il fit tant de tours et de détours qu'il le perdit dans tous les petits sentiers qu'ils firent, et que le pauvre Diable ne put plus se retrouver. Il fut obligé d'aller se cacher tout honteux en enfer, et Saint Michel tout joyeux remonta en riant dans le Paradis.

On voit encore aujourd'hui l'endroit où Saint Michel perdit le Diable, c'est ce qu'on nomme le sentier tournant du Diable, et il n'y vient point d'herbe.

La hottée qui demeura sur place derrière la côte, à côté du trou que le Diable creusa pour charger sa hotte, se nomme encore aujourd'hui la hottée du Diable.

C'est depuis ce moment-là que la première côte de Toul a pris le nom de côte de Saint-Michel.

II

Lo Diape.

(Patois de Sainte-Barbe).

On dit qu'é n'y è poi d'Diape ; mi, jé se sûr qué n'y in é inque.

N'y ovouait longtemps qué j'voyé qu'mo pére vodié sus note haut èvo enne hêche, et je n'sovoué mi pouqué. Enne jonée, l'ollè èvo mè mére èco mes autes fréres piantè des k'modétierres. Dant qué d'parti, i cloueu tortos nos euhhes èco nos fenètes, et pus i me deheu : « Sans-peur, té vè d'mourè toci èvo tè sœur Barbe ; lée demoureré sus note euhhe, et ti té vodrè tot èlento de chéz nòs, et si t'lo rinconteure, t'é sauze ans, té t'eppelle Sans-peur, t'li foutrè enne boinne loche. » — Mâs pére, qué j'li deheu, qui ost-ce què ç'ost ? — Ç'ost bon, t'lo vâré bié.

Mo foi, lo vole parti. Je d'moureusses nos douss' mè sœur qué tè in pô pus vie qué mi. Lée brodè sus note euhhe, et mi jé monteu lè garde.

Tot d'in côp, j'oyeu in brut, in brut, pien lè mauhon. Ç'tè mo guèillard qu'errivè. Je deheu è note Barbe : « Démoure tolè et enn' bouge mi, te-mme diéré si n'y é pessè di monde ». J'ontreu tot bâll'mot è note grinche et je monteu lè hhâule. J'ovoué tojo mè hêche è lè main et quand j'fus quausu haut j'lo voyeu qué venè drat è mi en fayant enne si peute grimèce que jémâs j'enne n'â poi vu dé parée. L'ovouè des grands dots, des grands couonnes, et pus i tè tot nâr. I venè pou emme foute bèhhe dé lè hhâule, mâs jé dèhhondeu. Jé rècrieu mè sœur : « Barbe ! vénans vâ lo peut homme, don ! ». Lée veneu è lè grinche. I tè sus lo devant di haut. Dós qu'elle lo voyeu, elle sé motteu au brâre : « Mo Dieu, moman ! Jésus, Maria ! », et pus elle sé coicheu lè tête dos so d'vinté.

Tot d'in côp, vole tortos les pianches dé note haut qué s'errècheusse en fayant in si grand brut qué jé doteu quausu. N'y in ovouè qu'enne pâre on dessus dé note couhine qué tè enlevée, jé motteu enne hhèyeure on d'zos, jé monteu d'sus pou vâ. Quand j'ô lo nèz tot préche di pianché, lu tè èjeû qué r'vâtè bèhhe, nos nèz ès' toucheusse. Jé prends mè hêche, j'li in fous in côp dos lè figure, j'li casseu tras dots, et pus i fouteu lo camp, et jé ne l'ons jèmâs pus ervu, mâs si j'lo r'voyè jèmâs, j'lo rekénohherée bié è cause des tras dots qué li manquont.

Le Diable.

On dit qu'il n'y a point de Diable ; moi, je suis sûr qu'il y en a un.

Il y avait longtemps que je voyais que mon père gardait sur notre grenier avec une hache, et je ne savais pas pourquoi. Un jour, il allait avec ma mère et mes autres frères planter des pommes de terre. Avant que de partir, il ferma nos portes et nos fenêtres, et puis il me dit : « Sans-peur tu vas demeurer ici avec ta sœur Barbe ; elle demeurera sur notre porte, et toi tu garderas tout alentour de chez nous, et si tu le rencontres, tu as seize ans, tu t'appelles Sans-peur, tu lui f... un bon coup ». — Mais père, que je lui dis, qui est-ce que c'est ? — C'est bon, tu le verras bien.

Ma foi le voilà parti. Nous demeurâmes nous deux ma sœur qui était un peu plus vieille que moi. Elle brodait sur notre porte, et moi je montai la garde.

Tout d'un coup, j'entendis un bruit, un bruit, plein la maison. C'était mon gaillard qui arrivait. Je dis à notre Barbe : « Demeure là et ne bouge pas, tu me diras s'il y a passé du monde ». J'entrai tout doucement dans notre grange et je montai l'échelle. J'avais toujours ma hache à la main, et quand je fus quasi en haut, je le vis qui venait droit à moi en faisant une si laide grimace que jamais je n'en ai vu de pareille. Il avait de grandes dents, de grandes cornes, et puis il était tout noir. Il venait pour me f... en bas de l'échelle, mais je descendis. Je criai à ma sœur : « Barbe ! venez voir le vilain homme, donc ! ». Elle vint à la grange. Il était sur le devant du grenier. Dès qu'elle le vit, elle se mit à pleurer : « Mon Dieu, maman ! Jésus, Maria ! » et puis elle se cacha la tête dans son tablier.

Tout d'un coup, voilà toutes les planches du grenier qui s'arrachèrent en faisant un si grand bruit que j'eus quasi peur. Il n'y en avait qu'une paire au-dessus de notre cuisine qui était enlevée, je mis une chaise en dessous, je montai dessus pour voir. Quand j'eus le nez tout près du plancher, lui était couché qui regardait en bas, nos nez se touchèrent. Je prends ma hache, je lui en f... un coup dans la figure. Je lui cassai trois dents et puis il f... le camp, et nous ne l'avons jamais plus revu, mais si je le revoyais jamais, je le reconnaitrais bien à cause des trois dents qui lui manquent.

III

Les Fâilles de Féyé éco l'Soutré.

(Patois de Landaville).

Èchotons-nous n'avé, mémé nous récontrè les Fâilles

de Féyé. Rin que d'ouàr Fousse éco R'neboû, on chonge aux Fâilles.

— Ç'ost iécque de moult vîe, mes effants et qu'on o pâle mi è s'n âge, mâs v'étès félis, et pus i fât si touffe que faut bin s'erposè in pou. J'kemoce.

V'voyèz bin les grous p'tieux-lè qu'sont couèchis d'zous les treuches d'épouèche, ç'étôt toulè qu'on otrôt chie les Failles. Loue mâjon étôt tout pâtiout bin au fond. Y n'évôt tout pien d'chambres ouéru qu'ç'étôt pus bé, qu'è l'moteye è lè mosse de méneuil.

On y voyôt toujou pus tiè qu'pâchi d'chus târe o pien meildi, tant qu'y n'évôt des étôles de tourtous les couleurs qu'étaint étéchi o l'âr. Et pus tout pâtiout, les mureilles c'étôt des mureuils que reluint, que reluint, qu'on n'poyôt-me les rouâti et qu'on n'voyôt-me eul bout.

L'viquaint d'l'âr don tops éco d'iécque aute chouse que je n'sais pus. L'pessaint lou vie è chantè, è jouè, et pus quand i fiôt bé, l'sautaint fû lè neuil pâ les p'tieux d'Fousse. L'étaint si logères que l'ne touchaint-me târe et et qu'on voyôt tiè au tréva d'zoves. L'évaint des b'sognes auss'fines que des érantôles. L'vot d'loue bouche sotôt moyou qu'tourtous les bouquets des mouès. Tourtout Féyé on étôt ropiéni qu'çè v'nôt n'depe Landaville quand c'étôt l'vot. L'chantaint des p'tit' effares que çè fiôt v'ni l'eauve è lè bouche, et pus l'feuillaint des rondes, et pus l'se couèchaint, et pus l'riaint. Mâs n'forôt-me que les effants les oyeinss', autremot l'se cougint. Pou les pâchonnes raisounâb' l'les lâyint épreuchi n'depe l'haut d'Deil-çot.

Mâs y n'évôt l'Soutré que l'n'aimînt-me paceque l'étôt toujou èprès zoves, j'n'sais pouquè. I v'nôt pâ lè route de Janô. L'étôzo fât è pou près coume in diab', l'évôt des coûnes, eune grand'quoue, des pottes que marquaint dos l'pousso coume cêlles d'in boucâ. L'étôt si ouètte qu'i chêuillôt tourtout ç'qu'i touchôt.

Quand l'étôt d'chus Timouétâme vouéru qu'on podôt dos l'tops pessè, i s'olouvôt dos l'ar o toûnant èvou l'pousso éco les jévelles pou qu'i pouéieusse ouar si les Fâilles étaint dos Féyé. Quand l'les y voyôt, l'y courôt o heulant évou tourtous les manres nâpions don Sèbêt qu'couraint èprès lu o montant Russapont, qu'çè fiôt in brouiâd qu'on n'y voyôt goutte. Auss'tout qu'les Fâilles oyaint lè manigance-lè, l'devinaint ç'que ç'étôt, l'se sauvaint coume des poûrottes d'ougés d'vant l'chesserot, et pus l'rotraint o trobiant dos loue mâjon qu'eules froumaint bin les euches, et pus l'lâyint loues voiles d'érantôle chus l'rùpt d'Fouss' pou que l'Soutré n'voyeusse mi vouéru que l'se couéchaint.

Les Fâilles aimaint bin les geos d'Landaville. Quand eun'véche ou bin eun'nouvelotte étôt pouèdiue l'lè rémouènaint le neuil d'vant lè mâjon d'loue mâte.

Dos l'tops d'lè Couéroûme, quand les geos fiaint lè crouâille et qu'i choyint dos lè rouille, l'venaint louzi époutiè d'lè tâtie; dos lè mouéchon, c'étôt des blousses.

Ouessi l'chin bianc, effants! peurnons noûes fauceuils, pacque les Fâilles eun' feuillont rin pou les truands.

Les Fées de Féyelle et le Sotré.

Asseyons-nous un moment, grand'mère nous racontera les Fées de Féyelle. Rien que de voir Fousse et Renombois on songe aux Fées.

— C'est quelque chose de bien vieux, mes enfants, et dont on ne parle pas à son aise, mais vous êtes fatigués, et puis il fait si chaud qu'il faut bien se reposer un peu. Je commence.

Vous voyez bien ces gros trous qui sont cachés sous les souches d'aubépine, c'était là qu'on entrait chez les

Fées. Leur maison était tout partout bien au fond. Il y avait beaucoup de chambres où c'était plus beau qu'à l'église, à la messe de minuit.

On y voyait toujours plus clair que par ici sur terre en plein midi, tant il y avait d'étoiles de toutes les couleurs qui étaient attachées en l'air. Et puis tout partout les murailles c'était des miroirs qui reluisaient, qui reluisaient, qu'on ne pouvait les regarder et qu'on n'en voyait pas le bout.

Elles vivaient de l'air du temps et d'autre chose que je ne sais plus. Elles passaient leur vie à chanter, à badiner, à jouer, et puis quand il faisait beau elles sortaient la nuit par les trous de Fosse. Elles étaient si légères qu'elles ne touchaient pas terre et qu'on voyait clair au travers d'elles. Elles avaient des vêtements aussi fins que des toiles d'araignée. Le souffle de leur bouche sentait meilleur que toutes les fleurs des jardins. Tout Féyelle en était rempli que cela venait jusqu'à Landaville, quand c'était le vent. Elles chantaient des petites affaires que cela faisait venir l'eau à la bouche, et puis elles faisaient des rondes, et puis elles se cachaient, et puis elles riaient. Mais il ne fallait pas que les enfants les entendissent, autrement elles se tenaient coites. Pour les personnes raisonnables, elles les laissaient approcher jusqu'au haut de Dix-cents.

Mais il y avait le Sotré qu'elles n'aimaient pas parce qu'il était toujours après elles, je ne sais pas pourquoi. Il venait par la route d'Aulnois. Il était fait à peu près comme un diable, il avait des cornes, une grande queue, des pattes qui marquaient dans la poussière comme celles d'un bouc. Il était si sale qu'il souillait tout ce qu'il touchait.

Quand il était sur Timoitâme, où l'on pendait dans le temps passé, il s'élevait dans l'air en tournant avec la poussière et les javelles pour qu'il pût voir si les Fées étaient dans Féyelle. Quand il les voyait il y courait en hurlant avec tous les mauvais nains du sabbat qui couraient après lui en montant Russapont, que cela faisait un brouillard qu'on n'y voyait goutte. Aussitôt que les Fées entendaient cette manigance, elles dévinaient ce que c'était, elles se sauvaient comme des petits d'oiseaux devant le chasserot, et puis elles rentraient en tremblant dans leur maison dont elles fermaient bien les portes, et puis elles laissaient leurs voiles de toile d'araignée sur le ruisseau de Fosse pour que le Sotré ne vît pas où elles se cachaient.

Les Fées aimaient bien les gens de Landaville. Quand une vache ou bien une jeune brebis était perdue, elles la ramenaient la nuit devant la maison de leur maître.

Dans le temps du Carême, quand les gens faisaient la corvée et qu'ils tombaient dans la roie, elles venaient leur apporter de la tarte ; pendant la moisson c'était des prunes.

Voici le chien blanc, enfants ! prenons nos faucilles, parce que les Fées ne font rien pour les paresseux.

IV

Lè fiove don pére Chalât.

(Patois de Mailly).

Lo pére don pére Chalât ouédeu les véches de Méy dans l'baue ; tos les jos on li en lacheu eune neure, et i n'éveu jéma vu s'mâte, on n'l'éveu jéma payeu. Mâ fot, eune baile jonéye, i hhu lè véche neure et i lè ouot entrer pâ l'trou d'lè Crâvéye, i lè prend pâ lè quâoue et enteure déye, l'érive dans eune chamb' au fohh, et ouot doux vieuyes sorciéres que cuhin. l lousi d'mande lo payement d'zoute véche. Tends t'sec ! dit eune ; l'aute prend eune veulniéye de braise et lè jete d'dans. L'pére Chalât vude so sec et s'sauve au grand gâlop. Erivé d'fieu, i rouate d'dans et y treve i louis d'our. Po l'hhur, ç'âteu des Féyes.

La fable du père Chalat.

Le père du père Chalat gardait les vaches de Mailly dans le bois; tous les jours on lui en lachait une noire, et il n'avait jamais vu son maître, on ne l'avait jamais payé. Ma foi, un bon jour, il suit la vache noire et la voit entrer par le trou de la Crevée, il la prend par la queue et entre derrière, il arrive dans une chambre à four et voit deux vieilles sorcières qui cuisaient. Il leur demande le paiement de leur vache. Tends ton sac ! dit l'une ; l'autre prend une pelletée de braise et la jette dedans. Le père Chalat vide son sac et se sauve au grand galop. Arrivé dehors, il regarde dedans et y trouve un louis d'or. Pour le sûr, c'était des Fées.

V

Saint Pierre et l'bon Dieu.

(Patois de Mailly).

Saint Pierre et l'bon Dieu d'hhendin eune fot du haut de Cheun'vé po âller pesser d'sus l'pont d'Auboucot. — Mâte, dit Saint Pierre, j'a vu i lieuve qu'âteu aussi graue qu'i ch'vau. — Prends ouate ! dit l'bon Dieu, j'allans pesser sus l'pont d'Auboucot, les mentoux cheuye dezot. I pau pus lon, Saint Pierre dit : lo lieuve que j'a vu n'âteu-me tot d'mainme comme i ch'vau, mas l'âteu bén comme in âne. — J'allans bientôt pesser sus l'pont. — Lo lieuve que j'a vu âteu comme i r'nad. — Vâce lo pont ! — Eh ! bien, mâte, je n'vieu-me cheur dezot, lo lieuve que j'a vu n'âteu-me pus graue qu'in aute.

Saint Pierre et le bon Dieu.

Saint Pierre et le bon Dieu descendaient une fois du haut de Cheunevé pour aller passer sur le pont d'Abaucourt. — Maître, dit Saint Pierre, j'ai vu un lièvre qui était aussi gros qu'un cheval. — Prends garde ! dit le bon Dieu, nous allons passer sur le pont d'Abaucourt et les menteurs tombent dessous. Un peu plus loin Saint Pierre dit : le lièvre que j'ai vu n'était pas tout de même comme un cheval, mais il était bien comme un âne. — Nous allons bientôt passer sur le pont. — Le lièvre que j'ai vu était comme un renard. — Voici le pont ! — Eh ! bien maître, je ne veux pas tomber dessous, le lièvre que j'ai vu n'était pas plus gros qu'un autre.

VI

Les Diâles de Motonne.

(Patois de Docelles).

I s'treveu sâoul et enneuti, i fayait bie neuye et i fereu pediu longtôps.

È fouohhe de marchi, i voù enne grande tiètè bie lon ; l'y d'hhondeu bêtôt tot drât, et fereu podeï ! bie content quand l'y erriveu, l'ovoi frâd, i tait co mouilli. I cheheu tot jeutte, c'était les fouauges de Motonne. L'ovoi son, i s'èjeuheu sus in banc po ovoi chaud et co po s'erposè, i s'èdremeu tot de hhute. Au bout d'enne boine houre, i s'rèvoyeu. Les forgerons que tint tot de nu tirint fû lo renâ di feu. I lo boussot et lo potot zos lo grôs moté. Tortot s'trisseu tot èlento d'li, i s'crèyeu bie pediu, i s'figureu ô voi tortos ces hommes-lo èvo des grands bouts de fer, qu'i tait en enfer. I s'motteu o hoï tant qu'i pouyeu : « Pordon, Monsus les Diâles ! j'tais saoul heurmain quand j'meureu ».

Les Diables de Mortagne.

Il se trouva saoul et anuité, il faisait bien nuit et il fut perdu longtemps.

A force de marcher, il voit une grande clarté bien loin, il y descendit bientôt tout droit, et il fut pardis ! bien content quand il y arriva, il avait froid, et était encore tout mouillé. Il tomba tout juste, c'était les forges de Mortagne. Il avait sommeil, il se coucha sur un banc pour avoir chaud et encore pour se reposer, il s'endormit tout de suite. Au bout d'une bonne heure, il se réveilla. Les forgerons qui étaient tout de nu tiraient dehors le renard du feu. Ils le poussent et le portent sous le gros marteau. Tout jaillit tout alentour de lui, il se crut bien perdu, il se figura, à voir tous ces hommes avec de grands bouts de fer, qu'il était en enfer. Il se mit à crier tant qu'il put : « Pardon, Messieurs les Diables, j'étais saoul hier quand je mourus ».

VII

Lo loup et lo R'nè.

(Patois de Diarville).

Compère lo loup et pus lo r'nè seïint ó hót d'Thiémont, l'évéint empoutïé in potat de létéri, et pus vleint sé hêter po avoi pus tôt fait. Lo r'nè boïot tojo, i songeot putôt ó potat de létéri qu'é sè seï. — Coute ! dit-i ó loup, j'cras ben qu'a me hoïe, ouï a me hoïe po ïête porrain, — pus l'a vè.

Quand l'ervené lo loup treveillot tojo. — Coma ce que t'lo hoïe ? dit-i sans débridé. — Ben eccmassi, dit lo r'nè. — Vayas, hêtas-no que j'ins fait not' jounó.

Lo r'nè eun' fiot rin, i roïaitot tojo derri, lo gormand ! ó récriant « piait-i, piait-i ? Tin ! a me hoïe ca po ïête porrain, oh bâst ! j'n'y vu-me allé, portant jemais a n'erfuse mi lo baptème d'un èffant ». Lo val que petche ! — Hête-tu ! qu'li récrié lo loup, que j'evins bentôt fait.

Coma ce que t'lo hoïe ? d'hé lo loup, quand i r'vené. — Ben évanci.

In po eprès, i treveilleint, lo r'nè s'errdrasse ó récriant « piait-i ? Tin ! a me hoïe ca po ïête porrain ». — Vè t'a z-y, d'hé lo loup, a n'erfuse mi lo baptème d'un èffant, mais hête-tu ! Pus lo loup seïot, seïot tojo.

Quand lo r'nè r'vené, i li demandé ca « Coma ce qu'a lo hoïot ? — Ben èrlachi, d'hé lo r'nè.

Quand lo jounó fe réch'vi. — No fôt allé dejuné, d'hé lo r'nè.

Quand l'alleuchte po dejuné, lo potat ètot veuid. —
Eh ben! j'evintor dó létéri, d'hé lo r'nè, t'l'é mîngé,
gormand! — Oh! non, d'hé lo loup, ç'ast ti que t'l'é
mìngi. — Allas couché, d'hé lo r'nè, lo çin que ch.....
ó leï eré mingi lo létéri.

I vont couchi. Dos taps que lo loup drémot, lo r'nè
ch..... zos sè tïeu, pus quand lo loup eus' revaïé. —
Neumi qu'ç'ast ti, qu't'é mingi lo potat de létéri, pissque
t'é ch..... ó leï ? — Portant, dit lo loup, j'eun' craïo-me
que c'êtot mi.

Eh ben! d'hé lo r'nè, no fòt allé é lè pahh. I gealot ;
lo r'nè demoirot sus lo bord de l'eauf et pornot des
piats pouhhons. — Ateur donc das l'eauf, dit-i ó loup,
t'a penré des pus gros, mi j'an è essez, j'an è in boi
sechat ». — Pus i soté fu dó rupt, o s'raouant. — Eun'
harmou-m donc tè tïeu, te fero sóvé les pouhhons qu'i
rècrié ó loup.

Compère lo loup ecouté et sè tïeu fe gealeïe. — L'ast
boi, t'an é essez, raf-tu. — Mais je n'me pùs raouë,
d'hé lo loup. — Tire in boi hargo, pus t'sôteré fu de
l'eauf.

I tiré si fort que l'éréché sè tïeu. Lo pore loup criot
sè tieu. — L'ast boi, dit lo r'nè, j'te ferè eun' tïeu
d'ètope. I lè fié, pus lè campé ó derri do loup.

In po pus lon, lo r'nè fié in boi feuïe de fagots po
s'rèchoffi. — Pêri, dit lo r'nè, que te n'saute mi si hot
qu'mi. Pus i sauté ben au dessus des fagots. Val lo loup
que vu ca sauté, mais i sauté au moïtan do feuïe, et lo
feuïe parné è sè tïeu. Lo r'nè riot ó récriant: Ó loup, ó
loup qu'é lo feuïe zos lé cou! (1).

---

(1) M. Gérard, notaire à Diarville, à qui le lecteur doit ce morceau, fait
remarquer que l'épisode du loup qui a la queue gelée se trouve dans le roman
du Renard, « Ces contes, ajoute M. Gérard, sont venus jusqu'à nous par la
simple tradition, car je suis certain que la femme de qui je les tiens n'a aucune
notion de la littérature du Moyen-âge. »

Eune fois lo r'nè allot mingi des gateaux das lè tïève
do père Grandidi, l'emmoiné évo lu compère lo loup.
O mingeant, lo r'nè roïatot tojo derri, pus sitôt que
l'éveu fait, i sauté fu pa lè feulnatte. Lo loup content
de faire in si boi repés mingeot, mingeot tojo. Quand
lo r'nè feu fu, i hoïé lo loup o li d'hant que l'oyot do
brut. Lo loup venè è lè feulnatte, mais l'êtot si pïein
qu'i ne pouïe pessè pa lè feulnatte. Lo père Grandidi
oyé do brut è sè tïève, l'allé voer qu'ost-ç'-que c'êtot, pus
i voïé lo loup. Lo grand gormand! i n'èvot pus lèhi de
gateaux. Lo père Grandidi èca sè femme alleuchteur
quoïr in bôton po touché dessus. L'èvot belló demandé
pordon, i lo lécheuchteur po cravé, et lo r'nè s'èvot
sauvé.

Le loup et le renard.

Compère le loup et puis le renard faucillaient au haut
de Thièmont, ils avaient emporté un pot de raisiné, et
puis ils voulaient se hâter pour avoir plus tôt fait. Le
renard bâillait toujours, il songeait plutôt au pot de
raisiné qu'à sa faucille. — Écoute, dit-il au loup, je
crois bien qu'on m'appelle, oui! on m'appelle pour être
parrain. — Puis il s'en va.

Quand il revint, le loup travaillait toujours. — Comment est-ce que tu l'appelles, dit-il sans débrider. —
Bien-commencé, dit le Renard. — Voyons, hâtons-nous,
que nous ayons fait notre champ.

Le Renard n'en faisait rien, il regardait toujours derrière, le gourmand! en criant: « Plait-il, plait-il? Tiens!
on m'appelle encore pour être parrain, oh bast! je n'y
veux pas aller, pourtant jamais on ne refuse le baptême
d'un enfant. »

Le voilà qui part. — Hâte-toi! que lui cria le loup,
que nous ayons bientôt fait.

Comment est-ce que tu l'appelles? dit le loup, quand il revint. — Bien-avancé.

Un peu après ils travaillaient, le renard se redresse en criant: « Plait-il? Tiens! on m'appelle encore pour être parrain. » — Vas-y, dit le te loup, on ne refuse pas le baptême d'un enfant, mais hâte-toi. Puis le loup faucillait, faucillait toujours.

Quand le renard revint, le loup lui demanda encore: Comment est-ce qu'on l'appelle? — Bien reléché, dit le renard.

Quand le champ fut achevé. — Il nous faut aller déjeuner dit le renard.

Quand ils allèrent pour déjeuner, le pot était vide. — Eh bien! nous avions du raisiné, dit le renard, tu l'as mangég, ourmand! — Oh non! dit le loup, c'est toi qui l'as mangé. — Allons coucher, dit le renard, celui qui fera au lit aura mangé le raisiné.

Ils vont coucher. Pendant que le loup dormait, le renard fit sous sa queue, puis quand le loup se réveilla. — N'est-ce pas que c'est toi que tu as mangé le pot de raisiné, puisque tu as fait au lit? — Pourtant, dit le loup, je ne croyais pas que c'était moi.

Eh bien! dit le renard, il nous faut aller à la pêche. Il gelait ; le renard demeurait sur le bord de l'eau, et prenait des petits poissons. — « Entre donc dans l'eau, dit-il au loup, tu en prendras de plus gros, moi j'en ai assez, j'en ai un bon sac. » — Puis il sortit du ruisseau en se « *raouant.* » — Ne remue donc pas ta queue, tu ferais sauver les poissons » qu'il cria au loup.

Compère le loup écouta, et sa queue fut gelée. — C'est bon, tu en as assez, retire-toi. — Mais je ne puis me ravoir, dit le loup. — Tire un bon coup, puis tu sortiras de l'eau.

Il tira si fort qu'il arracha sa queue. Le pauvre loup pleurait sa queue. — C'est bon, dit le renard, je te ferai une queue d'étoupe. Il la fit, et la campa au derrière du loup.

Un peu plus loin, le renard fit un bon feu de fagots pour se réchauffer. — Parie, dit le renard, que tu ne sautes pas aussi haut que moi. Puis il sauta bien au-dessus des fagots. Voilà le loup qui veut encore sauter, mais il saute au milieu du feu. Le renard riait en criant : Au loup, au loup, qui a le feu sous la queue !

—

Une fois, le renard allait manger des gâteaux dans la cave du père Grandidier, il emmena avec lui compère le loup. En mangeant, le renard regardait toujours derrière, puis sitôt qu'il eût fait il sauta par le larmier. Le loup, content de faire un si bon repas, mangeait, mangeait toujours. Quand le renard fut dehors, il appela le loup en lui disant qu'il entendait du bruit. Le loup vint au larmier, mais il était si plein qu'il ne put passer par le larmier. Le père Grandidier entendit du bruit à sa cave, il alla voir qu'est-ce que c'était, puis il vit le loup. Le grand gourmand ! il n'avait pas laissé de gâteaux. Le père Grandidier encore sa femme allèrent chercher un bâton pour toucher dessus. Il avait beau demander pardon, ils le laissèrent pour crevé et le renard s'était sauvé.

VIII

Lo loup.

(Patois du Val de Champ près Bruyères).

Rios tortus ! qu'o n'crieusse pus éfants qu'fayéz les rives.
Faut farre fouéttè les c... po farre vodè les chives.
Rejoïvos-vos sans farre lo sot et-se n'fayis pus d'piaintes,
Faut qu' auhoudeuye po tojo je fesse finir veus craintes.

Je doua lè gueule daivant qu'les eus, lo maitin, po mingie,
Je vé aux champs aiprès des gens è tâchant d'è gainie,
De bon maitin drahaut les chemins, tâchant d'gainie
[mè vie.
Oh! je revarra quand i f'ré chaud po vos t'ni compaignie.

Les gens, lo diaule que sôt! pohhi sôt païe qu'des
[étraingies.
Quand i me voyot i m'porsévot tortus aivo des pirres.
Corrèz pohhi, corréz polo, j'crâ qu'j'n'y f'rons rie.
L'é des jambes tot k'mo in serpot, i co comme in eiraigi.

Quand vos m'taraus vos m'mairieraus, po me faire
[eiraigie,
Daivo doux fommes. Lè grosse besogne qu'j'n'pourra vive!
Pordonnez me, je vos è prie, j'vos dira des prières.
Quand j's'ra mouaut, je pott'ra po vos, aidaïe lè compaignie.

Tot au corant qu'i feyeu, i cheuheu en faibesse.
Tortus, fommes et enfants, i coront en grande presse.
I lo r'monont daivant lo feuïe, mâs po sè récompense,
Chéquin d'hè: lo diaule, lo gueux, qu'i n'laut bie dos lè
[panse.

N'y airau-té mi des gens qu's'rint bon éfants?
J'lisi s'rau rekenohhant lo rehhe de mè vie.
K'nochèz-vòs bie lo médicin que d'moure è lè Polère?
Olèz voua, vos è treuverau in que n'f'ré j'mas pus lo levre.

Et mo manté qu'vût dire mè pé qu'os pout'rau dòs les
[vilaiges.
Qu'vos f'rèz trôbie auvou des boûs chemetrés, trôbie des
[boûs neuvraiges,
Les aes, lè chaimbe et lo filet y s'ront en aibondance.
N'auvos mi grand touaut aiprés ç'let aussi qu'd'aihhurance?

Le loup.

Riez tous ! qu'on ne pleure plus, enfants qui faites les
[rêves.
Il faut faire fouetter les c... pour faire garder les chèvres.
Réjouissez-vous sans faire le sot, et ne faites plus de plaintes,
Il faut qu'aujourd'hui pour toujours je fasse finir vos
[craintes.

J'ouvre la gueule avant les yeux, le matin, pour manger.
Je vais aux champs après des gens en tachant d'en gagner,
De bon matin par les chemins, tachant de gagner ma vie.
Oh ! je reviendrai quand il fera chaud pour vous tenir
[compagnie.

Les gens, le diable qui sont ! par ici sont pis que des
[étrangers.
Quand ils me voient ils me poursuivent avec des pierres.
Courez par ici, courez par là, je crois que nous n'y
[ferons rien,
Il a des jambes comme un serpent, il court comme un
[enragé.

Quand vous ms tiendrez, vous me marierez, pour me
[faire enrager,
Avec deux femmes. La grosse besogne que je ne pourrai
[vivre !
Pardonnez-moi, je vous en prie, je vous dirai des prières,
Quand je serai mort je p... pour vous, adieu la compagnie.

Tout en courant qu'il fit, il tomba en faiblesse.
Tous, femmes et enfants, ils courent en grande presse,
Ils le ramènent devant le feu, mais pour sa récompense,
Chacun disait : « le diable, le gueux, qu'il ne l'ait bien
[dans la panse.

N'y aurait-il pas des gens qui seraient bons enfants ?
Je leur serai reconnaissant le reste de ma vie.
Connaissez-vous bien le médecin qui demeure à La
[Poulières ?
Allez voir, vous en trouverez un qui ne fera jamais le
[lièvre.

Et mon manteau qui veut dire ma peau que vous porterez
[dans les villages,
Que vous fera avoir beaucoup de bons morceaux de pain,
[beaucoup de bons ouvrages,
Les œufs, le chanvre et le fil y seront en abondance,
N'avez-vous pas grand tort après cela, aussi que d'assu-
[rance ?

IX

Jean Cablé.

(Patois du Tholy).

Cè fe lo cosson Jean Cablé
Qu' n'ollé dèvo so k'vé
Chi Aune Contret
Po z-y ovoue è morodet.
É li bèïont di lâcé.
É d'hé qu'é l'aimait bé,
Qu'él è boûrau bé in bori
Po in peu s'rèfrohhi.

É n'ollé chi Diaudin Robert,
Qu'é tè bel et bé scléne.
É n'lo hechont mi d'dos,
É lo lèhhont to-lo.
Égote des tricottes
D'hé qu'cé n'tè qu'ène holotte,
Et qu'lo follait lèhhi to-lo,
Qu'é n'vodait qu'âque trop cher.

É n'ollé chi Joson Janot.
É lo hechont ch'què d'dos :
Vénèzo vos hhauffi,
Vos ôs mèt'nant bé frâd les pies.
É n'ollé i Mourot,
Qu'é feyè spotè ses dots.
S'os n'mé bèïèz è dèjunè
Jè vos casserâ lo nèz.

Éne prauchez mi si haut,
Etodez, vos y èrôs,
J'ons co des k'mos dé tére cueuyetes,
Vos èn èrôs sept ou heuyete,
Èco ène golaïe dé pain,
Peussquè vos ôs si faim.
Éne vos èbaubez mi,
J'ons co bé po vos rèssèsi.

É li bèïont è dèjunè
Èco è morodè.
Él eût des k'mos dé tére,
Et di lâcé motnè.
É s'è boté trop seu,
É s' jétè sus so deus,
Él y d'mouré ch'què d'vo lo sâ,
Qu'él ovouè bel et bé frâd.

É n'ollé chi Colas di Mourot.
É v'nè jete qu'è feyè in gros pot
Qué feyé brancie les crèmès,
Qué feyé tortot s'nè.
Les gens ouyont lo brut,
Él y coront tortus.
C'tè lo lâcé motnè
Qué feyè ses effets.

É n'ollé chi Colas Batisse.
É li bëïont in pièt d'rihhe.
Quand é l'euré maingi,
É s'botè dé hheï,
É pœurné so boton,
É s'n'ollé in peu pus lon :
Au vos remerciant,
Vos otes des moult brauves gens.

É n'ollé è lè Fouye-Tocâ.
É d'mandé d'lè frohhe châ.
É li d'hont: jé n'nons pus di tot
Qué çolle qu'ost i pot.
É faut fâre di bon feïe,
Et qu'c'lè saut teût cueuïe.
É n'y é jo mi tant d'profit
Dé tant lantœurni.

É n'ollé chi Colas Mengin.
É v'né si jete qu'é trâttiin,
É d'hont: botèz bès vot' tendelin,
Vos èrôs in vourre dé vin.
É s'botont è lè taye
Comm' po z-y bette lè rosaye.
È midi é n'prauchin
Cétes co mi d'n ehhi

Él y d'mouront ch'què couètre houre,
Qu'é n'tè jo pus voie d'bòne houre,
Sos fâre aucun morchi.
É n'heutont mi d'maingi,
Et cé fe Chan Jacquerre
Qué d'hé: jé seu bé fauchi
Faut au mons fâre des morchis,
Sé o z-è po jouï

J'a co doux trôs vèyes culottes
Qu'é n'sont jo pus trop nottes.
J'è vue ovoue trente et in sous
Paromou qu'çost di velous.
Elles sont in peu crottayes,
Mas ç'ost i z-ête è lè taye.
Ène rèvôietos mi d'si prés,
Ç'ost âque qué châré.

J'a co mo vie tendelin
Qu'ç'ost tortot beu d'sèpin.
Jé vue heutè d'roulè,
Pasqué jé n'voue pus tiet.
Él y é lo p'tit Logâ
Qué m'lo d'mandé è voua,
S'él ost è so prope.
J'è boûrons co ène gotte.

É lo trové jo bé usè
Dé tots les cotès,
Mâs él ost co bon ossèz
Po n'ollè ès bozets.
Les gens s'y rèmessont,
Et-se è fiont ène chanson.
Guerguère ècrivé l'inventaire.
Ç'ost in bon sécrétaire.

Jean Cablé.

Ce fut le cosson Jean Cablé
Qui s'en alla avec son tendelin
Chez Anne Coutret
Pour y avoir à goûter.
Ils lui donnent du lait.
Il dit qu'il l'aimait bien,
Qu'il en boirait bien un baril
Pour un peu se rafraîchir.

Il alla chez Claude Robert,
Qu'il était bel et bien chétif.
Ils ne l'appellent pas dedans
Ils le laissent là.
Agathe des tricottes
Dit que ce n'était qu'un pas grand chose,
Et qu'il fallait le laisser là,
Qu'il ne vendait que quelque chose de trop cher.

Il alla chez Joseph Janot.
Ils l'appellent jusque dedans :
Venez-en vous chauffer,
Vous avez maintenant bien froid les pieds.
Il alla au Mourot
Qu'il faisait claquer ses dents :
Si vous ne me donnez à déjeûner,
Je vous casserai le nez

Ne parlez pas si haut,
Attendez, vous y aurez,
Nous avons encore des pommes de terre cuites,
Vous en aurez sept ou huit,
Encore une bouchée de pain,
Puisque vous avez si faim.
Ne vous inquiétez pas,
Nous avons encore bien pour vous rassasier.

Ils lui donnent à déjeûner
Encore à goûter.
Il eut des pommes de terre,
Et du lait caillé.
Il s'en mit tout saoul,
Il se jeta sur son dos,
Il y demeura jusque vers le soir
Qu'il avait bel et bien froid.

Il alla chez Nicolas du Mourot.
Il vint juste qu'il fit un gros pet
Qui fit balancer les crémaillères,
Qui fit tout sonner.
Les gens entendent le bruit,
Ils y courent tous.
C'était le lait caillé
Qui faisait ses effets.

Il alla chez Nicolas Baptiste.
Ils lui donnent un plat de riz.
Quand il l'eut mangé,
Il se mit à siffler,
Il prit son bâton,
Il s'en alla un peu plus loin :
En vous remerciant,
Vous êtes de bien braves gens.

Il alla à la Fouille-Tocâ.
Il demanda de la viande fraîche.
Ils lui disent : nous n'en avons plus du tout
Que celle qui est au pot.
Il faut faire du bon feu
Et que cela soit bientôt cuit.
Il n'y a déjà pas tant de profit
De tant lanterner.

Il alla chez Nicolas Mangin.
Il vint si juste qu'ils festinaient.
Ils disent : mettez bas votre tendelin,
Vous aurez un verre de vin.
Ils se mirent à table
Comme pour battre la rosée.
A midi ils ne parlaient
Certes encore pas d'en sortir.

Ils y demeurent jusqu'à quatre heures
Que ce n'était déjà plus guère de bonne heure,
Sans frire aucun marché.
Ils ne cessent pas de manger,
Et ce fut Jean Jacquerre
Qui dit : je suis bien fâché
Il faut au moins faire des marchés
Si on est pour jouir

J'ai encore deux trois vieilles culottes
Qui ne sont déjà plus trop nettes.
J'en veux avoir trente et un sous
Parce que c'est du velours.
Elles sont un peu crottées,
Mais c'est d'être à table.
Ne regardons pas de si près,
C'est quelque chose qui tombera.

J'ai encore mon vieux tendelin
Que c'est tout bois de sapin.
Je veux cesser de rouler
Parce que je ne vois plus clair.
Il y a le petit Legay
Qui me le demanda à voir,
S'il est à sa convenance.
Nous en boirons encore une goutte.

Il le trouva déjà bien usé
De tous les côtés,
Mais il est encore bon assez
Pour allez aux bouzes.
Les gens s'y ramassent,
Et en font une chanson.
Guerguère écrivit l'inventaire.
C'est un bon secrétaire.

X

Lé Monde rèvauché.

(Patois de Vagney)

I dîrâ lè chanson qu'i sè
Peussqu'os v'liz qu'i chantesse.
S'èl y é in mot d'véritè,
I iœu qu'o mé mèriésse.

I perné mè chèrue hhous m'cau
Et mas bieus hhous mè téte,
I m'on allé révauié dos l'bau
In champ qu' n'y avouéye pouot d'tiare.

I révauié haut, i révauié bès,
I n'trové ro qu' das piéres.
I dèhhodé pus bès, drèt-bès,
I parcouré lè besse entiére.

I n'trové ro qu'in gros çérehé
Qué téye chegé dé pouéres,
Èca ène fome hhous l'bélohhé
Qué vânéye das piéres.

Elle m'èhursié sé gros chè,
Sè cheve véné mé mouaude.
Elle mé moudé è in brès,
I sègnè è l'araye.

I n'allé dos in p'tit motin
Qu'o n'y voyéïe gotte,
I n'y voyé ro qu'in p'tit neire Saint
Qué maingéïe dè lè jotte.

I li o demandé in èhhaïon,
È m'l'èquêné tortotte,
Èvo las pùs gros mions
Di pain qué téye dédos sè hotte.

I rotré è lè mouauhon,
Èvo mas bieûs hhous mè téte,
Si ènneyé d'in s'vè guignon
Qu'i n'savouéye di qué n-éte.

J'y trové nos gélines qué f'lin,
Lé jau qué bréye lè bréye,
Èconte las fomes qué dremin
Dézos lè chemenèye.

Lè chètte qué téye è lè couare di feu,
Qué toûnéye lè belie,
Et las rette è meu lé leu,
Qué mounin lè vie.

Nos pouhhés qué tin è lè chambe-haut,
Qué jin dé lè musique,
Et las vèches hhous lé herbeau
Qué botin h'gota lé chique.

Quand vos passerèz voie chi nòs
Venis vouére note mènège,
Las diémouauges comme las chèques jos,
Ç'ast l'meux t'ni d'note villège.

Vos y voaurèz tortot marchè
Comme i v'né d'vos l'dire,
Et las mouhhes i haut di piainché,
Qué sé cravot dé rire.

Le monde renversé.

Je dirai la chanson que je sais
Puisque vous voulez que je chante.
S'il y a un mot de vérité,
Je veux qu'on me marie.

Je pris ma charrue sur mon cou
Et mes bœufs sur ma tête.
Je m'en allai fouiller dans le bois
Un champ où il n'y avait point de terre.

Je fouillai haut, je fouillai bas,
Je n'y trouvai rien que des pierres.
Je descendis plus bas, droit en bas,
Je parcourus la vallée entière.

Je n'y trouvai rien qu'un gros cerisier
Qui était chargé de poires,
Encore une femme sur le prunier
Qui vannait des pierres.

Elle excita contre moi son gros chien,
Sa chèvre vint me mordre,
Elle me mordit à un bras,
Je saignai à l'oreille.

J'allai dans une petite église
Où on ne voyait goutte,
Je n'y vis qu'un petit noir Saint
Qui mangeait de la choucroute.

Je lui en demandai un échantillon,
Il me la jeta toute,
Avec les plus gros morceaux
Du pain qui était dedans sa hotte.

Je rentrai à la maison,
Avec mes bœufs sur ma tête,
Si ennuyé d'un pareil guignon
Que je ne savais de quoi être.

J'y trouvai nos poules qui filaient,
Le coq qui coulait la lessive,
Auprès des femmes qui dormaient
Dessous la cheminée.

La chatte qui était au coin du feu
Qui tournait la bouillie,
Et les souris au milieu du plancher
Qui menaient la vie.

Nos pourceaux qui étaient à la chambre-haute
Qui jouaient de la musique,
Et les vaches sur le grenier,
Qui mettaient égoutter le fromage blanc.

Quand vous passerez chez nous,
Venez voir notre ménage,
Les dimanches comme les chaques jours.
C'est le mieux tenu du village.

Vous y verrez tout marcher
Comme je viens de vous le dire,
Et les mouches au haut du plafond
Qui se crèvent de rire.

XI

Les poures hommes.

(Patois de Gérardmer).

Les peures hommes ont bé do mau,
Mâs loûs fommes né les piandot voua.
É s'o vont do grand mètin

È lè besogne tot sno loùs fommes,
Et lo sau quod é r'vénot,
É sont co bè sevot grolès.

Èhhèïe dessi ène selle ou dessi in banc,
É n'faurau mi ovoue lo tops grand.
Neus fommes sont dos neus mauhons
Qu'elles y m'not lo carillon.
Et nos qué j'sons o coborèt,
É n'nos faurau mi chègrinè.

Au sautant fie do coborèt,
È lè mauhon nos faut r'ollè.
Lo pis sovot l'éhhe ost fromè.
È lè f'néte é faut toquè,
Dire : Quetline ou Anne-Mèrie,
J'vourèïe bén ovoue lè pôtche dévouéte.

É n'vos faurau pouèt dévouére d'éhhe,
Vos faurau lèhhie gére dannéhhe.
Ène bolle houre po r'véni !
Mi qu'ost seûle dé drémi.
Ène boile houre po z-éte drauhaut lo lèïe,
Volo qu'él ost detpis d'mèïenèïe !

Oh ! j'èreûïe bé pis teût r'véni,
C'é sti les autes qué m'ont ret'ni,
Au bovant in vourre dé vin
Èvo Diaudin, Joson, Colin,
Èvo trau ou quouète golaïes dé pain.
Ah ! por mo foue, j'â co bé faim !

Oh ! j'n'éscoute mi veus rohons,
Vos saus tértis des mêmes soulons.
Ène grante houre dé chémin,
Dessis veus votes vos vos trainerin,
Po z-ovoue in vourre dé vin.
Vole lè vie dé s'vè coltin !

Qué ç'sau d'onaïe, qué ç'sau d'évoué,
Les fommes ont tocoue lo même mèn'trèïe :
O n'ont co mi vu les eauves si besses,
É n'é co pouèt fât d'si grante socheresse,
Qué po z-èpâhie lou molin.
Oh ! ç'ost tocoue lo même bétin.

Les pauvres hommes.

Les pauvres hommes ont bien du mal,
Mais leurs femmes ne les plaignent guère.
Il s'en vont de grand matin
A la besogne sans leurs femmes,
Et le soir quand ils reviennent,
Ils sont encore bien souvent grondés.

Assis sur une chaise ou sur un banc,
Il ne faudrait pas avoir le temps bien long.
Nos femmes sont dans nos maisons
Où elles mênent le carillon.
Et nous qui sommes au cabaret,
Il ne nous faudrait pas chagriner.

En sortant du cabaret,
A la maison il nous faut retourner.
Le plus souvent la porte est fermée.
A la fenêtre il faut frapper,
Dire : Catherine ou Anne-Marie,
Je voudrais bien avoir la porte ouverte.

Il ne vous faudrait point ouvrir de porte,
Vous faudrait laisser coucher devant-la-porte.
Une belle heure pour revenir !
Moi qui suis saoûle de dormir.
Une belle heure pour être dehors,
Voilà qu'il est plus de minuit !

Oh ! j'aurais bien plus tôt revenu,
Ce sont les autres qui m'ont retenu,
En buvant un verre de vin
Avec Claude, Joseph, Colin,
Avec trois ou quatre bouchées de pain.
Ah ! par ma foi, j'ai encore bien faim.

Oh ! je n'écoute pas vos raisons,
Vous êtes tous des mêmes soulons.
Une grande heure de chemin,
Sur vos ventres vous vous traîneriez,
Pour avoir un verre de vin.
Voilà la vie de pareils gilets !

Que ce soit en été, que ce soit en hiver,
Les femmes ont toujours le même (?)
On n'a encore pas vu les eaux si basses,
Il n'a point encore fait de si grande sécheresse,
Que pour arrêter leur moulin.
Oh ! c'est toujours le même train.

XII

Lè jone baicèlle

(Patois de Serres).

J'ai vu l'ate jo ene jone baicèlle,
È l'ompe des fouyattes des grands bôs.
Dès que lè jone-lè qu'atot bougrement bèlle
M'ai vu, elle s'ai savé tot d'in còp.

Et me val core aiprès lè baicèlatte
Que se savor si vivement,
J'li ai dit : mè tote bonne pétiatte,
Porquè qu'te t'save si lestement?

Porquè qu'j'me save? ç'ast que, dit-laye,
Tortots les gahons sont méchants.
Mammiche m'ai dit : save-te mè faye,
C'ait tortots des loups dévorants !

I n'fâ-me écouter vote mammêne.
Tortos les gahons sont gentils.
Quand laye atot jone laye-même,
J'réponds qu'laye les aimot assi.

La jeune fille.

J'ai vu l'autre jour une jeune fille,
A l'ombre des feuilles des grands bois.
Dès que cette jeune-là qui était bougrement belle
M'a vu, elle s'est sauvée tout d'un coup.

Et me voilà courir après la fillette
Qui se sauvait si vivement.
Je lui ai dit : ma toute bonne petite,
Pourquoi te sauves-tu si lestement ?

Pourquoi je me sauve ? c'est que, dit-elle,
Tous les garçons sont méchants.
Grand'mère m'a dit : sauve-toi ma fille,
C'est tous des loups dévorants !

Il ne faut pas écouter votre grand'mère.
Tous les garçons sont gentils.
Quand elle était jeune elle-même,
Je réponds qu'elle les aimait aussi.

XIII

Pastorale.

<small>(En patois de Charmois-l'Orgueilleux).</small>

Choque ! qu'i fât chaud ! Sans presse et sans folie,
J'â jo bie mau lo dos, i n'f'ré-té mi enne rohhie ?
Depeu lo grand maitin, dans in si grand finaige,
Je n'â vu que Colin qu'ost raivant au vilaige.

Prés de mi l'é pessè, pessè sans me rie dire.
Mi, j'â fât comme lu, ce n'ost mi po z-è rire.
Qué mau li â-je donc fât, poqué m'fâ-té lè mine ?
Oh ! que j'seuïe chaigrinaïe. Oh ! ce n'ost qu'in ingrat.

Quand je n'aullau aux champs, c'étaut mo boun aimi,
De tortus mes gaulants c'étaut lo favori.
Il étaut bie gentil et je n'aimau que lu.
Au waudant so tropé, i peurnait waude i mie.

In jo que lo Banbau veneu po me voigie,
Colin n'fayeu qu'in saut, coreu pou l'aigaï.
Mo boun aimi Châlot se motteu d'aivo lu,
Airmé d'in gros gaïot. Mâs, i n'aipreucheu mi.

Po nos fare héï et nos broï eisonne,
L'ont dit que Caittin n'ollè stopè sè roïe.
C'ost enne fine Faye que fât des bés semblants.
Elle fât di feuïe sans f'maïe po réhhauffi les gens.

Comme le taups se pesse, comme les gens chaingeot !
È c't houre i m'délaisse, i parait mau piaihant.
Qué mau li â-je donc fât, poqué m'fâ-té lè mine ?
Oh ! que je seuïe chaigrinaïe. Oh ! ce n'ost qu'in ingrat.

Traduction.

Choque ! qu'il fait chaud ! Sans presse et sans folie
J'ai déjà bien mal le dos. Ne fera-t-il pas une averse ?
Depuis le grand matin, dans un si grand finage,
Je n'ai vu que Colin qui est retourné au village.

Près de moi il a passé, passé sans rien me dire.
Moi, j'ai fait comme lui, ce n'est pas pour en rire.
Quel mal lui ai-je donc fait, pourquoi me fait-il la mine ?
Oh ! que je suis chagrine. Oh ! ce n'est qu'un ingrat.

Quand j'allais aux champs, c'était mon bon ami,
De tous mes galants c'était le favori.
Il était bien gentil et je n'aimais que lui.
En gardant son troupeau, il prenait garde au mien.

Un jour que le garde venait pour me gager,
Colin ne fit qu'un saut, courut pour lui jeter des pierres.
Mon bon ami Charlot se mit avec lui,
Armé d'un gros bâton. Mais il n'approcha pas.

Pour nous faire haïr et nous brouiller ensemble,
Ils ont dit que Catherine allait boucher sa roie.
C'est une fine Fée qui fait des beaux semblants.
Elle fait du feu sans fumée pour réchauffer les gens.

Comme le temps se passe, comme les gens changent !
A cette heure il me délaisse, il paraît mal plaisant.
Quel mal lui ai-je donc fait, pourquoi me fait-il la mine ?
Oh ! que je suis chagrine. Oh ! il n'est qu'un ingrat.

XIV

Le munèïe, se gahhon et ẕout àne

<small>(Imité de La Fontaine, en patois de Landremont).</small>

Eune fois i munèïe qu'atôout d'jè vieux, èvou se feu i grand gahhon de sauze ans, allint ensanne è lè fouére vende zout'àne. Po que lè béte n'atesse me hadàïe et que l'èvesse mioue mine sus l'merchi, i li èvint lii les quouette pettes, et peus, èvou i jarat de fègat que l'èvint pessé deva la côoute, i l'emp'tint sus zous épaules. I falôout que l'atinssent moult jeanjeans !

En sourtant don molin, les val que renconteurrent in homme. L'aute-çeul fat des hennahs en les ouèyant et lizous dit : — Qué diàle que v'allôous fare tolè? Je n'sais le quél ast-ce qu'ast lè pus bourrique de vas trôouhh. Le munèïe en ouïant celè, ouèt bin que l'è tôourt ; ỉ matteut bèhh zout' àne, lè désensaoue, peus lè font merchi devant zous. Le baudat que s'piahôout bin è éte pouté n'en atait-me content et se mattait è s'piainte. Le munèïe n'y fat-me ettention, i dit è s'gahhon de monter è chevau dessus, et peus : hhaïe coco !

I pôou pus lon, i renconteurrent trôous marchands. Le pus ancien lizous bauïe : — Vûte bin dehhonde tot de hheuïte janne babré! ast-ce que t'é besan de fare merchi te père enlè? Fas le pus tôout monter dans tè pièce. — V'ôous râhon, dit le munèïe, j'allans fare comme ve dehôous. Le gahhon dehhend, et le pére monte è chevau.

Val que trôous bàcelles vagnent è pesser. I n'y en è eune que dit : — Ç'ast hontoux de fare bacaissi i janne gahhon enlè, et le vieux nigaud-lè, èhhutt' comme in èvèque, crôout qu'i fat bin en fayant le vé sus s'n'àne.

— Oh, oh! dit l'munèïe, i vé de m'n'àge seròout déjé vieux bu! pesse te chèmin, lè bèle, cece ne te rouate-me. Mas les bacelles ne hôoutent me de le gouailli. Le munèïe pense que l'è ica tôourt, i fat monter se gahhon è creupion èvou lu.

I n'èvint me fat trente pès que vâce des autes pessants que treuvent ica è redire. — Les gens-lè sont fous, dehait le promèïe, zout' baudat ast nante, i va craver è fôouh d'éte zaubé ; on ne dourôout me enrener enlè eune pôoure bourrique qu'è p'té tant de dossaïes dans sè vèïe ; ve n'èrôous pus que sè pé è vende quand v'erriverôous è lè fouère. — Sus mon Dieu! dehait le munèïe, i faut aouè pediu lè rahon po cherchi è contenter toutes les gens et ica se pére. Eprovans tojo. I dehhendent tos les doux. Zout'àne merche tout seûl devant zous, en redras-sant les arailles.

I pôou pus lon, i rencontreurrent ica quéqu'inc que lizous dit : — Ast-ce que ç'ast lè môoude chi vos qu'i baudat merchesse è s'n' ahhe, et que le munèïe se hadesse? Ve dourins fare matte vat'béte dans eune niche. V'usôous vas solés po minègi vat'àne. Ve n'atôous-me comme le Câlas ; quand i va ouère lè Jeannette, i monte sus sè béte. Et les autes le rècontent en daïant : Ve me fayôous trôous bés baudats ! — Ç'ast vrà, dehait le munèïe, je sus in àne, j'en convins, mas è c't'houre qu'on dehesse c'qu'on vourrèt, je n'en ferà qu'è mè téte. Fat feu dît, et i n'è-me èvu è s'en piainte.

Por vos, mes bonnes gens, retenôous bin cece: Les autes i treuveront tojo iecque è redire sus c'que ve ferôous.

XV

Lè fomme qué s'noye

(En patois de Lachapelle et de Thiaville).

Ç'ator în homme èca eune fomme qu'évinnor în

gahhon. Il allor vouèr bonne amie, mais sos gens ne v'linrennor qu'i mérieusse èvon. Les gens d'lèye ne v'linrennor mi li béïé è cause qu'elle ator trop maligne. Par fôhe il é v'lu l'aouet. Il ont forcé zos gens pou s'mérier.

Quand il ont étu mériés, il éveuhhent des rahons pace qu'elle feyor tojo lo contrare de c'qu'i v'lor. È lé fin, po érivé è c' qu'i v'lor, i savor coment qu'i falor s'y penre.

Il avor eune foués l'onvie de vonte zoute véche, et po pouër lè vonte il é dit lo contrare. Il é dit : mè fomme, j'ons eune bonne véche, i n'faut mi lè vonte pace qu'elle ost trop bonne. Lèye é répondu: justement je vue lè vonte.

Les val partis au marchier po lè vonte. Quand lo véche è étu vondue, val lu qu'é dit : je n'v'lomme fàrè comme ç'autes-lètte, je n'v'lo-mme dépenser not argent è l'auberge, déjinè toci èca tolè. Lèye li répond : justement je vue y allè.

Quand l'ont étu déjiné, lu é dit : je n'v'lo-mme pouint penre de cafè ni ca de bière, je sons bien enlet po r'enallè. — Justement je vieux penre eune tasse èca bouére lè bière. Quand c'é étu fât lo répèt, les val' r'enallès.

Comme zoute villéche ator i pô lon, falor pessè sus eune route que n'y avor în port de bos. Il ont vu eune créhelle de pianches. Lu li é dit : je n'v'lo-mme fàrè comme les afants-lè, je n'v'lo-mme brancier sus eune pianche. Lèye è dit : justement je vieux brancier.

Comme y avor eune reverre, lu é dit : te n'te vieux-me auss' ben matte di coté de l'reverre po brancier, pace que si t'veni è cheure è lè reverre te s'ro noye. — Justement je vue mi matte de c'coté-lè, pace que ç'ost pus béhe, et je v'ra pus haut en branciant.

Au bout d'eune minute ou douce qu'i branciennor, lè val qu'é cheu è lè valeye dans lè reverre. Val mon homme qué d'hond de d'sus sè pianche po côre éprés sè fomme. Mais au leu que de d'hente béhe comme l'eaufe, i montor conte. L'é étu è pô prés à cent mètres au d'sus en criant. N'y avor des gens qui faninnor sus l'bord de lè reverre ; i li ont d'mandé qu'ast-ce qu'i criëe et qu'ast-ce qu'i quoirée ? I li é répondu qu'i branciennor béhe-lè avo sè fomme, qu'elle èvor cheu è l'eaufe, et qu'il lè quoirée. Les gens-lè li ont dit que si elle avait cheu bèhe-lè qu'elle ne pouvét-me ête haut-ci. I li é dit qu'si, qu'elle pouvét ben ête haut pace qu'elle allor tojo lo contrare des autes, ainsi qu'elle pouvor ben allè conte l'eaufe.

La femme qui se noie.

C'était un homme et une femme qui avaient un garçon. Il allait voir bonne amie, mais ses parents ne voulaient pas qu'il se mariat avec. Les parents d'elle ne voulaient pas lui donner parce qu'elle était trop méchante. Par force il a voulu l'avoir. Ils ont forcé leurs parents pour se marier.

Quand ils ont été mariés, ils eurent des raisons parce qu'elle faisait toujours le contraire de ce qu'il voulait. A la fin, pour arriver à ce qu'il voulait, il savait comment il fallait faire.

Il avait une fois l'envie de vendre leur vache, et pour pouvoir la vendre, il a dit le contraire. Il a dit : ma femme, nous avons une bonne vache, il ne faut pas la vendre parce qu'elle est trop bonne. Elle a répondu : justement je veux la vendre.

Les voilà partis au marché pour la vendre. Quand la vache a été vendue, voilà lui qui dit : nous ne voulons pas faire comme ces autres, nous ne voulons pas dépenser notre argent à l'auberge, déjeûner ça et là. Elle a répondu : justement, je veux y aller.

Quand ils ont été déjeûner, lui a dit : nous ne voulons pas prendre de café ni encore de la bière, nous sommes bien ainsi pour r'en aller. — Justement, je veux prendre une tasse, encore boire la bière. Quand cela a été fait le repas, les voilà r'en allés.

Comme leur village était un peu loin, il fallait passer sur une route où il y avait un port de bois. Ils ont vu un tas de planches. Lui lui a dit : nous ne voulons pas faire comme ces enfants, nous ne voulons pas balancer sur une planche. Elle a dit : justement je veux balancer. Comme il y avait une rivière, lui a dit : tu ne te veux pas aussi bien mettre du côté de la rivière pour balancer, parce que si tu viens à tomber à la rivière tu serais noyée. — Justement je veux me mettre de ce côté, parce que c'est plus bas, et j'irai plus haut en balançant.

Au bout d'une minute ou deux qu'ils balançaient, la voilà qui tombe, à la descente, dans la rivière. Voilà mon homme qui descend de dessus sa planche pour courir après sa femme. Il a été à peu près à cent mètres au-dessus en criant. Il y avait là des gens qui fanaient sur le bord de la rivière ; ils lui ont demandé qu'est-ce qu'il criait et qu'est-ce qu'il cherchait ? Il leur a répondu qu'ils balançaient là-bas avec sa femme, qu'elle était tombée à l'eau, et qu'il la cherchait. Ces gens lui ont dit que si elle était tombée là-bas qu'elle ne pouvait être ici en haut. Il leur a dit qu'elle pouvait bien être en haut parce qu'elle faisait toujours le contraire des autres, ainsi qu'elle pouvait bien aller contre l'eau.

XVI

Lè conversion dé Saint Èlouè.

(En patois de Moineville).

Note Séigneur lo bon Dieu l'pèire, éne jornaïe, dans l'Pèrèdis oteu râvowe.

L'ofant Jésus li é dit :
— Pèire, qu'ost-ce-qué v'èveu ?
— J'a ène pensaïe qué m'trèkesse. Rouate in pou perlè.
— Eyowe ? dit Jésus.
— Perlè, perlè, dans l'Limousin, dreut au bot dé m'deuïe, té ouèt bén' dans l'véléïge ène botique dé merchau, éne belle de botique.
— Hoye, jé lè ouet.
— Et bèn', tolè so trove in homme que j'èru v'lu sauvèye, on l'houye mâte Èlouè. Ç'ost in fin bon homme qu'observe bén' ses commandements, qu'ost chèritabe po les poures, dé bonne volontèye po tot chèquin, dé boet compte èvo les prètiques, et qué boche don merté dé l'mètin jusqu'è lè nut sans jèmâs palèye ni jerèye. Ah ! i m'sonne qui d'vareu in grand Saint.
— Qu'ost-ce-qué l'empéchereu ? dit Jésus.
— S'n'orgueil, mon ofant, pèce qué ç'ost in ovri d'premiére qualitèye, Èlouè creut qui n'y é pèchoune au-dessus d'lu sus lè tére, mâs i s'poureu bén' trompèye.
— Monséigneur Pèire, dit Jésus, si v'volin m'permotte de d'chende sus lè tére, jé poureu bén lo convertir.
— Vè-t'-en-z-y mon ofant.
Et lo boet Jésus é d'chendu.

I

Prot en èprenti, so piot pèquet sus l'dous, lo divin ovri èriveu dreut dans lè rawe èyowe qué d'moreu Èlouè. Sus l'euche il y èveu éne enségne, et l'enségne porteu ç't ecrit-cé : *Èlouè lo merchau, mâte de tous les mâtes, fourge in fé en dowes chaudes.*

Lo piot èprenti mot l'pied sus l'euche, et en levant s'chèpé :

— Jé v'sohâte lo boéjo, mâte et tote lè compègnie, si v'èvin besoin d'in pou d'âde...,.

— Poè pô l'moment, répond l'mâte.

— Eh bén' ! mofri, cé s'ré pô in aute dè foèt. Et lo boèt Jésus é r'prin s'cheumin.

Il y èveu in quoiraïe d'hommes dans lè râwe.

— Jé n'èreu jèmas cru, dit Jésus en pèssant, qué dans ène botique comme cette-lèle, èyowe que deut owère tant d'ovrèige, on m'réfusereu don trèveil.

— Ettend in pou, piot, è dit inc des voisins. — Côment é-te sèlué en entrant chu mâte Èlouè ?

— Mofri, j'â dit comme on deut dire : jé v'sohâte lo boéjo, mâtre et tote lè compègnie.

— Ç'ost celè ! I n'foleu-me dire enlè. Foleu l'houyé : mâte dé tous les mâtes. Lis pus tout l'enségne.

— Ç'ost vra, dit Jésus, j'é m'en va rèprovèye.

I r'toune è lè botique.

— Jé v'sohâte lo boéjo, mâte de tous les mâtes, n'èrin-v'mé bésoin d'in ovri ?

— Entére, entére ! é r'pondu mâte Èlouè. J'â pensèïe dé d'peu qué j'pourreu t'emploié ossé. Mâs ècowte çolè po éne bone foès, quand té m'sèluré, té m'houyerè : mâte dé tous les mâtes, pèce qué ç'n'ost-mme po m'fièttèïe, mâs des merchaus comme mé, qué font in fé dans dôwes chaudes, i n'y en é-me dôwes dans l'Limousin.

— Ho ! dit l'èprenti. — Nos autes, dans note endreut, jé fourgeans dans n'seule chaude.

— Rin qu'dans ène seule chaude ! couche-to bèvard, ç'n'ost-mme possibe.

— Eh bén' ! v'oleu l'veur, mâte dé tous les mâtes. Jésus prend in môrceau d'fé, lo mot dans lè fourge, fat olèïe l'choffiot, et quand lo fé ost bén' rôge et bianc, i l'vâ pâre èvo sè mé.

— Ah ! dit l'compègnon — té va t'breulèïe les deuïes.

— N'éveu-me pôwe, répond Jésus — Mon Dieu jé

v'rend gràce ! — Dans note endreut, je n'èveu-me bésoin d'tricouesse.

Et lo piot ovri é prin lo fé, l'é p'tèïe sus l'enkieume, et èvo so piot merté, pin, pan ! i l'é égrandi, èpièti, èrondi et frowèïe qu'on èreu dit in fé moulèïe.

Lo premi compègnon oteu d'vo l'choffiot qué n'déjeu rin ; i n'en penseu-me dé moins.

— Oh ! dit mâte Èlouè — mé ossé, si j'voleu, j'en f'reu bén'austant.

Vitement i prend in bôt d'fé, lo mot dans lè fourge et chofèye lo fu. Quand l'ost bén' roge, i l'vieut pâre èvo sè mé, comme son èprenti, mâs i s'breule les deuïes. L'é bé è s'hâtèïe et bén' fâre so duche, l'ost obligi dé l'lachi et dé r'pâre ses tricouesses. En ètendant lo fé d'chvau s'ost rèfreudeu... Ah ! pouo mâte Èlouè, t'è bé è tèpèïe et t'démoénèïe, té n'pouré-m' vénin è bot dé l'fâre dans n'chaude !

II

Côwteus ! côwteus ! j'oye vénin lo trot d'in ch'vau.

Mâte Èlouè va vitement sus l'euche et ôye in kèvèlier, in bè kèvèlier qu'èrète devant lè botique.

Ç'oteu Saint Mertin.

— Jé d'vié de bén lon — qu'i li dit — mo ch'vau ost d'fèrèïe, et jé m'hâte dé trovèïe in merchau.

Mâte Èlouè so r'dresse et li dit enlè :

— Séigneur, vé n'poveu mieux rencontrèïe, v'oteu chu l'premier merchau don Limousin et qué s'pieut dire lo mâte de tous les mâtes, i fourge in fé dans dowes chaudes. — Piot vè t'en t'nin l'pied.

— T'nin l'pied ? répond Jésus, nos autres, dans note endreut, j'trovans qué ç'n'ost-me lè poéne.

— Ah ! nom d'ène pipe ! po l'coup, ç'ost un pou fourt, et coument qué v'fèyeus, dans vote endreut, po fèrèïe sans t'nin l'pied ?

— Rin n'ost pus agi. Mon Dieu! v'lo-le wére.

L'èprenti empogne lo boutouèr, èvance devant l'ch'vau, et crac! i coupe lo pied. I èpoute dans lè botique, lo sârre bén' èpouèt dans l'étoc, li keurre bén' lè coune, i mot l'fé nieuf qu'i v'neu de fâre, èvo l'brouchouèr li piante les kious, et pus désârre, i r'va d'vo l'ch'vau, croche sus l'pied, l'èjusse, nè fat qu'dire, en s'ségnant : « Mon Dieu ! qué l'sang perneusse ». Lo pied s'trove rémin et solide comme jémas on n'l'èveu vu et on n'lo woéré.

Lo premier compègnon d'védeu ses œils come lo pogne, et lo brave mâte Èlouè k'menceu d'souèïe.

III

Bote au Diabe! dit-i — perdi! en fèyant enlè, j'en f'reu bén' austant.

Et mâte Èlouè s'èbèche vitement èvo l'boutouèr, s'èproche don ch'vau, li coupe lo pied et l'èpoute dans lè botique, lo sârre dans l'étoc, lo ferre è s'n âche, comme l'èveu vu fâre è s'n'èprenti.

Mâs, nòs y voce, i faut lo r'motte en pièce!... I r'va d'vo l'ch'vau, croche sus lè coûne, lo colle bén èpouèt è lè jambe, mâs sè grèche nè vaut rin! I n'vieut ténin, lo sang coure è pié rupt, et l'pied r'cheu.

Mâte Èlouè, po l'coup, qu'oteu si guioriowe dé s'n' èdresse so treuve rèbèchi, i rentére dans lè botique, et s'jété au pied d'l'èprenti.

Mâs tot d'in coup, i n'l'è pus vu, ni l'ch'vau, ni l'bé kèvèlier.

Mâte Èlouè brèyeu comme in offant, quand l'èveu r'con'chu qu'il èveu in mâte au d'sus d'lu et au d'sus d'tout. L'è routèïc sè bènotte dé cuche et quétèïe lè botique, et é olèïe dans l'monde ènonci lè pèrole dé note Séigneur.

XVII

L'û de polain.

(En patois d'Einville-aux-Jars).

I n'y avôt eunne fouè in' hôme de Frimbeau qu'atôt à merchi de L'ninville et qu'voyé des tot grosses cahônes, mès i n'savôt qu'ast-ce-que ç'atôt et i demandé à in Monsu de L'ninville qu'pèssôt : qu'ast-ce que ç'ast de c'lè, Monsu ?

Lo Monsu qu'lo voyait in pô nigâd, li d'hé : c'ast des ús de polain.

— Comment qu'on fèt po aoué in polain avo ç'lè ?

Lo Monsu li d'hé : on prend in û, on le fèt cover hheu s'maines pa eune vie fôme, pus i sate fue in piat polain.

L'hôme de Frimbeau chongè tot pér lu : val bin m'n effaire, j'ons chin nos mè vie belle-mére que n'fèt pus rin, j'lè mattrans cover. Pus i marchandé eune cahône qu'on li layé po in piat étchu.

L'atôt bin jayoux en rappouquant sè cahône à Frimbau, et i d'hé è sè fôme : je vons matte cover tè mère que d'mouère ahhute totte lè jonaiye et qu'n'fèt pus rin que d'groler, pus j'èrans avo ç'lè in bè piat polain.

Val lè vie fôme-lè que côve, que côve totte lè jonaiye et ca lè neuye. A bout d'hheu s'maines, i n'y avôt ca pouint d'polain. L'attendinza tojo, et lè vie fôme covôt ca quoite semaines. Pus èprès, l'hôme d'hé è sè fôme : tè mère ast eune manre coverasse, ou bin qu'j'sons cheu sus in manre û. Lo val que prend lé cahône et qu'vè lè ch'ter dans eune haiye. Mès i n'avôt-za in' livrâ dans lè haiye que s'savé. L'hôme quand i voyé lè piate bête-lè

qu's'savôt, d'hé : oh ! val' mo polain qu'f... lo camp !
qué mâ chance ! Pus i crié tant qu'i pouvôt : chouri !
chouri ! venans petiat ! Mès lo livrâ ne rrvî-me.

L'œuf de poulain.

Il y avait une fois un homme de Fraimbois qui était
au marché de Lunéville et qui voyait de toutes grosses
citrouilles, mais il ne savait pas ce que c'était, et il
demanda à un Monsieur qui passait : qu'est-ce que c'est
de cela, Monsieur ?

Le Monsieur qui le voyait un peu nigaud, lui dit :
c'est des œufs de poulain.

— Comment qu'on fait pour avoir un poulain avec
cela ?

Le Monsieur lui dit : on prend un œuf, on le fait
couver six semaines par une vieille femme, et puis il
sort un petit poulain.

L'homme de Fraimbois songea tout par lui : voilà
bien mon affaire, nous avons chez nous ma vieille
belle-mère qui ne fait plus rien, nous la mettrons couver.
Puis il marchanda une citrouille qu'on lui laissa pour
un petit écu.

Il était bien joyeux en rapportant sa citrouille, et il
dit à sa femme : nous allons mettre couver ta mère qui
demeure assise toute la journée et qui ne fait plus rien
que de gronder, puis nous aurons avec cela un beau
petit poulain.

Voilà la vieille femme qui couve, qui couve toute la
journée et encore la nuit. Au bout de six semaines, il
n'y avait encore point de poulain. Ils attendaient toujours, et la vieille femme couva encore quatre semaines.
Puis après, l'homme dit à sa femme : ta mère est une
mauvaise couveuse ou bien que nous sommes tombés
sur un mauvais œuf.

Le voilà qui prend la citrouille et qui va la jeter dans une haie. Mais il y avait un levreau dans la haie, qui se sauva. L'homme, quand il vit cette petite bête qui se sauvait, dit : Oh, voilà mon poulain qui f... le camp ! quelle mauvaise chance ! Puis il cria tant qu'il pouvait : chouri ! chouri ! venez petit ! Mais le levreau ne revint pas.

XVIII

Lo loup crové et lo Mêre de Fraimbôs.

(En patois de Fraimbois).

Pò éne bélle jònée di moués d'Octope, j'olleu dòs in leu di bôs qué j'n kénohhé mi et qu'on déhé tòt kiriouse. C'èté in leu bin lon di chèmin et qu'on houoyé lè Sòlvonère.

J'erriveu biantot dòs in leu dé tièr-chêne où-ost-ce qué lo terrin, tortot hormoué me fèyé compenre qué jé té è lè solvonère de l'ancin tòps. Dòs lo tops qué jé hoïé dréha les pairéres-lè qu'étint piaines de bouhhons tòt èpòs qué coichinent des pèqueus, jé voyeu éne grand bouonne, je lè revoiteu tòt bin, jé cròyé vor dévont mes eux éne bouonne des rondiots di Sebbet. Jé té si è meu aiffaire qué jé n'voyeu-me in petiot hôme tot vie qué couéillé des graines de g'nouore, et qué feut tot d'in côp sus mé.

— Vòs vòle bin èherné, qu'i m'déheu. Jé feus bin aihhe dé l'oyi, je sèvé que lo père Colon (ç'té lu) kénohhé tortot cé qué y èvé dé kirioux sus lo villége. Eprès éne pouégnie dé main, j'li demandeu :

— Qu'ast-ce qué ç'ast dé lè grand' pirre-lè ?

— C'ost lè grand' bouonne, qué m'déheut, ç'ost enlè qu'on lè houoye.

— Sèvé-ve-ti bin qui ost-ce qué l'è pianteu ?

— Ce feut dòs l'ancin tops, po montrer lè limite des bôs dé Gerbieller, de Moyin et de Fraimbôs. L'ost tot-è-fait è lè piaice d'in loup crové.

Jé devineu éne bonne fiaoue, et jé démandeu au brave hôme-lè de m'rèconter ç'qu'i sèvé sus lè bouonne-lè.

Vòce cé qu'i m'déheut, quand j'nos ohhes ehheus sus l'hièbe.

— Dòs l'ancin tops, tortot lo bôs qu'on houoye lo Solvon ou bin lè Solvonère té in grand pétra que n'volé-me grand ièque. Ç'té portant è case di pétra-lè qué n'y èvé tojo des chicaines ente les trouos communes de Fraimbôs, de Moyin et de Gerbieller. Tos les trouohh velinent ovouer tortot lo terrin, è case qué zut bôs té voisin. Ç'té éne grosse aiffaire. Lo bon Duc qu'errangé sovot les mèhhes chicaines v'leut les errangi éne foués qu'i té è lè chesse. I nommeu in hôme édrouot po veni sus lo terrin èvo les mêres des trouos villéges. Les ceos-d'-cé devînent émouéner èvo zos des geos seioçous po pertégi justemot.

Quand i feuhh tortos errivés tocé où-ost-ce-que jé sotes, lo mêre de Fraimbôs troboicheut conte in loup crové qué té coichi dos les rouhhes qué tinent tot epòsses tolè. En voyant lo loup crové-lè, lo mêre de Fraimbôs èveut éne idée tot squée qu'i déheut éz âtes.

— Nos sotes les trouos mêres. Eh bin ! jé vos propose qué lo çu qué diré lè pus grande vérité sus lo loup qué vòle, gaigneuhhe po sè commûne lè propriété di terrin qu'ost lè case dé note chicaine. Qu'en déhé-ve ?

Comme i tinent in po joyoux, i veleuhhent bin enlè tortus. È tot seigneur tot honneur. Lo mêre dé Gerbieller, qu'ost éne ville, pêleu lo premé.

— Vole in loup, qu'i déheut, qu'è couchi pus sovot dant l'heuhh qu'è l'èhhouei !

Tot lo monde troveu lo mêre de Gerbieller bin édrouot. I déhinnent ass'bin tot behh, que lo loup èvé bin pu couchi sovot dòs les borèques des chorbonies ou bin dòs les èvris des boquillons quand i n'y èvé pus pohhenne.

— È vos, monsu lo mère de Moyin, posqué vote commune ost pus grosse qué lè note.

— Vole in loup, qué déheut lo mère de Moyin, qu'è maingi pus sovot dé lè châi cruce que dé lè châi cueute !

Bin treuvé, qu'i déheuhhent tortus. Lo mère dé Gerbieller ost enfonci. Maîs i chonginent portant què dòs lo tops dé nage, les boquillons s'étinent piaindus sovot qué lo loup lis maingé zut châi qu'l'aivinnent èpouqué po zos d'juner.

Lo mère de Fraimbôs pêleu lo dêré. I déheut :

— Vole in loup qué n'è jèmâs ettu assî moléde qué quand l'è crové !

I rieuhhent tant, i toqueuhhent tant dòs zos mains qu'on voyeut bin què lo mère de Fraimbôs té lo maîte. Pês inque né feut essèz molin po li réponde.

I s'errangeuhhent tortus èvo tot pien dé piaihi, et i pianteuhheut lè grand' bouonne-lè qu'empecheut tortos les chicaines ; et dépues, lo villége de Fraimbôz è tojo èvu lè Solvonnère.

Le loup crevé et le maire de Fraimbois.

Par une belle journée du mois d'octobre, j'allai dans un endroit du bois que je ne connaissais pas et qu'on disait tout curieux. C'était un endroit bien loin du chemin et qu'on appelait la Sablonnière.

J'arrivai bientôt dans une clairière où le terrain tout remué me fit comprendre que j'étais à la Sablonnière de l'ancien temps. Pendant que je marchais à travers ces carrières qui étaient pleines de buissons tout épais qui cachaient des trous, je vis une grande borne, je la regardai bien, je croyais voir devant mes yeux une borne des rondes du sabbat (1). J'étais si à mon affaire que je ne vis pas un petit homme tout vieux qui cueillait des baies de genièvre, et qui fut tout d'un coup sur moi.

— Vous voilà bien étonné, qu'il me dit. Je fus bien aise de l'entendre, car je savais que le père Colon (c'était lui) connaissait bien tout ce qu'il y avait de curieux sur le village. Après une poignée de main, je lui demandai :

— Qu'est-ce que c'est de cette grande pierre ?

— C'est la grande borne, qu'il me dit, c'est ainsi qu'on l'appelle.

— Savez-vous bien qui est-ce qui l'a plantée ?

— Ce fut dans l'ancien temps pour montrer la limite des bois de Gerbéviller, de Moyen et de Fraimbois. Elle est tout-à-fait à la place d'un loup crevé.

Je devinai une bonne histoire, et je demandai à ce brave homme de me raconter ce qu'il savait sur cette borne.

Voici ce qu'il me dit, quand nous nous fûmes assis sur l'herbe.

— Dans l'ancien temps, tout le bois qu'on appelle le Sablon ou la Sablonnière était un grand friche qui ne valait pas grand chose. C'est pourtant à cause de ce friche qu'il y avait toujours des chicanes entre les trois communes de Fraimbois, de Moyen et de Gerbéviller. Toutes les trois voulaient avoir tout le terrain, à cause que leurs bois étaient voisins. C'était une grosse affaire. Le bon Duc qui arrangeait souvent les mauvais procès voulut les arranger une fois qu'il était à la

(1) Un menhir.

chasse. Il nomma un homme adroit pour venir sur le terrain avec les maires des trois villages. Ceux-ci devaient amener avec eux des gens choisis pour partager justement.

Quand ils furent tous arrivés, le maire de Fraimbois trébucha contre un loup crevé qui était caché dans les ronces qui étaient épaisses là. En voyant le loup crevé, le maire de Fraimbois eut une idée bizarre qu'il dit aux autres :

— Nous sommes les trois maires. Eh bien ! je vous propose que celui qui dira la plus grande vérité sur le loup que voilà, gagne pour sa commune la propriété qui est la cause de notre procès. Qu'en dites-vous ?

Comme ils étaient un peu joyeux, ils voulurent bien ainsi, tous. A tout seigneur tout honneur. Le maire de Gerbéviller, qui est une ville, parla le premier.

— Voilà un loup, qu'il dit, qui a couché plus souvent devant la porte qu'à l'abri !

Tout le monde trouva le maire de Gerbéviller bien adroit. Ils disaient aussi bien tout bas, que le loup avait bien pu coucher souvent dans les baraques des charbonniers ou bien dans les abris des bûcherons, quand il n'y avait plus personne.

— A vous, monsieur le maire de Moyen, parce que votre commune est plus grosse que la nôtre.

— Voilà un loup, que dit le maire de Moyen, qui a mangé plus souvent de la viande crue que de la viande cuite !

Bien trouvé qu'ils dirent encore tous. Le maire de Gerbéviller est enfoncé. Mais ils songeaient pourtant qu'en temps de neige, les bûcherons s'étaient plaints souvent que le loup leur mangeait leur viande qu'ils avaient apportée pour leur déjeûner.

Le maire de Fraimbois parla le dernier. Il dit :

— Voilà un loup qui n'a jamais été aussi malade que quand il a crevé !

Ils rirent tant, ils frappèrent tant dans leurs mains qu'on vit bien que le maire de Fraimbois était le maître. Pas un ne fut assez malin pour lui répondre.

Ils s'arrangèrent tous avec beaucoup de plaisir, et ils plantèrent la grande borne qui empêcha tous les procès; et depuis, le village de Fraimbois a toujours eu la Sablonnière.

LISTE DES SOUSCRIPTEURS

Académie de Stanislas.

MM.
Grosjean-Maupin, libraire, Nancy.
Maisonneuve et Cie, libraires-éditeurs, Paris.
Sidot frères, libraires, Nancy.
Champion, libraire, Paris.
André, libraire, Nancy.
Ascher et Cie, libraires, Berlin.
Durand, libraire, Épinal.
Trübner, libraire, Strasbourg.

MM.

Angenoux, président à la Cour, Nancy.
Arnaud, pharmacien, Nancy.
Arnaud, avocat, Saint-Omer.
Audiat, conseiller à la Cour, Nancy.
Auricoste de Lazarque, Retonféy.
Aweng, directeur des forges, Stiring-Wendel.
Balascheff (Pierre de), Nancy.
Barbey fils, Nancy.
Bardy, président de la Société philomatique, Saint-Dié.
Barotte, négociant, Nancy.
Barthelemy, Nancy.
Basset, professeur à l'École supérieure des Lettres, Alger.
Bastien, à Lunéville.
Benoit (Arthur), Berthelming.
Benoit, doyen de la Faculté des Lettres, Nancy.
Bertier, avoué à la Cour, Nancy.
Besval, ancien notaire, Nancy.
Bibliothèque municipale, Metz.
Bibliothèque publique, Nancy.
Bleicher, professeur à l'École supérieure de Pharmacie, Nancy.
Bonviller (A. de), Goirant (Alpes-Maritimes).
Boppe fils, Nancy.
Boppe (Ch.), Nancy.
Boulanger, avocat, Nancy.
Bourcier (vicomte Ch. de), Bathelémont (Alsace-Lorraine).
Boursier, notaire, Nancy.
Bouteiller (de), ancien député de la Moselle, Paris.
Briquel, conservateur du Musée, Lunéville.
Braux (de), Boucq, près Foug.
Cabasse, pharmacien, Raon-l'Étape.
Campaux, professeur à la Faculté des Lettres, Nancy.

MM.

CARCY (A. de), Nancy.
CAYE, ancien avoué, Nancy.
CHAUDRON (E.), Nancy.
CHONET DE BOLLEMONT (de), conseiller à la Cour, Nancy.
COLESSON, aux Salières, près Blâmont.
COLLIN, notaire, Nancy.
CORDELET, professeur au Lycée, Besançon.
CORDIER, conseiller général, Toul.
COURBE, comptable, Nancy.
COURNAULT, Malzéville.
CUNY, architecte, Nancy.
CUVIER, pasteur de l'Église réformée, Nancy.
DEGOUTIN (Léopold), Vandelainville.
DEMONET, ingénieur, Nancy.
DIGOT (Alfred), Nancy.
DINAGO, avocat, Saint-Dié.
DROUIN, Saint-Nicolas.
DUBOIS, professeur à la Faculté de Droit, Nancy.
DUMAST (baron de), Nancy.
ERNST (Adolphe), avoué, Saint-Dié.
FERRY, notaire, Commercy.
FLICHE, professeur à l'École forestière, Nancy.
FOBLANT (Maurice de), Nancy.
FRANÇOIS, instituteur à Chazelles.
GALLIARD, avocat, Nancy.
GARNIER, professeur à la Faculté de Droit, Nancy.
GÉNY, ancien inspecteur des Forêts, Nancy.
GÉRARD, professeur à la Faculté des Lettres, Nancy.
GÉRARD, notaire, Diarville.
GÉRARDIN-HERMITE (Mme), Nancy.
GERMAIN (Léon), Nancy.
GODET (Auguste), employé à la gare, Reims.
GOLL, attaché à la Préfecture, Nancy.
GOMBERVAUX (l'abbé), supérieur du Séminaire, Pont-à-Mousson.

MM.

Gouy (Jules), ancien magistrat, Nancy.
Grandjacquot (l'abbé), curé, Bouxières-aux-Dames.
Grandjean, percepteur, Blainville.
Guerle (de), trésorier général, Nancy.
Gugenheim, homme de lettres, Nancy.
Guinet, entrepreneur, Nancy.
Hannequin, conseiller à la Cour, Nancy.
Hannoncelles (Gérard d'), président à la Cour, Nancy.
Hecht, professeur à la Faculté de Médecine, Nancy.
Hellé, maître de chapelle à Saint-Epvre, Nancy.
Houdaille, conseiller-doyen à la Cour, Nancy.
Hugueny, professeur à la Faculté des Sciences, Marseille.
Jacob (Victor), Metz.
Jeandel, pharmacien, Nancy.
Jeanmaire, directeur de l'Usine à gaz, Bar-le-Duc.
Jouve, professeur, Paris.
Krantz, manufacturier, Docelles.
Lallemand (l'abbé), chanoine de la Cathédrale, Nancy.
Lallement (Louis), avocat, Nancy.
Lallement, professeur à la Faculté de Médecine, Nancy.
Langlard, agent principal de la Compagnie d'assurances générales, Nancy.
Lapaix, graveur, Nancy.
Lapointe, professeur à l'École Mathieu de Dombasle, Nancy.
Laprévotte, secrétaire de la Société d'Archéologie lorraine, Nancy.
Larcher, avocat, Nancy.
Le Bègue, banquier, Nancy.
Lebrunt, ancien professeur, Épinal.
Legrand, docteur en médecine, Nancy.
Lejeune (Jules), Nancy.
Lelièvre, ancien professeur, Nancy.

MM.

Lescuyer, docteur en médecine, Saint-Dizier.
Leupol, indianiste, à Nancy.
Lhote (l'abbé), professeur au Séminaire, Saint-Dié.
Liébaut, docteur en médecine, Nancy.
Liégeois, professeur à la Faculté de Droit, Nancy.
Liétard, docteur en médecine, Plombières.
Maggiolo, recteur honoraire, Nancy.
Magnien, pharmacien, Nancy.
Mangeot, fabricant de pianos, Paris.
Mangenot, docteur en médecine, Ramberviller.
Marly, ancien notaire, Nancy.
Marchal, docteur en médecine, Nancy.
Masson (Ernest), La Trinité-Saint-Max.
Mathis, ingénieur, à Stockholm.
Mazrand, industriel, Cirey-sur-Vezouse.
Meixmoron de Dombasle (de), Nancy.
Metz-Noblat (de), Nancy.
Montjoie (de), au château de Villers.
Noblot fils, Nancy.
Noël, conseiller à la Cour, Nancy.
Noël, notaire, Lapoutroye.
Nœtinger (Edgard), ancien notaire, Nancy.
Nollet, médecin, à Malzéville.
Panigot, bibliothécaire en premier, Nancy.
Pariset, ancien receveur particulier, Nancy.
Pernet, docteur en médecine, Ramberviller.
Phasmann, à Saint-Mihiel.
Phulpin, à Saint-Dié.
Picard (l'abbé), chanoine, Nancy.
Pierrot (Émile), avocat, Nancy.
Quintard (Léopold), Nancy.
Randon, banquier, Nancy.
Rapin, maire, Boulaincourt.
Regnault, substitut, Paris.

MM.

REGNAULT, ancien notaire, Commercy.
REMY (Charles), avocat, Saint-Nicolas-de-Port.
REMY (de), Nancy.
RENAULD, juge suppléant, Nancy.
RENEL, Épinal.
ROBERT, directeur retraité, Nancy.
ROBERT (des), Nancy.
ROBIN (l'abbé), Nancy.
ROCHE DU TEILLOY (de), professeur au Lycée, Nancy.
SADOUL, avocat général, Nancy.
SALADIN (Amaury), château de Manoncourt.
SERGENT, ancien notaire, Nancy.
SIMON (L.), Nancy.
SIZARET, médecin en chef, Maréville.
SOCIÉTÉ D'ARCHÉOLOGIE LORRAINE, Nancy.
SOCIÉTÉ D'ÉMULATION DES VOSGES, Épinal.
STAINVILLE, conseiller à la Cour, Nancy.
STOCARD, employé à la gare, Reims.
SUBY, propriétaire, Metz.
THIÉBAULT (Camille), Nancy.
THIERRY (J.-B.), Nancy.
THIERRY aîné, Nancy.
THIRIET (l'abbé), professeur au Séminaire, Nancy.
TISSERAND, ancien avoué, Nancy.
TOURDES, doyen de la Faculté de Médecine, Nancy.
TOURTEL, ancien notaire, Nancy.
TOURTEL, Tantonville.
TOURTEL, Tantonville.
TULPAIN, conseiller à la Cour, Nancy.
UNIVERSITÉ (la Bibliothèque de l'), Strasbourg.
URMÈS, architecte, Nancy.
VALENTIN, docteur en médecine, Nancy.
VARROY, sénateur de Meurthe-et-Moselle.
VELLECOURT (de), Paris.

MM.

Vial (Julien), Val d'Ajol.
Vigneron (Charles), Nancy.
Vion, conservateur de la Bibliothèque, Amiens.
Vogin, instituteur, Velaine-sous-Amance.
Vuillaume (l'abbé), curé, Saint-Benoît.
Wiener (René), Nancy.
Xardel (Antoine), avocat, Nancy.
Zeller, professeur à la Faculté des Lettres, Nancy.

TABLE DES MATIÈRES

Avant-propos.	
Introduction............................	XXIII
Phonétique.............................	I
Grammaire.............................	49
Vocabulaire patois-français...............	227
Vocabulaire français-patois comparé.......	294
Proverbes.............................	381
Légendes, chansons, contes...............	399
Liste des souscripteurs...................	453

Nancy. — Typ. CRÉPIN-LEBLOND.

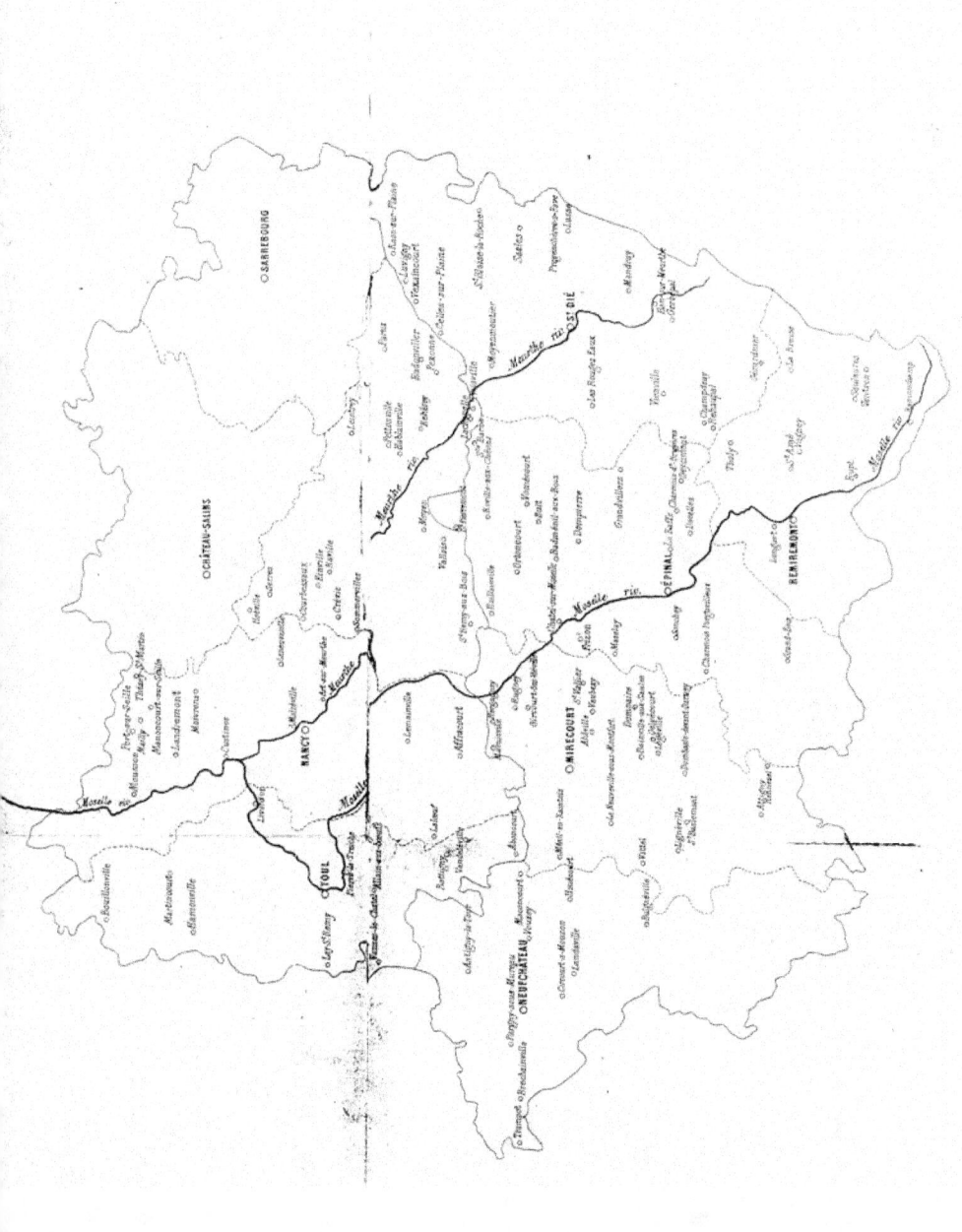

www.ingramcontent.com/pod-product-compliance
Lightning Source LLC
Chambersburg PA
CBHW051131230426
43670CB00007B/767